Auflösung

Valentin Dessoy
Ursula Hahmann

Auflösung

Kirche reformieren, unterbrechen, aufhören?

echter

Der Umwelt zuliebe verzichten wir bei diesem Buch auf Folienverpackung.

Bibliografische Information der Deutschen Nationalbibliothek
Die Deutsche Nationalbibliothek verzeichnet diese Publikation
in der Deutschen Nationalbibliografie; detaillierte bibliografische
Daten sind im Internet über ›http://dnb.d-nb.de‹ abrufbar.

1. Auflage 2024
© 2024 Echter Verlag GmbH, Würzburg www.echter.de
Umschlag: XIQIT GmbH, Aachen
Druck und Bindung: CPI - Clausen & Bosse, Leck

ISBN 978-3-429-06737-3

Inhaltsverzeichnis

Vorwort 8

Einführung 9

A. Systemische und theologische Grundlagen 15

Valentin Dessoy
Auf dem Weg zur nächsten Kirche 16

Christian Hennecke
Warum es so sein „muss" 30

Christian Stäblein
„Das Ende der Illusion" 37

Norbert Bauer
Never gonna give you up? 42

B. Vergewisserung der Ausgangslage 45

Tobias Kläden
Zwischen Erosion und Relevanz 46

Detlef Pollack, Gerhard Wegner, Matthias Drobinski, Marliese Kalthoff
Was sich zeigt 56

Leo Baumfeld
Was sich auflöst 60

C. Muster und Mechanismen der Immunisierung 77

Steffen Schramm
Muster der Beharrung, oder: Kirche verändern und doch nicht ändern? So geht's! 78

Alexander Gießen
Nicht entscheiden heißt entscheiden 102

Andrea Qualbrink
Von der verstörenden Botschaft zum verstörten System 107

D. Muster unterbrechen – Leere aushalten 113

Valentin Dessoy
Disruption und Steuerbarkeit 114

Hardy Lech
Disruptiv-sprunghafte Veränderung organisieren und halten 120

Johanna Schulenburg CJ
Ostern beginnt mit dem leeren Grab 136

Ulrich Engel OP
„God made himself nothing" 144

E. Warum eigentlich? – Start with Why 149

Jan Loffeld
Nicht anders, sondern gar nicht mehr 150

Sandra Bils
Zum Kern der Hoffnung 159

Monika Kling-Witzenhausen
(M)achtsam nach dem Why suchen – inklusive leutetheologischer Gleichwürdigkeit und transformativer Offenheit 168

F. Wie Loslassen geht – Exnovation 182

Torsten Groth
Das Sterben als guter Grund, sich um das Überleben der Organisation zu kümmern 183

Andreas Dethleffsen
Auch wir schritten am Abgrund – Umbau eines Familienunternehmens 190

Karl Bitschnau
Wie Sterben geht – Erfahrungen aus der Hospizarbeit 195

Valentin Dessoy, Ursula Hahmann
Freiraum schaffen – praxisnahe Verfahren und Instrumente 197

G. Kirche neu denken – Ansätze und Utopien 212

Michael Schüßler
Radikale Gegenwart als Form der nächsten Kirche 213

Gerhard Wegner
Sichtachsen zum Himmel 230

Miriam Penkhues und David Schulke
Ein Ort am Rande des Chaos 255

Björn Szymanowski
An ihren Früchten werdet ihr sie erkennen 264

Jens Ehebrecht-Zumsande
Das kirchliche Betriebssystem auf Open Source stellen 276

H. Den Übergang managen – Blick in die Praxis 286

Valentin Dessoy, Ursula Hahmann
Disruption und Risikomanagement im Kalkül von Landeskirchen und Diözesen 287

Maren Kockskämper
„Auflösung" im Rheinland. Vom mutigen Umgang mit Dissonanzen 300

Christina Maria Bammel, Clemens Bethge, Verena Kühne, Bernd Neukirch, Arlett Rumpf, Matthias Spenn, Christian Stäblein
„Jetzt ist die Zeit". Ideen zur „Aufstellung" unserer Kirche 308

I. Resümee 312

Birgit Klostermeier
Prozessbeobachtungen 313

Birgit Dierks, Björn Szymanowski, Frank Reintgen, Ursula Hahmann und Valentin Dessoy
Resümee der Mitglieder des Kongressboards 320

Autor:innen 327

Vorwort

Das vorliegende Buch bündelt Themen und Fragestellungen, die im Zusammenhang mit dem 7. Strategiekongress *Auflösung. Kirche reformieren, unterbrechen, aufhören?* stehen.

Ausgangspunkt des Kongresses war die systemisch fundierte Hypothese, dass tiefgreifende Prozesse kulturellen Wandels emergent und in aller Regel disruptiv-sprunghaft verlaufen. Auf dem Hintergrund der Dynamik gesellschaftlicher Veränderungen und des fortschreitenden Plausibilitäts- und Relevanzverlusts erscheint ein solches Szenario im Blick auf die verfassten Kirchen sehr wahrscheinlich.

Die Idee des Kongresses war, wesentliche Phasen eines Prozesses disruptiv-sprunghafter Veränderung der Kirchengestalt gemeinsam gedanklich und emotional antizipatorisch zu durchlaufen.

Das Buch dokumentiert die wesentlichen Inputs des Kongresses ergänzt um Beiträge, die im Vorfeld oder im Nachgang dazu entstanden sind und sich in den Gesamtduktus einfügen bzw. die Perspektive noch einmal erweitern.

Unser Dank gilt allen Protagonist:innen des Kongresses, die ihre Gedanken für dieses Buch noch einmal in eine schriftliche Form gebracht haben, sowie den Autor:innen, die wir zusätzlich für dieses Projekt gewinnen konnten. Unser Dank gilt auch allen Teilnehmer:innen, die sich während des Kongresses und danach konstruktiv, kompetent und authentisch in den Diskurs zum Thema eingebracht haben. Nicht zuletzt danken wir allen Mitgliedern des Kongressboards, die sich in Planung und Durchführung auf dieses Experiment eingelassen haben. Ihr Engagement im Vorfeld hat diesen Kongress erst ermöglicht. Ihre Mitwirkung während des Kongresses hat wesentlich zu seinem Gelingen beigetragen.

Wiesbaden, Aachen im September 2024
Valentin Dessoy, Ursula Hahmann

Einführung

Im Dezember 2022 fand in der Thomas-Morus-Akademie in Bensberg der 7. *Strategiekongress*[1] statt. Die Kongressreihe *Strategie und Entwicklung in Kirche und Gesellschaft* gibt es seit 2008. Sie wird vom Verein futur2 e. V. getragen, der auch die gleichnamige Online-Zeitschrift herausgibt. Mitveranstalter des 7. Strategiekongresses waren die Unternehmen kairos. Coaching, Consulting, Training Mainz und XIQIT GmbH Aachen, die Evangelische Arbeitsstelle für missionarische Kirchenentwicklung und diakonische Profilbildung e. V. Berlin (midi), das Bistum Trier – Strategiebereich 1, Ziele und Entwicklung im Bischöflichen Generalvikariat Trier sowie die Thomas-Morus-Akademie Bensberg.[2]

Zum Kontext

Der 7. Strategiekongress steht im Kontext der fortschreitenden Kirchenkrise. In beiden großen Kirchen zeigen sich deutliche Auflösungserscheinungen. Der Prozess schreitet seit vielen Jahren unaufhaltsam voran. Es geht beständig bergab. Das Ende der aktuellen Kirchengestalt kommt zwar schleichend, es ist jedoch absehbar, fast terminierbar.[3]

Reformen sind seit Jahrzehnten im Kern darauf ausgerichtet, immer weiter zu konzentrieren und zu verdichten, um so letztlich das Bestehende zu erhalten. Weitergehende Ansätze werden von mächtigen Interessenträgern oder bestehenden Mehrheiten blockiert. Im Windschatten gibt es Versuche, vom Pfad abzuweichen und zu experimentieren, allerdings ohne, dass wesentliche systemrelevante Änderungsimpulse zu beobachten sind. Unterdessen geht der Auflösungsprozess ungebrochen weiter. Das zeigen insbesondere auch die exponentiell ansteigenden Austrittszahlen.[4]

---

[1] Website: https://2022.strategiekongress.org.
[2] Der Kongress wurde mit Fördermitteln der zap:stiftung Bochum und des Stiftungszentrums des Erzbistums Köln unterstützt.
[3] Vgl. Dessoy, V., Hahmann, U., Immobilienkonzeptentwicklung, in: futur2 – 1/2023, URL: https://www.futur2.org/article/immobilienkonzeptentwicklung/ [01.10.2023].
[4] Vgl. ebd., vgl. Evangelische Kirche in Deutschland (Hrsg.), Wie hältst du's mit der Kirche? Zur Bedeutung der Kirche in der Gesellschaft. Erste Ergebnisse der 6. Kirchenmitgliedschaftsuntersuchung, Leipzig 2023, URL: https://kmu.ekd.de/fileadmin/user_upload

Nicht überraschend stieß das Thema des 7. Strategiekongresses „*Auflösung. Kirche reformieren, unterbrechen, aufhören?*" von Anfang an auf großes Interesse.[5] Man spürte im Nachgang und bis heute, dass es die Akteur:innen im kirchlichen Kontext sehr beschäftigt. Der Titel spricht offenbar aus, was viele empfinden oder denken, was sie befürchten oder ersehnen: Die Kirchen befinden sich in einem epochalen Umbruch mit allen Begleiterscheinungen, die dazugehören.

Kann die notwendige Transformation, die grundsätzlich kaum noch in Frage gestellt wird, so, wie sie bisher angelegt ist, überhaupt gelingen? Kann die bisherige Gestalt sanft und linear in einen neuen Status quo überführt werden, der einen qualitativen Unterschied macht? Ist der Zusammenbruch der Institution in ihrer bisherigen Gestalt eigentlich zu vermeiden oder zu forcieren, um die nächste Kirche zu erreichen? Wenn ja, was könnte oder müsste geschehen, um Neuem den Raum zu geben, den es braucht, um relevant zu werden? Geht das besser von innen oder von außen, von oben oder von unten? Hilft bremsen oder Gas geben, gehen oder bleiben?

Die Menschen – Verantwortliche, Akteur:innen, Nutzer:innen, Mitglieder und Beobachter:innen – gehen sehr unterschiedlich mit dieser ambivalenten Situation um: Viele schauen weg und machen weiter wie bisher. Andere glauben, den Prozess steuern und es mit den entsprechenden Maßnahmen richten zu können. Etliche leiden darunter, schreiben sich selbst die Schuld für diese Entwicklung zu oder sehen sich in der Verantwortung, irgendetwas zu tun. Andere warten einfach ab, was passiert, oder schauen mit Schadenfreude kommentierend zu.

In der katholischen Kirche werden derweil die Auseinandersetzungen um den richtigen Weg erkennbar härter.[6] Unterschiede treten deutlicher hervor als bisher. Theologische und kirchenpolitische Positionen sind inzwischen stark polarisiert. Das Szenario eines Schismas steht im Raum. Man treibt sich wechselseitig vor sich her und spricht sich in Teilen die Kirch-

---

/kirchenmitgliedschaftsuntersuchung/PDF/Wie_h%C3%A4ltst_du%E2%80%99s_mit_der_Kirche_%E2%80%93_Zur_Bedeutung_der_Kirche%E2%80%93in%E2%80%93der%E2%80%93Gesellschaft_KMU_6.pdf [01.12.2023].

[5] Der Kongress sollte eigentlich 2021 stattfinden, musste aber wegen Corona verschoben werden. Das Interesse blieb ungebrochen.

[6] Vgl. Verlauf und Ergebnisse des Synodalen Weges.

lichkeit ab.⁷ In der evangelischen Kirche geht es dagegen moderater zu. Der Druck scheint geringer, wenngleich die Entwicklung nicht weniger dramatisch ist. Man geht insgesamt pragmatischer mit der Krise um und versucht sie zu managen. Vielleicht kann man sich auch leichter aus dem Weg gehen. Notfalls trennt man sich eben.

Der Kongress

Im Vorfeld des Kongresses gab es eine viel beachtete Ausgabe von futur2, in der das Thema „Auflösung" aus unterschiedlichen Perspektiven betrachtet wurde: aus persönlicher Perspektive von Menschen, die bleiben oder gegangen sind, aus der Perspektive von Führungsverantwortlichen im Blick auf die Gestaltung von Entwicklungsprozessen und aus konzeptioneller theologischer, soziologischer und organisationswissenschaftlicher Perspektive.⁸ Insofern war das Thema bereits gesetzt und inhaltlich vorbereitet.

Der Kongress selbst war ein Experiment. Anders als in früheren Veranstaltungen ging es nicht um die Vermittlung von Wissen, um die Frage, wie in dieser Situation eine Strategie entwickelt und das Ruder in letzter Sekunde herumgerissen werden kann. Dafür scheint es inzwischen zu spät. Die Teilnehmer:innen waren eingeladen, kognitiv und emotional der systemischen Logik zu folgen,⁹ dass tiefgreifende und nachhaltige Veränderungen nur gelingen, wenn bestehende Muster und Routinen unterbrochen, Bestehendes also dekonstruiert und die dann entstehende Leere ausgehalten wird, um Raum zu schaffen, damit sich das emergent zeigen kann, was wichtig ist, und auf diese Weise im aktiven Loslassen des Bisherigen Neues entstehen und wachsen kann. Dieser Prozess – der Kirche allerorten mit hoher Wahrscheinlichkeit bevorsteht, so die Annahme – sollte mit offenem Visier und im engen Austausch miteinander antizipativ erfahrbar gemacht und nachvollzogen werden, um ein Gespür

---

⁷ Vgl. Dessoy, V., Emanzipation und Resilienz – Nachhaltige Wege aus der Abhängigkeit, in: Nagel, R., Lürbke, H. (Hrsg.), Machtmissbrauch im pastoralen Dienst. Erfahrungen von Gemeinde- und Pastoralreferent:innen, Freiburg, Basel, Wien, 2023, 157–176.
⁸ Zur Ausgabe: https://www.futur2.org/issue/02-2022/ [01.10.2023].
⁹ Vgl. Osterhold, G., Veränderungsmanagement. Visonen und Wege zu einer neuen Unternehmenskultur, Wiesbaden, 1996, insbes. 69–96. Vgl. Knöss, K.-H., Von der Zukunft her führen mit Hilfe von Otto Scharmers „Theorie U", in: futur2 - 1/2015, URL: https://www.futur2.org/article/von-der-zukunft-her-fuehren-mit-hilfe-von-otto-scharmers-theorie-u/ [01.10.2023].

dafür zu bekommen, welche Dynamiken dieser Prozess auslöst und wie damit umgegangen werden kann.

Zu diesem Zweck waren über die zwei Tage sechs Schritte vorgesehen, die im Vorfeld entsprechend angekündigt waren:

1.

Im ersten Schritt ging es darum, sich der Ausgangssituation zu vergewissern, auf die brüchige Wirklichkeit von Kirche zu schauen und den Elefanten im Raum (die sich abzeichnende Auflösung der bisherigen Gestalt von Kirche) zu identifizieren.

2.

Im zweiten Schritt wurden zentrale Muster, Routinen und Arrangements fokussiert, mit denen die beteiligten Akteur:innen in ihren jeweiligen Rollen den Status quo aufrechterhalten und immer wieder von Neuem reproduzieren.

3.

Im dritten Schritt sollte erfahrbar gemacht werden, was geschieht, wenn man die Muster des Managens und des „Weiter-so" unterbricht. Es galt, sich der Leere zu stellen und sie miteinander auszuhalten, die dann um sich greift, wenn man nicht sofort Antworten darauf gibt, was danach kommt: Tod oder Auferstehung.

4.

Im vierten Schritt ging es um das, was sich zeigt, wenn das geschäftige Tun wegfällt und man die Leere zulässt. Der Kern der Hoffnung, das „Warum", wird bedeutsam, also das, was trägt, wenn sich alles verändert. Virulent wird jetzt die Frage, ob es überhaupt ein tragfähiges Why[10] und damit gemeinsames Bild davon gibt, was der Kern ist, den es zu bewahren und weiterzugeben gilt.

5.

Im fünften Schritt wurde der Blick darauf gerichtet, wie Kirche als Organisation loslassen, wie Ballast abgeworfen werden kann, der sie bindet und verhindert, zum Wesentlichen vorzustoßen und Neues zu kreieren.

---

[10] Sehr anschaulich Simon Sinek in seinem weit verbreiteten TED Talk „How great leaders inspire action", URL: https://www.ted.com/talks/simon_sinek_how_great_leaders_inspire_action [01.10.2023].

6.

Im letzten Schritt sollte der Blick exemplarisch auf das gerichtet werden, was sich zeigt, wenn man Kirche ausgehend vom Sendungsauftrag alternativ, radikal neu denkt. Es ging – ausgehend von Praxisbeispielen – darum, Ideen kennenzulernen, wie die Botschaft heute auf neue Art und Weise an Relevanz gewinnen kann.

Der Verlauf des Kongresses und die Reaktionen darauf haben deutlich gemacht, wie divers die Vorstellungen über die anstehenden Umbruchprozesse und deren Gestaltbarkeit selbst unter jenen sind, die Veränderung wollen und darin eine Chance sehen. Vielen fällt es aber schwer, sich vom Gedanken einer linearen Entwicklung und deren Machbarkeit zu verabschieden und mit der Möglichkeit eines disruptiven Szenarios auseinanderzusetzen.[11]

Das Buch

Das Buch dient zum einen der Dokumentation. Die Protagonisten haben hier die Möglichkeit genutzt, ihre Gedanken ausführlicher darzustellen und übergreifende Aspekte mit einzubeziehen. Darüber hinaus soll damit der Diskurs zum Thema weitergeführt werden. Daher enthält der Sammelband zusätzliche Beiträge, die im Vorfeld oder im Nachgang zum Kongress entstanden sind, die inhaltlich zum Thema passen, es in einen Gesamtkontext stellen oder auch weiter entfalten.

Die Struktur des Buches folgt der Logik des Kongresses. Es wird gerahmt durch Beiträge zur Grundlegung des Themas zu Beginn sowie am Ende durch Beiträge, die sich mit der Umsetzung in der Praxis beschäftigen, und Beiträge zur Reflexion des Kongressverlaufs.

---

[11] Vgl. dazu den Beitrag von Birgit Klostermeier und die persönlichen Resümees der Mitglieder des Prozessboards im Abschnitt *Resümee*.

Literatur

Dessoy, V., Hahmann, U., Immobilienkonzeptentwicklung, in: futur2 – 1/2023, URL: https://www.futur2.org/article/immobilienkonzeptentwicklung/ [01.10.2023].

Dessoy, V. Emanzipation und Resilienz – Nachhaltige Wege aus der Abhängigkeit, in: Nagel, R., Lürbke, H. (Hrsg.), Machtmissbrauch im pastoralen Dienst. Erfahrungen von Gemeinde- und Pastoralreferent:innen, Freiburg, Basel, Wien, 2023, 157–176.

Evangelische Kirche in Deutschland (Hrsg.), Wie hältst du's mit der Kirche? Zur Bedeutung der Kirche in der Gesellschaft. Erste Ergebnisse der 6. Kirchenmitgliedschaftsuntersuchung, Leipzig 2023, URL: https://kmu.ekd.de/fileadmin/user_upload/kirchenmitgliedschaftsuntersuchung/PDF/Wie_h%C3%A4ltst_du%E2%80%99s_mit_der_Kirche_%E2%80%93_Zur_Bedeutung_der_Kirche%E2%80%93in%E2%80%93der%E2%80%93Gesellschaft_KMU_6.pdf [01.12.2023].

Knöss, K.-H., Von der Zukunft her führen mit Hilfe von Otto Scharmers „Theorie U", in: futur2 – 1/2015, URL: https://www.futur2.org/article/von-der-zukunft-her-fuehren-mit-hilfe-von-otto-scharmers-theorie-u/ [01.10.2023].

Osterhold, G., Veränderungsmanagement. Visionen und Wege zu einer neuen Unternehmenskultur, Wiesbaden, 1996, insbes. 69–96.

Sinek, S., How great leaders inspire action, URL: https://www.ted.com/talks/simon_sinek_how_great_leaders_inspire_action [01.10.2023].

A. Systemische und theologische Grundlagen

Mit ihren Beiträgen *Auf dem Weg zur nächsten Kirche*, *Warum es so sein „muss"* und *„Das Ende der Illusion"* schauen die Autoren Valentin Dessoy, Christian Hennecke und Christian Stäblein aus systemisch-organisationstheoretischer bzw. theologischer Perspektive auf das Phänomen der sich auflösenden Kirchengestalt.

Ausgehend von ihrem jeweiligen begrifflich-konzeptionellen Bezugsrahmen reflektieren sie, welche Bedeutung Auflösung, also der Dekonstruktion von Bestehendem, in Entwicklungs- und Veränderungsprozessen zukommt. Sie helfen damit das Phänomen der Auflösung bzw. disruptiv-sprunghafter Veränderung jenseits des Abbruchschemas als notwendigen Schritt zu verstehen, um eine tiefgreifende und nachhaltige Kulturveränderung in Gang zu setzen.

Auf diese Weise eröffnen sie Wege, wie die mit diesem Prozess verbundene existenzielle Unsicherheit im jeweiligen Verstehenshorizont kontextualisieren, annehmen und gestalten kann.

Norbert Bauer betrachtet das Thema Auflösung aus einer ganz anderen Perspektive. Er zeigt in seinem Beitrag *Never gonna give you up?*, warum die Popmusik ohne Auflösung nicht das geworden wäre, was sie ist.

Auf dem Weg zur nächsten Kirche[12]
Wenn sich komplexe, dynamische Systeme verändern

Valentin Dessoy

Wir stehen an der Schwelle zur „nächsten Kirche"[13]. Tiefgreifende Umwälzungen deuten sich an. Was lässt sich aus systemischer Perspektive über den Prozess sagen und wie lässt sich das theologisch übersetzen?

Wovon wir ausgehen können

Unsere Gesellschaft befindet sich in einem epochalen Umbruch und mit ihr die Kirchen. Wenn sie als Ordnungsfigur überleben wollen, müssen sie in der „nächsten Gesellschaft" (Dirk Baecker) anschlussfähig sein und hierfür ihre internen und externen Prozesse neu formatieren. Die Herausforderung ist gewaltig, zumal Religion seit Jahrzehnten unter einem grassierenden Relevanzverlust leidet, der auf einer veränderten „Nachfragestruktur" (Detlev Pollack[14]; KMU 5[15]) beruht. Das Bedürfnis nach Religion ist abhandengekommen. Man braucht die Kirchen nicht mehr, weil sämtliche Funktionen der Daseinsbewältigung, -vorsorge und -absicherung anderweitig und besser realisiert werden. Heilung und Befreiung finden andernorts statt, so dass der Kern der christlichen Botschaft, das Heilsversprechen in Jesus Christus, in unserer modernen Gesellschaft kaum noch damit verknüpft werden kann.

Für die katholische Kirche kommt hinzu, dass sie Entwicklungen nachholen muss, gegen die sie sich seit der Aufklärung mit aller Macht gewehrt hat: Gewaltenteilung, Gleichberechtigung, differenzierter Umgang mit

---

[12] Erstveröffentlichung in: futur2 – 2/2023, URL: https://www.futur2.org/article/auf-dem-weg-zur-naechsten-kirche/ [01.10.2023].
[13] Zum Begriff „nächste Kirche" vgl. Dessoy, V., Zukunft der Kirche im Prozess des gesellschaftlichen Wandels, in: Drumm, J., Oeben, S. (Hrsg.), CSR und Kirche. Die unternehmerische Verantwortung der Kirchen für die sozial-ökologische Zukunftsgestaltung, Berlin 2022; Dessoy, V., Hahmann, U., Führen an der Schwelle zur nächsten Kirche, in: Dessoy, V., Klasvogt, P., Knop, J. (Hrsg.), Riskierte Berufung – ambitionierter Beruf, Priester sein in einer Kirche des Übergangs, Freiburg i. Br. 2022.
[14] Detlef Pollack im Interview zum Strategiekongress: https://www.youtube.com/watch?v=gsbju_vUeZg [11.10.2023].
[15] Evangelische Kirche in Deutschland (EKD), Engagement und Indifferenz – Kirchenmitgliedschaft als soziale Praxis. V. EKD-Erhebung über Mitgliedschaft, Hannover 2014.

Sexualität etc. Ein Blick aus der Zufriedenheitsforschung zeigt, wie bedeutsam gerade diese Aspekte sind. Man würde sie dort als sog. Basismerkmal bezeichnen. Solche Merkmale sind in einer aufgeklärten Gesellschaft Selbstverständlichkeiten, die – ähnlich der Sauberkeit im Hotel – bei Nichtvorliegen zu starker Unzufriedenheit führen, bei Vorliegen jedoch keinerlei positiven Effekt auf die Zufriedenheit haben. Beim Synodalen Weg gibt es zumindest in Teilen die Intention, hier aus der Defensive zu kommen. Aber selbst dann, wenn es gelänge, würde die Kirche dadurch noch lange nicht attraktiv – eben nur weniger schlimm.

Das Menetekel der Kirchenspaltung, das den Synodalen Weg begleitet, knüpft an die Erfahrung des letzten großen gesellschaftlichen Umbruchs an, den Übergang vom Mittelalter zur Neuzeit. Damals entstand über einen längeren Zeitraum hinweg unsere moderne Gesellschaft. Im Zuge der damit einhergehenden gesellschaftlichen Verwerfungen zerbrach die Einheit der Kirche. In der Folge wurde allerdings ihr institutioneller Charakter in Abgrenzung zu den anderen gesellschaftlichen Funktionssystemen immer weiter gestärkt. Die Kirchen sind seit dieser Zeit – ungeachtet zahlreicher operativer Anpassungsprozesse – als Institutionen in ihrem Kern auf möglichst hohe Stabilität und Funktionalität programmiert.

Reformen bleiben bis heute in der bestehenden Organisationslogik verhaftet, die ihr in den letzten 250 Jahren das Überleben gesichert hat (Kybernetik 1. Ordnung). Der fortschreitende gesellschaftliche Wandel stellt die Kirchen vor die Herausforderung, in kürzester Zeit zu lernen, sich dauerhaft in dynamischen und volatilen Kontexten zu bewegen. Es geht – ähnlich wie am Übergang zur Neuzeit – um eine systemische Transformation, die bis in die DNA der Institution hineinreicht und deren Ergebnis ungewiss ist (Kybernetik 2. Ordnung).

Das Szenario einer Spaltung liegt da auf der Hand. Allerdings ist es diesmal mit einer „einfachen" Spaltung sicher nicht getan. Sie wird heute absehbar die Form einer Zersplitterung haben, vergleichbar einer berstenden Windschutzscheibe. Daher sind die Befürchtungen im Zusammenhang mit dem Synodalen Weg durchaus berechtigt. Man könnte auch sagen, das ist ein mögliches Szenario in diesem Prozess, womöglich sogar das Trendszenario. Aber ist dieser Prozess unausweichlich? Was kann Kirche von den Sozialwissenschaften lernen?

Wie Systeme lernen

Wir kennen es aus der Psychologie: Es gibt unterschiedliche Formen des Lernens und der Weiterentwicklung. Beim Lernen einfacher Dinge (z. B. Vokabeln) zählt allein die Häufigkeit, mit der man etwas wiederholt und sich einprägt: Je mehr, desto besser. Bei komplexeren Vorgängen, z. B. beim Gehen oder Sprechenlernen, sieht das anders aus: Lernen geschieht am Modell, experimentell und sprunghaft. Lange bleibt es beim Versuch und plötzlich, mit einem Schlag, ist das Gelernte da, ein qualitativer Sprung.

Der Psychologe Jean Piaget nennt die beiden Lern- bzw. Entwicklungsparadigmen Assimilation bzw. Akkomodation. Bei der Assimilation werden neue Erfahrungen in bestehende kognitive Schemata integriert. Gelingt dies aufgrund von Fremdheit nicht (mehr), sind also stärker abweichende oder inkompatible Erfahrungen zu verarbeiten, muss das Schema verändert, die „kognitiv-emotionale Struktur" (Luc Ciompi[16]) neu konfiguriert werden.

Die beschriebenen Phänomene lassen sich auch in sozialen Systemen beobachten, gerade auch in Organisationen. Sie haben in besonderer Weise die Tendenz, Muster, Routinen und Strukturen auszubilden, die sie von Personen lösen und auf Dauer stellen, d. h. vor allem Stabilität und Funktionalität gewährleisten. Solche Muster sind hochgradig sinnvoll: Das System „funktioniert" und muss sich nicht ständig neu erfinden. Allerdings ändern sich laufend die Umweltanforderungen. Systeme versuchen dann zunächst und oftmals über eine lange Strecke, im Rahmen ihrer bisherigen Logik zu bleiben. Mehr desselben und erhöhte Anstrengungen innerhalb der bestehenden Muster und Routinen sind die Folge. Kommt Ressourcenmangel hinzu, führt dies i. S. der Kybernetik 1. Ordnung zu fortschreitender Konzentration, Verdichtung und Zentralisierung. Gelingt die Anpassung an die Umweltanforderungen auf diese Weise nicht mehr, ist das „Betriebssystem" bzw. „Geschäftsmodell" betroffen. Das schließt die Basisprämissen der Organisation, ihre innere Logik, ihre DNA mit ein.

Die Entwicklung von Kultur und Gesellschaft verläuft ähnlich, nur in ganz anderen zeitlichen Dimensionen. So beschreibt Peter F. Drucker den Übergang vom Mittelalter zur Neuzeit als Übergang in eine neue „Medienepoche", die das Zusammenspiel gesellschaftlicher Kräfte grundsätz-

---

[16] Ciompi, L., Affektlogik. Über die Struktur der Psyche und ihre Entwicklung, Stuttgart 1982.

lich veränderte: Aus der Ständegesellschaft wurde die moderne funktionale Gesellschaft, wie wir sie kennen. Entscheidend für diese Entwicklung war nach Drucker die revolutionäre Erfindung des Buchdrucks, die sämtliche Steuerungs- und Kontrollsysteme des Mittelalters zu Fall brachte. Heute stehen wir aufgrund der revolutionären Entwicklung der Informationstechnologie in einem ähnlich tiefgreifenden gesellschaftlichen Umbruch, der in keinem kirchlichen Reformprozess bislang eingepreist ist.

Wenn es chaotisch wird

Was passiert genau, wenn lineare Anpassungsprozesse nicht zum Erfolg führen, wenn der Austausch einzelner Komponenten nicht mehr hilft, sondern das Betriebssystem erneuert werden muss? Diese Frage reflektiert die Chaostheorie. Forschungsergebnisse zeigen, dass Übergänge dieser Art zunächst scheinbar chaotisch verlaufen. Die bestehende Ordnung zerfällt, Altes funktioniert nicht mehr und neue Routinen stehen noch nicht zur Verfügung. Das Ergebnis ist weder deduktiv ableitbar noch vorhersagbar. Es gibt keine Kontrolle. Weiter geht es allenfalls experimentell, ohne Garantie auf Erfolg.

Die Ergebnisse der Chaosforschung (Henri Poincaré, Benoît Mandelbrot, Mitchell Feigenbaum u. a.) zeigen zudem einen engen Zusammenhang zwischen der Komplexität der geforderten Anpassung und der Art des zugehörigen Lernprozesses. Innerhalb gewisser Toleranzgrenzen lernen Systeme stetig. Die innere Organisation bleibt erhalten (Clayton Christensen nennt das auch „inkrementelle Innovation"). Wenn allerdings die Umweltanforderungen stärker abweichen, muss es zu einer Anpassung der inneren Organisation kommen („disruptive Innovation" nach Christensen).

Solche Übergänge sind „emergent", sie sind nicht machbar, sondern ereignen sich. Für Beobachtende verlaufen sie zumeist sprunghaft. Zunächst wird das System instabil, womöglich über eine längere Zeit. Der damit einhergehende Kontrollverlust erzeugt Stress im System. Er löst bei allen Beteiligten Irritation und vielfach ambivalente Gefühle wie Ohnmacht, Wut oder Trauer aus. Im Verhalten kann die Verunsicherung Unterschiedliches bewirken. Typische Stressreaktionen sind: Man schaut weg, man verleugnet oder bagatellisiert, man verstärkt seine Anstrengungen, verteidigt seine Claims, polarisiert und geht in den Angriffsmodus über oder verlässt das Feld und geht einfach. Diese Phänomene sind umso intensiver und dauern umso länger, je mehr gelernt werden muss, d. h. je umfassender und tiefgreifender die notwendige Dekonstruktion ist.

Im kirchlichen Kontext nehmen diese im Vorfeld chaotischer Veränderungen typischen Erlebens- und Verhaltensweisen seit einiger Zeit auf dramatische Weise zu.

Am Kipppunkt

Der Einschätzung, dass die jetzige Form von Kirche – in welcher konfessionellen Prägung auch immer – unwiderruflich zu Ende geht, wird heute selbst in Kirchenkreisen kaum jemand ernsthaft widersprechen. Die „nächste Kirche" (die Kirche in der nächsten Gesellschaft) wird anders sein und es ist zu vermuten, dass die Veränderung sprunghaft verläuft. Solche Veränderungen lassen sich nicht steuern und sind grundsätzlich ergebnisoffen. Für viele scheint dieses Szenario zu schmerzhaft, um es an sich heranzulassen. Andere überhöhen sie spirituell. Wieder andere sehen darin die Erlaubnis, einfach das zu tun, was man halt für richtig hält oder gerne tut. Sie verbindet, dass man darauf verzichtet, den Transformationsprozess systematisch anzugehen und gemeinsam darum zu ringen. Hier zeigen sich schon Ansätze zur Zersplitterung.

Der Rahmen chaotischer Übergangsprozesse lässt sich bewusst gestalten (etwa die inneren Frames, mit denen die Beteiligten auf den Prozess schauen). Der gewählte Rahmen hat deutliche Effekte auf den Verlauf und u. U. auch das Ergebnis (selbst, wenn es nicht vorhersagbar ist). Aus therapeutischen Prozessen, z. B. in einer Familientherapie, wissen wir: Je tiefgreifender und damit auch chaotischer ein Übergangsprozess verlaufen kann, desto wichtiger ist es, einen Rahmen zu setzen, der das, was dann passiert, halten kann und ihm Sinn gibt. Ein solcher Rahmen ist im Kern das Commitment, im Vertrauen (aufeinander, auf Gott) den Weg des Loslassens auf diese offene Weise in gemeinsamer Verantwortung füreinander und miteinander zu gehen.

Aufgrund der nicht-linearen Eigendynamik von Systemen gibt es für die Möglichkeit der Gestaltung solcher Prozesse allerdings nur ein begrenztes Zeitfenster. Auf dem Weg zu Veränderungen, die in die Tiefenstruktur des Systems reichen und daher absehbar disruptiv verlaufen, gibt es einen Kipppunkt, an bzw. nach dem es keine oder nur noch sehr begrenzte Möglichkeiten gibt, sich zu vereinbaren, um den Rahmen für den Übergang zu gestalten. Die Gefahr ist groß, dass sich dann nicht nur die Gestalt (hier die konkrete Kirchengestalt), sondern darüber hinaus der kommunikative Bezug aufeinander und damit das System in seiner Substanz (Kirche als systemische Wirklichkeit jenseits organisatorischer Ausprägungen) Schaden nimmt oder sich sogar auflöst. Aus einem „kontrollierten" wird ein „unkontrolliertes" Chaos mit einem hohen destruktiven Potenzial. Deutlich beschleunigte Trends, verschärfte Diskussionen über den „richtigen" Weg in die Zukunft, das wechselseitige Absprechen von Kirchlichkeit, Drohungen und Schuldzuweisungen, die Frequenz kritischer Ereignisse, die größer werdende Zahl derer, die aufgeben, etc. deuten darauf hin, dass dieser Kipppunkt zumindest für die katholische Kirche in Deutschland näher rückt, vielleicht auch schon überschritten ist.

Unterschiedliches Handling in den Kirchen

Die Kirchen unterscheiden sich im Umgang mit dieser Situation erheblich.[17] In der katholischen Kirche ist die Kirchenbindung traditionell stärker ausgeprägt als in den evangelischen Kirchen. Dennoch erreicht hier die Absetzbewegung inzwischen den Kern treuer und aktiver Katholiken in den Gemeinden. Die Austrittswelle nimmt Fahrt auf und ist inzwischen stärker als in der evangelischen Kirche. 60 % der Verantwortungsträger in der katholischen Kirche halten die bisherige Gestalt von Kirche tendenziell für nicht zukunftsfähig – deutlich mehr, als dies bei Verantwortungsträger:innen in den evangelischen Kirchen der Fall ist.[18] Für sie scheint die Situation noch eher gestaltbar. Zudem sind in der katholischen Kirche Trennung und Kirchengründung keine Optionen, im Notfall bestehende Spannungen zu lösen. Man kann also dort das Feld nicht so einfach verlassen bzw. wechseln. In der Folge sind in der katholischen Kirche aktuell Polarisierungstendenzen deutlich virulenter. Das führt vielfach zu Lähmungserscheinungen, zu Aktionismus und zu weiterem Vertrauensverlust.

---

[17] Vgl. Dessoy, V., Hahmann, U., Zeit des Übergangs. Befragung von Diözesen und Landeskirchen zum Verständnis von Veränderung und zum Vorgehen in aktuellen Transformationsprozessen, in: futur2 – 2/2022, URL: https://www.futur2.org/article/zeit-des-uebergangs/ [01.10.2023].
[18] Vgl. Hahmann, U., Dessoy, V., Reintgen, F., Hat die aktuelle Sozialgestalt von Kirche eine Zukunft. Befragung kirchlicher Führungskräfte im Vorfeld des 7. Strategiekongresses, in: futur2 – 2/2022, URL: https://www.futur2.org/article/zur-zukunftsfaehigkeit-der-kirche/ [01.10.2023].

Die Idee, dass Kirche über eine längere Zeit mit zwei (oder mehr) Betriebssystemen unterwegs sein könnte, ist in den evangelischen Kirchen zumindest im Fachdiskurs angekommen (Philipp Elhaus spricht von „Ambidextrie") [19]. Die breite Aufstellung von „Erprobungsräumen"[20] ist – losgelöst von der Frage, was dort faktisch passiert – ein erster Versuch, dies systemisch zu verankern. Davon ist die katholische Kirche noch entfernt. Dort laufen Ansätze, vom Pfad abzuweichen und zu experimentieren, eher im Windschatten oder so planvoll und risikoavers, dass systemrelevante Änderungsimpulse kaum zu erwarten sind und letztlich nicht gewollt werden, sofern sie denn systemrelevante Erschütterungen auslösen könnten, um die es ja im Kern dabei geht.

Mit einem Kipppunkt in näherer Zukunft scheint kaum jemand zu rechnen. Weder Entwicklungsprozesse noch Risikomanagement der Diözesen und Landeskirchen sind darauf ausgerichtet. Man geht in der Praxis trotz vielfältiger Hinweise und Signale zumeist von nahezu linearen Prozessen und einer langfristig gesicherten Handlungsfähigkeit aus. Man glaubt oder suggeriert, die Prozesse kontrollieren zu können.

In den evangelischen Kirchen ist das Wissen um die grundlegende Andersartigkeit der „nächsten Kirche" durchaus vorhanden. Nur stellt sich angesichts des verbreiteten Pragmatismus und der dominanten Kultur der Machbarkeit die Frage, ob faktisch das Tempo und die Tiefe der Reformen reichen, um den unkontrollierten Zusammenbruch zu verhindern und den qualitativen Sprung in die nächste Kirche zu schaffen. In der katholischen Kirche ist es angesichts der in den letzten 200 Jahren vollzogenen Zentralisierung von Macht und deren pyramidaler Zuspitzung und Immunisierung in der Hand des Papstes und der römischen Kurie mehr als fraglich, ob es bei den Verantwortungsträgern überhaupt die Bereitschaft gibt, lokal unterschiedliche Betriebssysteme, geschweige denn eine Vielfalt unterschiedlicher Kirchenkulturen zuzulassen.

---

[19] Vgl. dazu auch Etscheid-Stams, M. Kirchenentwicklung in Zeiten des Klimawandels. Es gilt, radikale und rasante Lösungen zu finden, in: futur2 – 2/2022, URL: https://www.futur2.org/article/kirchenentwicklung-in-zeiten-des-klimawandels/ [01.10.2023].

[20] Vgl. exemplarisch die strategische Bedeutung der Erprobungsräume in der Evangelisch-Lutherischen Kirche in Bayern (Bedford-Strohm, H., Evangelisch-Lutherische Kirche in Bayern, in: futur2 – 2/2023, URL: https://www.futur2.org/article/evangelisch-lutherische-kirche-in-bayern/ [01.10.2023]), und in der Evangelischen Kirche im Rheinland (Latzel, T., Evangelische Kirche im Rheinland, in: futur2 – 2/20122, URL: https://www.futur2.org/article/evangelische-kirche-im-rheinland/ [01.10.2023].

Sterben und Auferstehen – die DNA von Kirche

Wenn von Kirche gesprochen wird, ist der damit bezeichnete Sachverhalt mehrdeutig, weil der Begriff in unterschiedlichen Kontexten bzw. Sprachspielen gebraucht wird. Abgesehen davon, dass es in einem engen katholischen Verständnis überhaupt keine evangelischen Kirchen geben kann, bedeutet Kirche Unterschiedliches, je nachdem ob man mit einer kirchenrechtlichen, theologisch-dogmatischen, praktisch-theologischen, organisatorischen, betriebswirtschaftlichen, soziologischen ... Brille auf die (gleiche) Wirklichkeit schaut.

Dies ist zunächst unproblematisch, sofern man den Interpretationskontext jeweils mitliefert bzw. markiert. Geschieht dies nicht, entsteht Verwirrung, die man zumeist – bei gutem Willen – kommunikativ aufklären kann. Problematisch wird es, wenn systematisch logische Kategorienfehler gemacht und normativ gesetzt werden. Dies ist dann der Fall, wenn eine bestimmte Organisationsform, die in einem bestimmten historischen Kontext entstanden ist, mit der dahinterliegenden systemischen (Erfahrungs-)Wirklichkeit (die sich organisatorisch in unterschiedlichen Kontexten unterschiedlich konkretisiert hat) oder gar einer noch dahinterliegenden geistlichen Wirklichkeit gleich und absolut gesetzt wird. Dieses Manöver ist leicht durchschaubar: Es geht darum, bestehende Machtverhältnisse (die jede Organisation in der einen oder anderen Form mit sich bringt) zu immunisieren. Christian Hennecke zeigt in seinem Beitrag *Warum es so sein muss* in dieser Ausgabe, dass diese Position auch theologisch nicht haltbar ist.[21]

Ganz offensichtlich geht die aktuelle Gestalt von Kirche in Deutschland als Institution und Organisation ihrem Ende entgegen. Die anstehende Kulturveränderung ist organisatorisch so fundamental, dass deren DNA (ihre innere Logik, die Grundprinzipien ihrer Reproduktion als Organisation) betroffen sind. Das sorgt natürlich für Unruhe, v. a. bei denen, die Macht haben und Verantwortung tragen.

Damit geht jedoch die systemische Wirklichkeit hinter allen historisch bedingten organisatorischen Erscheinungsformen von Kirche nicht unter, im Gegenteil, sie zeigt, dass sie lebt. Die Wirklichkeit, der Kommunikations- und Erfahrungszusammenhang derer, die mit der Botschaft in

---

[21] Vgl. Hennecke, C., Warum es so sein muss. Theologische Anmerkungen zu ekklesiologischen Auflösungsszenarien, in: futur2 – 2/2023, URL: https://www.futur2.org/article/warum-es-so-sein-muss/ [01.10.2023].

Berührung gekommen sind und sich als Glaubensgemeinschaft verstehen, theologisch das Volk Gottes, beruht auf der Begegnung mit der unbedingten Liebe Gottes in Jesus Christus. Das ist der Kern christlicher Hoffnung: die Heilszusage Gottes, die in Leben, Tod und Auferstehung Jesu Christi erfahren wurde. Sterben und Auferstehen sind Kern der DNA von Kirche als System und Bewegung. Genau hier liegt der Masterplan ihrer über 2000-jährigen Geschichte. Sie verfügt über das Know-how, ihre konkrete Gestalt immer wieder grundlegend, bis in deren DNA hinein, zu verändern. Und genau das ist ihr Kernauftrag: die Heilserfahrung und -zusage in jeder Zeit jeweils neu zu formulieren und zu formatieren.

Christian Hennecke schreibt: „Zweifellos aber ist diese Logik des Werdens auch immer eine Logik des Sterbens. Es ist geradezu die unverwechselbare Identität des christlichen Glaubens, der sich in die Geschichte einschreibt, dass er die österliche Perspektive mitbringt: Tod und Auferstehung Christi geben auch den Rhythmus seiner Kirche vor – und das ist ja die eigentliche frohe Botschaft: jeder Tod spricht vom Leben, das neu wird und kommen wird, weil das wirkliche Leben, das Leben in Fülle, aus dem Geheimnis des Sterbens wächst. Was ein für alle Mal in Kreuz und Auferstehung geschehen ist, wird zum Lebensrhythmus des Christseins, wird zu Logik kirchlicher Existenz."[22]

Relevant vom Ursprung her

Am Anfang der christlichen Bewegung stand also eine Erfahrung und deren Deutung, die in ihrer Verbindung für die Menschen damals, Juden und Nicht-Juden, offensichtlich sehr überzeugend war, unabhängig davon, in welchem kulturellen Kontext sie sich bewegten. Die Evangelien beschreiben die Person Jesu und ihren Umgang mit den Menschen, in einer Vielzahl von Bildern und Geschichten. Stets ging von ihm eine Wirkung von Heilung und Befreiung aus. Jesus begründete sein Handeln mit einer besonderen Beziehung zu Gott. Seine Jünger verstanden Handeln Jesu als Hinweis auf etwas Größeres, auf Heil und Erlösung. Sie verknüpften sein Auftreten mit dem Anbrechen des endzeitlichen Reiches Gottes (hebräisch: מלכות malchut, griechisch Βασιλεία τοῦ Θεοῦ). In ihm sahen sie den Gesandten Gottes und drückten das Besondere an ihm – abhängig von der jeweiligen Kultur – in unterschiedlichen Bildern und Begriffen aus.

---

[22] Ebd.

Umkehr, Sinnesänderung (griech. μετάνοια metánoia) steht am Anfang des Evangeliums und ist ein Kernbegriff im Neuen Testament (Mk 1,9-15). Es geht um nachhaltige Veränderung: Durch das Wirken Jesu entstand (in der Wahrnehmung der Zeugen) ein Raum, der neue Erfahrungen ermöglichte, die einen tiefgründigen Unterschied machten, die den kognitiven Bezugsrahmen grundlegend veränderten und in diesem Sinne Umkehr, Wandlung und Entwicklung auf eine verheißene gute Zukunft hin in Gang setzten (vgl. Lk 24,13-35).

Taufe und Mahlgemeinschaft sind rituelle Zeichen und Vergegenwärtigung dieser Erfahrungswirklichkeit. Sie war allem Augenschein nach so stark und fundamental, dass sie die Botschaft der frühen Christen auch über den Tod Jesu hinaus lebendig und wirksam halten konnte. Sie steht in direktem Zusammenhang mit dem Sendungsauftrag Jesu „Geht hinaus in die ganze Welt und verkündet das Evangelium der ganzen Schöpfung!" (Mk 16,15). Das Ende (der Auftrag) ist nur vom Anfang (der Umkehrerfahrung) her zu verstehen.

Systemisch betrachtet, wird hier – ausgehend von Jesus selbst – für die Jünger und die frühen Christen eine Rolle skizziert, die Hinweise geben kann, wie Kirche für eine Gesellschaft, die sich im Umbruch befindet, relevant werden könnte. Die Christen sind Spezialisten für Wandlung und Entwicklung. Sie machen durch die Art ihres Beziehungsangebotes einen Unterschied. Sie sind ihrer Zeit voraus, sie verweisen auf eine Wirklichkeit, einen Fluchtpunkt in der Zukunft, nicht in der Vergangenheit. Eine Kirche, die dieser Logik folgt, übernimmt horizontale Führung in der Gesellschaft.

Voraussetzung hierfür ist, dass die Kirchen selbst den Erneuerungsprozess in seiner ganzen Breite und Tiefe annehmen und angehen.

Systemtherapie: Selbstreferenz und Umweltreferenz gewinnen

Systeme sind immer selbstreferenziell. Sie können nur das sein, was in ihrem Systemcode angelegt ist. Systeme sind lebendig, wenn sie Umweltreferenz herstellen, sich auf veränderte Umweltbedingungen immer wieder neu einstellen. Systeme werden dysfunktional, wenn der Zugang zu den eigenen Potenzialen oder die Kommunikation mit der Umwelt nicht (mehr) gelingt.

Aus systemtherapeutischer Perspektive ist bei den Kirchen (bei der katholischen Kirche stärker als bei den evangelischen Kirchen) sowohl die

Fähigkeit, Umweltreferenz herzustellen, als auch die Fähigkeit, Selbstreferenz herzustellen, über weite Strecken blockiert oder gestört.

Wie kann ein gestalteter Weg aus dieser Engführung und Blockade aussehen?

Am Anfang jeden therapeutischen Heilungsprozesses steht die existenzielle Erkenntnis und Vergewisserung der Beteiligten, dass die bisherigen Lösungsversuche gescheitert sind und man als System keine Zukunft hat, wenn man sein Agieren nicht unterbricht und vom bisherigen Pfad abweicht.

Diese Erkenntnis führt nicht automatisch zum Handeln. Sie kann so schmerzhaft sein, dass die Beteiligten in alte Muster zurückfallen oder sich mit kleineren Reparaturen an der Fassade begnügen, um ein besseres Gefühl zu haben. Erst wenn die Motivation, den qualitativen Sprung zu machen, groß genug ist, wenn Neugier und Lust auf das Neue groß genug sind, entsteht Bewegung. Hilfreich ist es dabei, Frames zur Verfügung zu stellen, die den Übergang und die damit verknüpften Emotionen verstehbar und handhabbar machen. Für die Bereitstellung einer solchen Rahmung ist der Bezug auf die biblische Botschaft von zentraler Bedeutung.

Den Fokus vom Funktionieren(wollen) auf Lernen(wollen) zu legen und dafür Raum zu schaffen, sich zu unterbrechen und loszulassen, ohne zu wissen, was kommt, zu experimentieren und Fehler zu machen, ist unabdingbar für nachhaltige Veränderung. Wenn der Weg ins Ungewisse gelingen soll, braucht es einen verlässlichen Beziehungsrahmen, das Commitment, das Kommende mit all seinen Turbulenzen im Vertrauen aufeinander und auf die gemeinsame Erfahrung der Liebe Gottes, in Verantwortung füreinander gemeinsam zu gehen. Hier ist es sicher so, dass die sich zeigende Zersplitterung ein Commitment umso schwieriger (und unverbindlicher) macht, je größer das System ist.

Wenn es dann losgeht, die Ressourcen für den laufenden Betrieb des Bisherigen systematisch und substanziell zu reduzieren (das beginnt angesichts der verbleibenden Zeit bei 50 %), vorhandene Muster und Routinen zu unterbrechen, Bestehendes loszulassen, um überhaupt Räume für Lernen und Entwicklung zu schaffen, gerät das System zwangsläufig in Stress (das Fehlen von Stress ist ein Indikator dafür, dass man nur an der Oberfläche kratzt). Wenn nichts mehr so funktioniert wie bisher und das Neue noch längst nicht erkennbar ist, entsteht Ungewissheit und Leere. Die Akteure sind irritiert, Emotionen kommen hoch, Interessenunterschiede werden sichtbar, Konflikte entstehen. Das gilt es miteinander auszuhalten und auszutragen. Hier hat Führung eine wichtige Rolle: das System zusammen und auf dem Weg zu halten und den Beteiligten bei allen Verwerfungen, die auftreten können, die Sicherheit zu geben, dass es eine gute Zukunft gibt. Hier ist die größte Gefahr, in Aktionismus zu verfallen und damit letztlich in die alten Muster.

Theologisch gesprochen führt der Weg der Erneuerung über das Kreuz (Joh 12,24). Nur wenn die Leere und Verlassenheit des Kreuzes ausgehalten wird, ist man bereit und in der Lage, auf das zu hören und zu erkennen, was wichtig ist, was der Kern der Hoffnung ist, das „Why" (Simon Sinek), das antreibt und begründet, die Identität, die alles, was an Neuem kommt, verknüpft und energetisiert. Gerhard Wegner nennt das den „nächsten Glauben". Er schreibt: „Das Neue wächst aus den Erfahrungen der Teilhabe an der Kraft Gottes: aus der leibhaftigen Partizipation an Kraftfeldern des Geistes."[23] Das Risiko eines solchen Weges ist allerdings, zu merken, dass es dieses gemeinsame „Why" gar nicht (mehr) gibt oder die Schnittmenge der individuellen „Whys" nicht mehr ausreicht, um etwas Gemeinsames daraus zu machen. Dennoch: Wenn es so ist, wird die Auflösung so oder so kommen.

Wenn das Mindset stimmt und der Raum vorhanden ist, wird Energie freigesetzt, dass Neues aus sich heraus entstehen kann. Dennoch ist auch hier Führung gefordert. Was gebraucht wird, ist abhängig von der Situation und den Kontextbedingungen. Es geht dabei stets um eine gute Balance zwischen strategischer Orientierung, Förderung und Unterstützung von Innovation und geschickter, sukzessiver Transformation, bei der v. a. Entscheidungen im Vordergrund stehen.

Der beschriebene Prozess wird sich emergent von unten ereignen, wenn die Akteure es einfach tun. Er kann von der Führung behindert oder aber i. S. horizontaler Führung unterstützt werden. Letzteres braucht viel Fingerspitzengefühl, um das rechte Maß an notwendiger Sicherheit und hinreichendem Tempo zu finden. Mehr Tempo scheint angesagt und mehr Mut, Bisheriges sein zu lassen.

---

[23] Wegner G., Ekklesiogenese: Fülle, Kraft, Empowerment. Ein Plädoyer für das Anstößige des Glaubens, in: futur2 – 2/2023, URL: https://www.futur2.org/article/ekklesiogenese-fuelle-kraft-empowerment/ [01.10.2023].

Literatur

Bedford-Strohm, H., Evangelisch-Lutherische Kirche in Bayern, in: futur2 – 2/2023, URL: https://www.futur2.org/article/evangelisch-lutherische-kirche-in-bayern/ [01.10.2023]).

Ciompi, L., Affektlogik. Über die Struktur der Psyche und ihre Entwicklung, Stuttgart 1982.

Dessoy, V., Zukunft der Kirche im Prozess des gesellschaftlichen Wandels, in: Drumm, J., Oeben, S. (Hrsg.), CSR und Kirche. Die unternehmerische Verantwortung der Kirchen für die sozial-ökologische Zukunftsgestaltung, Berlin 2022.

Dessoy, V., Hahmann, U., Zeit des Übergangs. Befragung von Diözesen und Landeskirchen zum Verständnis von Veränderung und zum Vorgehen in aktuellen Transformationsprozessen, in: futur2 – 2/2022, URL: https://www.futur2.org/article/zeit-des-uebergangs/ [01.10.2023].

Dessoy, V., Hahmann, U., Führen an der Schwelle zur nächsten Kirche, in: Dessoy, V., Klasvogt, P., Knop, J. (Hrsg.), Riskierte Berufung – ambitionierter Beruf, Priester sein in einer Kirche des Übergangs, Freiburg i. Br. 2022.

Detlef Pollack im Interview zum Strategiekongress: https://www.youtube.com/watch?v=gsbju_vUeZg [11.10.2023].

Evangelische Kirche in Deutschland (EKD), Engagement und Indifferenz – Kirchenmitgliedschaft als soziale Praxis. V. EKD-Erhebung über Mitgliedschaft, Hannover 2014.

Etscheid-Stams, M., Kirchenentwicklung in Zeiten des Klimawandels. Es gilt, radikale und rasante Lösungen zu finden, in: futur2 – 2/2022, URL: https://www.futur2.org/article/kirchenentwicklung-in-zeiten-des-klimawandels/ [01.10.2023].

Hahmann, U., Dessoy, V., Reintgen, F., Hat die aktuelle Sozialgestalt von Kirche eine Zukunft. Befragung kirchlicher Führungskräfte im Vorfeld des 7. Strategiekongresses, in: futur2 – 2/2022, URL: https://www.futur2.org/article/zur-zukunftsfaehigkeit-der-kirche/ [01.10.2023].

Hennecke, C., Warum es so sein muss. Theologische Anmerkungen zu ekklesiologischen Auflösungsszenarien, in: futur2 – 2/2023, URL: https://www.futur2.org/article/warum-es-so-sein-muss/ [01.10.2023].

Latzel, T., Evangelische Kirche im Rheinland, in: futur2 – 2/20122, URL: https://www.futur2.org/article/evangelische-kirche-im-rheinland/ [01.10.2023].

Wegner G., Ekklesiogenese: Fülle, Kraft, Empowerment. Ein Plädoyer für das Anstößige des Glaubens, in: futur2 – 2/2023, URL: https://www.futur2.org/article/ekklesiogenese-fuelle-kraft-empowerment/ [01.10.2023].

Warum es so sein „muss"[24]
Theologische Anmerkungen zu ekklesiologischen Auflösungsszenarien

Christian Hennecke

Dass wir am Ende einer Epoche kirchlichen Lebens und eines damit zusammenhängenden kirchlichen Gefüges stehen, dazu braucht es nur die Einsicht in Entwicklungsprozesse, die seit 60 Jahren religionssoziologisch gut dokumentiert sind. Umso erstaunlicher ist es, dass seit genau derselben Zeit ein Reformprojekt das nächste ablöst: Es gab und gibt immer noch die Hoffnung, ein Bild-, Lebens- und Gestaltgefüge zu erhalten, das – mindestens in den Herzen der damit engagierten Menschen – erfolgreich gewesen ist. Eine „Kybernetik erster Ordnung" (Dessoy) hofft, dass mit einer besseren Kirchenstruktur, mehr Partizipation, reformierten Moralvorstellungen, mit mehr Spiritualität und Liturgie eine Kirche in die Zukunft geführt werden kann, die authentisch und glaubwürdig das Evangelium bezeugt und Menschen sammelt.

Diese Hoffnung ist verständlich, aber eine eher verzweifelte Utopie. Denn sie will doch ein Gestaltgefüge und eine Bilderwelt bewahren, die eben nicht von heute ist. Allen progressiven Fanfarenstößen zum Trotz ist sie viel verwandter mit ihren konservativen Gegnern, die auch in Untergangs- und Rettungsfanfaren stoßen. Es geht immer darum, „die Kirche" zu bewahren und zu entwickeln. Aber auch hier findet eine folgenschwere Verwechslung statt: Auch hier wird das Bild einer Kirchengestalt so eng verknüpft und verwechselt mit dem Glutkern der christlichen Botschaft.

Vielleicht ist das unvermeidbar, weil eben diese Botschaft sich immer wieder neu inkarniert, inkulturiert und Gestalt geben muss – aber das würde ja auch heißen, dass immer neue Auflösungsprozesse dann geschehen, wenn Gesellschaften sich verändern und verwandeln. Und genau so war es in der Kirchengeschichte – und genau so ist es heute.

Wie dramatisch dies gefühlt wird, zeigen die Ratlosigkeit, die Rastlosigkeit und die polarisierte Emotionalität, die apokalyptische Semantik, der Zorn und die Wut, die sich auf allen Ebenen des kirchlichen Lebens zeigt.

---

[24] Erstveröffentlichung in: futur2 – 2/2023, URL: https://www.futur2.org/article/warum-es-so-sein-muss/ [01.10.2023].

Diese tief gefühlte und gelebte Unruhe zeigt an, dass es wirklich wahr ist: Eine Kirchenwirklichkeit zerbröselt und löst sich auf.

Lässt sich, jenseits der verzweifelt-aggressiven Schuldzuweisungen, der Fehler und Skandale und der offensichtlichen Dysfunktionalitäten vieler kirchlicher Situationen auch theologisch hier ein Deutungszugang finden?

Eschatologische Notwendigkeit

Wer sich am Zweiten Vatikanischen Konzil erfreut, der ist froh über die theologische Neuausrichtung des Kirchenverständnisses. Die starke strukturelle Fixierung einer hierarchischen Machtasymmetrie, die Idee und das Bild einer „societas perfecta" und der ideologischen Fixierung einer Gemeinschaft der Ungleichen wird im Rückgriff auf die Schrift und die Theologie der Kirchenväter überwunden. Kirche ist das wandernde Volk Gottes – diese Theologie des Volkes Gottes inspiriert die Kirchenaufbrüche der Nachkonzilszeit. Die sich in der Folgezeit zeigenden Konflikte machen mehr als deutlich, wie die Rede von der Gleichwürdigkeit aller Christen, die Neujustierung des gemeinsamen Priestertums aller Getauften und die Rekalibrierung der Amtstheologie tatsächlich ein anderes Paradigma ekklesiologischen Nachdenkens im Blick haben.

Gleichzeitig hat die Rede vom wandernden Gottesvolk für die Kirche eine provozierende Herausforderung. Kirche ist auf dem Weg und übersteigt sich ständig selbst. Weil es Gott ist, der sein Volk durch die Zeit führt, „bleibt" die Kirche nur sie selbst, wenn sie sich in jeder Zeit neu sammeln lässt, neu formiert und neuen Gestaltwerdungen Raum gibt. Damit dreht sich die Perspektive um: Es geht eben nicht darum, eine bestimmte Gestalt der Kirche durch die Geschichte zu tragen und zu bewahren, sondern sich immer wieder neu vom Geist Gottes durch die Geschichte tragen zu lassen – und zu entdecken, welche Gestalt der Kirche in welcher Zeit angemessen ist. Jede Kirchengestalt ist also grundsätzlich und notwendig immer wieder in einem Auflösungsprozess, weil sie grundsätzlich und notwendig in einem ständigen Werdeprozess ist. Und dieser Werdeprozess, der in sich immer neue Momente der Auflösung zugunsten des Werdens einer neuen Gestalt ist, hat einen radikalen eschatologischen Fluchtpunkt: Die Kirche ist eben nicht der Zielpunkt des Weges Gottes mit dieser Welt, sondern sie ist ein Mittel, „Zeichen und Werkzeug", das sich am Ende der Zeiten auflöst. Das biblische Bild des himmlischen Jerusalems

(Offb 21) macht drastisch deutlich, dass der Weg des Volkes Gottes durch die Geschichte, die verschiedenen Kirchengestalten nur dem einen Ziel der letztlichen Auflösung der Kirche im Reich Gottes dienen. Damit wird klar, dass jede Kirchengestalt immer wieder in der Logik der Auflösung und des Geborenwerdens steht – und dass diese Prozesse eben nicht zu steuern oder zu vermeiden sind, sondern der inhärenten Notwendigkeit und Dynamik des Evangeliums und des wirkenden Geistes entsprechen.

Das Muss des Sterbens

Zweifellos aber ist diese Logik des Werdens auch immer eine Logik des Sterbens. Es ist geradezu die unverwechselbare Identität des christlichen Glaubens, der sich in die Geschichte einschreibt, dass er die österliche Perspektive mitbringt: Tod und Auferstehung Christi geben auch den Rhythmus seiner Kirche vor – und das ist ja die eigentliche frohe Botschaft: Jeder Tod spricht vom Leben, das neu wird und kommen wird, weil das wirkliche Leben, das Leben in Fülle, wächst aus dem Geheimnis des Sterbens. Was ein für alle Mal in Kreuz und Auferstehung geschehen ist, wird zum Lebensrhythmus des Christseins, wird zur Logik kirchlicher Existenz.

Damit aber wird das Ende einer Kirchengestalt zum Warten auf das Werden einer Kirche, die noch nicht bekannt ist. Das macht es herausfordernd: Denn alle Rede einer Kirchenentwicklung muss ja noch einmal neu gelesen werden, wenn Entwicklung nicht einfach strategische Maßnahmen meint, sondern sich viel radikaler einschreibt in die Geschichte von Tod und Auferstehung Jesu – und Entwicklungsprozesse dem Handeln Gottes an seinem Volk nachspüren wollen.

Das heilsgeschichtliche „Muss" des Leidens und Sterbens gehört also zur DNA der Kirche, vor allem ihrer Gestalt. Deswegen ist es auch riskant, aus der vergehenden (und sich auflösenden) kirchlichen Gegenwart Zukunftsprojektionen zu wagen – denn viel zu treffsicher würden sie nur Vergangenheit mit eigenen Wunschprojektionen verknüpfen.

Umgekehrt: Gerade auch die Auflösung und das Ende einer Kirchenformation ist wirklich mit einer konstitutiven Ohnmacht verknüpft, mit Schmerzerfahrungen des Verlustes, mit Angst und Verlassenheit. Es ist unschwer zu erkennen, dass die derzeitigen Transformationsprozesse als Sterbeprozess gelesen werden können: Die Nichtannahme der Wirklichkeit, die zu einem langen Weiter-so führte und die Ideen zu Verbesserung und Veränderung der Trends verzögern zwar das Sterben, verhindern es aber nicht. Die Erfahrung und das Gefühl der Gottverlassenheit und die Erfahrung der Ohnmacht gegenüber diesen Prozessen führen zu einer verzweifelt-depressiven Grundgestimmtheit. Sie ähnelt denen der Jüngerinnen und Jünger unter dem Kreuz.

Demütige Selbstrelativierung

Zweifellos wirkt auf mich die derzeitige Diskussion um die weitere Entwicklung der Kirche sehr selbstreferenziell und redundant. Kein Ausweg, nirgends, aus den schon bekannten Pfaden und Abhängigkeiten. Kein Ausweg erkennbar aus dem Wunsch, sich selbst zu erhalten. In diesem Kontext ist mir die theologische Reflexion Dietrich Bonhoeffers weiterhin zentral. Hier bündeln sich die beiden benannten Akzente von Eschatologie und Kreuzestheologie in ekklesiologischer Zuspitzung mit einer provozierenden Ergänzung. Dietrich Bonhoeffer vermag das Ende einer gewohnten Kirchen- und Glaubensgestalt zu verknüpfen mit einer ekklesiologisch zugespitzten Theologie der reinigenden Läuterung. Er verweist – in seinem bekannten Taufbrief an sein Taufkind – darauf, dass die Kirche (und er meint seine protestantische Kirche) sich um sich selbst und ihren Selbsterhalt gekümmert hat – und genau dies führt zur Unfähigkeit, die frohe Botschaft und den Kern des Glaubens relevant und existenziell für sich selbst und die Zeitgenossen zu sagen. Und deswegen formuliert er: „… unser Christsein wird heute nur in zweierlei bestehen: im Beten und im Tun des Gerechten unter den Menschen. Alles Denken, Reden und Organisieren in den Dingen des Christentums muss neugeboren werden aus diesem Beten und diesem Tun. Bis du groß wirst (so schreibt er an sein Taufpatenkind, Anm. d. Verf.), wird sich die Gestalt der Kirche sehr verändert haben. Die Umschmelzung ist noch nicht zu Ende, und jeder Versuch, ihr vorzeitig zu neuer organisatorischer Machtentfaltung zu verhelfen, wird nur eine Verzögerung ihrer Umkehr und Läuterung sein."

Hier wird die innere Dimension des Zerbrechens und Neuanfangens benannt und zugleich eine demütige Selbstrelativierung ins Wort gehoben: Wir sind nicht die Kirchenentwickler, sondern wir sind hineingenommen in einen Prozess der Neugeburt, der nicht nur die Gestalt der Kirche verändert, sondern vor allem und in allem die Christen. Beten und Tun des Gerechten sind die Grundmerkmale christlicher Existenz und adventliches Warten auf das Neuwerden. Bonhoeffer warnt hier, Kirche neu zu organisieren, bevor sie nicht radikal in neuer Gestalt geboren wird.

Die Anerkenntnis der Selbstzentrierung auf die Kirche und ihren Erhalt ist dabei der erste Schritt, in eine noch unerkannte Zukunft zu gehen, die hier nicht vorhersehbar ist. Ein Prozess der Umkehr und Läuterung führt in eine neue Demut.

Auszuhaltende Uneindeutigkeit – Vom Übermut des Totsagens

Wenn immer wieder von der „letzten Chance" der Kirche die Rede ist, wenn immer wieder unterstrichen wird, dass wir kurz vor dem Ende der Kirche stehen, dann ist theologische Achtsamkeit gefragt. Wer genauer hinschaut, der erkennt nämlich recht schnell, dass die Prozesse der Auflösung und Verwandlung nicht organisierbar sind, sondern geschehen. Mir wird das immer wieder deutlich an den prophetischen Versuchen, bestimmte Formationen in der Kirche totzusagen: Weder sind bislang Gemeinden gestorben, noch sind Ordensgemeinschaften von der Bildfläche verschwunden. So wahr es ist, dass es eine konstitutive Überalterung vieler kirchlicher Formate und Gottesdienste gibt, so überraschend ist doch, dass immer noch viele Formen existieren, viele Menschen sich leidenschaftlich engagieren und Formen und Formate tragen, die totgesagt wurden.

Offensichtlich ist die Theo-Logik der Auflösung nicht einfach die Logik eines konsekutiven Prozesses zwischen Sterben und Auferstehen, sondern sie ist gekennzeichnet von einer unübersichtlichen Uneindeutigkeit und Vielfalt. Nein, der Tod lässt sich nicht vorhersagen, das Sterben ist oft ein langer Prozess, die Versuche des Erhaltens sind mit viel Leidenschaft durchtränkt – und es wird nicht schnell und einsichtig deutlich, dass das Alte gegen das Neue ausgespielt wird.

Die Rede von einer „blended ecology of church", einem „kirchlichen Mischwald" und also einer zu hütenden Vielfalt von kirchlichen Werde- und Vergehensprozessen ist daher wichtig: Kriterium des Sterbens, Sichauflösens und Werdens ist immer die Kraft des Evangeliums, die göttliche und inspirierende Geistkraft – und die lässt sich natürlich in Menschen und ihren Initiativen erkennen.

Charismatischer Gegenwartsüberschuss – Von der Ohnmacht der Kirche und der Macht des Evangeliums

Genau an dieser Stelle wird deutlich, dass wir – selbst einbezogen mit unseren Bildern, Hoffnungen, Erwartungen, Theologien und Projektionen in diese schmerzhaften Auflösungs- und Werdeprozesse – eher mitwirkende Beobachter und Akteurinnen sind in einem Prozess, den wir nicht überschauen können. Die Fokussierung des Blickes richtet sich theologisch deswegen weniger auf das Absterben und Auflösungsprozesse als vielmehr auf das schüchterne und kleine Werden neuer Erfahrungen.

Wer einen Blick in die Kirchengeschichte wagt, wird dabei nämlich immer wieder mit unerwarteten Aufbrüchen konfrontiert, die aus der Geisteskraft, charismatischen Persönlichkeiten und ihren Sammlungsbewegungen hervorgehen. Gerade immer dann, wenn – meist durch äußere Einflüsse – Sterben und Auflösung gesellschaftlicher und kirchlicher Sicherheiten radikale Zusammenbrüche hervorriefen, entstanden neue ungewohnte kirchliche Wirklichkeiten, die der jeweiligen Zeit entsprachen und zugleich die Kraft des Evangeliums in neuartiger Weise bezeugten.

Das ist nicht planbar, das ist auch nicht wünschbar, sondern es geschieht aus dem charismatischen Überfluss des Evangeliums, das auch in zusammenbrechenden Kirchenkonstellationen verkündet wurde. Dass dies auch immer wieder Konflikte auslöste, lässt sich in der Ordensgeschichte wie der Geschichte charismatischer Verbands- und Gemeinschaftsgründerinnen gut verfolgen. Offensichtlich gehört dies konstitutiv zur Logik der kirchlichen Entwicklungen in jeder Zeit.

Konziliare Transformationshinweise

Das Zweite Vatikanische Konzil hat deswegen sehr exakt beschrieben, in welcher Weise diese Transformationsprozesse die Praxis der Theologie prägen können und müssen. Wenn es nämlich theologisch nicht denkbar ist, die Wandlungsprozesse der Kirche gewissermaßen von außen vorherzusagen und zu prägen, dann bleibt – im Konzil ähnlich wie bei Dietrich Bonhoeffer – ein Zugang, der zum einen existenziell die Lebensperspektive der Christinnen und Christen ins Spiel bringt: Christsein und Christwerden geschieht dann, wenn wir Freude und Hoffnung, Trauer und Angst der Menschen unserer Zeit teilen (GS 1) – und so wird auch Kirche neu geboren, wenn sie die Zeichen der Zeit (GS 4) ernst nimmt und sich auf die Transformationen, die ihre eigene Auflösung/Neugeburt implizieren, einlässt.

Diese Dynamiken als Gemeinschaft zu entdecken und auf diesem Lernweg zu bleiben, darin liegt die synodale Herausforderung, gerade in den Zeiten, in denen Kirche sich neu konfiguriert und damit ab- und auflöst aus alten Paradigmen. So formuliert das Konzil: „Im Glauben daran, daß es vom Geist des Herrn geführt wird, der den Erdkreis erfüllt, bemüht sich das Volk Gottes, in den Ereignissen, Bedürfnissen und Wünschen, die es zusammen mit den übrigen Menschen unserer Zeit teilt, zu unterscheiden, was darin wahre Zeichen der Gegenwart oder der Absicht Gottes sind" (GS 11).

Diesem Entdeckungsprozess, der konstitutiv synodal ist, geht es um eine Umkehrung der bisher bestandswahrenden Ekklesiozentrik, die sich in den vielen Diskussionen, Polemiken, Restrukturierungsprozessen und schmerzhaften Depressionen erkennen lässt: Es bleibt das Sichaussetzen und Entdecken, welchen neuen Weg Gott heute mit den geliebten Menschen dieser geistvollen Welt geht, um Kirche neu werden zu lassen. Zweifellos heißt das aber zugleich: entdecken, wie Gott Menschen sammelt und wie Gott loslässt und Auflösung zulässt.

„Das Ende der Illusion"[25]
Impuls

Christian Stäblein

Liebe Kolleginnen und Kollegen, liebe Geschwister,
liebe Freundinnen und Freunde,

das Ende der Illusion – der Titel, wir haben das heute schon gehört, hat im Vorfeld manche Kritik erfahren. Er sei zu hart, er negiere die vielen guten Ansätze, die wir doch gerade erleben, gerade jetzt. Er sei reißerisch und reiße nur weiter herunter.

Man kann in solchen Diskussionen und Gesprächen dann von 10 runterzählen, bis auch noch jemand sagt: 19 Millionen Mitglieder – nur die evangelische Kirche. Die hätte der DGB oder eine politische Partei natürlich gerne. Das geht dann so lange, bis von der anderen Seite jemand einwirft: Der ADAC hat 21 Millionen Mitglieder. Man könnte oder müsste also schließen: die Gewissheit, dass, wer auf der Straße liegen geblieben ist, Pannenhilfe bekommt, ist wichtiger, als an der Frage nach Gott organisiert beteiligt zu sein. Oder schlichter: Die „gelben Engel" sind den Menschen näher als die Engel, die man wohl nicht sieht. Das Ende der Illusion.

Ich habe – auch das will ich voranschicken – ein wenig Mühe gehabt, mich auf meinen Impuls einzustellen. Rollenadäquat wäre doch ein Bischof, der den Tag über den Mühen zuhört und am Nachmittag in einem erbaulichen Impuls den Weg nach vorne weist – ganz im vertrauten Duktus des Dennoch und Trotzdem und Doch: Und doch ist die Kirche da und trotzdem wirkt Gott und wir leben alle aus einem guten Trotzdem – gerne dabei verwiesen etwa auf das Psalmwort, das Gottes Wort laut macht: Dennoch bleibe ich stets an dir, halte dich bei deiner rechten Hand (Ps 73). Das wäre doch „bischofslike", dachte ich: Am inzwischen auch buchtitelmäßig berühmten „Nachmittag des Christentums" (Tomas Halik) oder zumindest am Nachmittag dieses Werktags aufzuschlagen und Mut zu machen, wo sich Resignation breitmachen könnte. Aber die Regie hat es anders vorgesehen und ich glaube, das ist gut und richtig so. Alles andere könnte den Eindruck erwecken, der Titel des Tages meine es nicht ernst.

---

[25] Impuls des Bischofs bei der Veranstaltung „Am Ende der Illusion – WERKTAG INNOVATION" des Amtes für kirchliche Dienste der Evangelischen Kirche Berlin-Brandenburg-schlesische Oberlausitz am 27.09.2023.

Das Ende der Illusion ist ja nicht der Versuch, es besonders negativ zu zeichnen, sondern zunächst einmal die Aufforderung zu nüchternem Hingucken, zu nüchternem Feststellen und Sagen, wie es ist.

Ich versuche es in ein paar wenigen Strichen.

Der fundamentale, der gute Subjektivismus, die radikale Einsicht, dass Glaube nur Glaube ist, wenn er für mich gilt, und dass er erfahren sein muss und dass er am Ende nichts anderes ist als Erfahrung mit Gott (schlicht gesagt diese Mischung aus Luther und Schleiermacher) – genau diese Form existenziellen Selbstverhältnisses des eigenen In-der-Welt-Seins *muss* (wenn sie denn gelebt werden darf, also auch gesellschaftlich und organisatorisch zugelassen ist und nicht, wie noch vor 200 Jahren, im Grunde faktisch gesellschaftlich ausgeschlossen) zwingend zu einem Ende von Großorganisationen führen, die in ihrer Verfasstheit von einem überindividuellen Konsens leben.

Ich gebe zu, komplizierter kann man es nicht ausdrücken, aber Sie können es gerne übersetzen in radikalisierten Individualismus und Gesellschaft der Singularitäten (und wie die Worte dafür heißen). Wichtig ist mir dabei: Es ist nichts Schlechtes, sondern alles etwas sehr Folgerichtiges. Wer möchte denn von Ihnen, von uns in einer Gesellschaft leben, in der die Menschen nicht in ihrer Individualität als Allererstes in tiefer Weise geschätzt werden und etwa in die Kirche kommen oder dort sind, weil sie sollen oder müssen oder es schon immer so war oder weil es sie nicht interessiert, aber man macht das so, oder, oder, oder? Und wer möchte denn in einer Religion Wahrheit reden wollen, die vorschreibt, was zu glauben ist; und die nicht auf Diskurs, Überzeugung, Erfahrung und Ankommen in der Moderne setzt, sondern die vormodern-magisch daherkommt und von der aber jeder moderne Mensch wüsste, wie wirkungslos das ist.

Das Ende der Illusion? Dass das nicht ohne Wirkung bleibt. Das Ende der Illusion? Dass diese Entwicklung, die der Moderne und auch der Reformation als Bewegung im Tiefsten eingeschrieben ist, dass die irgendwie dann aber auch mal wieder aufhört. Dass es dann mal gut ist, damit und dass – wenn man nur häufig genug ruft: „Achtung, die Kirche verschwindet" – dann die Menschen sagen: „Oh, wenn ich das gewusst hätte, nee, das wollte ich natürlich nicht." Neulich hat mir doch tatsächlich der Altbundespräsident Wulff vorgehalten, er sei doch enttäuscht von den Kirchen. Jetzt, wo so viele austreten, müsste man doch eigentlich endlich mal sagen, wofür die Kirche da ist; das sollten wir jetzt mal tun. So nach dem

Motto: Dann hören die Menschen schon wieder hin und auf mit dem Austreten. Nein, das Ende der Illusion ist, dass diese Entwicklung, die seit 200 Jahren – seitdem das auch gesellschaftlich und organisatorisch bestens möglich ist, die Kirche zu verlassen –, dass diese so folgerichtige Bewegung wieder aufhört. Das tut sie nicht – und damit bekommt die Organisation Kirche jetzt die klaren Gefühle, den Rand oder das Ende ihrer jetzigen Organisation oder Verfasstheit zu sehen, zu spüren. Deshalb sind wir ja hier. Weil die Menschen uns zeigen und sagen: Wir brauchen euch nicht, oder besser: Ich brauche euch nicht für mein Leben. Dann lässt sich dagegenhalten und sagen: Aber du brauchst eine schöne Kita und eine gute Schule und eine gute Altenpflege und ein Krankenhaus, in dem mehr zählt als Apparat und Schlauch, und du brauchst sicher auch ein paar, die rufen: Schöpfung, Schöpfung. Aber die Antwort kann dann eigentlich nur sein und ist es ja auch: Ja, das möchte ich alles gerne, aber das ist alles ein Gebot der Humanität, nicht im platten, wohl aber im tiefen Sinne: Im tiefen Sinne erfüllen der Humanismus und die solidarische Gesellschaft das alles mit und sollten es. Tut sie es nicht, kann ich mich dafür engagieren. In der Wohlfahrtspflege und beim NaBu und wenn ich will, auch in der Letzten Generation. Die Kirche brauche ich dafür nicht. Das Ende der Illusion ist zu glauben, wegen dieser Dinge ginge der Mitgliederschwund zurück. Das Ende der Illusion ist zu glauben, man könne dem, was wir Säkularisierung nennen – und, was doch etwas sehr Gutes ist, die gesellschaftliche und individuelle Möglichkeit zur guten Trennung von Leben und Glauben –, man könne dem mit Aktivismus oder mit aufgepumpter Frömmigkeit begegnen.

Wenn die Mehrheit der Gesellschaft das so sieht, wenn die Mehrheit der Individuen keine individuelle Erfahrung mehr mit der Kirche haben, dann kann man ihr eine Weile noch einen netten Platz zuweisen: für gute Werte, für den Zusammenhalt, für das demokratische Miteinander, für den Transformationsprozess – und wir bieten uns ja überall an und freuen uns, wenn wir noch eine Rolle haben, die jemand gesellschaftlich relevant findet. Aber mit dem, worauf es ankommt und was verloren scheint, die Aufgabe der Beziehung zu Gott, die Erfahrung mit Gott als fundamentale Erfahrung dieses Lebens, damit, liebe Leute, hat das doch alles nichts zu tun:

Wenn ich liegen bleibe, brauche ich einen ADAC-Engel. Wenn ich sterbe, hätte ich gerne einen Gottesengel. Aber ich glaube nicht mehr an ihn.

Der radikale säkulare Subjektivismus mit der individuellen Erfahrungsevidenz rückt – das ist so, der existentialistische Atheismus war dem materialistischen Atheismus stets sehr nah – nahe an den ja nicht weniger überzeugenden naturwissenschaftlichen Materialismus, der in großer Sause in der zweiten Hälfte des 20. Jahrhunderts dafür gesorgt hat, dass natürlich gilt, was wir wissen: Bist du religiös? Nee, ich bin normal. Immer heißt es, die Menschen seien in Scharen ausgetreten und kämen nur einzeln zurück. Aber das stimmt doch nicht: Sie sind alle einzeln ausgetreten, weil sie für sich keine Relevanz mehr in der Kirche erkennen können und weil sie sich über die anderen Funktionen, die die Kirche gerne nimmt, immer gerne ärgern. Und dieser Ärger ist der willkommene Grund für den Austritt. Für die einen, weil die Kirche nicht genug für die Flüchtlinge getan hat. Freunde von mir sagten damals in den 90ern: Ich bin jetzt bei Amnesty, ihr seid mir zu zahm. Und andere sagen jetzt: Ihr tut zu viel für die Geflüchteten, ihr seid mir zu politisch. Ich sage: Das eine wie das andere ist vorgeschoben, ist willkommen rationalisierbar, aber eigentlich ist gemeint: Die Institution hat keine Relevanz mehr für mich und nur drinbleiben, weil es gesellschaftlich besser ist – weil die den Zusammenhalt stärken, die Feste zu Weihnachten organisieren, die Kita besser ist –, das zahle ich lieber individuell, dafür braucht es die Kirche nicht. Das Ende der Illusion ist, dass das, was ich hier beschreibe, aufhört.

Wir wissen das in der einen Hirnhälfte schon lange. Was sich gerade ändert, ist das Wissen, dass das die Organisation in ihrer jetzigen Form an Kipppunkte, an Abbruchkanten führt. Dazu kommen die Katalysatoren der Jetztzeit: eine zerrissene Gesellschaft, Empörungswellen, Transformationsängste. Das Ende der Illusion.

Ich könnte noch eine Weile so weitermachen, aber Sie verstehen hoffentlich, warum ich in Sorge vor diesem Impuls war. Es ist nicht gut, wenn der Bischof mit Leidenschaft die Rede des Untergangs hält. Ich kann gerne noch zuspitzen: diese Kirchenorganisation wird sterben, es geht ja gar nicht anders. Wir gucken geradezu zu – mit all den Ambivalenzen. In Sterbe- und Abschiedsprozessen spürt man ja plötzlich eine riesige Lebendigkeit, das kennen Sie von Freunden, die krank sind, nicht wahr: Plötzlich wissen sie, was Leben ist. Plötzlich entdecken wir Tauffeste und Segensfeiern neu, plötzlich brechen Gemeinden zu schönsten Projekten auf, plötzlich sprießen Pilgerwege durch Spandau, plötzlich begreifen wir die Kraft des guten Religionsunterrichts in der Uckermark und überall.

Hurra, wir leben – und mancher sagt: Wer weiß, dass er stirbt, fängt erst richtig an zu leben.

Diese Kirchenorganisation wird sterben und wir wissen nicht, was dann kommt. Leute, so war es doch immer in der Geschichte der Kirche. Verwandlungsprozess 2000 Jahre. Zeig mir ein Jahrhundert, wo es anders war. Jesus hat ja nicht gesagt: Geht hin in alle Welt und gründet Landeskirchen und macht Mitgliederwerbung. Und er konnte auch nicht sagen: Findet im digitalen Zeitalter jenseits der Mitgliederparameter eine neue Kirche, eine Kirche für alle, einen Raum für alle, einen Raum, in dem Gott euch begegnet. Aber er hat gesagt: Siehe, ihr werdet leben, auch wenn ihr sterbt. Und das gilt auch für die Kirchenorganisation – nicht als Organisation, aber als Glaubensgemeinschaft. Das gilt für den Leib Christi Kirche auch: Er wird leben, ihr werdet leben. Sterben und leben ist der Weg dieses Christus, sterben und leben ist der Weg seines Leibes. Es sind so großartige Lebensprojekte, die wir, die ihr allerorten in der Kirche schon jetzt erlebt. Sorry, das soll jetzt nicht der erbauliche Schluss sein, der mir gar nicht vorbehalten ist.

Aber ich muss das sagen dürfen: Natürlich wird das Evangelium leben und natürlich auch eine Kirche. Aber wir wissen nicht den Weg der Transformation schon vorher, wir wissen nur die kleinen Schritte und die guten Planungen, die wir machen müssen und machen sollen. Nix Hände in den Schoß – das Meer des Todes beim Exodus spaltet sich, als die Menschen den ersten Fuß hineinsetzen – ohne zu wissen, ob und wo sie ankommen. Das war immer so, das ist auch jetzt so.

Lasst die Metapläne. Aber geht weiter. Findet neue Orte, vor allem: Findet Orte, an denen radikal, individuell, tief erfahrbar von Gott die Rede ist. Wir machen ihn nicht relevant, aber so wird er es wieder werden und sich finden lassen. Ihr tut das, ich weiß das, und – bevor hier jemand dem Bischof Defätismus vorwirft – keine Gemeinschaft und keine Gesellschaft, die das nicht braucht. Engel. Nicht nur gelbe. Aber alles andere ist Illusion. Und wir sind an ihrem Ende. Danke fürs Ertragen!

Never gonna give you up?
Warum die Popmusik ohne Auflösung nicht das geworden wäre, was sie ist

Norbert Bauer[26]

Die Besucherinnen und Besucher des großen englischen Pop-Musikfestivals Glastonbury erlebten 2023 ein besonderes Highlight. Rick Astley, der 1987 mit seinem Hit *Never Gonna Give You Up* die europäischen Charts eroberte, überraschte die Festivalbesucher mit einem außergewöhnlichen Konzert. Er sang keinen seiner eigenen Hits – er sang nur Lieder von The Smiths. Der König des gutgelaunten Discopop coverte die depressiven Hymnen der Helden der englischen Independent-Musik. Die Songs der Smiths stehen auf meiner Playlist für die Ewigkeit. Ganz weit oben: *There Is A Light That Never Goes Out*. Wie sehr dieser Song zum „national treasure" Englands zählt, zeigt ein BBC-Mitschnitt vom Glastonbury Festival. Alle singen mit, auch die Festivalbesucher, die offensichtlich erst nach den Smiths geboren wurden. Das ist erstaunlich, existierte die Band doch nur kurze Zeit. Zwischen dem ersten Studioalbum und dem vierten, dem zugleich letzten, lagen nur drei Jahre. Im August 1987 verkündete der New Musical Express mit der Schlagzeile „Smiths to Split" die Auflösung der Band. Ihr Song „Heaven Knows I'm Miserable Now" entsprach der Trauer vieler Fans.

Aber vielleicht war die Auflösung nicht das große Unglück für sie? Das meint zumindest Tony Fletcher, der Biograph der Band. Der eingefleischte Smith-Fan sieht positiv auf das ‚vorzeitige Ende', bewahrte es ihn doch vor mediokren Smiths-Alben und langweiligen Songs.

Die Geschichte der Popmusik ist auch die Geschichte von Band-Auflösungen. Die Gründe sind dabei sehr unterschiedlich. Die Beatles trennten sich wegen Yoko und Linda, bei Abba gingen nicht nur Agneta & Björn und Benny & Anni-Frid privat getrennte Wege. Die Sex Pistols konsumierten zu viele Drogen und lösten sich schon nach einem einzigen Album auf. Sie hatten ihr Ziel erreicht: die Rockwelt von Bombast und Kitsch zu befreien.

---

[26] Nobert Bauer hat beim Strategiekongress abends an den Plattenspielern gestanden und beim Get-together Musik aufgelegt. Er denkt darüber nach, inwiefern Auflösung auch für die Pop-Musik produktiv ist.

Die frühe Bandphase ist meist die kreative, innovative Zeit einer Band. Hier werden neue Ideen entwickelt und die besten Songs geschrieben. Auf meinem Plattenspieler liegen größtenteils Alben aus den Frühphasen der Bands. Für meinen Geldbeutel wäre es besser, wenn sich so manche Band rechtzeitig auseinandergelebt hätte. Dann hätte ich nicht aus Pflichtbewusstsein und Treue das Spätwerk erworben, das dann nicht selten nach einmaligem Hören im Regal verstaubt.

Was passiert, wenn Bands den richtigen Zeitpunkt für ein gutes Ende verpassen, zeigen aktuell die Rolling Stones. Im September 2023 veröffentlichten sie ihre neue Single „Angry", ein angeblich autobiographisches Lied über eine Beziehungskrise. Im Video räkelte sich die 26-jährige Sydney Sweeney in einem roten Mercedes-Cabriolet, während der 80-jährige Mick Jagger sie anfleht, nicht böse mit ihm zu sein. Will ich so etwas noch sehen? Die Stones bestehen seit über 60 Jahren. Auch sie haben ihre erfolgreichsten und besten Songs in ihren ersten 10 Jahren eingespielt. Auch „Angry" klingt nur wie eine schale Coverversion früher Songs.

Mick Jagger hätte ja nicht als Musiker aufhören müssen. So mancher Star erfand sich erst nach der Trennung von seiner Band neu. John Lennon schrieb nach den Beatles *Imagine,* Robbie Williams nahm ohne Take That *Angels* auf und Diana Ross landete ohne die Supremes mit *Upside Down* ihren größten Hit.

Keine Regel ohne Ausnahme, auch in meiner Plattensammlung. Tocotronic beweisen mit jedem Album, dass ihnen als Band die Ideen nicht ausgehen. Und The Notwist haben ihren Meilenstein *Neon Golden* erst nach 12 Jahren Bandgeschichte aufgenommen. Es war ihr fünftes Album. Und kein Album danach war eine Enttäuschung.

Vielleicht geht auch beides. Im Oktober 2023 war ich im Dortmunder Konzerthaus, um ein Konzert der englischen Band The Dexys zu erleben. Früher nannten sie sich Dexys Midnight Runners. Von der Ursprungsformation ist nur der Sänger und Kopf der Band Kevin Rowland dabei. Ihr Konzert bestand aus zwei Teilen. Zunächst präsentierten sie *Feminine Divine*, ihr fantastisches neues Album. Nach der Pause kündigte Kevin Rowland „some old stuff" an und spielte Songs seiner ersten Alben, natürlich auch ihren 40 Jahre alten Hit *Come on Eileen*. Nach dem Konzert habe ich nicht sagen können, welcher Teil des Konzerts mich mehr bewegt hat.

Und wo besteht nun die Brücke zu Kirche und Religion? Ich will es mit Analogien nicht übertreiben. Ich war als DJ für die Abendunterhaltung eingeladen, nicht als Referent für das Tagesgeschäft. Dennoch entdecke ich eine Parallele. Popmusik ist für mich Lebenselixier. Mit 14 habe ich ein Buch über die Beatles geschenkt bekommen. Die erste LP meiner in der Zwischenzeit angewachsenen Plattensammlung besitze ich immer noch: *Look Sharp* von Joe Jackson. – Ich weiß, was Erinnerung und auch Nostalgie bedeuten. Ich würde heute aber nicht mehr in einen Plattenladen rennen, wenn ich nicht wüsste, es gäbe Neues, nie Gehörtes zu entdecken. Und damit Neues sich entwickeln kann, müssen Kapazitäten und Ressourcen da sein. Und deswegen ist es gut, dass sich Bands auflösen und Bandmitglieder wieder den Kopf für anderes frei haben. Es ist gut, dass junge Musiker:innen neue Rhythmen, Beats und Melodien entdecken und wir nicht nur zu den alten Songs tanzen müssen. Das gilt auch für die Kirche. Und was ist mit den alten Songs? Wenn sie gut sind, werden sie wieder gesungen, von anderen Menschen, von anderen Bands. Wie beim Glastonbury Festival in diesem Jahr. Das ist eine beruhigende Botschaft. Auch für Kirche.

B. Vergewisserung der Ausgangslage

„Analysen gibt es genug", sagen viele. Die Daten sind bekannt und in ihrer Fülle hochkonvergent. Trends lassen sich nicht leugnen, allenfalls ausblenden. Handlungsrelevant sind sie jedoch nicht per se, entscheidend ist ihre Bewertung im Blick auf die Konsequenzen, die daraus zu ziehen sind. Und die kann sehr unterschiedlich ausfallen.

In diesem Kapitel geht es – der Idee von Sektor 1 des Kongresses folgend – nicht darum, völlig neue Informationen oder Erkenntnisse zusammenzutragen, sondern die vielfach beschriebenen Einzelbeobachtungen auf dem Hintergrund der Fragestellung zu aktualisieren, zu verdichten und zu bewerten. Die realistische Bestandsaufnahme soll helfen, die Dimension der Herausforderung zu realisieren, vor der die Kirchen stehen.

Den Aufschlag dazu macht Tobias Kläden. Er stellt Ergebnisse der 6. Mitgliedschaftsuntersuchung der EKD vor, die in Zusammenarbeit mit der DBK erstellt und 2023 vorab veröffentlicht wurde. Hier werden zentrale Entwicklungen und Trends beschrieben, die seit der letzten Untersuchung im Jahr 2010 (KMU 5) zu beobachten sind.

Es folgen thesenartig die Bewertungen bzw. Einschätzungen der Situation der Kirchen und der sich daraus ergebenden Herausforderungen durch die *vier Protagonist:innen in Sektor 1 des Kongresses*: Detlef Pollack, Gerhard Wegner, Matthias Drobinski und Marliese Kalthoff. Als Hintergrundinformation dienen vier Interviews, die mit den Protagonist:innen im Vorfeld des Kongresses geführt wurden, in denen sie ihre Positionen ausführlicher darstellen konnten.[27]

Unter dem Titel *Was sich auflöst* beschreibt Leo Baumfeld, ein Teilnehmer des Kongresses und langjähriger Berater kirchlicher Entwicklungsprozesse, seine Gedanken zum Thema, die ihn während des Kongresses und danach beschäftigt haben.

---

[27] Die Interviews finden sich auf der Webseite des Strategiekongresses, URL: https://2022.strategiekongress.org/#thesen [01.10.2023].

Zwischen Erosion und Relevanz
Zentrale Ergebnisse der 6. Kirchenmitgliedschaftsuntersuchung der EKD

Tobias Kläden

Mitte November 2023 wurden die ersten Ergebnisse der 6. Kirchenmitgliedschaftsuntersuchung (KMU 6) veröffentlicht,[28] die wichtige empirische Kontexte für den 7. Strategiekongress zum Thema „Auflösung" liefert. Im Folgenden sollen zentrale Ergebnisse der KMU vorgestellt werden, mit jeweils vorangestellten thesenartigen Überschriften.

1. Die KMU 6 besitzt eine hohe methodische Qualität. In der katholischen Kirche gab es eine solch umfassende Studie bislang nicht.

Die KMU ist eine seit 1972 regelmäßig alle zehn Jahre von der Evangelischen Kirche in Deutschland (EKD) durchgeführte Erhebung, in der die evangelische Kirche aus der Sicht ihrer Mitglieder untersucht wird. Sie lieferte wichtige Impulse für die strategische Planung und die ekklesiologische Diskussion um das Selbstverständnis in der evangelischen Kirche und gilt als „Flaggschiff" der deutschsprachigen religionssoziologischen Forschung, zumindest im evangelischen Bereich. Seit 1992 wurden auch Konfessionslose (die ehemals evangelisch oder immer schon konfessionslos waren) in die Untersuchung einbezogen.

Die aktuelle, sechste Welle der KMU findet erstmals in ökumenischer Kooperation mit der Deutschen Bischofskonferenz (DBK) statt. Sie wurde als repräsentative Bevölkerungsumfrage durchgeführt, in der insgesamt 5.282 Personen ab 14 Jahren unabhängig von ihrer Religionszugehörigkeit und Nationalität zu knapp 600 Fragen aus einem breiten Themenspektrum zu Religion und Kirche befragt wurden. Durch eine veränderte Methodik der Stichprobenziehung (v. a. die Nutzung des ‚Omninet-Panels' des Meinungsforschungsinstituts Forsa) konnte eine Problematik

---

[28] Evangelische Kirche in Deutschland (EKD) (Hrsg.), Wie hältst du's mit der Kirche? Zur Bedeutung der Kirche in der Gesellschaft. Erste Ergebnisse der 6. Kirchenmitgliedschaftsuntersuchung, Leipzig 2023. Im vierten Quartal 2024 wird ein ausführlicher Auswertungsband erscheinen. Weitere Informationen unter https://kmu.ekd.de/. Die hier präsentierten Daten beziehen sich auf diesen Überblicksband zur KMU 6.

früherer KMUs vermieden werden, nämlich dass religions- und kirchenaffine Personen in der Stichprobe überrepräsentiert waren und diese dadurch verzerrt haben. Der Abgleich mit Referenzdaten aus der Allgemeinen Bevölkerungsumfrage der Sozialwissenschaften (ALLBUS) belegt, dass es in der KMU 6 keine religionsbezogene Stichprobenverzerrung mehr gibt.

Die Daten der KMU 6 besitzen somit eine hohe methodische Qualität und Zuverlässigkeit; die Ergebnisse sind als sehr valide einzuschätzen und zeigen einen präzisen empirischen Blick auf die religiöse und kirchliche Wirklichkeit, der nicht ignoriert werden sollte. Bislang gab es eine solche Studie im katholischen Bereich nicht, die gleichzeitig so thematisch umfassend, methodisch seriös und bundesweit repräsentativ gearbeitet ist und die Vergleichsmöglichkeiten zwischen Katholischen, Evangelischen und Konfessionslosen, aber auch regional differenzierte Auswertungen erlaubt.

Aufgrund der Repräsentativität der KMU kann man aus ihr auch zuverlässig die konfessionelle Zusammensetzung der Bevölkerung Deutschlands zum Zeitpunkt der Datenerhebung der KMU 6 (letztes Quartal 2022) ablesen: 43 % Konfessionslose, 25 % Katholische, 23 % Evangelische und 9 % Angehörige anderer Religionsgemeinschaften, darunter 5 % Islam, 2 % autochthone christliche Gemeinschaften (v. a. Freikirchen) und 2 % postmigrantische christliche Gemeinschaften (v. a. orthodoxe Kirchen). Rechnet man nur die beiden großen christlichen Kirchen zusammen, ist ihr Anteil mit 48 % inzwischen unter die 50%-Marke gesunken, nachdem sie jahrzehntelang die deutliche Mehrheit in der Bevölkerung stellten (zum Zeitpunkt der ersten KMU 1972 waren noch 90 % des damaligen Untersuchungsgebietes Westdeutschland Mitglied einer der beiden großen christlichen Kirchen). Zählt man hingegen alle christlichen Konfessionen zusammen, so stellen sie zur Erhebungszeit der KMU 6 mit 52 % noch knapp die Mehrheit der deutschen Bevölkerung dar, werden aber voraussichtlich 2024 auch unter 50 % sinken. Umgekehrt werden die Konfessionslosen wahrscheinlich 2027 mehr als 50 % ausmachen und somit auch die absolute Bevölkerungsmehrheit stellen.

2. Nicht nur Kirchlichkeit, auch Religiosität geht zurück. Wir befinden uns inzwischen in einer säkularen Mehrheitsgesellschaft.

Dass für die katholische wie die evangelische Kirche in den letzten Jahren und Jahrzehnten bereits tiefgreifende Erosionsprozesse zu beobachten waren, ist hinlänglich bekannt. Weniger bekannt ist ein zentrales Ergebnis der KMU 6, dass nicht nur Kirchlichkeit, sondern auch Religiosität allgemein deutlich zurückgeht. Mittlerweile leben wir in Deutschland in einer mehrheitlich säkularen Gesellschaft. Der Blick auf die religiöse „Großwetterlage" in Deutschland zeigt, dass nach Analyse der ca. 100 religionsbezogenen Fragen, die allen Befragten gestellt wurden, sich zwei grundlegende Dimensionen von Religiosität herauskristallisieren: eine kirchennahe und eine kirchenferne Form von Religiosität. Beide Formen sind rückläufig, die kirchenferne sogar noch stärker als die kirchennahe.

Kirchennahe und kirchenferne Religiosität sind unabhängig voneinander, d. h., sie schließen sich nicht gegenseitig aus, sondern können auch miteinander kombiniert werden. Man kann sich daher ein Koordinatensystem vorstellen mit den beiden Achsen kirchenferne und kirchennahe Religiosität, in die sich die jeweils individuelle Ausprägung der Religiosität der Befragten eintragen lässt. Dabei lassen sich vier Cluster oder Typen unterscheiden (weitere Differenzierungen innerhalb der Typen sind möglich): 13 % der Bevölkerung gehören zum Typ der *„Kirchlich-Religiösen"*, deren Religiosität kirchlich orientiert und durch klassische kirchliche Bezüge geprägt ist, sich aber auch mit Formen kirchenferner Religiosität verknüpfen kann. Diese Gruppe besteht zu 96 % aus Kirchenmitgliedern und weist mit 54 Jahren das höchste Durchschnittsalter aller Religiositätstypen auf.

25 % der Bevölkerung entfallen auf die *„Religiös-Distanzierten"*, die zwar ebenfalls überwiegend (zu 84 %) Kirchenmitglieder sind, jedoch wenig soziale Anbindung an kirchliche Strukturen haben und deren Religiosität als diffus und wenig gefestigt gekennzeichnet wird. Religiöse Sprache wird aber noch verstanden, und sie sind potenziell ansprechbar für religiöse Fragen.

Anders stellt sich dies bei den *„Säkularen"* dar, die mit 56 % inzwischen die absolute Bevölkerungsmehrheit ausmachen. Für sie spielt Religiosität in ihrem Leben so gut wie keine Rolle, auf religiöse Fragen sind sie kaum ansprechbar. Mit 47 Jahren haben sie das geringste Durchschnittsalter, aber auch das höchste formale Bildungsniveau aller Religiositätstypen. Knapp 40 % der evangelischen und 35 % der katholischen Kirchenmitglieder gehören zu den Säkularen. Auffällig ist, dass mit 36 % mehr als ein Drittel der Bevölkerung dem Subtypus der „Säkular-Geschlossenen" angehört, die Religion ablehnend gegenüberstehen und sie als überholt oder gar schädlich ansehen. Der zahlenmäßig kleinere Subtypus der „Indifferenten" hingegen steht Religion gleichgültig gegenüber und macht 14 % der Bevölkerung aus; er wurde in der religionssoziologischen Diskussion bislang als größer eingeschätzt.

Mit nur 6 % der Bevölkerung sind die „*Alternativen*" der kleinste Religiositätstyp. Sie sind durch eine hohe Ausprägung nichtkirchlicher, z. B. esoterischer Religiosität geprägt. Ihr Bevölkerungsanteil ist in den letzten Jahrzehnten noch stärker geschrumpft als der der Kirchlich-Religiösen.

3. **Die Kirchen sehen sich multiplen Krisen und hohen Reformerwartungen ausgesetzt. Konfessionelle Profile verschwinden, wir befinden uns in einer postkonfessionellen Situation.**

Die Erosion von Religiosität im Allgemeinen münzt sich in multiplen Krisen aus, in denen sich die Kirchen befinden. In den verschiedensten Indikatoren v. a. kirchennaher Religiosität zeigen sich deutliche Rückgänge, die die zunehmende Vergleichgültigung von Religion in der Bevölkerung allgemein, aber auch unter Kirchenmitgliedern anzeigen:

— 40 % der Kirchenmitglieder und 78 % der Konfessionslosen stimmen der Aussage zu „Mir selbst sind *religiöse Fragen bedeutungslos und egal*". Am ehesten spielt Religion noch eine Rolle in den Bereichen Kindererziehung und schwierige Lebenssituationen.

— Die Krise bezieht sich auch auf die hinter der angegebenen Religiosität stehenden *Glaubensüberzeugungen*: Nur 19 % der Befragten insgesamt und 30 % der Kirchenmitglieder teilen ein personales, auf Jesus Christus bezogenes Gottesbild, gut zwei Drittel der Kirchenmitglieder teilen dieses nicht (bei der letzten KMU vor zehn Jahren gab es noch eine mehrheitliche Zustimmung der Evangelischen zu diesem Item). Ein knappes Drittel der Befragten stimmt einer diffusen Transzendenzvorstellung zu, ein weiteres Drittel vertritt die atheistische Position, und das letzte Fünftel trifft keine Entscheidung hinsichtlich des Gottesbildes. Auch religiöse Erfahrungen und religiöse Kommunikation werden – selbst gelegentlich – nur bei einer Minderheit der Befragten berichtet.

— *Religiöse Praktiken* (z. B. Gebet, Meditation, Bibellektüre) sind rückläufig, frühere Unterschiede zwischen den Konfessionen schleifen sich dabei ab. Etwa 15 bis 20 % der Bevölkerung gehen noch einer regelmäßigen religiösen Praxis nach. Praktiken, die als „mild religiös"[29] bezeichnet werden können, sind etwas häufiger vertreten, wie etwa das gelegentliche Anzünden von Kerzen aus religiösen Gründen bei circa einem Drittel der Bevölkerung.

— Der Anteil der Bevölkerung, der häufiger als einmal pro Jahr an einem *Gottesdienst* teilnimmt, ist nach Jahrzehnten der Konstanz bei etwa 40 % seit 2010 bis aktuell auf 24 % deutlich zurückgegangen. Dabei ist bemerkenswert, dass die ebenfalls lange Zeit stabile Differenz in der (mindestens mehrmals jährlichen) Gottesdienstteilnahme zwischen Katholischen und Evangelischen, die ca. 20 Prozentpunkte betrug, sich mittlerweile beinahe angeglichen hat.

— Auch hinsichtlich der *Verbundenheit mit der Kirche* gibt es kaum noch Unterschiede zwischen katholischen und evangelischen Kirchenmitgliedern. Nur eine marginale Gruppe (4 % der Katholischen/6 % der Evangelischen) sieht sich als gläubiges Mitglied der Kirche und fühlt sich ihr eng verbunden. Je ein Drittel beider Konfessionen sieht sich als kritisch kirchenverbunden oder aber als kirchendistanzierte Christinnen bzw. Christen. Die restlichen 30 % entfallen auf nichtchristliche oder nichtreligiöse Typen. Damit geben drei Fünftel der Kirchenmitglieder keine wesentliche Kirchenbindung mehr an.

— Es ist somit zu konstatieren, dass frühere *konfessionelle Profile* mit charakteristischen Unterschieden zwischen Katholischen und Evangelischen zunehmend verschwinden. Formen kirchennaher Religiosität gehen bei den Katholischen schneller zurück als bei den Evangelischen, so dass sich beide Konfessionen oft auf dem gleichen Niveau befinden. Die Zustimmung zu mehr ökumenischer Orientierung statt Betonung des eigenen Profils der Kirchen liegt bei 90 % der Bevölkerung. Insgesamt ist somit bereits vom Eintritt in eine postkonfessionelle Situation zu sprechen.

— Der Rückgang der Verbundenheit mit der Kirche korrespondiert mit einer dramatischen *Vertrauenskrise*, die besonders die katholische Kirche betrifft: Beide Kirchen genossen in den 80er Jahren noch Vertrauen bei über 40 % der Bevölkerung, aktuell die katholische nur noch bei 9 % und die evangelische Kirche bei 24 %. Das Vertrauen in Institutionen in

---

[29] Vgl. Fechtner, K., Mild religiös. Erkundungen spätmoderner Frömmigkeit, Stuttgart 2023.

Deutschland ist insgesamt auf einem geringen Niveau. Von acht befragten Institutionen landen Diakonie und Caritas nach den Hochschulen und der Justiz immerhin auf dem dritten Platz, die evangelische Kirche hinter der Bundesregierung und vor den politischen Parteien auf dem fünften Platz und die katholische Kirche vor dem Islam auf dem vorletzten Platz. Besonders aufschlussreich ist, dass die Mitglieder der katholischen Kirche ihrer eigenen Kirche inzwischen weniger vertrauen als der evangelischen Kirche.

— Mit der Erosion des Vertrauens in die Kirchen ist eine enorm gestiegene Neigung zum *Kirchenaustritt* verbunden: 43 % der Katholischen und 37 % der Evangelischen haben zumindest öfter daran gedacht, aus der Kirche auszutreten. Insgesamt schließen drei Viertel der katholischen und zwei Drittel der evangelischen Kirchenmitglieder für sich einen Kirchenaustritt als Option nicht aus. Vor zehn Jahren waren es noch deutlich über 50 % der Evangelischen und ebenso bei den Katholischen 2018 in der Studie „Kirchenmitglied bleiben"[30], für die ein Kirchenaustritt nicht infrage kam. Wenn die angegebene Austrittsneigung tatsächlich umgesetzt wird, stehen die Kirchen vor einem organisationalen Kipppunkt, der erhebliche Abbrüche und Instabilitäten erwarten lässt.

— Den Kirchen wird jedoch keine Gleichgültigkeit entgegengebracht, sondern es bestehen hohe *Reformerwartungen* an sie, wiederum besonders an die katholische Kirche. Fast alle (96 %) der Katholischen und 80 % der Evangelischen stimmen der Aussage zu: „Die Kirche muss sich grundlegend verändern, wenn sie eine Zukunft haben will." Dabei finden nur 49 % der Katholischen, jedoch 78 % der Evangelischen, dass die Veränderungen der letzten Jahre bereits in die richtige Richtung gingen. Gefordert werden mit klaren Dreiviertelmehrheiten ein deutliches Schuldeingeständnis der Kirchen, mehr Entscheidungsbefugnisse für Ehrenamtliche, Gleichberechtigung zwischen Männern und Frauen und ein stärkeres Engagement der Kirchen im sozialen Leben vor Ort (statt Konzentration auf die Gottesdienste). Überwältigende Mehrheiten sprechen sich aus für die Abschaffung des Zölibats (96 %), die demokratische Wahl der kirchlichen Führungspersonen (90 %) und die Segnung homosexueller Partnerschaften (86 %).

---

[30] Vgl. Calmbach, M., Flaig, B. B., Möller-Slawinski, H., Kirchenmitglied bleiben? Ergebnisse einer repräsentativen Befragung des Sinus-Instituts unter Deutschlands Katholiken. Herausgegeben von der MDG Medien-Dienstleistung Gesellschaft, Heidelberg und München 2018, 26–32.

4. Nach wie vor haben die Kirchen (im Gegensatz zur religiösen) eine hohe soziale Reichweite in die Gesellschaft und stärken den gesellschaftlichen Zusammenhalt, besonders über ehrenamtliches Engagement.

Nach wie vor haben die Kirchen eine hohe soziale Reichweite in die Gesellschaft. So z. B. berichten 45 % der Bevölkerung insgesamt sowie 34 % der Konfessionslosen von Kontakten zu in der Kirche tätigen Personen in den vergangenen zwölf Monaten. Von Kontakten zu kirchlichen Einrichtungen berichten 35 % der Bevölkerung sowie 21 % der Konfessionslosen (davon beziehen sich 69 % auf die kirchliche Gemeinde vor Ort, 43 % auf den Besuch eines Kirchengebäudes und 21 % auf Diakonie und Caritas). Diese Kontakte werden von 52 % als wichtig für ihren Lebensalltag und von 31 % als wichtig für ihren persönlichen Glauben eingeschätzt.

Auch die Bekanntheit des Seelsorgepersonals ist weiterhin erstaunlich hoch: Etwa drei Viertel der Kirchenmitglieder kennen den:die Pfarrer:in oder Seelsorger:in ihrer Wohnortgemeinde zumindest dem Namen nach, 52 % der Evangelischen und 44 % der Katholischen haben auch bereits persönlich mit ihnen gesprochen.

Erwartet wird von den Kirchen v. a. soziales und solidarisches Handeln. Religiöse Aktivitäten werden deutlich weniger nachgefragt. Mehr als in Expertenschätzungen prognostiziert, wird über die Kirchenmitglieder hinaus soziales Engagement von den Kirchen gefordert: Jeweils drei Viertel der Konfessionslosen wollen, dass die Kirchen soziale Beratungsstellen betreiben und sich für mehr Klimaschutz bzw. für Geflüchtete und deren Aufnahme einsetzen. Immerhin noch 45 % der Konfessionslosen sind dafür, dass die Kirchen Kindergärten unterhalten, jedoch nur knapp 30 %, dass sie Religionsunterricht an öffentlichen Schulen mitverantworten.

Die wichtige zivilgesellschaftliche Rolle der Kirchen wird schließlich auch im Bereich des freiwilligen Engagements deutlich. Es geben im Durchschnitt 41 % der Bevölkerung an, sich im vergangenen Jahr in irgendeinem Bereich ehrenamtlich engagiert zu haben. Unter den Konfessionslosen sind es 32 %, unter den Evangelischen 46 % und unter den Katholischen 49 %. Differenziert nach der Religiositätstypologie engagieren sich 66 % der Kirchlich-Religiösen, jedoch nur 33 % der Säkularen. Kirchliche Religiosität stellt also eine wichtige Determinante für ehrenamtliches

Engagement, auch außerhalb der Kirchen, dar. Die Kirchen stärken den gesellschaftlichen Zusammenhalt aber auch dadurch, dass sie Vertrauen verbürgen: Kirchenmitglieder, insbesondere kirchlich-religiöse, weisen signifikant höhere Vertrauenswerte in andere Menschen und in gesellschaftliche Institutionen auf als Konfessionslose.

5. Fazit

Aus den hier präsentierten zentralen Ergebnissen der KMU 6 lässt sich ein ambivalentes Fazit ziehen: Mit ungebremster, eher noch beschleunigter Geschwindigkeit wirken die bereits bekannten Erosionsprozesse der Entkirchlichung, aber auch die Vergleichgültigung von Religion weiter. Die Kirchen sehen sich in multiplen Krisen und verlieren an Relevanz. Gleichzeitig aber bewirken die Kirchen vor Ort positive Effekte, die wertgeschätzt werden – jedoch für einen immer kleiner werdenden Teil der Gesellschaft. Obwohl die Kirchen und damit das Christentum insgesamt in eine Minderheitenposition geraten, kann es mit seinem Beitrag einen Unterschied machen. Derzeit hat es immer noch eine hohe soziale Reichweite in die Gesellschaft hinein und stärkt den gesellschaftlichen Zusammenhalt. Aber auch als massiv schrumpfende Gruppe kann es ein wichtiger gesellschaftlicher wie religiöser Faktor sein.

Ernüchternd, aber gleichzeitig auch entlastend kann die Einsicht sein, dass sich die Gesellschaft insgesamt in eine säkulare Richtung entwickelt, ohne dass dies wesentlich durch kirchliche Bemühungen zu beeinflussen oder aufzuhalten wäre – und dass die Kirchen aber unabhängig davon trotzdem vor Ort gute Arbeit leisten. Die Erosion von Kirche und Religion steht in keinem direkten kausalen Verhältnis zur Qualität der kirchlichen und pastoralen Arbeit. Damit soll nicht gesagt sein, dass man sich nicht um bessere Qualität bemühen sollte oder die Hände in den Schoß legen könnte. Die zu beobachtenden Abbrüche liegen aber nicht in der eigenen Unfähigkeit oder mangelnden Anstrengung begründet.

Um die Deutung der Ergebnisse der KMU 6 ist sowohl im evangelischen wie im katholischen Kontext ein intensiv geführter Streit entstanden.[31]

---

[31] Vgl. z. B. im evangelischen Kontext: Merle, K., Anselm, R., Pohl-Patalong, U., Wie hältst du's mit der Religiosität? Eine kritische Perspektive auf die soeben erschienene Überblicksdarstellung der KMU VI, in: zeitzeichen.net, 14.11.2023, URL: https://zeitzeichen.net/node/10806 [14.10.1024], und die Replik Erichsen-Wendt, F., Wischmeyer, J., Wunder, E.,

Hintergrund der emotional geführten Diskussion ist, dass die Ergebnisse der KMU 6 das religionssoziologische Paradigma der Säkularisierung stützen, wonach Religion und Kirche in modernen Gesellschaften (zwar nicht automatisch und linear, aber faktisch eben doch langfristig) an Relevanz verlieren. Religion ist demnach keine anthropologische Konstante, die nicht zurückgehen kann, wie es das konkurrierende Individualisierungsparadigma annimmt. Dies wurde lange implizit in der pastoralen Arbeit vorausgesetzt: Danach muss man die kirchliche Organisation optimieren, die religiösen Angebote verbessern, um die als konstant vorausgesetzte religiöse Nachfrage bedienen zu können. Die KMU 6 zeigt jedoch, dass die Annahme einer religiösen Grunddisposition mit einem deutlichen Fragezeichen zu versehen ist: Empirisch gesehen gibt es Menschen, bei denen gar keine religiöse Nachfrage zu bestehen scheint, und der Anteil dieser säkular orientierten Menschen nimmt stetig zu.

Angesichts der zunehmend zu beobachtenden Säkularitätsphänomene stellt sich daher für die Kirchen die existenzielle Frage, wie ihr Engagement in Zukunft funktionieren kann.[32] Gibt es künftig ein Evangelium ohne Gott? Wie kann die Relevanz des Evangeliums in einer modernen, dominant säkularen Gesellschaft lebendig gehalten werden? Ohne diese Frage an dieser Stelle beantworten zu können, sei darauf hingewiesen, dass kirchliche Reformen und Optimierungsinitiativen zwar notwendig sind, aber eben nicht hinreichend, um die Relevanz des Evangeliums deutlich werden zu lassen.[33] Erforderlich sind weitergehende Transformationsprozesse, die die aktuelle und in Zukunft noch schärfer zutage tretende Minderheitenposition des Christentums den Kirchen abverlangt.[34] Ein erster Schritt wäre, sich diese Minderheitenposition ehrlich einzugestehen, sie anzunehmen und zu gestalten – nicht im Sinne eines heiligen Rests, sondern, wie es der Magdeburger Bischof Gerhard Feige ausdrückt,

---

Wie hältst du's mit methodischer Sorgfalt? Die bisherige Kritik an der Auswertung der 6. KMU ist verfehlt, in: zeitzeichen.net, 14.12.2023, URL: https://zeitzeichen.net/node/10867 [14.10.2024]. Konvergenzen zwischen den Positionen beschreiben Fritz, M., Wunder, E., Verständigung ist möglich. Gemeinsame Einsichten aus der Kontroverse um die Religionsdiagnose der 6. KMU, in: Zeitschrift für Religion und Weltanschauung 87 (4), 276-283.
[32] Vgl. Loffeld, J., Wenn nichts fehlt, wo Gott fehlt. Das Christentum vor der religiösen Indifferenz, Freiburg i. Br. 2024.
[33] Vgl. ebd., 21–27.83–85.
[34] Im Frühjahr 2025 erscheint dazu ein Diskussionsband aus überwiegend katholischer Perspektive: Kläden, T., Loffeld, J. (Hrsg.), Christsein in der Minderheit. Debatten zur 6. Kirchenmitgliedschaftsuntersuchung (Questiones Disputatae 343), Freiburg i. Br. 2025.

einer kreativen Minderheit, die sich konstruktiv mit ihrer Position in die plurale Gesellschaft einbringt.

Literatur

Calmbach, M., Flaig, B. B., Möller-Slawinski, H., Kirchenmitglied bleiben? Ergebnisse einer repräsentativen Befragung des Sinus-Instituts unter Deutschlands Katholiken. Herausgegeben von der MDG Medien-Dienstleistung Gesellschaft, Heidelberg und München 2018.

Erichsen-Wendt, F., Wischmeyer, J., Wunder, E., Wie hältst du's mit methodischer Sorgfalt? Die bisherige Kritik an der Auswertung der 6. KMU ist verfehlt, in: zeitzeichen.net, 14.12.2023, URL: https://zeitzeichen. net/node/10867.

Evangelische Kirche in Deutschland (EKD) (Hrsg.), Wie hältst du's mit der Kirche? Zur Bedeutung der Kirche in der Gesellschaft. Erste Ergebnisse der 6. Kirchenmitgliedschaftsuntersuchung, Leipzig 2023.

Fechtner, K., Mild religiös. Erkundungen spätmoderner Frömmigkeit, Stuttgart 2023.

Fritz, M., Wunder, E., Verständigung ist möglich. Gemeinsame Einsichten aus der Kontroverse um die Religionsdiagnose der 6. KMU, in: Zeitschrift für Religion und Weltanschauung 87 (4), 276-283.

Kläden, T., Loffeld, J. (Hrsg.), Christsein in der Minderheit. Debatten zur 6. Kirchenmitgliedschaftsuntersuchung (Questiones Disputatae 343), Freiburg i. Br. 2025.

Loffeld, J., Wenn nichts fehlt, wo Gott fehlt. Das Christentum vor der religiösen Indifferenz, Freiburg i. Br. 2024.

Merle, K., Anselm, R., Pohl-Patalong, U., Wie hältst du's mit der Religiosität? Eine kritische Perspektive auf die soeben erschienene Überblicksdarstellung der KMU VI, in: zeitzeichen.net, 14.11.2023, URL: https://zeitzeichen.net/node/10806.

Was sich zeigt
Thesen zur Ausgangssituation

Zu Beginn des Kongresses ging es darum, sich der Ausgangssituation zu vergewissern, beobachtbare Trends und damit verknüpfte Herausforderungen zu bewerten. Die Protagonisten des ersten Sektors, „Was sich zeigt – Kontextanalyse", – der Religionssoziologe Detlef Pollack, der langjährige Leiter des Sozialwissenschaftlichen Instituts der EKD, Gerhard Wegner, der Chefredakteur der Zeitschrift Publik Forum, Matthias Drobinski, und die Leiterin der Stabsabteilung Kommunikation im Bistum Aachen, Marliese Kalthoff – haben dazu prägnante Thesen formuliert und in Interviews detailliert erläutert.[35]

Detlef Pollack

1.

In modernen, hoch ausdifferenzierten Gesellschaften kann sich Kirche nicht mehr als sozial oder persönlich notwendige Institution anbieten. Deshalb muss sie heute mehr als früher, als ihre Notwendigkeit noch unbestritten war, darüber nachdenken, inwieweit sie von den Menschen als hilfreich erfahren werden kann. Mehr und mehr Menschen kommen ohne Religion aus, ohne die Beantwortung letzter Fragen, ohne höchste Gewissheiten. Welche Rolle kann Kirche in einer Gesellschaft spielen, in der die Nachfrage nach religiöser Sinnstiftung mehr und mehr zurückgeht? Liegt der Rückgang der Kirchenbindung tatsächlich, wie vielfach angenommen, im mangelhaften kirchlichen Angebot oder nicht auch und vielleicht noch viel mehr in der zurückgehenden religiösen Nachfrage?

2.

Religion und Kirche können ihre Nützlichkeit nur begrenzt plausibilisieren. Wozu ein Kindergarten da ist, weiß man. Wofür ist die Kirche gut? Der Glaube? Für die Teilnahme an religiöser Kommunikation bedarf es mehr und mehr nur noch religiöser Motive. Für kirchliches Handeln kommt es daher zunehmend auf die Verinnerlichung christlicher Überzeugungen und Praktiken an (und dies möglichst schon im Kinder- und Jugendalter), denn um religiöse Sinnformen für bedeutsam halten zu

---

[35] Zugang zu den Interviews über URL: https://2022.strategiekongress.org/.

können, muss man bereits in ihnen leben. Christlicher Glaube ist nicht eine Sache, auf die man sich einlässt, weil sie einem nützt. Umgekehrt: Erst wenn man sich auf ihn eingelassen hat, kann man die Erfahrung machen, dass er hilfreich ist.

3.

Eine Haltung der Selbstbegrenzung, der Demut und Bescheidenheit steht der Kirche aufgrund ihrer Botschaft gut an. Sie legt sich aber auch aus religions- und kirchensoziologischer Sicht nahe, denn die Kirche wird aufgrund ihres staatskirchlichen Erbes von vielen noch immer als autoritär, staatsnah und privilegiert wahrgenommen, als eine quasi-staatliche Herrschaftsinstitution, die nicht auf der Seite des Volkes stehe, sondern auf der der Obrigkeit. Der Missbrauchsskandal und die öffentliche Diskussion des Umgangs der Kirche mit diesem Skandal haben zu einem starken Glaubwürdigkeitsverlust geführt, dem die Kirche nicht durch Selbstrechtfertigung begegnen kann. Nur das aufrichtige Bekenntnis von Schuld, die Bereitschaft zu Buße und zur Umkehr können hier weiterführen. Das Wichtigste, dessen die Kirche heute bedarf, ist ein neues Vertrauen der Menschen.

4.

Wenn sich der Glaube mit anderen Interessen – politischen, ökologischen, sozialen Interessen oder auch mit Freizeitinteressen oder Interessen der Körpertherapie und des Well-beings – verbündet, gewinnt er oft eine besondere Kraft. Die Gefahr besteht darin, dass er von den anderen Interessen aufgesaugt wird und in ihnen untergeht. Die Reform der Kirche ist immer und immer wieder erforderlich. Wirksam wird sie vor allem dann sein können, wenn sie aus dem inneren Kern der Kirche kommt: aus der Theologie, der liturgischen Praxis, der sakramentalen Erfahrung, der Bibellektüre. Inwieweit die Demokratisierung der Kirche erfolgreich zu sein vermag, ist daher fraglich. Sie könnte es nur dann sein, wenn es für sie gute theologische Gründe gibt.

Gerhard Wegner

1.

Seit vielen Jahrzehnten hat sich die evangelische Kirche immer weiter für die Lebenswelt der Menschen geöffnet. Damit konnte jedoch die sich verstärkende „Entbettung" des Christlichen aus der Gesellschaft nicht mehr eingeholt werden. Kultur und Soziales glauben, die Kirche nicht mehr zu brauchen, und kleiden die Christen nicht mehr ein. Sie sind nackt und schämen sich.

2.

Der Kipppunkt dieses Entbettungsprozesses des Christlichen war bereits vor etwa zwei Generationen unter dem Titel des „Traditionsabbruchs" präsent: Der Glaube wurde nicht mehr von einer Generation auf die nächste weitergegeben. Die in den fünfziger Jahren wieder „natürlich" gewordene Reproduktion der Kirche begann auszusetzen. Die Folge ist heute keine Ablehnung, sondern schlimmer: eine Indifferenz gegenüber Kirche und Glauben.

3.

In dieser Situation dreht sich die Perspektive: Christlicher Glaube und Kirche beginnen die herrschenden sozialen und kulturellen Werte, unter denen sie leiden, herauszufordern und wecken so möglicherweise Interesse an „anderen", religiösen Lebensformen. Sie tragen nicht mehr die Last der Integration der Gesellschaft und werden so frei dafür, endlich vollkommen sie selbst zu sein. Der Ausgang dieser Entwicklung ist völlig offen.

Matthias Drobinski

1.

Die katholische Kirche in Deutschland wird nicht untergehen, aber absehbar und unausweichlich an Mitgliedern und Finanzkraft verlieren, an öffentlicher Bedeutung und Bedeutung für das Leben der Menschen, an kultureller Durchdringungskraft. Dies allein schon durch den grundlegenden Wandel der religiösen Landschaft und die demographische Entwicklung. Hinzu kommt der dramatische Glaubwürdigkeitsverlust durch den noch lange anhaltenden Skandal der sexualisierten Gewalt und des geistlichen Missbrauchs.

2.

Die katholische Kirche steht deshalb vor einem dramatischen inneren Wandlungs- und Entscheidungsprozess. Er beginnt beim Wandel der Gottesbilder, der Infragestellung christlicher Grundaussagen wie der Auferstehung Jesu oder dem ewigen Leben. Er geht über die Frage des kirchlichen Selbstbildes, wie viel Freiheit, Autonomie, Teilhabe die Gläubigen an der Kirche und ihren Ämtern (welchen Ämtern?) haben, welches Lehramt und wie viel weltweite Gemeinschaft es gibt – bis hin zu Fragen der Organisation, der Zahl der Pfarreien und Hauptamtlichen, der Bedeutung kleiner Gruppen fürs Weiterleben und Weitergeben eines Glaubens.

3.

Die katholische Kirche kann sich als Konsequenz aus diesen Entwicklungen auf den eigenen, identitären Binnenraum konzentrieren, in teils polemischer, teils elitärer Abgrenzung vom „Mainstream", mit volkskirchlich-volksfrommen Kreisen unterschiedlich intensiver Zugehörigkeit als Basis. Näher am Evangelium aber wäre, die neue Rolle als Minderheit im Volk in anderer Weise anzunehmen: als eine Kirche, die das Gottesgerücht weiterträgt, im Bewusstsein, die Wahrheit nicht zu besitzen. Die Anwältin der Armen und Schwachen ist und Orte anderen, solidarischen Lebens bietet. Die aus ihrem Glauben heraus Zweifel sät gegen alle Absolutheitsansprüche und Selbstvergottungstendenzen. Die einen freien und befreienden Glauben lebt.

Marliese Kalthoff

1.

Raus aus der Deckung. Ohne eine konsequente und zügige Aufarbeitung sexualisierter Gewalt und einen glaubwürdigen Haltungswechsel wird die Kirche keine Bedeutung in der Gesellschaft zurückgewinnen.

2.

Raus aus der Selbstreferenz: Es geht nicht um die Wiederkehr des ewig Hoffnungslosen, sondern eine erlebbare Vertrauenskultur, die Raum zur Entfaltung bietet.

3.

Hin zur Sinnstiftung. Orientierung in Zeiten, in denen Gesinnung vor Haltung, Verschwörung vor Ratio und Gruppenzwang vor Unabhängigkeit steht, wird allenthalben gesucht. Kirche besitzt die Riesenchance, Widersprüche wahrzunehmen und zeitgemäße Reflexionen in der Moderne anzubieten.

Was sich auflöst
Gedanken eines Teilnehmenden

Leo Baumfeld

Am 7./8. Dezember 2022 ging der 7. Strategiekongress von futur2 in Bensberg über die Bühne. Über hundertfünfzig Teilnehmende, vorwiegend aus kirchlichen Zusammenhängen, haben das Thema des Kongresses „Auflösung" reflektiert. Für mich war der Kongress sowohl durch das Thema und sein Bearbeitungsdesign als auch durch die vielen Gespräche, die ich führen konnte, ein Feuerwerk von Inspirationen.

Am Ende des ersten Tages beim geselligen Abend fragte eine Teilnehmerin in die gerade beisammenstehende Runde, was das Ergebnis des ersten Tages gewesen sei. Der erste Tag war der Diagnose gewidmet. In der Tat gab es kein zusammenfassendes Gruppenergebnis, vielmehr waren die Teilnehmenden eingeladen, für sich das Ergebnis zu sortieren. Diese Frage habe ich in meine Nachtruhe mitgenommen. Jedoch, die Ruhe war von kurzer Dauer, denn die Frage hatte mich beschäftigt. Was löst sich auf?

Meine Nachtgedanken schweiften in die jüngere und fernere Vergangenheit und verknüpften sich mit den Wahrnehmungen des ersten Tages. Dann versuchte ich die frei fließenden Gedanken in eine Struktur zu fassen. Dies ist das Ergebnis:

Alle hier reflektierten Aspekte der sich auflösenden Kirche stellen Prozesse dar, die seit Jahrzehnten mehr oder weniger schleichend im Gange sind. Jetzt spitzen sie sich zu und durchstoßen die Aufmerksamkeitsschwelle:

Es lösen sich auf: die weichen Formen der Institutionalisierung und die damit verknüpften Bindungsmechanismen

Ich unterscheide zwischen zwei harten und zwei weichen Formen der Institutionalisierung. Die beiden weichen Formen lösen sich auf.

Die beiden harten Formen der Institutionalisierung sind leicht identifizierbar, denn es handelt sich um Regeln, die sich Organisationen geben, das sind Satzungen, Geschäftsordnungen, Richtlinien und dgl. Diese Regeln sind in der Regel verschriftlicht. Die zweite harte Form der Institutionalisierung sind Gesetze, seien dies allgemeine Gesetze oder kirchenrechtliche Aussagen, die in Gesetze gegossen sind. An diese beiden harten Formen müssen sich Menschen, die im Wirkungsbereich der Gesetze leben oder der Organisationsregeln arbeiten, auch halten. Beziehungsweise die Regeln und Gesetze bilden auch Ansprüche ab, die eingefordert werden können.

Zu den beiden weichen Formen der Institutionalisierung zählen jene, die sich die „Institution" erarbeiten muss. Die Institution wird zugeschrieben. Dazu zählen Formen der Gewöhnung, die dann für einzelne Personen oder für Gruppen zu einer Norm werden, an die sie sich von sich aus halten. So stellen z. B. der sonntägliche Gottesdienst, das regelmäßige Gebet oder ritualisierte Inszenierungen zur individuellen Norm verdichtete Muster dar. Eine zweite Form der weichen Institutionalisierung sind Bedeutungszuschreibungen. Jemandem oder einer Institution wird z. B. Deutungsmacht in moralischen Fragen zugeschrieben, oder jemandem wird hohe Konfliktkompetenz zugeschrieben und dgl. Der Verlust an Bedeutung führt in Konsequenz zu einem Absinken der Schwelle, aus der Kirche auszutreten. Denn die Kirche ist aus der Sicht des Einzelnen nicht seine/ihre Kirche, sondern ein mehr oder weniger sinnvolles bzw. nutzenbringendes Gegenüber.

Wenn Kirchen einen Relevanzverlust feststellen, dann handelt es sich zum überwiegenden Teil um den Verlust dieser beiden weichen Formen der Institutionalisierung. Althergebrachte Bindungsmechanismen funktionieren nicht mehr.

Etwas salopp ausgedrückt könnte man sagen, je mehr die beiden weichen Formen der Institutionalisierung sich in der Vergangenheit abschwächten, umso größer wurden die Anstrengungen, die Lösung bei den harten Formen der Institutionalisierung zu suchen. Solange ein volkskirchliches „Versorgungsmodell" die Funktion der Kirche in der Gesellschaft bestimmt, ist dies durchaus verständlich, denn man will aus der harten Institutionslogik die Ansprüche für Mitglieder und für die Mitarbeitenden neu regeln.

Die Arbeit an der weichen Institutionslogik würde die Anstrengung auf die vielfältigen Bedürfnisse und spirituellen Sehnsüchte der Menschen heute fokussieren und Kirche von dort aus neu entstehen lassen. Das ist ein erheblich weiterer Weg.

Derzeit jedoch lösen sich die beiden weichen Formen der Institutionalisierung und damit traditionelle Bindungsmechanismen auf.

Es löst sich auf: die Stimmigkeit (Überzeugungskraft) kirchlicher Praxis im Blick auf die Frohe Botschaft

In vielen Gesprächen in den letzten Jahren konnte ich wahrnehmen, dass die Freude daran, Sinn hervorzubringen, neue Impulse und Energie auslöst, unabhängig davon, ob meine Gesprächspartner:innen nun Christ:innen waren oder nicht.[36]

- Sie engagieren sich, um neue Formen des nachbarschaftlichen Zusammenlebens zu entwickeln. Auf diesem Weg werden neue Wohnformen erprobt und gefunden, um die eigene soziale Einbettung zu stärken und zu beleben.
- Sie engagieren sich in Klima- und Umweltfragen (neue Mobilitätslösungen, neue Energienutzung und dgl.), um für sich selbst, für ihre Kinder und Enkelkinder sowie für alle Menschen eine lebenswerte Zukunft zu erhalten.
- Sie engagieren sich für soziale Gerechtigkeit, sie denken über andere Formen des Wirtschaftens und der Verteilungsgerechtigkeit nach. Sie machen das, um den sozialen Zusammenhalt zu stärken, eine grundlegende Voraussetzung, gut miteinander leben zu können.
- Sie suchen Formen des Umgangs mit ihrer eigenen Begrenztheit und suchen Formen der Inspirationen und Entlastung über spirituelle Einlassungen.

Manche verbinden solcherart Engagement mit ihrer christlichen Prägung. Die meisten von ihnen kämen jedoch niemals auf die Idee, ihr Engagement mit dem christlichen Glauben bzw. der Frohen Botschaft in Verbindung zu bringen. Die Kirche ist für sie nicht der Raum, diese Anliegen voranzubringen.

Im Kongress wurde öfter vom Kern der Botschaft gesprochen, der offenbar verloren ging oder erst so richtig artikuliert werden müsse. Ich erlaube mir, folgende vier Aspekte als wesentliche Elemente der Frohen Botschaft hervorzuheben:

---

[36] Die hier genannten Aspekte werden häufig auch unter dem Stichwort soziale Innovation beschrieben: vgl. Howaldt, J., Jacobsen, H. (Hrsg.), Soziale Innovation. Auf dem Weg zu einem postindustriellen Innovationsparadigma, Wiesbaden 2010.

1. Überall dort, wo die Würde des Menschen angetastet wird, haben Christ:innen einen guten Grund, mitzuhelfen, diese Würde herstellen zu helfen oder zu sichern.
   Sie erkennen im Einzelnen das Ebenbild Gottes.

2. Überall dort, wo die soziale Einbettung von Menschen gefährdet ist, haben Christ:innen einen guten Grund, ihren Beitrag an Gemeinschaften und gemeinschaftsfördernden Modellen (Einsamkeit verringern, Geselligkeit ermöglichen, gute Nachbarschaften pflegen usw.) zu leisten.
   Sie erkennen in den Gemeinschaften das Volk Gottes.

3. Überall dort, wo die Zukunft des Planeten im nahen und fernen Bereich der Menschen gefährdet ist, haben Christ:innen einen guten Grund, zur Hoffnung für die Enkeltauglichkeit in ihrer unmittelbaren Umgebung beizutragen.
   Sie erkennen in der Hoffnung auf eine gute Zukunft das Reich Gottes.

4. Überall dort, wo Christ:innen in diesen Feldern engagiert sind, erleben sie ihre Begrenztheit: Grenzen ihrer verfügbaren Zeit, ihrer Erkenntnisse, ihrer sozialen Einbettung, ihrer Wirksamkeit, ihrer Körperlichkeit, ihrer (und der planetaren) Ressourcen und ihrer Idealbilder. Diese Grenzen auszublenden, könnte zu fundamentalistischen Bildern von Gesellschaft verführen. Um dieser Verführung zu entgehen, haben „gelernte Christ:innen" eine Kulturtechnik der Entlastung und Orientierung zur Verfügung. Sie können mit ihrem Gott in Resonanz-Kommunikation treten und sich inspirieren lassen. Sie können das Evangelium als Landkarte zur Orientierung nutzen. Dabei dürfen sie angesichts der Kontingenzerlebnisse auf die Liebe Gottes vertrauen und sich über die erlebten Grenzen hinweg von Gott getragen fühlen.
   Sie erkennen in der Möglichkeit, Grenzen zu transzendieren, die bedingungslose Liebe Gottes.

Trotz des vielfältigen Engagements einzelner Christ:innen und des erkennbaren Bemühens der Kirchen, den Kern der Hoffnung, der sie trägt, in die heutige Zeit zu übersetzen, gelingt dies immer weniger. Zwei Phänomene sollen dies verdeutlichen:

- Der fortschreitende Verlust an Mitgliedern und Nutzer:innen ist ein Indikator dafür, dass kirchliches Handeln und die ihm zugrundeliegende Botschaft zunehmend an Relevanz verlieren. Und obgleich die Institution seit vielen Jahren daran arbeitet, ihre Performance über

Entwicklungsprozesse zu optimieren, verliert sie immer weiter an Bedeutung. Die bisherigen Ansätze der Erneuerung lösen das Grundproblem nicht.

- Außerhalb und am Rand der offiziellen Institution Kirche entstehen Bewegungen, die v. a. auf spirituelle Aktivitäten fokussieren. Auch damit soll die Reichweite der Botschaft erhöht werden. Viele dieser spirituellen Ansätze reduzieren die Botschaft allerdings auf konservative (bis rechtsextreme) Vorstellungen von Gesellschaft und Kirche, die mit der Würde des Menschen und der heilenden und befreienden Botschaft Jesu nichts zu tun haben. Sogar der deutsche Verfassungsschutz wurde offenbar bereits darauf aufmerksam und hat die Institution Kirche darauf hingewiesen, dass sie in ihrem Einflussbereich erhöhte Vorsicht walten lassen solle.

Beide Dynamiken lassen sich als Fluchtbewegungen deuten: dem Kern der Frohen Botschaft heute Geltung zu verschaffen. Die Frohe Botschaft, so wie ich sie verstehe, ist nur zu haben, wenn das Engagement für eine bessere Welt (Würde – Gemeinschaft – Hoffnung) mit der Transzendenzerfahrung verknüpft ist und umgekehrt.

Trotz vielfältiger Bemühungen, in einzelnen Landeskirchen und Bistümern ein klareres Profil hinzubekommen, löst sich die Stimmigkeit (Überzeugungskraft) kirchlicher Praxis im Blick auf die zugrundeliegende Frohe Botschaft derzeit immer weiter auf.

Es löst sich auf: die Kohärenz der Deutung des Wandels/der Krise der Kirchen

Wenn Systeme in der Krise sind, wächst auch die Anzahl der Deutung derselben. Sie haben alle ihre Berechtigung – aus der jeweiligen Perspektive, aus der sie formuliert sind. Falsch werden sie nur, wenn sie zur einzigen (Wahrheit) oder zur wichtigsten Deutung erklärt werden. Die Komplexität der Sichtweisen braucht gerade in Umbruchsituationen eine kohärente Landkarte, damit Lösungsakteur:innen ihren Platz finden können, um sich in der Krise zugehörig zu fühlen und sich mit der Organisation identifizieren zu können.

Für das soziale Gebilde Kirche sind unterschiedliche Landkarten denkbar, die sich zur Beschreibung und Einordnung von Zusammenhängen und Prozessen und deren Gestaltung anbieten.

Kirche als Organisation

Seit Jahrzehnten wird die Kirche als Organisation verstanden, um Prozesse zu verstehen und Entwicklungen zu gestalten. Das hat auch zu erheblichen Verbesserungen geführt. Die Logik der Organisation beinhaltet im Kern, dass Kirche unabhängig von den handelnden Personen immer und immer wieder die gleiche Qualität an Leistung hervorbringt und sie in angemessenen Zeiträumen „gute Entscheidungen" produzieren kann. Eine gute Entscheidung ist die Beseitigung von Unsicherheit zugunsten einer neuen Sicherheit, die sachlich plausibel ist, die akzeptiert ist, die Probleme löst und künftige Herausforderungen vorwegnimmt.

Die Kirche ist Organisation, aber das ist nur ein Teil von ihr. Würde man Kirche alleine als Organisation definieren, würde man ihren Charakter als Netzwerk und Bewegung negieren. Das wäre ihr mittelfristiger Tod.

Kirche als Unternehmen

An manchen Orten findet sich die Selbstbeschreibung von Kirche als Unternehmen. Immer wenn Wettbewerbskonstellationen, Positionierungsfragen von Kasualien in der Gesellschaft, Kernkompetenzen, die entwickelt werden oder genutzt werden müssen, also strategische Fragen im Fokus der Aufmerksamkeit stehen, dann handelt es sich um das Modell „Unternehmen". Es gibt Bereiche, in denen dieser Fokus sehr sinnvoll ist, etwa im Kontext Bildung oder Caritas.

Kirche ist auch Unternehmen. Sie allerdings nur als Unternehmen zu beschreiben, würde sie auf einen Akteur im Markt reduzieren und ihren mittelfristigen Tod bedeuten.

Kirche als Netzwerk

Seit ca. 15 Jahren wird zunehmend der Netzwerkcharakter der Kirche betont. Beim Begriff Netzwerk ist es wichtig zu unterscheiden, ob man ein soziales System unter der Perspektive Netzwerk analysiert (substanzielles Netzwerkverständnis) oder Netzwerk als Form des Zusammenspiels und der Koordinierung einführt (operatives Netzwerkverständnis). Durch die Netzwerkanalyse stellt man fest, dass *alle* sozialen Gebilde mehr oder weniger netzwerkartige Kommunikationen und/oder Kooperationen beinhalten. Wenn man Netzwerk als strategische Intervention sieht, um eine bestimmte „weichere" Form der Koordinierung von Aufgaben oder Aktivitäten zu etablieren, dann muss man wissen, dass Netzwerke dadurch gekennzeichnet sind, dass sie keine klaren Grenzen kennen. Im

Umkehrschluss heißt das, alles, was klare Grenzen kennt, ist konstitutiv kein Netzwerk. Wer beispielsweise in einem Netzwerk als soziale Infrastruktur Kontrolle ausüben möchte, zerstört das Netzwerk. Netzwerke sind soziale Infrastrukturen, innerhalb derer sich Akteur:innen finden, die fester gebundene soziale Gebilde wie z. B. ein Projekt, ein Programm und dgl. bilden können. Diese selbst sind dann kein Netzwerk, sondern organisationsähnliche Gebilde oder Systeme. Netzwerke als soziale Infrastrukturen bedürfen im Kern eines Teams, welches die Infrastruktur aufrechterhält. Dieser Kern selbst ist kein Netzwerk, aber es handelt netzwerkartig.

In Kirchen gibt es dort und da solche Netzwerke als soziale Infrastrukturen, und sie sind dringend nötig. Würde man Kirche aber in ihrem Kern als Netzwerk definieren, führt man sie unweigerlich hin zu einem beliebigen Gebilde, welches keine Grenzen kennt und keine Orientierung bieten könnte. Das wäre ihr mittelfristiger Tod.

Kirche als Gemeinschaft

Der Begriff Gemeinschaft in Zusammenhang mit Kirche hat eine lange Tradition. Es können zumindest zwei Gemeinschaftstypen in Kirche unterschieden werden, die eine hohe Relevanz haben:

1. (Gedachte) Gemeinschaft der Gläubigen

Dabei handelt es sich um die gedachte Gemeinschaft aller Gläubigen mit Gott, unabhängig davon, ob sie sich körperlich nahe oder fern sind bzw. persönlich kennen.

2. (Gelebte) soziale Gemeinschaft, die Kommunikation unter Anwesenden betreibt

Eine Kirchengemeinde hat in der Regel hohe Anteile dieser Art Gemeinschaft. Oder in einer Kirchengemeinde bilden sich Gemeinschaften, die sich selbst einen Fokus geben, z. B. Bibelrunden, Jugendgruppen und andere Formen, bei denen sich Menschen verständigen, gemeinsam ein Stück des Weges gemeinsam zu gehen.

Für die Kirche als soziale Gestalt ist der zweite Typus von Gemeinschaft relevant. Soziale Gemeinschaften stellen eine spezifische Form der Koordinierung von Anliegen dar. Typische Merkmale einer gemeinschaftlichen Koordinierung sind:

- Vorhandensein eines gemeinschaftlichen Interesses von Menschen
- ein Wir-Gefühl als emotionale Bindungskraft
- imaginierte dauerhaftere Existenz der Gemeinschaft
- Festlegung von Zugehörigkeit und somit eine Grenzziehung zum Rest der Welt
- Vertrautheit der Gemeinschaftsangehörigen[37]

Kirchen brauchen Gemeinschaften, denn die Menschen haben sich viel zu erzählen.

Würde sich Kirche aber alleine als soziale Gemeinschaft definieren, führt dies unweigerlich hin zu geschlossenen Kreisen, deren Lebenszyklus in der Regel durch die aktuellen Mitglieder bestimmt ist und keine Generativität über die aktuelle Generation hinaus kennt. Das wäre ihr mittelfristiger Tod.

Kirche als Bewegung

In Bewegungen verdichten sich lose Bindungen zu festeren Bindungen, weil sie ein Anliegen verfolgen. Solche Bewegungen können durch spontane Ereignisse (z. B. Flüchtlinge integrieren) oder längerfristige Anliegen wie Frieden oder Klimaschutz, die immer dringender werden, entstehen, weil Einzelpersonen sich vernetzen. Sie können durch Kommunikationen in Netzwerkformaten (siehe oben) oder in Form digitaler Vernetzung entstehen.

Bewegungen haben vier „Zutaten":

1. Eine geteilte Vision

Bewegungen brauchen eine Vision, jedenfalls ein Zielbild, wofür sich ihre Mitglieder engagieren können. Viele Menschen wollen sich auch für etwas Großes engagieren, das über ihren persönlichen Handlungsraum hinausweist. Sie brauchen andere Mitmenschen, die mit ihnen diese Vision verfolgen.

2. Vereinbarte Prinzipien, Lebensweisen

Bewegungen verweisen häufig auch auf eine Verbindung zwischen ihrer Vision und ihrem persönlichen Verhalten, z. B. gewaltfreie Konfliktlösung, vegane Ernährung, nachhaltiges persönliches Mobilitätsverhalten

---

[37] Dies gilt durchaus auch für größere Gemeinschaften, bei denen die Mitglieder nicht alle zugleich als Anwesende interagieren können.

und dgl. Neben der Vision sind diese Prinzipien und Lebensstile ein wichtiges Glaubwürdigkeitskapital.

Diese beiden „Zutaten" sind die häufigsten Erscheinungen bei der Entstehung einer Bewegung. Wenn sich eine Bewegung stabilisieren und auf Dauer stellen will, etabliert sie meist zwei weitere „Zutaten":

3. Definierte Rollen

Die wichtigste Rolle in einer Bewegung ist die der Aktivistin bzw. des Aktivisten. Aktivist:innen zeichnen sich dadurch aus, dass sie zur Vision ein klares Bild haben. Sie können die Vision artikulieren und in Diskursen transportieren. Aktivist:innen zeichnen sich dadurch aus, dass sie die Träger:innen der Glaubwürdigkeit sind und dafür sorgen, dass Vision und persönliches Verhalten eine hohe Stimmigkeit haben.

4. Einfache Formate

Bewegungen bilden ein spezielles Format aus, welches einfach ist und sich daher leicht weitergeben lässt. Dabei handelt es sich um Peergruppen (Aktivist:innenrunden), die zwei Aufgaben haben: (1) das Thema der Vision weiterzuentwickeln und (2) die Implikation des Themas auf den persönlichen Lebensstil hin zu prüfen. Dabei handelt es sich um eine Art von „kollegialer Beratung".

Zur Bearbeitung des Themas der Vision und der Stimmigkeit mit dem persönlichen Lebensstil werden in sehr fortgeschritten elaborierten Bewegungen auch spezielle Verfahren angewendet.

Es spricht viel dafür, Kirche als Bewegung zu verstehen und zu organisieren. Das passt in besonderer Weise zu den Sinnfeldern Würde, Gemeinschaft, Hoffnung. Es ermöglicht, der Sehnsucht der Menschen nach sinnvollem Engagement eine Plattform zu bieten und dadurch gesellschaftliche Relevanz zu gewinnen. Allerdings ist es nicht möglich, Bewegung auf Dauer anzulegen und die Spannung über einen langen Zeitraum aufrechtzuerhalten. Kirche allein als Bewegung zu definieren, wäre daher ebenfalls ihr mittelfristiger Tod.

Kirche als Milieu

Die Volkskirche ist eng mit den Milieus verbunden, in denen sie entstanden bzw. mit deren Entstehung sie verknüpft ist, so dass sie kaum voneinander zu trennen sind. Aber genau diese Milieus existieren nicht mehr. Milieukonzepte ermöglichen eine bewusstere Form des Andockens an die

Menschen,[38] eignen sich jedoch nicht (mehr) als Landkarte, um Kirche zu verstehen oder sich darin zu orientieren.

Kirche als verfasste Institution

Kirche ist auch verfasste Institution. Die Verfasstheit der Kirche schafft durch eigene (interne) Gesetze und Regelungen eine „Legitimitätsinfrastruktur", innerhalb derer sich Menschen, die in und mit der Kirche arbeiten und leben, bewegen und der sie sich gegenüber verhalten müssen. Diese Infrastruktur hat inzwischen auch bei Insidern fast jegliche Plausibilität und Akzeptanz verloren.

Kirche weiterhin primär als gesetzlich verfasstes und normativ agierendes Gebilde zu sehen, würde ihren langfristigen Tod bedeuten.

Die vorausgehenden Überlegungen zeigen, dass die Kirche ein vielfältiges soziales Gebilde ist, auf das unterschiedliche soziologische Begriffe anwendbar sind. Jeder einzelne Begriff eröffnet Zugänge und hilft bestimmte Phänomene zu verstehen. Die Ansätze werden allerdings zum Problem, wenn sie exklusiv verwendet werden.

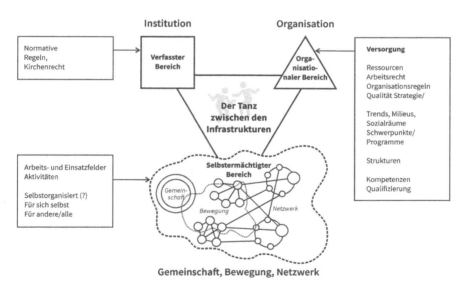

---

[38] Die Milieubetrachtung birgt ein Problem: Milieus sind Aggregierungen über Akteur:innen, die durch definierte soziologische Merkmale verbunden sind. Sie ticken und leben in gewisser Weise ähnlich, haben aber normalerweise wenig miteinander zu tun. Milieus sind keine kollektiven Akteure wie Bewegungen, Gemeinschaften, Organisationen oder Unternehmen, die eine gemeinsame Sinnperspektive oder ein gemeinsames Engagement verbindet und die dafür das Gefühl der Zugehörigkeit erzeugen. Deutlich weiter geht der Ansatz der Sozialraumorientierung, der die Milieubetrachtung integriert.

Wenn bestehende Begriffe nicht oder nur unzureichend passen, dann sollte man vielleicht darüber nachdenken, den Begriff Kirche selbst als einen eigenständigen organisationstheoretischen Begriff zu verwenden, um ihrer Vielfalt gerecht zu werden. Der Preis dafür ist allerdings, dass man sich auf ein Mehr an Komplexität einlässt.

Trotz vieler Bemühungen um eine qualifizierte Kommunikation der Selbstbeschreibung von Kirche in der Krise sind die Bilder, die helfen sollen, die Krise zu deuten, selbst einem Auflösungsprozess unterworfen.

Es löst sich auf: die selbstverständlich integrative Beziehung zwischen Menschen und Kirche

Die Beziehung zwischen Kirche und den Menschen ist nicht mehr so selbstverständlich, wie sie einmal war. Durch ein Mehr desselben wird dieser Prozess verstärkt.

Fortschreitende Individualisierung

Die Zeit nach dem Krieg war von Wiederaufbau und von der Verteilung der Früchte des Aufbaus geprägt. Die aggregierten Akteure der Arbeiter:innen wurden von großen Gewerkschaften und einer großen Partei vertreten, die ebenden Zweck der fairen Verteilung der Früchte verfolgten (es ging nicht nur um Geld, sondern auch um soziale Rechte, Arbeitszeiten und Mitbestimmung). Es gab eine hohe Übereinstimmung vom aggregierten Akteur Arbeiter:in mit dem kollektiven Akteur der Arbeitervertretung. Eine ähnliche Übereinstimmung gab es auch zwischen dem aggregierten Akteur Kirchenmitglied und dem kollektiven Akteur Kirche. Diese Art von Übereinstimmung von aggregierten mit einem kollektiven Akteur lässt sich auch in anderen Bereichen feststellen. Seit den 68er Jahren des letzten Jahrhunderts beginnt sich die Überlappung langsam zu lösen. Dieser Prozess des Auseinanderfallens von aggregierten Akteuren und kollektiven Entsprechungen beschleunigt sich etwa seit den 80er Jahren des letzten Jahrhunderts. Dieses Auseinanderfallen folgt der über Jahrhunderte wirksamen Dynamik der fortschreitenden Individualisierung.

Ich vermute, dass viele kirchliche Prämissen, Traditionen und/oder Rituale noch gespeist sind von jener Form der Milieuzugehörigkeit, die Isolde Charim[39] in ihrem bemerkenswerten Buch „Ich und die Anderen" die

---

[39] Charim, I., Ich und die Anderen, Wien 2018.

„volle Identität" nennt. Diese Art von Zugehörigkeit macht den Menschen ganz und vollständig. Sie hat aber auch den Preis, dass der Mensch entsubjektiviert wird. Man ist eingereiht in etwas größeres Ganzes, in eine Tradition. Man ist mit dem kommunizierten Weltbild eins. Diese volle Identität war zwar immer eine Fiktion, welche aber lange Zeit „funktioniert" hat und bei manchen Menschen immer noch funktioniert. Bei einigen Menschen wächst die Sehnsucht danach sogar wieder.

In dem Maße, wie sich Menschen infolge der Individualisierung von tradierten Wertorientierungen lösen bzw. Orientierungen austauschbar sind, müssen sich die kollektiven Akteure (und zunehmend auch Individuen) profilieren, um Aufmerksamkeit und Zuspruch zu erlangen. Auch die Kirchen arbeiten an ihren Profilen, damit sie unterscheidbar sind. Dies führt allerdings zur Beschleunigung der Erosion. *Statt eingebunden zu sein, lautet das Motto „ungebunden sein".* Der Mensch will als das anerkannt werden, was er ist. Es geht nicht mehr um Ähnlichkeit oder Gleichheit, es geht um die Differenz. Diese Differenz gipfelte auch Ende des letzten Jahrhunderts im Phänomen der „Ich-AGs" oder, wie es Andreas Reckwitz[40] in „Die Gesellschaft der Singularitäten" beschreibt, in der Besonderheit, die Individuen anstreben.

In der Folge wandern die Unterschiede und Ambiguitäten, die vorher außen lagen, in die Herzen hinein. Die Pluralisierung der Gesellschaft führt zu einer inneren Pluralisierung. Das ist mitunter anstrengend. Der moderne Mensch muss die Erfahrung von Ungewissheit und der prinzipiellen Offenheit innerlich verarbeiten. Ständig muss er sich vergewissern, wer er ist, wo sein Platz ist. Und das kann in unterschiedlichen Settings und zu unterschiedlichen Zeiten sehr unterschiedlich sein. Das verlangt eine ständige Kommunikation und die Beobachtung der Kommunikation. Die Identität wird flüchtiger, vielfältiger. Aber diese Situation bietet auch vielfältigere Chancen. Das stabile Ich gibt es nicht mehr, es hat sich zu einem Gelegenheitshabitus transformiert, der gestaltet werden muss. Selbst an einem Tag kann der Mensch zu einem Identitätshybriden werden, der sich morgen wieder ganz anders konfiguriert. Wir sind in der „Gelegenheitsgesellschaft" angekommen, die eine neue Form von Einsamkeit[41] hervorbringt.

---

[40] Reckwitz, A., Die Gesellschaft der Singularitäten, Berlin 2017.
[41] Kinnert, D., Die neue Einsamkeit, Hoffmann und Campe, Hamburg 2022.

Was das für die Kirche bedeutet

Kirche ist heute eine Gelegenheit neben vielen anderen. Bindung und Wir-Entwicklung brauchen völlig neue Wege. Die Sehnsüchte nach Bindung und Wir-Entwicklung sind gegeben, wahrscheinlich sogar wieder im Wachsen. Sie müssen nur neu definiert werden. Manche alten Traditionen mögen passen, manche eben nicht mehr.

Nach wie vor sind viele Christ:innen, sei es in haupt- oder ehrenamtlicher Funktion, für die Frohe Botschaft unterwegs, auch wenn es nicht immer so explizit benannt wird. Viele sind dort engagiert, wo es um die Würde des Menschen, soziale Einbettung und die Zukunft geht. Immer noch brauchen und suchen viele Menschen Orte, an denen sie Trost oder Orientierung finden, an denen sie sich bedingungslos angenommen wissen und neue Hoffnung schöpfen können etc. Allerdings gestaltet sich der Zugang zum Glauben, die Nutzenerwartung, heute anders. Sie ist in der Breite vielfältiger geworden:

- Menschen suchen spirituelle oder mystische Erfahrungen des Einsseins mit allem und mit Gott
- Menschen suchen die rationale Auseinandersetzung mit den Inhalten des Glaubens und der Frohen Botschaft
- Menschen suchen nach ethisch-moralischen Orientierungen in einer hochgradig komplexen und dynamischen Welt
- Menschen verstehen ihren Glauben als private Angelegenheit, die niemanden etwas angeht
- Menschen stehen öffentlich mit ihrem Handeln für ihren Glauben ein und bezeugen ihn

Die bevorzugten Zugänge der Menschen und die eigenen Vorlieben können im eigenen Leben und im Leben einer Gemeinschaft eine bunte Praxis ergeben, machen allerdings das Erleben von Gemeinschaft und die Erfahrung von Einheit schwerer.

Die Selbstverständlichkeit, mit der einheitliche Formen des Glaubenszugangs bei aggregierten Akteur:innen ankommen, löst sich auf und damit löst sich auch die integrative Beziehung zwischen den Menschen und der Kirche auf.

Es löst sich auf: die Reproduktions- und Generativitätsfähigkeit von Kirche

Unabhängig davon, wie sich die Kirchen verändern und weiterentwickeln, sie brauchen immer eine soziale Ebene, gewissermaßen Basiseinheiten, die ihre Reproduktion gewährleisten. Das sind jene Felder, Arenen, Räume, Orte, Kommunikationen, in denen Kirche lebendig ist und sich immer wieder neu hervorbringt. Diese **F**elder, **A**renen, **R**äume, **O**rte, **K**ommunikationen (FAROK-Gemeinden) mögen in den Bistümern, Diözesen oder Landeskirchen unterschiedliche Namen tragen. Es sind Kirchengemeinden, Pfarreien, kirchliche Orte, Zentren, Bewegungen, Verbände, Kreise und viele andere soziale Gebilde mehr. Die traditionelle Trennung zwischen territorialen und kategorialen Organisationsformen wird dabei zukünftig keine Bedeutung mehr haben.

FAROK-Gemeinden müssen unabhängig davon, wie sie aufgestellt sind und in welchem Rahmen und auf welche Weise sie koordiniert werden, die Fähigkeit besitzen, sich selbst immer wieder hervorzubringen, d. h. zu generieren. Ansonsten löst sich Kirche auf.

Alle bisherigen Anpassungen an die neuen Gegebenheiten, vor allem die strukturellen Anpassungen, haben selbstverständlich vorausgesetzt, dass die Lebendigkeit von Kirche automatisch gegeben bleibt. Aus theologischer Sicht mag dies der Fall sein („Die Pforten der Hölle werden sie nicht überwältigen", Mt 16,18), aus soziologischer Sicht sicher nicht.

Wie lassen sich theologische Gewissheit und die soziologische Unsicherheit konzeptionell verbinden? Dazu muss man unterscheiden:

1. Die Generativität von Kirche in ihrer geistlichen Gestalt

Damit ist die latente, verborgene Gestalt von Kirche gemeint, die – der Frohen Botschaft folgend – durch die Zusage Gottes lebendig ist und bleibt, die jedoch menschlichem Zugriff entzogen ist. Die Schöpfung und die Kirche sind nach dem „verborgenen Ratschluss"[42] der Weisheit und Güte Gottes erschaffen. Der Mensch ist eingeladen, an dieser geistlichen Dimension teilzuhaben.

---

[42] Lumen Gentium 2.

2. Die Generativität der Kirche als Institution

Hier wird der Begriff Generativität, der ursprünglich aus der Entwicklungspsychologie kommt, auf kollektive Systeme[43] übertragen und aus soziologischer Perspektive beschrieben. Generativität bedeutet hier die Fähigkeit des Systems Kirche, sich in veränderten Kontexten immer wieder neu zu reproduzieren.

3. Die Generativität von Kirche als gelebte Gottesbeziehung

Die Liebe Gottes und seine Einladung an die Menschen, die Liebe in die Zukunft zu tragen, bedarf der wiederkehrenden Aufmerksamkeit für die Verbindung zwischen Gott und dem eigenen Leben und deren Vergegenwärtigung. Genau diese gelebte Gottesbeziehung ist brüchig geworden und löst sich auf.

Im Generativitätsmodell unterscheidet man zwischen drei Qualitäten der Bindung an Kirche bzw. kirchliche Aktivitäten und drei unterschiedliche Bindungstypen, die Kirche anbieten kann. Verknüpft man beide Dimensionen, ergeben sich drei übergeordnete Handlungsräume, die in sich eine Vielfalt an Handlungsmöglichkeiten eröffnen.

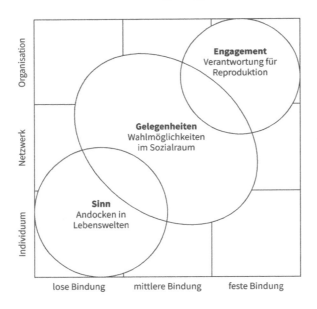

---

[43] John N. Kotre hat diesbezüglich die Verwendung des Begriffs durch Erik H. Erikson (7. Stufe seines Stufenmodells) als Kollektive Generativität weiterentwickelt.

Aus dem Modell lassen sich drei Kompetenzen ableiten, die für die Generativitätsfähigkeit entscheidend sind:

- gute Sprachfähigkeit, um in den Lebenswelten der Menschen (neu) andocken zu können
- gute Gastgeberschaft in unterschiedlichen Formen, damit Menschen in ihren Sozialräumen zu guten Gastgebenden und zum Selbst-Gast-Sein ermutigt werden
- Erschließen von neuen Formen der Weitergabe (Tradierung) des Christ- und Christin-Seins in einer veränderten Welt

Die Selbstverständlichkeit der Generativitätsfähigkeit (in Liebe weitergeben) löst sich auf. Die neuen Formen von Generativität sind noch nicht gefunden oder noch nicht konsequent etabliert.

Resümee

Die fünf beschriebenen Auflösungsphänomene stellen eine Auswahl dar. Sie sind ein Reflexionsangebot. Die vielen Gespräche, die ich mit Teilnehmenden des Kongresses und danach führen konnte, bestätigen meine Hypothesen weitgehend.

Mir ist wichtig festzuhalten, dass diese Auflösungserscheinungen auch neue Chancen enthalten und manche von ihnen sind im Kongress ad personam sichtbar gewesen und viele von ihnen sind durch erzählte Geschichten wahrnehmbar geworden.

Für mich verdichtet sich der Eindruck, dass die Kirchen ihre traditionellen Prämissen überprüfen müssten und sich Kirche völlig neu denken müssten. Bei diesem Neudenken der Kirche gibt es Sicherheit, wenn man auf den Kern der Hoffnung blickt und sich bewusst macht, wie lange sie existiert und wie oft sie sich ihren Kern tradierend immer wieder neu hervorgebracht hat.

Jedoch gilt auch hier: Das Ganze von Kirche bleibt ein Geheimnis, ist letztlich unverfügbar. Genau deshalb kann man in jeder Zeit mit Lust, Respekt und Erfindungsgeist Kirche neu bauen. Das ist der Auftrag. Neugier und Bescheidenheit („Ich weiß nicht, wie es geht") sind unabdingbar, wenn Neues entstehen soll. Es braucht den aktiven Gestaltungswillen, die Frohe Botschaft heute zur Geltung zu bringen.

Literatur

Charim, I., Ich und die Anderen, Wien 2018.

Howaldt, J., Jacobsen, H. (Hrsg.), Soziale Innovation. Auf dem Weg zu einem postindustriellen Innovationsparadigma, Wiesbaden 2010.

Kinnert, D., Die neue Einsamkeit, Hoffmann und Campe, Hamburg 2022.

Reckwitz, A., Die Gesellschaft der Singularitäten, Berlin 2017.

C. Muster und Mechanismen der Immunisierung

In diesem Abschnitt wird (entsprechend Sektor 2 des Kongresses) der Frage nachgegangen, wie kirchliche Akteure systematisch dazu beitragen, den Status quo aufrechtzuerhalten. Ziel ist es, eingefahrenen Mustern im Denken, im Verhalten und im Miteinander auf die Spur zu kommen, die dazu führen, das Bestehende – trotz aller Reformbemühungen und der Überzeugung, dass die bisherige Gestalt von Kirche nicht zukunftsfähig ist – dennoch immer wieder von Neuem zu reproduzieren und substanzielle Veränderung zu vermeiden.

In den Beiträgen *Kirche verändern und doch nicht ändern? So geht's!* von Steffen Schramm, *Nicht entscheiden heißt entscheiden* von Alexander Gießen und *Von der verstörenden Botschaft zum verstörten System* von Andrea Qualbrink werden solche Muster identifiziert und die zugrundeliegenden Mechanismen beschrieben.

Unter einem Muster werden in diesem Kontext Prozesse verstanden, die sich in ähnlicher Weise wiederholen, also beobachtbare Invarianzen aufweisen, die Regeln erkennen lassen. Sie haben die sprachlich-logische Form: „(Immer) wenn ... (Set von Eingangsbedingungen), dann stets ... (Folge von Konsequenzen)." Es kann sich dabei um innerpsychische Vorgänge (z. B. Emotionen oder innere Bilder), um Verhaltensweisen (z. B. in Motorik, Gestik oder Sprache), um soziale bzw. organisatorische Austauschprozesse (z. B. Interaktionen oder Rollen) oder auch gemeinsam geteilte mentale Modelle (z. B. Kirchen- oder Rollenbilder) handeln. In der Regel ist es eine Mischung von allem.

Muster sind kaum bewusst. Sie spielen sich automatisch ein und werden im System als Routinen tradiert. Sie können auch i. S. einer Norm zu einer festen Regel werden, die formal fixiert ist (z. B. in einer Verfahrensanweisung oder einem Gesetz). Muster sind notwendig, weil sie das Zusammenspiel von Individuen, Gruppen und Organisationen strukturieren und vereinfachen. Sie reduzieren Komplexität. Verhalten wird vorhersagbar, Prozesse überschaubar, Ergebnisse steuerbar.

Muster, die in einem bestimmten Kontext sinnvoll sind, können in einem veränderten Kontext dysfunktional werden und Entwicklung behindern, weil sie das System immer wieder auf das Alte zurückführen und es dadurch immun gegen Änderungsimpulse wird.

Muster der Beharrung, oder: Kirche verändern und doch nicht ändern? So geht's!
Steffen Schramm

Zu sehen, was man direkt vor der Nase hat, bedarf eines ständigen Kampfes.
(George Orwell)

Seit 30 Jahren führen Bistümer und Landeskirchen Veränderungsprozesse durch. Und doch, so der Eindruck, ändert sich nicht wirklich etwas. Die Veranstalter:innen des Kongresses „Auflösung. Kirche reformieren, unterbrechen, aufhören?" vom 7. bis 8.12.2022 in Bensberg formulieren es so: „Reformen sind im Kern darauf ausgerichtet, immer weiter zu konzentrieren und zu verdichten, um so letztlich das Bestehende zu erhalten." „Versuche, vom Pfad abzuweichen und zu experimentieren", bewirken keine „systemrelevante(n) Änderungsimpulse". Sie fragen deshalb: „Wie tragen die Verantwortlichen in unterschiedlichen Rollen und Funktionen systematisch dazu bei, den Status quo aufrechtzuerhalten?" Welchen Mustern folgen sie?

Dieser Artikel versucht, einige dieser Muster zu benennen. Er folgt dem vom Kongressboard vorgeschlagenen Verständnis von Muster: „Immer wenn ... (Set von Bedingungen), dann ... (Folgen, Konsequenzen)." Die zugespitzten, teilweise mit Metaphern charakterisierten Beschreibungen erfolgen auf dem Hintergrund wissenschaftlicher Untersuchungen[44], speisen sich aber aus begrenzten, eher zufälligen und subjektiven Beobachtungen und erheben keinen Anspruch auf Allgemeingültigkeit. Muster haben nicht nur Folgen, sondern auch Ursachen. Einige merke ich an.

Stärker werdende Signale deuten darauf hin, dass die Bewahrung des Bestehenden in die Defensive gerät. Deshalb am Ende ein Fazit nebst einem Vademecum der Status-quo-Erhaltung.

Zwar liegt die Frage nahe, wieso Bistümer und Landeskirchen trotz markant verschiedener Selbstbeschreibungen (Amtsverständnis, Ekklesiologie) und Leitungsstrukturen ähnlich gut den Status quo erhalten, doch der Ökumene der Status-quo-Beharrung zum Trotz sei betont: Mir stehen (westliche) evangelische Landeskirchen vor Augen. Deren Status-quo-

---

[44] Schramm, S., Kirche als Organisation gestalten. Analysen und Konzepte zu Struktur und Leitung evangelischer Landeskirchen (LLG 35), Berlin 2015.

Erhaltungsmuster sind Legion, lassen sich aber auf „Struktur und Kultur", „Programme" und „Leitung" beziehen. Das ist kein Zufall, sondern der Tatsache geschuldet, dass Landeskirchen in den 1960er Jahren eine funktional-differenzierte Organisation ausgebildet haben – und Bistümer eben auch. Welche Denk- und Handlungsmuster erhalten dieses Kirchenmodell?[45]

Kultur- und Strukturmuster

Die Gemeinde will das (nicht)

Immer wenn eine Idee konkreter wird, die vom Status quo abweicht, fällt das Argument, die Gemeinde wolle das nicht und mache das nicht, man müsse auf die Menschen achten und sie mitnehmen. Unklar bleibt: Wer ist mit „die Menschen" gemeint? Wer mit „Gemeinde"?

Scheuklappen und Rasenmäher

Immer wenn Veränderungen anstehen oder gespart werden muss, denken Kirchengestaltungsverantwortliche – Presbyter:innen, Pfarrer:innen, Synodale, Oberkirchenrät:innen ... – zuerst in und für ihre Abteilung, ihren Dienst, ihre Gemeinde, die wie Säulen nebeneinanderstehen, und in deren Logik aus den Reformschüben des 19. Jahrhunderts und der 1960er Jahre.

Die Gesamtorganisation und die bereits stark veränderten und sich weiter verändernden Kontexte werden ausgeblendet. Im Zweifelsfall gilt Kürzen nach der Rasenmähermethode als beste, allgemeinverträglichste, am wenigsten konfliktträchtige, am leichtesten durchsetzbare und gerechteste Lösung. Und wenn man sieht, dass diese Lösung keine mehr ist, dann ist sie immer noch eine „Übergangslösung", wie ein Kollege kürzlich meinte. Der Rasenmäher erspart die Selbstinfragestellung und Neukonzeption.

Ökumene

Wenn Landeskirchen und Bistümer etwas nicht mehr allein leisten können, dann überlegen Kirchengestaltungsverantwortliche, ob sie es öku-

---

[45] Warnhinweis: Die Lektüre dieses Artikels kann Ihr seelisches Wohlbefinden beeinträchtigen. Zur Aufhellung empfohlen: Schramm, S., Hoffmann, L., Gemeinde geht weiter. Theorie- und Praxisimpulse für kirchliche Leitungskräfte, Stuttgart 2017; zum Differenzierungsmodell landeskirchlicher Organisation und Leitung vgl. Schramm, Kirche als Organisation, 227–396.

menisch machen. Gemeinsam weiter wie bisher allein. Ganz pragmatisch.

Draußen gibt es Probleme

Immer wenn das praktizierte Kirchenmodell nicht mehr funktioniert, richten Kirchengestaltungsverantwortliche den Blick nicht auf sich und ihre Kirche, sondern nach außen: Der „Traditionsabbruch" geht immer weiter, die „Säkularisierung" schreitet voran. Die Menschen sind nicht mehr interessiert an ... Nun haben „die Menschen" sogar „vergessen, dass sie Gott vergessen haben". – Mehr Larmoyanz und Selbstimmunisierung gehen nicht.

Personenfixiert und organisationsblind

Immer wenn Synodale und andere Kirchengestaltungsverantwortliche überlegen, wie es anders werden könnte, sprechen sie über Personen: jede:r müsste eine:n mitbringen, wir müssten mehr brennen, wieder mehr zu den Menschen gehen, die Pfarrer:innen müssten mehr glauben, wenn die Person X oder Y nur mal (nicht) in dieser Position wäre ... Die Personalisierung von Problemen und Lösungen hat Vorteile: Das System, seine Kommunikations-, Handlungs- und Entscheidungspraktiken müssen nicht angeschaut werden, alles bleibt beim Alten. – Die Landeskirchen haben ihre Organisationswerdung ekklesiologisch, kirchentheoretisch und leitungskonzeptionell noch nicht realisiert.

Innovation als Addition

Immer wenn Landeskirchen innovativ sein wollen, wiederholen sie das Muster, nach dem sie seit den 1960er Jahren verfahren: das Additionsprinzip „neue Aufgabe – neue Stelle / Abteilung".

Das Thema Innovation ist damit bedient. Für das System insgesamt gilt: mangelinduzierte Restrukturierung statt auftragsorientierter Reform. Also Sparen und Optimieren. Kein Nachdenken darüber, wie das System so umzubauen wäre, dass Innovation erleichtert wird. Hoffen auf innovative Personen statt Arbeit an den (Innovations-)Fähigkeiten des Systems. Es bleibt bei einer Steuerung durch (ggf. neue) Berufsrollen. Und außerdem: Addition erspart Konflikte.

Besinnungslos im Hamsterrad

Immer wenn jemand grundsätzlicher nachdenken und langfristig tragfähige Überlegungen anstellen will, sagen Kirchengestaltungsverantwortliche: Wir müssen jetzt pragmatisch sein[46], es muss jetzt auch schnell gehen. Nicht noch ein Prozess. Jetzt eine ekklesiologische Grundsatzdebatte und am Ende kommt doch nichts dabei heraus? Wir müssen jetzt die Herbstsynode vorbereiten.

Aber: Die Praxis von heute ist die Theorie der Großväter. Ob die Strategien der 1960er für die 2030er Jahre noch passen? Operativ-kurzfristig und pragmatisch – das heißt: besinnungslos im Hamsterrad, unter Ausblendung der strategischen und normativen Referenzrahmen (aus den 1960er Jahren), die subkutan wirken. Darüber sprechen? Keine Zeit. Außerdem kommen wir da ohnehin zu keinem Ergebnis.

Berufsrollen und Fachlichkeit, oder: Professionalisierung als Veränderungshemmnis

Immer wenn Berufsgruppen gemeinsam oder anders qualifiziert werden sollen, melden zielgruppenspezifische funktionale Dienste oder fachspezialisierte Aus- und Weiterbildungseinrichtungen Ansprüche auf „ihr" Personal an. – Wir müssen unsere Leute für die Jugendarbeit qualifizieren. Unsere Leute brauchen für ihre Aufgabe – also ihre bisherige Rolle – dies und das. Die so Aus- und Fortgebildeten machen – entsprechend dem Kirchenmodell aus den 60er Jahren – professions- und „zielgruppenspezifische" „Angebote". – Starre Berufsrollen als institutionalisierte und formalisierte Qualifikations- und Arbeitsmuster blockieren Veränderung.

Programmstabilisierende Muster

Der alte Käse in neuer Verpackung, oder: „Mehr vom Gleichen" Nr. 1

Wenn die Teilnahme am kirchlichen Leben (Gottesdienste, Kasualien, Gruppen ...) schwindet, dann wissen Kirchengestaltungsverantwortliche, wie Kirche geht: „Angebote", „profilierte" Angebote für „Zielgruppen", damit „wir" „Menschen erreichen" und sie „bei uns" „mitmachen". Wenn

---

[46] Peter Berger beobachtete in den 1960er Jahren, dass die enorme Ausweitung kirchlicher Handlungsfelder Bürokratisierung hervorbringt, Bürokratisierung wiederum einen bestimmten Typus von Leitungskräften: „Der neue sozialpsychologische Typ religiöser Führungskräfte ist dem anderer institutioneller Gebilde zum Verwechseln ähnlich geworden. Er ist aktivistisch, pragmatisch orientiert, wenig zu administrativ irrelevanter Reflexion geneigt, ... ‚dynamisch' und konservativ zugleich usw." Zitat: Berger, P. L., Zur Dialektik von Religion und Gesellschaft. Elemente einer soziologischen Theorie (engl. 1967), Frankfurt a. M. 1973, 135.

Angebote für Zielgruppen nicht mehr nachgefragt werden, dann braucht es eben neue Angebote.

Nur, man vermehre die Postkutschen, so viel man will – nie wird eine Eisenbahn daraus. Es bleibt alter Käse in neuer Verpackung. Wenn sich der graue Stand-PC nicht mehr verkauft, machen wir einen roten – aber es wird kein Handy daraus. Außer aus Leder fertigen wir auch Koffer aus Aluminium – aber so wird kein Trolley daraus. Ohne Prämissenreflexion und Neukombination keine Innovation.

Besseres Marketing, oder: „Mehr vom Gleichen" Nr. 2

Wenn ein Angebot nicht mehr läuft, dann investieren Kirchengestaltungsverantwortliche in Öffentlichkeitsarbeit und Marketing – „wir machen tolle Sachen, die Menschen wissen es nur nicht" –, statt darüber nachzudenken, ob „Angebote machen" das ist, was Kirche tun sollte.

Frag niemals „What and why to do", oder: „Mehr vom Gleichen" Nr. 3

Wenn Strukturen verändert werden müssen, dann versuchen Kirchengestaltungsverantwortliche ihr altes Kirchenbild eben mit den neuen Strukturen zu realisieren. Wenn sie ihr altes Kirchenbild mit parochialen Strukturen nicht mehr realisieren können, dann probieren sie eben, es mit Netzwerken zu realisieren.

Glaubenssätze und Problemlösungsreflexe, oder: „Mehr vom Gleichen" Nr. 4

Immer wenn etwas nicht mehr oder noch weniger als bisher funktioniert, schlägt der Problemlösungsreflex zu und Kirchengestaltungsverantwortliche agieren gemäß ihren handlungsleitenden Glaubenssätzen.

Beispiel: Laut Freiburger Projektion finden die meisten Kirchenaustritte bei Menschen Anfang 20 statt, gemäß Zielgruppenlogik die Klientel der Jugendarbeit. Problemlösungsreflex: mehr Mitarbeitende für die Jugendarbeit gemäß dem Glaubenssatz: „Die Jugend ist unsere Zukunft." Nur: Die Anzahl der evangelischen Jugendlichen hat sich seit 1982 halbiert, die Anzahl der Hauptamtlichen in der Jugendarbeit aber drastisch erhöht – trotzdem erreichen Austritte immer neue Höchststände. Jetzt also noch mehr Hauptamtliche in der Jugendarbeit als Lösung?

Ähnlich in den Neunzigerjahren: Wenn immer weniger Menschen zu unseren Gottesdiensten kommen, dann gehen wir eben mit mehr Gottesdiensten zu ihnen. Handlungsleitender Glaubenssatz: Geh- statt Komm-Struktur.

Ähnlich: Durch Kitas haben wir Kontakt zu jungen Familien. Die Realität: fast nur punktuell und nur während der Kita-Zeit ihrer Kinder. (Ausnahmen – durch konzeptionelle Arbeit – bestätigen die Regel.) Wo gibt es Orte, die eigene Bezugnahme auf relevante Umwelten zu beobachten und daraus Schlüsse zu ziehen?

Theorie- und Praxis-Amnesie, oder: „Mehr vom Gleichen" Nr. 5

Wenn Resonanz und Relevanz nachlassen, dann fallen Kirchengestaltungsverantwortlichen neue Ansätze ein: Kirche wird nun „Dienstleisterin", sie muss „näher zu den Menschen", sie muss „vielfältig" und „präsent" sein, nun auch in der „Region", eine Kirche „für alle", eine Kirche der „vielen Wege" „zu" „vielen Menschen". – Das aber sind die Ansätze der 1960er Jahre. Nur: Das ist vergessen. Deshalb kommt es immer wieder.

Organisationen kennen in der Regel ihre Theorie- und Organisationsgeschichte nicht.[47] Deshalb braucht es Beratung. Doch die Beratungsunternehmen, die die Kirchen heranziehen, kennen diese Geschichte auch nicht, von Ekklesiologie ganz zu schweigen. Kirchentheoretisch informierte Beratung ist als Desiderat seit Langem erkannt[48], bleibt aber die Ausnahme.[49] Was soll sich ändern, wenn die Heuristiken der Aktivitätengenerierung gleich bleiben?

---

[47] Wimmer, R., Systemische Organisationsberatung – jenseits von Fach- und Prozessberatung, in: Revue für postheroisches Management, Heft 7/2010, 88–103, 101.
[48] Dinkel, C., Kirche gestalten – Schleiermachers Theorie des Kirchenregiments (SchlA 17), Berlin, New York 1996, 269: „Wenn es nach Schleiermacher der Theologie als Ganzes um das Wohl der Kirche zu tun sein soll, so gilt dies in ganz besonderer Weise für die Praktische Theologie. Über die Einrichtung der Disziplin Kirchensoziologie hinaus ist sie dazu aufgefordert, ihre vergessene kybernetische Tradition wiederzubeleben und ihre besondere Aufmerksamkeit Fragen der Kirchenleitung zuzuwenden." Ebd.: „Das praktisch-theologische Institut und nicht eine Unternehmensberatung sollte die nächstliegende Beratungsinstanz für evangelische Kirchenleitungen sein, auch bei Leitungs- und Strukturfragen." Alfred Jäger 1997: „Es macht sich derzeit fatal bemerkbar, dass die gesammelte Kompetenz von theologischen Fakultäten nicht in der Lage ist, mit anstehenden Leitungsproblemen der Kirche angemessen umzugehen. Noch fataler erscheint, dass der Beizug irgendeiner Beratungsfirma vom Markt näherliegt als der Ruf nach einer auch theologisch verantworteten Neubestimmung kirchlicher Leitung." Zitat: Jäger, A., Management in kirchlichen Leitungsinstitutionen, in: Dubach, A., Lienemann, L. (Hrsg.), Aussicht auf Zukunft. Auf der Suche nach der sozialen Gestalt der Kirchen von morgen, Zürich, Basel 1997, 307–322, 318.
[49] Vgl. Alfred Jägers Konzept einer „Ekklesiologie als Kirchenberatung" in: Jäger, A., Konzepte der Kirchenleitung für die Zukunft. Wirtschaftsethische Analysen und theologische Perspektiven, Gütersloh 1993; vgl. Schramm, Kirche als Organisation gestalten, vor allem 1–108 und 800–803.

Neue Personen – alte Muster, oder: „Mehr vom Gleichen" Nr. 6

Wenn neue, junge Personen eine Aufgabe übernehmen, gehen sie mit Elan an die Arbeit und setzen neue Programme auf – nach den gleichen Mustern wie ihre – alten – Vorgänger:innen. Nun nicht mehr analog, sondern, ganz innovativ, digital. Analog konnten wir nur eine begrenzte Zahl von Menschen erreichen, digital können wir viel mehr Menschen erreichen. Statt analogen Geburtstagskarten jetzt digitale Grüße. Nicht mehr nur zum 70., jetzt auch – ganz neu – zum 18. Geburtstag.

Volkskirchliche Konditionalprogramme, oder: „Mehr vom Gleichen" Nr. 7

Immer wenn Kirchengestaltungsverantwortliche (Presbyter, PfarrerInnen ... Oberkirchenrät:innen) handeln, gehen sie von der Wahrnehmung gesellschaftlicher Differenzierung aus und reagieren mit volkskirchlichen Konditionalprogrammen: *Wenn* du unter den Kirchenmitgliedern eine Zielgruppe entdeckst, *dann* mache ihr ein Angebot.[50] *Wenn* du ein gesellschaftliches Thema siehst, das für Kirche(nmitglieder) relevant erscheint, *dann* adressiere es.[51] – Konditionalprogramme sind inputorientiert, sie halten nach Situationen Ausschau, in denen sie angewendet werden können. Deshalb verändern und vermehren sich Zielgruppen und Themen kirchlicher Arbeit (Additionsprinzip), während das Konditionalprogramm selbst gleich bleibt als Regel der Bezugnahme auf relevante Umwelten, auch wenn diese sich verändern.

Nach der kerngemeindlichen die institutionelle Absorption, oder: „Mehr vom Gleichen" Nr. 8

Dass Kerngemeinden Pfarrer:innen absorbieren, ist bekannt. Wenn aber ein Kindergarten vor Ort ist oder ein Altenheim, dann wird seit 10 bis 15 Jahren (!) erwartet, dass – die kontinuierlich weniger werdenden – Pfarrer:innen auch dort religionspädagogische Arbeit, Seelsorge und Andachten machen. – So schrumpft ihre Zeit immer weiter, die sie für Kontextwahrnehmung und neue Initiativen bräuchten. Die Kirchen verlängern

---

[50] Vgl. Preul, R., Kirchentheorie, Berlin, New York 1997, 184: „Das Konzept der Volkskirche steht und fällt nicht damit, dass alle ihr zugehören, sondern dass sie sich auf alle, die ihr zugehören, einstellt."
[51] Vgl. Hermelink, J., Kirchliche Organisation und das Jenseits des Glaubens, Gütersloh 2011, 170: Die „Volkskirche" will eine „dezidiert gesellschaftsintegrative Kirche" sein. Sie hat als „Kirche für alle" das „Anliegen, jeweils möglichst alle Menschen, alle Schichten oder sozialen Gruppen der Zeit zu erreichen und einzubinden".

den Sozialstaat, auch mit kirchensteuerfinanziertem Personal; wirksame Initiativen aus eigenen Motiven überlassen sie anderen.[52]

Status quo oder Untergang

„Wenn wir uns von den Kindertagesstätten trennen, dann sind wir überhaupt nicht mehr wichtig." „Wenn es die Parochie und das Prinzip ‚ein Pfarrer – eine Gemeinde' nicht mehr gibt, dann verlieren wir die Menschen und dann geht bald gar nichts mehr." „Wenn wir unsere einzige Schule schließen, dann fallen wir aus vielen staatlichen Gremien heraus und können nicht mehr mitreden."

Alles ist wichtig, oder: Ansatz bei der Gesellschaft plus volkskirchliche Interpretation

Immer wenn überlegt wird, was sich verändern könnte oder sollte, dann fangen die Argumentationen an, warum mein eigenes und dies und jenes wichtig ist. Das ist nicht banal, es hat kirchenkonzeptionelle Gründe: Im Differenzierungsmodell landeskirchlicher Organisation ist in der Tat alles wichtig und es fehlt immer noch etwas, denn die Reform der 1960er Jahre setzte bei der Gesellschaft an und versuchte, sie innerkirchlich nachzubauen und qua zielgruppenspezifischer „Angebote" zu „erreichen" – auf dass der wahrgenommene Gap zwischen den Strukturen der Kirche und den Strukturen der Gesellschaft geschlossen würde.

Solange in der normativen Perspektive einer Volkskirche oder (volks-)missionarischen Kirche[53] der innerkirchliche Nachbau gesellschaftlicher

---

[52] Das ist eine alte Krankheit der Landeskirchen als ehemaligen Staatskirchen. Vgl. Paul Tillich: „Wenn sie (die Kirche, S. Schramm) sich die Rolle einer staatlichen Behörde aufzwingen lässt, so bedeutet das das Ende ihres königlichen Amtes und eine Erniedrigung, die nichts mit der Niedrigkeit des Kreuzes zu tun hat, wohl aber mit der Schwäche der Jünger, die vor dem Kreuz flohen" (ders., Systematische Theologie, Bd. 3 [1966], Berlin, New York 1987, 249). Vgl. Friedrich Schleiermacher, der für das Verhältnis von Kirche und Staat die „Formel" aufstellt, dass „die Kirche sich durchwinden muss zwischen der kraftlosen Unabhängigkeit und kraftgewährenden aber in der Entwickelung hindernden Dienstbarkeit" (ders., Die praktische Theologie nach den Grundsätzen der evangelischen Kirche im Zusammenhange, Berlin 1850, 670). Damit dies gelingen kann, bedarf es nach Schleiermacher zweier Voraussetzungen: ausreichend eigener Mittel und eines vom Staat unabhängigen Kirchenregiments (a.a.O.). Vgl. ders., Kurze Darstellung des Theologischen Studiums zum Behuf einleitender Vorlesungen (1811/1830), in: ders., Universitätsschriften (KGA I/6), Berlin, New York ²2002, 243–446. In § 325 fordert Schleiermacher, „dass die Kirche weder in eine kraftlose Unabhängigkeit vom Staat, noch in eine wie immer angesehene Dienstbarkeit unter ihm gerathe." In § 326 ist im Blick auf die verstaatlichte Bildungsarbeit davon die Rede, hier drohe „kraftlose Unabhängigkeit oder wohlhabende Dienstbarkeit".
[53] Vgl. z. B. Margull, H. J. (Hrsg.), Mission als Strukturprinzip. Ein Arbeitsbuch zur Frage missionarischer Gemeinden, Genf 1965.

Differenzierung – „multilaterale Präsenz", um für „alle" (Zielgruppen) ein „Angebot" zu machen – die strategische Leitidee bleibt, ist prinzipiell alles wichtig und muss erhalten werden. Und wenn das aufgrund von Ressourcenrückgängen nicht mehr möglich ist?

Zukunft als Status quo, oder: Substitution statt Innovation

Wenn Pfarrstellen nicht mehr besetzt werden können, dann animiert man Ruhestandsgeistliche weiterzumachen. Wenn kein Pfarrnachwuchs mehr da ist, öffnet man das Aufgabenfeld von Pfarrer:innen für Gemeindepädagog:innen, die entsprechend nachqualifiziert werden; oder man wirbt Pfarrer:innen aus dem Ausland an. Wenn die Hauptamtlichen weniger werden, dann qualifiziert man Ehrenamtliche, die nun ohne Pfarrer:innen Gottesdienste feiern und Gemeinden leiten. Wenn nicht mehr genug Menschen für den Kirchenvorstand kandidieren, dann verkleinert man die Gremien. Und wenn das Geld nicht mehr reicht, kürzt man die Gehälter. – All das erspart die Erarbeitung neuer Selbst- und Zukunftsbilder, neuer Strukturen und Geschäftsmodelle, die Neujustierung des Verhältnisses von Theologie und Ökonomie und eine veränderte Bezugnahme auf relevante Kontexte.

Zukunft als weniger vom Status quo, oder: nach der Addition die Subtraktion

Immer wenn die Finanz- und Personalressourcen rückläufig sind und Maßnahmen unausweichlich, dann beginnen Kirchengestaltungsverantwortliche den Kampf um den partiellen Status quo:

- „Konsolidieren" nach der Rasenmähermethode („weniger von allem")
- „Rückbau" („Was können wir uns noch leisten – von dem, was wir bisher schon tun?")
- „Prioritätensetzung"/„Schwerpunktbildung" (Was ist unverzichtbar, was machen wir weniger oder nicht mehr – von dem, was wir schon tun?)
- „stellvertretende Kooperation der Landeskirchen" (Wie können wir die Arbeit auf verschiedene Landeskirchen aufteilen – damit sie wie bisher weitergehen kann?)
- „exemplarisch": nicht mehr alles – von dem, was wir schon tun – an allen Orten.

Optimieren nach alten, statt Erneuern nach neuen Prämissen. „Weniger Kirche" statt „Kirche anders". Ekklesia reductanda statt Ekklesia reformanda. Zukunft als Schrumpfversion der Vergangenheit. Verbunden mit einer starken Fokussierung auf je bestimmte „Inhalte" und „Themen" (wie seit den 1960ern üblich). Doch Inhalte, Themen und auch Sozial- und Arbeitsformen wechseln im Zeitlauf. Je dynamischer und komplexer die Kontexte, desto wichtiger sind die Fähigkeiten des Systems, die es ermöglichen, wechselnde Inhalte und Herausforderungen zu bearbeiten. Sparen, Konsolidieren und Prioritätensetzen sind jedenfalls keine Zukunftsgestaltung, sondern Ressourcenrückgangsverwaltung.

Gemacht wird, was refinanziert ist, oder: Subsidiäre Gefangenschaft

Immer wenn gespart werden muss, bleiben – so es die Personallage erlaubt – die refinanzierten Arbeitsbereiche außen vor. Mit starken systemischen Wirkungen: Refinanzierte Arbeitsfelder binden sehr viel Aufmerksamkeit, Personal und Finanzen, sie sind zielgruppenspezifisch und fördern die Versäulung der Landeskirchen. Sie halten das System stabil, seine Routinen der Wahrnehmung, des Denkens und Handelns.

Leugnen

Wenn Veränderungen eingefordert werden, dann bestreiten Leitungskräfte die Notwendigkeit: Ja, im Norden und Osten ist es schlimm, aber bei uns ist die Welt noch in Ordnung. Nein, Fusion ist kein Thema, wir können auch als kleine Landeskirche eigenständig bleiben.

Leitungsmuster

Sakral und tabu

Wenn Leitung thematisiert wird, reagieren Leitende gespreizt. – Der Katholizismus sakralisiert, der Protestantismus tabuisiert Leitung.[54] Das eine ist Pest, das andere Cholera.

---

[54] Diese Tabuisierung ist unter anderem eine Folge der Erfahrung von Machtmissbrauch im Nationalsozialismus und der vierten These der Barmer Theologischen Erklärung. Vgl. auch Barth, K., Christengemeinde und Bürgergemeinde, Zürich 1946, 31f.: „In der Christengemeinde wird in der Nachfolge Christi selbst nicht geherrscht, sondern *gedient*" (kursiv im Original). Nach 1945 wurden dementsprechend Grundordnungen und Kirchenverfassungen verändert, um Machtmissbrauch zu verhindern. Leitung wird als „gemeinsame Angelegenheit von Kirchenleitung, geistlichem Amt und der Synode" ausgestaltet. „So entwickelte sich faktisch ein Grundprinzip, Macht in der Kirche erst gar nicht zuzulassen. Dies zog in der Folge allerdings nicht ganz einfache Entwicklungen nach sich, indem zugleich Entscheidungskulturen entstanden, die eine effiziente Steuerung nicht fördern. Entscheidungen müssen viele Gremien durchlaufen – dies manchmal mehrfach." Zitate: Begrich, T., Kirchliches Finanzmanagement und Entscheidungskulturen, in: Halfar, B. (Hrsg.), Erfolgspotentiale der Kirche: ein Blick aus dem Management, Baden-Baden 2012, 87–101, 88.

Machtorientiert und lernresistent, oder: Bürokratische Gefangenschaft Nr. 1

Wenn ein Pfarrer nach- und vordenkt, dann kann es passieren, dass sein Kirchenpräsident sagt: „Sie hatten keinen Auftrag, so weit zu denken." Wenn ein Theologe Kirchenleitung reflektiert, dann kann es passieren, dass über sein Buch ein Verdikt verhängt wird.[55] Wenn ein ausgewiesener Experte etwas Bedenkliches wahrnimmt, dann kommt es vor, er behält es für sich, weil: „Meine Landeskirche ist doch sehr hierarchisch." „Wenn ich auf dem Display sehe, der Landeskirchenrat ruft an, dann erhöht sich mein Puls" (ein Pfarrer). Zwei Verwaltungsfachfrauen, vorher im Staatsdienst: „Dass die bei den Oberkirchenräten nicht katzbuckelnd aus dem Büro rauskommen, ist grad alles."[56] Wenn Entscheidungsprozesse laufen, dann kann es passieren, dass Experten aus dem eigenen Haus nicht eingebunden werden – manchmal vorsätzlich.[57] Wenn dazumal Friedrich Schleiermacher (1768-1834) kirchenleitungskritische Texte veröffentlichte, dann häufig anonym. – Woher diese wenig reflexions- und innovationsfreundlichen Verhaltensmuster?[58] – Absolutistische Herrscher ersetzten Adels- durch Beamtenherrschaft. Für bürokratische Herrschaft

---

Erfreulicherweise haben einige Landeskirchen (z. B. die Nordkirche und die EKiR) angefangen, über ihr Leitungssystem nachzudenken und integrierte Strukturen aufzubauen („Vernetzte Beratung" in Württemberg und der EKHN, dort auch eine „AG Unterstützungssysteme"). Die bayerische Landeskirche hat 2023 entschieden, die Struktur ihres Landeskirchenamts umzubauen. Auch Bistümer haben sich auf den Weg gemacht. Doch die beschriebenen Muster sind vielerorts noch aktiv.

[55] So erzählt es Alfred Jäger von seinem Buch „Konzepte der Kirchenleitung für die Zukunft" (1993). Vgl. Jäger, A., Lebenstheologie. Biographie einer Theologie, Zürich 2023.

[56] Ulrich Müller-Weisner hat in Führungstrainings die Frage nach den „Zehn Geboten einer Landeskirche – oder wie mache ich Karriere?" gestellt, um Kulturmerkmale zu eruieren. Hier einige Antworten von Teilnehmenden: „Füge dich", „Du sollst latent unterwürfig sein", „Du sollst keine revolutionären Ideen ins Leben rufen", „Verhalte dich unauffällig", „Du sollst deine Kirchenleitung nicht öffentlich kritisieren". In: Müller-Weisner, U., Chef sein im Haus des Herrn. Führen und Leiten in der Kirche – eine Praxishilfe, Gütersloh 2003, 217.

[57] Hierarchien „unterliegen dem Mythos der Omnikompetenz" und „tendieren zur Lernresistenz", so Wüthrich, H. A., Winter, W., Philipp, A. F., Die Rückkehr des Hofnarren. Einladung zur Reflexion, nicht nur für Manager, Herrsching 2008, 119. Vgl. den Ratschlag zur Karriereförderung bei Müller-Weisner, Chef sein im Haus des Herrn, 218: „Du sollst die Allwissenheit (geistige Omnipotenz) der Theologen anerkennen." Ebd., 217: „Du sollst die Macht der Juristen (Verwaltungsebene) nicht unterschätzen."

[58] Vgl. Kurt Tucholskys Sicht 1925: „Die Zentrale weiß alles besser. Die Zentrale hat die Übersicht, den Glauben an die Übersicht und eine Kartothek. In der Zentrale sind die Männer mit unendlichem Stunk untereinander beschäftigt, aber sie klopfen dir auf die Schulter und sagen: ‚Lieber Freund, Sie können das von Ihrem Einzelposten nicht so beurteilen! Wir in der Zentrale …' Die Zentrale hat zunächst eine Hauptsorge: Zentrale zu bleiben. Gnade Gott dem untergeordneten Organ, das wagte, etwas selbständig zu tun!" Aus: Panter, P., Die Weltbühne, 31.03.1925, Nr. 13, S. 488, in: Tucholsky, K., Gesammelte Werke in zehn Bänden. Band 4, Reinbek bei Hamburg 1975, 76.

typisch ist ihr monokratischer Charakter, der die Durchsetzung des Willens des Monarchen bis hinunter in die kleinsten Gliederungen seines Herrschaftsgebietes sicherstellen sollte (wo vorher lokale Adelige herrschten).[59] Yorick Spiegel weist darauf hin, dass für eine „Bürokratie im Gegensatz zu leistungsorientierter Organisation vor allem der Herrschaftsaspekt entscheidend" ist.[60] Ziel staatlicher Bürokratien sei nicht in erster Linie, bestimmte Leistungen zu erbringen, sondern die Ausübung von Herrschaft zu sichern. Diese ursprüngliche Intention staatlicher Bürokratie sei in der von ihr geprägten kirchlichen Bürokratie erhalten geblieben. – Nach Ende des Staatskirchentums 1918 gingen die Herrschaftsbefugnisse von den Fürsten auf die Konsistorien und synodal-konsistorialen Gremien über (auf die Synoden nur die legislativen Befugnisse). Nicht wenige Zentralbehörden wirken in Gebäuden, die – im 19. Jahrhundert von Fürsten errichtet – „gebaute Hierarchie" sind und diesen Geist verströmen; wie auch die Amtsbezeichnungen: Pfarrer, Oberpfarrer; …rat, Ober…rat; …direktorin, Ober…direktorin, Landes…direktor. – Hierarchie ist in Organisationen funktional weder vermeid- noch verzichtbar. Aber wie gelingt es, die im System vorhandenen Kompetenzen zeit- und sach- (und menschen-)gerecht in Entscheidungsprozesse einzuspielen?

Schornstein-Effekte, oder: Bürokratische Gefangenschaft Nr. 2

Wenn an der Basis ein Problem entsteht, dann zieht es wie in einem Schornstein nach oben an die Spitze. Die Mitte hat keine Entscheidungsbefugnisse, an der Spitze kommt es zu Problemstau und Überlastung.

Verwalten statt Gestalten, oder: Bürokratische Gefangenschaft Nr. 3

Wenn sich Kirchengemeinderäte treffen, dann gibt es viele, meist operative Vorgänge zu bearbeiten. Verwaltung dominiert, ein „konzeptionell verantwortetes, aktives Systemsteuerungsverhalten"[61] ist selten.

Rudolf Roosen 1997, am Scheitelpunkt des Differenzierungsmodells: „Die bürokratisierte Verwaltung sorgt dafür, dass die Gemeindeleitung kontinuierlich mit Aufgaben versorgt wird. […] Vorlagen, Fristen und Formalia sind zu beachten. […] die Verwaltung hält die Presbyterien in Bewegung

---

[59] Vgl. Weber, M., Wirtschaft und Gesellschaft. Grundriss der verstehenden Soziologie, Tübingen 1921, 1972, 551–579.
[60] Spiegel, Y., Kirche als bürokratische Organisation, München 1969, 27.
[61] Roosen, R., Die Kirchengemeinde – Sozialsystem im Wandel. Analysen und Anregungen für die Reform der evangelischen Gemeindearbeit (APrTh 9), Berlin, New York 1997, 544.

und erzeugt damit einen ständigen Druck, der das Presbyterium zwingt, sich zunächst und vor allem mit dem Nächstliegenden zu beschäftigen [...] Ausblick und Rückblick unterbleiben aus Zeitmangel. [...] Die Auseinandersetzung mit dem Zukunftshorizont [...] steht [...] in der Prioritätenliste erst sehr weit hinten. Wer zügig entscheiden muss, hat nur wenig Zeit für Visionen und Konzeptentwicklung."[62] Gleiches gilt für Bezirkskirchenräte, Synoden, synodal-konsistoriale Mischgremien, Kollegialorgane.

Kollegialorgane, oder: Bürokratische Gefangenschaft Nr. 4

In den Landeskirchenämtern stehen die Dezernate wie Säulen nebeneinander. An der Spitze Dezernent:innen, die Kollegien bilden. Jede:r ist Chef:in im eigenen Dezernat und vertritt dessen Interessen. Wenn schwierige Entscheidungen anstehen, dann hackt eine Krähe der anderen kein Auge aus. Man muss auch nächste Woche noch miteinander sprechen können. – Kollegialorgane entstehen im Absolutismus und sind „die typische Form, in welcher der Herrscher ... zugleich Fachwissen verwertet und sich ... ihm gegenüber in seiner Herrenstellung zu behaupten trachtet. Er hält einen Fachmann durch andere im Schach ..."[63] Entfällt der Herr als politische Führung, bleibt Verwaltung.[64]

Geplante Folgenlosigkeit, oder: Bürokratische Gefangenschaft Nr. 5

Wenn keine ernsthaften (öffentlichen) Störungen auftreten oder Machtinteressen anderer berührt werden, dann müssen Regeln und Vereinbarungen nicht eingehalten werden. „Die Folge ist ein ritualisiertes Muster ‚geplanter Folgenlosigkeit': Man trifft sich, bespricht sich, vereinbart sich – und hält sich nicht daran. [...] Veränderungsimpulse können sich nicht fortpflanzen [...] Das macht das System hochgradig stabil."[65]

Bilateralismus Nr. 1

Wenn sich ein Gremium oder Kollegium auf eine Entscheidung verständigt hat, wird diese Entscheidung durch bilaterale Absprachen unterlaufen; nicht immer, aber nicht selten, wenn die Entscheidung für einzelne

---

[62] Ebd., 556.
[63] Weber, Wirtschaft und Gesellschaft, 574.
[64] Nach Weber *das* zentrale Problem bürokratischer Herrschaft. Vgl. ebd., 836f. Vgl. dazu den ehemaligen Bischof der EKBO und EKD-Ratsvorsitzenden Wolfgang Huber: Die Grundmotive „der Genehmigung und der nachträglichen Krisenintervention" dominieren weiterhin. Zitat: Huber, W., Kirche in der Zeitenwende. Gesellschaftlicher Wandel und Erneuerung der Kirche, Gütersloh 1998, 263.
[65] Dessoy, V., Kirche könnte gehen ..., in: Hennecke, C., Tewes, D., Viecens, G. (Hrsg.), Kirche geht ... Die Dynamik lokaler Kirchenentwicklungen, Würzburg 2013, 23–42, 35f.

Akteure Veränderung bedeuten würde. – Es gibt da jetzt diese neue Ordnung, aber können wir für meine Leute das Verfahren nicht lassen, wie es ist?

Bilateralismus Nr. 2

Wenn Eigen- und Teilinteressen gesichert oder durchgesetzt werden sollen, dann ist Bilateralismus der Königs- resp. König:innenweg; wirkungsverstärkt durch persönliche Beziehungen und Opponentendiffamierung. So kommt die Weiterentwicklung des Systems im Kontext erst gar nicht in den Blick. Leistungsfähig insbesondere in konsistorial-feudalen Verhältnissen.[66]

Systembedingte Kurzsichtigkeit, oder: Konsistorial-synodal

Wenn sich *langfristig* schwierige Situationen abzeichnen, dann machen kirchengestaltungsverantwortliche Personen und Gremien häufig – nichts.

Beispiel: Die enorme Ausweitung des Personalbestandes seit den 1970er Jahren bei gleichzeitigem Mitgliederrückgang wurde sehr wohl wahrgenommen, hatte aber keine Konsequenzen. Thomas Begrich, damals Finanzchef der EKD, schreibt 2007: „War nicht erkennbar, daß die Gemeindegliederzahl stark zurückgehen wird? Erkennbar sicher – aber vermutlich nicht rezipiert. Wir haben auf den Kirchensteuerüberschuss und nicht auf den Mitgliederrückgang reagiert. Dabei hatte bereits vor zwanzig Jahren eine Studie des Kirchenamtes der EKD (1985!, Anm. des Verf.) vor einer Finanzkrise zu Beginn des 21. Jahrhunderts gewarnt. Konsequenzen sind aus den seinerzeit erkannten Prozessen nicht ausreichend gezogen worden." Begrich nennt zwei Gründe: Es hat „offenkundig an den Instrumentarien gemangelt, weiter vorausschauende Handlungsstrategien zu entwickeln. Welcher Synode allerdings hätte man bei einem Finanzboom zumuten können, Entscheidungen zu fällen, die im scheinbaren Widerspruch zu den aktuellen Entwicklungen stehen würden? [...] die in den achtziger Jahren vorhergesagten wirtschaftlichen Schwierigkeiten sind heute erfahrbar."[67]

---

[66] Vgl. Aussagen von Teilnehmenden aus Führungstrainings bei Müller-Weisner, Chef sein im Haus des Herrn, 218: „Du sollst persönliche Beziehungen zu ‚Schlüsselpersonen' pflegen", „Halte dich an die demokratischen Regeln, aber vergiss nie, Beziehungen sind besser".
[67] Beide Zitate: Begrich, T., Kirche – Wohin? Voraussetzungen und Strategien für die evangelische Kirche, in: ZevKR 52/2007, 650–661, 653f.

Subsistenzerfordernisse, oder: Der „‚Teufelskreis' der Selbstverstärkung des Operativen"[68]

Wenn oberste Leitungsgremien weitreichende kirchenleitende Fragen angehen wollen, dann schieben sich unter dem Problemdruck der vielen Arbeitsfelder Subsistenzerfordernisse und kurzfristig-operative Aufgaben in den Vordergrund. Über Bestandserhaltungs- und Konsolidierungsbemühungen kommt die Frage nach dem Warum und Wozu, nach Motivation und längerfristigen Zielvorstellungen abhanden.[69]

Verantwortungsdiffusion, oder: maximale Partizipation (Demokratisierung)

Immer wenn auf landeskirchlicher Ebene Entscheidungen zu treffen sind, setzt sich die Maschinerie der Leitungsorgane in Gang.[70] Allerdings ist deren Verhältnis zueinander unklar.[71]

Hinzu kommt: In den 1970er Jahren demokratisierte man kirchliche Leitung; Entscheidungsbefugnisse gingen von personalen Ämtern auf Gremien über. „Die Zahl der Mitentscheidenden, vor allem aber der Mitredenden erhöhte sich sprunghaft."[72] Helmut Hild, Präsident der EKHN, 1996: „Nicht nur in der Synode, sondern in allen Bereichen wucherten nun die Mitbestimmungs- und Mitsprachegremien. Die Zahl der Sitzungen wurde Legion. [...] Die Demokratisierung sollte mehr Transparenz

---

[68] Bleicher, K., Das Konzept Integriertes Management (St. Galler Management-Konzept 1) (1991), Frankfurt, New York, 8., aktualisierte und erweiterte Auflage 2011, 624.
[69] Dieses Phänomen und die mangelnde Beschäftigung mit Zukunftsfragen beschreibt bereits 1976 Winter, F., Der Wert der Theologie für die Entscheidungsfindung in der Kirchenleitung, in: Erk, W., Spiegel, Y. (Hrsg.), Theologie und Kirchenleitung. Martin Fischer zum 65. Geburtstag gewidmet, München 1976, 241–254, 253.
[70] Vgl. Hermelink, J., Kirchliche Organisation, 217f.: „Zum Wesen der kirchlichen Gemeinschaft, auch ihrer Organisation gehört es schließlich, Entscheidungen prinzipiell durch alle Beteiligten gemeinsam zu treffen ... Auch wenn dieses Kriterium gelegentlich in Spannung zu den Geboten eines sparsamen Umgangs mit der Zeit und effizienten, ergebnisorientierten Administration gerät, so bringt es doch eine derartig fundamentale Einsicht des christlichen Glaubens zum Ausdruck, dass einer maximalen Beteiligungsmöglichkeit im Zweifel der Vorrang eingeräumt werden sollte." Das gilt freilich erst seit der „Demokratisierung" der 1970er Jahre.
[71] Vgl. z. B. die badische Landeskirche: „Landessynode, Bischof, Landeskirchenrat und Oberkirchenrat stehen nicht in einem Verhältnis der Über- und Unterordnung, sondern der Gleichordnung zueinander." Zitat: Rupp, S., Verwaltungsmodernisierung in der Kirche. Eine Untersuchung am Beispiel des Neuen Steuerungsmodells der Evangelischen Landeskirche in Baden (Schriften zum Staatskirchenrecht 20), Frankfurt a. M. 2004, 248.
[72] Dienst, K., Von den „Referaten mit Geschäftsstellen" zur „Angebotsabteilung". Einige Schritte auf dem Weg zur „Abteilung Kirchliche Praxis", in: Jahrbuch der Hessischen Kirchengeschichtlichen Vereinigung 52/2001, Darmstadt, Kassel 2001, 205–213, 210.

bringen. Entstanden ist dabei ein Dschungel von Zuständigkeiten, in dem nicht einmal mehr Insider durchblicken."[73]

Wer ist verantwortlich für Ergebnisse? Wer für Reformen? Unklare Strukturen und Verantwortlichkeiten sorgen für Stagnation.

Leitung als Macht- statt Gestaltungsfrage

Immer wenn Leitung thematisiert wird, dann unter dem Gesichtspunkt von Herrschaft und Macht. Doch die Debatte, wer wie viel Macht hat und haben darf und wie Macht wirkt, betrachtet das Leitungssystem nur bedingt unter dem Gesichtspunkt aktueller Leitungsherausforderungen: der (Neu-)Gestaltung kirchlicher Systeme im Kontext.

Kirchenleitung, oder: Blinder Fleck Kybernetik Nr. 1

Immer wenn ehemalige Gemeinde- oder Funktionspfarrer:innen oberste Leitungspositionen einnehmen, dann merken sie, dass die Leitung einer Landeskirche mit Tausenden Mitarbeitenden etwas anderes ist als die eines Dienstes oder eines Dekanats. Was dort reichte – Interaktion, bilaterale Führung –, wird der Komplexität einer Landeskirche nicht gerecht, die eine Leitung durch „Entscheidung über Entscheidungsprämissen" erfordert.[74] Die Landeskirchen haben ihr *Handeln* seit den 1960er Jahren professionalisiert, nicht aber ihre *Leitung*.[75] Akademische Theologie spiegelt das: Literatur zur Gemeindeleitung ist uferlos, zur landeskirchlichen Leitungsebene kaum vorhanden.[76] Im Extrem werden Leitungssystem und Leitungspraxis zur Gefahr.[77]

---

[73] Hild, H., Erfahrungen mit der Kirchenordnung der EKHN und ihren Leitungsgremien, MS Darmstadt 1996, S. 6f., zitiert nach: Hermelink, Kirchliche Organisation, 315.
[74] Nagel, R., Wimmer, R., Einführung in die systemische Strategieentwicklung, Heidelberg 2015, 60.
[75] Ganz anders diakonische Unternehmen, die ihre Leitungsstrukturen und -konzepte weiterentwickelt haben und ihre Leitungskräfte auf akademischem Niveau qualifizieren. Vgl. die von Alfred Jäger herausgegebene Reihe „Lenken, Leiten, Gestalten. Theologie und Ökonomie (LLG)" 1997ff. und das von ihm auf den Weg gebrachte „Institut für Diakoniemanagement (IDM)" in Bielefeld. Vgl. im Kontrast dazu die Feststellung des Planungschefs der EKD Rüdiger Schloz 1994: „Leitung und Management (gilt) als eine Pfarrern/Pfarrerinnen und Oberkirchenräten aufgrund der allgemeinen Menschennatur selbstverständlich mitgegebene Befähigung, die kein Lernen und Training erfordert." (Schloz, R., Prioritäten setzen nach dem Jahr 2000 [Protestantische Pfalz Texte 2], Speyer 1994, 20). Vgl. dazu den oft gehörten Spruch: Wem der Herr ein Amt gibt, dem gibt er auch Verstand.
[76] Als Ausnahme vgl. Jäger, Konzepte der Kirchenleitung.
[77] Die jüngere Diakoniegeschichte zeigt: Trägern, die ihre Rechtsform und ihr Leitungssystem nicht rechtzeitig den neuen Gegebenheiten anpassen, droht der Bankrott.

Wir fahren auf Sicht, oder: Blinder Fleck Kybernetik Nr. 2

Immer wenn zu viel auf Leitende einstürmt und die Lage unübersichtlich ist, heißt es: Wir fahren auf Sicht. Doch operative Anpassungsprozesse können strategische Probleme nicht lösen. Auch wer auf Sicht fährt, sollte eine Idee davon haben, wohin, in welche Richtung die Reise mittelfristig gehen soll.

Bürokratische (Finanz-)Verwaltung statt theologischer (Kirchen-)Gestaltung, oder: Blinder Fleck Kybernetik Nr. 3

Immer wenn es finanzielle Probleme gibt, schlägt die Stunde der Finanzabteilungen. Auch Theolog:innen argumentieren dann eher nicht theologisch oder kirchentheoretisch. Wieso eigentlich?

„Zur Zeit verfügen wir – von Ausnahmen abgesehen – kaum über eine Kybernetik, die in *theologisch* und *organisationstheoretisch* ausbalancierter Form das spezifische ‚Management' einer Kirche analysiert, kritisch bewertet und alternative Leitungskonzepte durchdenkt."[78] Fällt theologische Leitung aus, tritt bürokratische Verwaltung an ihre Stelle. Es kommt zu „Gefällebildungen zwischen ... juristischen Kompetenzen und theologischer Perspektivenfähigkeit, zwischen kirchlichen Finanznöten und der Aufmerksamkeit für die sich aus der Auftragsbindung ergebenden Verpflichtungen."[79]

In organisationstheoretischer Perspektive müsse man, so Niklas Luhmann 1972, von der Theologie verlangen, dass sie den theologisch zu interpretierenden Auftrag der Kirche in ein variables Programm übersetzt, das „als kirchenpolitisches Steuerungsinstrument ... fungiert". Faktisch fielen theologische Dogmatik und Kirchenpolitik jedoch weitgehend

---

[78] Ochel, J. (Hrsg.), Der Dienst der ganzen Gemeinde Jesu Christi und das Problem der Herrschaft. Barmen IV, Bd. 2, Votum des Theologischen Ausschusses der Evangelischen Kirche der Union, Gütersloh 1999, 137f. *(kursiv Verf.)*. Vgl. Jäger, A., Management-Beratung für die Kirchenleitung, in: WuD 23/1995, 233–245, 239: „Ekklesiologie hat die Realexistenz von modernen Kirchenleitungen und -verwaltungen noch kaum als Herausforderung wahrgenommen." Vgl. auch Karl-Heinrich Lütcke: „Eine umfassende Erörterung und Darstellung der Strukturprobleme und Konflikte in kirchlicher Leitung und Verwaltung gibt es bislang nicht." Für nötig hält er „eine umfassende Darstellung ..., in der kirchenrechtliche, organisationssoziologische und theologische Ansätze mit gründlicher Detailkenntnis der Praxis kirchenleitenden Handelns verbunden sein müssten" (Lütcke, K.-H., Institutionen der Kirchenleitung, in: HPTh 4, Praxisfeld: Gesellschaft und Öffentlichkeit, hrsg. v. Bloth, P. C. u. a., Gütersloh 1987, 634–650, 647). Vgl. dazu die Analysen und Konzepte von Schramm, Kirche als Organisation gestalten.

[79] So 1999 der Theologische Ausschuss der Evangelischen Kirche der Union. Zitat: Ochel, Der Dienst der ganzen Gemeinde Jesu Christi, 144.

auseinander. Luhmann schlussfolgert: „*Gerade soziologisch und organisatorisch gesehen scheint mithin das Hauptproblem der Kirche ein theologisches zu sein.* Ihre generelle, nicht nur problemspezifische Verunsicherung geht letztlich darauf zurück, dass es nicht gelingt, ihre gesellschaftliche Funktion im theologisch-dogmatisierten Programm fassbar zu rekonstruieren. Die Theologie muss eine ‚Funktion der Kirche' erst noch werden."[80]

Praxis prägt

Immer wenn oberste Kirchengestaltungsverantwortliche ihr Amt antreten, merken sie, dass die Entscheidungsspielräume kleiner sind als angenommen. Auch die Frage „Wie tragen die Verantwortlichen in unterschiedlichen Rollen und Funktionen systematisch dazu bei, den Status quo aufrechtzuerhalten?" verführt dazu, auf Personen zu fokussieren und das System als die vorsteuernde Größe zu übersehen, die es ist. Kirchengestaltungsverantwortliche sind in Strukturen und Kulturen eingebettet, die auch auf sie steuernd wirken.

Wer in kirchengestaltende Verantwortung kommt, als Jugendreferent, Bischof oder Gemeindepfarrer, erhält kein leeres Blatt, das er nach Belieben beschriften könnte. Er oder sie betritt ein Feld eingespurter Praktiken, die tief in den Haltungen und Leitvorstellungen seiner:ihrer Kolleg:innen, in Rechts- und Geschäftsordnungen („oberste aufsichtsführende Behörde") eingelassen sind und ihren Tribut fordern. Ein Einzelner kann diese Praktiken nicht ändern. Veränderungen gehen nur gemeinschaftlich, sie brauchen Mehrheiten. Wie oft reflektieren Kirchengestaltungsverantwortliche ihr eigenes Leitungssystem und -handeln? Mit wem? Wo?

Fazit: Status-quo-Erhaltung am Ende?

Das aktuell praktizierte Kirchenkonzept und Organisationsmodell der Landeskirchen wurde erdacht unter den und für die Rahmenbedingungen der 1960er Jahre. Doch Mitte der 1970er kommt es zum „Erdrutsch"[81],

---

[80] Beide Zitate: Luhmann, N., Die Organisierbarkeit von Religionen und Kirchen, in: Wössner, J. (Hrsg.), Religion im Umbruch. Soziologische Beiträge zur Situation von Religion und Kirche in der gegenwärtigen Gesellschaft, Stuttgart 1972, 245–285, 262; kursiv im Original.
[81] Hobsbawm, E., Das Zeitalter der Extreme. Weltgeschichte des 20. Jahrhunderts, München, Wien ⁵1997, 503ff.

zum „Strukturbruch"[82], zu tiefgreifendem gesellschaftlichem Wandel.[83] 2010 ist das „Ende aller Sicherheit"[84] erreicht. Die Welt hat sich gedreht und dreht sich weiter, die Landeskirchen sind organisational und programmatisch stehengeblieben, wie aus der Zeit gefallen.[85] Leitung ist das dickste Brett.

Die körperlich spürbare Dysfunktionalität landeskirchlicher Organisation und Leitung zeitigt hohe Kosten: Leitung wirkt überfordert, Mitarbeitende fühlen sich schlecht behandelt und ächzen unter struktureller Überlastung und drückender Perspektivlosigkeit. Die Frage nach dem Sinn von Kirche sei in ihrer Mitte angekommen, vermerkt 2016 ein internes Papier einer Landeskirche. Der praktizierte Umgang bzw. Nicht-Umgang mit Organisations- und Managementfragen wird als Inkompetenz wahrgenommen, die zu Auflösungserscheinungen in der Mitarbeiter:innenschaft führt: zu innerer Emigration, zur Verlagerung des Engagements auf Felder, in denen Selbstwirksamkeit erlebt werden kann, und zu äußerer Emigration, langfristig herbeigeführt oder bei Gelegenheit. Junge Menschen treten erst gar nicht in den Dienst ein oder verlassen ihn wieder, wenn sie die Arbeitsbedingungen und Perspektiven kennengelernt haben. Spätestens hier zeigt sich, dass die Frage nach auftrags- und situationsgerechten Organisations- und Leitungsstrukturen, d. h. nach solchen, die die Gestaltwerdung des Leibes Christi fördern, eine entscheidende *theologisch-ekklesiologische* Frage ist.

Beharrung resp. Erstarrung sind Gemeinschaftsleistungen von haupt- und ehrenamtlichen Kirchengestaltungsverantwortlichen aller Ebenen in Landeskirchen und theologischen Fakultäten. Doch die *Optimierungs*versuche der letzten 30 Jahre kommen an ihr Ende, das in den 1960er Jahren entwickelte Differenzierungsmodell landeskirchlicher Organisation implodiert im Generationenwechsel und Zeitwandel. Eine *Erneuerung* ist überfällig, d. h. eine grundlegende Veränderung hinsichtlich

− der Ausrichtung auf Anspruchsgruppen,
− der Gestaltung der Prozesse und Infrastrukturen zur Aufgabenbewältigung,

---

[82] Vgl. Doering-Manteuffel, A., Raphael, L., Nach dem Boom. Perspektiven auf die Zeitgeschichte seit 1970, Göttingen 2008.
[83] Vgl. Reckwitz, A., Gesellschaftstheorie als Werkzeug, in: ders., Rosa, H., Spätmoderne in der Krise. Was leistet die Gesellschaftstheorie, Berlin 2021, 23–150, dort insbesondere 99–128.
[84] Winkler, H. A., Geschichte des Westens. Die Zeit der Gegenwart, München 2015, 357ff.
[85] Vgl. z. B. Lindner, H., Kirche am Ort, Stuttgart u. a. 2000, 95: „Handlungen sind nicht auf der Höhe der Zeit."

- der Alltagsroutinen, der Denk- und Deutungsmuster, der beobachtbaren Interaktionsmuster der Führung und Zusammenarbeit innerhalb einer Organisation und mit Partnerorganisationen.

Die Veränderungen betreffen alle relevanten Bezüge kirchlichen Selbstverständnisses und Handelns.

Längst zeichnen sich Umrisse neuer kirchlicher Organisationsgestalten und Sozialformen ab, längst versuchen einige Landeskirchen und Bistümer, die beschriebenen Muster zu durchbrechen.[86] Doch obwohl diese Status-quo-Erhaltungsmuster durch akzelerierende Ressourcen- und Relevanzverluste immer stärker unter Druck geraten, bleibt der Widerstand gegen Erneuerung enorm, die Beharrungskraft des Systems stark.

Dabei ist nur eins sicher: Landeskirchen und Bistümer haben sich durch dynamische Kontexte bereits verändert und werden sich noch weit tiefgreifender verändern. Die Frage ist nur, ob sie sich dabei in der Helle des Bewusstseins und im Lichte ihres Auftrags neu gestalten – mit Umsicht und weitem Blick voraus, oder ob sie ihre Veränderung passiv verwalten – mit fatalen Folgen.

Ein Vademecum

Für die, die es weiterhin mit „Halten, halten, halten" probieren möchten, hier ein Vademecum der Status-quo-Erhaltung:

- Blende Kontexte aus. Frag nicht: Passt die Art, wie wir Kirche sind, noch zum Leben der Menschen?
- Lokalisiere Probleme außen. Versuche deine Umwelt zu verändern, nicht deine Organisation.
- Blende Organisation, Strukturen und Finanzen aus. Sag: Das ist doch nicht unser Eigentliches. Dafür bin ich als Theologe, als Pädagogin, als ehrenamtlich Leitende:r nicht da. Sag: Wichtig sind doch die Menschen.
- Bleib als Leitungsverantwortliche:r selbstreflexionsavers.
- Spiele Spiritualität und Struktur gegeneinander aus.
- Spiele Haltung und Struktur gegeneinander aus.
- Verändere *im* System, nicht *am* System.

---

[86] Vgl. zu den aktuellen landeskirchlichen Reformen die Übersichten von Steffen Bauer www.kirchedermenschen.de/post/landeskirchen-unterwegs. Zu den Veränderungen zwischen 1990 und 2014 vgl. Schramm, Kirche als Organisation gestalten, 460–475.

- Frage nicht nach dem Warum und Wozu.
- Übe dich nicht im Vordenken. Fahre auf Sicht.
- Frag nie: Wer sind wir? Was sollen und wollen wir? Wohin soll es gehen? Sag: Damit kommen wir nie an ein Ende.
- Frage nicht: Was ist eigentlich die Aufgabe kirchlicher Organisation, und wie können wir sie so gestalten, dass sie auch in 10 oder 15 Jahren unter sehr veränderten Bedingungen und Kontexten ihre Aufgabe erfüllen kann? Sag: Das kann doch heute noch keiner wissen.
- Bleib im Operativ-Kurzfristigen. Denke nicht längerfristig-strategisch, hinterfrage nicht die normativen Prämissen deines Denkens und Handelns. Schaffe keine Distanz, abstrahiere nicht. Sag: Theoretisieren bringt uns nicht weiter. Sei pragmatisch. Produziere Aktivitäten.
- Sag: Wir brauchen mehr Gottvertrauen, keine ständigen Strukturdebatten. Lass dich nicht beirren vom Gott der Bibel, der unentwegt ins neue Leben ruft.
- Denk immer daran: Du weißt, wie Kirche geht, was Kirche ist und wie sie bleiben muss.

PS: Gibt es ein Grundmuster hinter den beschriebenen Mustern? Den Versuch, auf die immer zahlreicheren Probleme statt mit Veränderungen 2. Ordnung – Erneuerung – mit Veränderungen 1. Ordnung zu reagieren: Immer wenn Probleme auftreten, versuchen Kirchengestaltungsverantwortliche das bestehende System zu optimieren. – Sich von alten Vorstellungen von Kirche zu lösen, fällt schwer. Ägypten wohnt in Köpfen und Herzen.[87] Wüstenwege der Abstraktion bleiben unbegangen,[88] neue Muster für ein neues Leben unempfangen. Stattdessen Optimierung, Murren.

Wer das Bestehende erhalten will, wird nicht nur das – aktuell noch – Mögliche verspielen, sondern auch das, was er halten will. Es folgt Siechtum, selbstverschuldet. Mit Konsequenzen nicht nur für die Kirchen. Denn dieses Land und seine Gesellschaft brauchen die Motivations- und Lösungspotenziale einer Lebensgestaltung aus Glaube, Liebe, Hoffnung.

---

[87] Das zweite der vier sog. Verben der Erlösung Ex 6,6f, „Errettung", meint Befreiung aus alten inneren Bildern, innere Befreiung von Verhaltensmustern der Knechtschaft. Vgl. Klaus Kiesow, Exodus – Das Zweite Buch Mose. Befreiung zum verantworteten Leben, in: Egbert Ballhorn/Georg Steins/Regina Wildgruber/Uta Zwingenberger (Hg.), 73 Ouvertüren. Die Buchanfänge der Bibel und ihre Botschaft, Gütersloh 2018, 36–46, 42f.

[88] Vgl. Niklas Luhmann: „Zukunft gewinnt man nur durch Abstraktion. Eben deshalb ist das Abstraktionspotential der Kirche selbst und die Phantasie für Alternativen, die sie aktivieren kann, der zukunftsbestimmende Realfaktor" (Luhmann, Die Organisierbarkeit von Religionen und Kirchen, 285).

Literatur

Barth, K., Christengemeinde und Bürgergemeinde, Zürich 1946.

Begrich, T., Kirchliches Finanzmanagement und Entscheidungskulturen, in: Halfar, B. (Hrsg.), Erfolgspotentiale der Kirche: ein Blick aus dem Management, Baden-Baden 2012, 87–101.

Begrich, T., Kirche – Wohin? Voraussetzungen und Strategien für die evangelische Kirche, in: ZevKR 52/2007, 650–661.

Berger, P. L., Zur Dialektik von Religion und Gesellschaft. Elemente einer soziologischen Theorie (engl. 1967), Frankfurt a. M. 1973.

Bleicher, K., Das Konzept Integriertes Management (St. Galler Management-Konzept 1) (1991), Frankfurt, New York, 8., aktualisierte und erweiterte Auflage 2011.

Dessoy, V., Kirche könnte gehen ..., in: Hennecke, C., Tewes, D., Viecens, G. (Hrsg.), Kirche geht ... Die Dynamik lokaler Kirchenentwicklungen, Würzburg 2013, 23–42.

Dienst, K., Von den „Referaten mit Geschäftsstellen" zur „Angebotsabteilung". Einige Schritte auf dem Weg zur „Abteilung Kirchliche Praxis", in: Jahrbuch der Hessischen Kirchengeschichtlichen Vereinigung 52/2001, Darmstadt, Kassel 2001, 205–213.

Dinkel, C., Kirche gestalten – Schleiermachers Theorie des Kirchenregiments (SchlA 17), Berlin, New York 1996.

Doering-Manteuffel, A., Raphael, L., Nach dem Boom. Perspektiven auf die Zeitgeschichte seit 1970, Göttingen 2008.

Hermelink, J., Kirchliche Organisation und das Jenseits des Glaubens, Gütersloh 2011.

Hild, H., Erfahrungen mit der Kirchenordnung der EKHN und ihren Leitungsgremien, MS Darmstadt 1996.

Hobsbawm, E., Das Zeitalter der Extreme. Weltgeschichte des 20. Jahrhunderts, München, Wien ^{5}1997.

Huber, W., Kirche in der Zeitenwende. Gesellschaftlicher Wandel und Erneuerung der Kirche, Gütersloh 1998.

Jäger, A., Lebenstheologie. Biographie einer Theologie, Zürich 2023.

Jäger, A., Management in kirchlichen Leitungsinstitutionen, in: Dubach, A., Lienemann, L. (Hrsg.), Aussicht auf Zukunft. Auf der Suche nach der sozialen Gestalt der Kirchen von morgen, Zürich, Basel 1997, 307–322.

Jäger, A., Management-Beratung für die Kirchenleitung, in: WuD 23/1995, 233–245.

Jäger, A., Konzepte der Kirchenleitung für die Zukunft. Wirtschaftsethische Analysen und theologische Perspektiven, Gütersloh 1993.

Lindner, H., Kirche am Ort, Stuttgart u. a. 2000.

Lütcke, K.-H., Institutionen der Kirchenleitung, in: HPTh 4, Praxisfeld: Gesellschaft und Öffentlichkeit, hrsg. v. Bloth, P. C. u. a., Gütersloh 1987, 634–650.

Luhmann, N., Die Organisierbarkeit von Religionen und Kirchen, in: Wössner, J. (Hrsg.), Religion im Umbruch. Soziologische Beiträge zur Situation von Religion und Kirche in der gegenwärtigen Gesellschaft, Stuttgart 1972, 245–285.

Margull, H. J. (Hrsg.), Mission als Strukturprinzip. Ein Arbeitsbuch zur Frage missionarischer Gemeinden, Genf 1965.

Müller-Weisner, U., Chef sein im Haus des Herrn. Führen und Leiten in der Kirche – eine Praxishilfe, Gütersloh 2003.

Nagel, R., Wimmer, R., Einführung in die systemische Strategieentwicklung, Heidelberg 2015.

Ochel, J. (Hrsg.), Der Dienst der ganzen Gemeinde Jesu Christi und das Problem der Herrschaft. Barmen IV, Bd. 2, Votum des Theologischen Ausschusses der Evangelischen Kirche der Union, Gütersloh 1999.

Panter, P., Die Weltbühne, 31.03.1925, Nr. 13, in: Tucholsky, K., Gesammelte Werke in zehn Bänden. Band 4, Reinbek bei Hamburg 1975.

Preul, R., Kirchentheorie, Berlin, New York 1997.

Reckwitz, A., Gesellschaftstheorie als Werkzeug, in: ders., Rosa, H., Spätmoderne in der Krise. Was leistet die Gesellschaftstheorie, Berlin 2021, 23–150.

Roosen, R., Die Kirchengemeinde – Sozialsystem im Wandel. Analysen und Anregungen für die Reform der evangelischen Gemeindearbeit (APrTh 9), Berlin, New York 1997.

Rupp, S., Verwaltungsmodernisierung in der Kirche. Eine Untersuchung am Beispiel des Neuen Steuerungsmodells der Evangelischen Landeskirche in Baden (Schriften zum Staatskirchenrecht 20), Frankfurt a. M. 2004.

Schleiermacher, F., Die praktische Theologie nach den Grundsätzen der evangelischen Kirche im Zusammenhange, Berlin 1850.

Schleiermacher, F., Kurze Darstellung des Theologischen Studiums zum Behuf einleitender Vorlesungen (1811/1830), in: ders., Universitätsschriften (KGA I/6), Berlin, New York ²2002, 243–446.

Schloz, R., Prioritäten setzen nach dem Jahr 2000 (Protestantische Pfalz Texte 2), Speyer 1994.

Schramm, S., Hoffmann, L., Gemeinde geht weiter. Theorie- und Praxisimpulse für kirchliche Leitungskräfte, Stuttgart 2017.

Schramm, S., Kirche als Organisation gestalten. Analysen und Konzepte zu Struktur und Leitung evangelischer Landeskirchen (LLG 35), Berlin 2015.

Spiegel, Y., Kirche als bürokratische Organisation, München 1969.

Tillich, P., Systematische Theologie, Bd. 3 (1966), Berlin, New York 1987.

Weber, M., Wirtschaft und Gesellschaft. Grundriss der verstehenden Soziologie, Tübingen 1921, 1972.

Winkler, H. A., Geschichte des Westens. Die Zeit der Gegenwart, München 2015.

Wimmer, R., Systemische Organisationsberatung – jenseits von Fach- und Prozessberatung, in: Revue für postheroisches Management, 7/2010, 88–103.

Winter, F., Der Wert der Theologie für die Entscheidungsfindung in der Kirchenleitung, in: Erk, W., Spiegel, Y. (Hrsg.), Theologie und Kirchenleitung. Martin Fischer zum 65. Geburtstag gewidmet, München 1976, 241–254.

Wüthrich, H. A., Winter, W., Philipp, A. F., Die Rückkehr des Hofnarren. Einladung zur Reflexion, nicht nur für Manager, Herrsching 2008.

Nicht entscheiden heißt entscheiden
Alexander Gießen

Die (katholische) Kirche im deutschsprachigen Raum ist aktuell von einer Vielzahl von Mustern und Dynamiken geprägt, die in ihrer Summe darauf abzielen, (substanzielle) Veränderung zu vermeiden. Dies lässt sich an einer Vielzahl von kleinen alltäglichen Beispielen auf allen Ebenen in Form von Wahrnehmungs- und Denkmustern, Rollen- und Beziehungsmustern, Kommunikations- und Interaktionsmustern bis hin zu Verhaltensmustern aufzeigen und erzählen.

Wie Entscheidungen ausgewichen wird

Hinter den zahlreichen Mustern, die Kirche stabil halten, gibt es ein generalisiertes Muster 2. Ordnung, das in besonderer Weise Änderungsresistenz erzeugt. Immer dann, wenn man in einem bestimmten Referenzsystem an einen Punkt kommt, an dem eine Entscheidung getroffen werden müsste, wird diese nicht innerhalb des Referenzsystems getroffen, sondern werden der Sachverhalt und der Diskurs inklusive der Entscheidungsfindung in ein anderes Referenzsystem verlagert. Der Diskurs geht weiter, bis zu jenem Punkt, an dem man wieder eine Entscheidung treffen könnte, diese aber nicht getroffen wird, weil sie wiederum in ein anderes Referenzsystem verlagert wird. Auf diese Weise befindet man sich in einer Endlosschleife. Um dies an einem Beispiel zu konkretisieren: Wird in einem Team eine neue formal-strukturelle Kommunikationsform vereinbart und implementiert, um Transparenz herzustellen, bilden sich u. U. sehr schnell (neue) informelle Kommunikationsmuster heraus, die bestehende Rollen- und Beziehungsmuster stabilisieren und die vereinbarte Regelung zur Kommunikation unterlaufen. So wird der Prozess zur Einführung eines Standards bereits zu Beginn konterkariert und scheitert. Das System bleibt stabil bis zum nächsten Änderungsimpuls.[89]

Die Argumente, mit denen dieses übergreifende Muster immer wieder verteidigt wird, sind oftmals interessengeleitet bzw. ideologisch bedingt (es geht um Machterhalt oder eine bestimmte Form von Kirche) oder

---

[89] In ähnlicher Weise zeigen die Diskussionen im Kontext synodaler Prozesse, wie Themen, die längst entscheidungsreif sind, zwischen Ortskirchen, Bischofskonferenzen, Dikasterien und „Weltkirche" hin und hergeschoben werden.

beruhen auf einem starken Bedürfnis nach Harmonie (weil man Auseinandersetzungen und Konflikte scheut).

Nachdem das bestehende System, die aktuelle Gestalt von Kirche, in den vergangenen Jahren zunehmend fragiler geworden ist, greift erkennbar die Angst vor Unsicherheit immer stärker um sich. Dies setzt eine zusätzliche exponentielle Dynamik in Gang, eher am Bestehenden festzuhalten, als davon loszulassen und sich auf Neues oder Unbekanntes einzulassen.

Wie irrelevante Entscheidungen getroffen werden

Eine Variante des Musters Nichtentscheidung geht so: Kommt es wider Erwarten zu Situationen, in denen Entscheidungen getroffen werden müssen, weil sie nicht verschiebbar sind, werden an diesen Stellen oftmals „Nicht-Entscheidungen" getroffen. Damit sind Entscheidungen gemeint, die keinerlei Veränderungswirksamkeit nach sich ziehen, also irrelevant sind.[90] Oder es werden Entscheidungen getroffen, die nicht nachhaltig, konsequent nachverfolgt und eingefordert werden.

Auch dieses Muster führt letztlich dazu, dass der Status quo aufrechterhalten wird und Reformansätze letztlich zum Scheitern verurteilt sind.

Wie Systemerhaltung in der Reproduktion verankert ist

Hinzu kommt der Umstand, dass sich in den vergangenen Jahrzehnten der größte Teil der Mitarbeitenden aus einem kirchlich sozialisierten Umfeld gebildet hat und die Ausbildung ganz darauf ausgerichtet ist, bestehende Rollenmuster zu erhalten und Qualifikationen zu erwerben, die dazu dienen, die bisherige Funktionalität im Rahmen eines nachkonziliaren volkskirchlichen Kirchenmodells aufrechtzuerhalten.

Auf diese Weise ist die Systemerhaltung im Kern der Systemreproduktion verankert. Wie sollen Veränderungsprozesse gelingen, wenn kein neuer Input von außen hinzukommt? Es gibt einfach kaum Erfahrung, dass weitergehende Veränderungsprozesse positiv verlaufen können.

---

[90] Hierzu zählt z. B. das Muster bzw. Arrangement geplanter Folgenlosigkeit: Kirchliche Systeme (z. B. Dekanatskonferenzen) sind sich (vorab oder durchweg) einig, dass man Themen diskutiert, am Ende zu Entscheidungen kommt – und in der Folge sich keiner daran hält.

Unternehmerische Folgen

In Bezug auf Regeln, Prozesse und Standards sowie Strukturen sind in der deutschen Kirche meines Erachtens keine tatsächlichen, an die Substanz gehenden Veränderungsentscheidungen getroffen worden. Alle Ansätze sind – am Ergebnis gemessen – Formen der Besitzstandswahrung und Versuche der alten Struktur, dem alten Gebilde einen neuen Anstrich zu verleihen. Im Wesentlichen aber verbirgt sich dahinter das Bekannte.

Im Bild gesagt: Jegliche substanzielle Veränderung wird dadurch verhindert, dass die Akteur:innen den Absprung nicht wagen, sondern stetig zwischen den Absprungmöglichkeiten hin und her switchen.

Konkret bedeutet dies auch, dass Fachexpertise nicht ernst genommen wird: Ein Risikomanagement ist in der Regel (Kitas und andere Einrichtungen ausgenommen) nicht vorhanden. Sollte es dennoch Anteile davon geben, wird es nicht ausreichend bewertet und mit entsprechenden Maßnahmen nachhaltig umgesetzt. Eine strategische Planung ist praktisch nicht vorhanden. Pastoralpläne sind auf bestehende Angebote fokussiert und hinken administrativen Planungen weit hinterher. Somit wird eine vorausschauende Planung für Prozesse, die aufeinander abgestimmt sind, faktisch unmöglich. Alles bleibt Stückwerk.

Aufgrund der Einstellungspolitik der vergangenen Jahrzehnte fehlt vielfach die nötige Fach- und Persönlichkeitskompetenz, so dass Eigeninteressen und/oder ideologisch geprägte Ideen einem sachorientierten professionellen Handeln im Wege stehen.

Geistliche Dimension

Wir klammern am Bekannten und haben es verlernt, uns auf Neues einzulassen, das wir nicht kennen, und die Leere auszuhalten, bis es kommt. Hier gewinnt die Fragestellung eine geistliche Dimension: Wagen wir auf das zu vertrauen, was uns geschenkt ist, den Hl. Geist, und glauben wir überhaupt, was wir lehren, dass es Neues nur gibt, wenn Altes stirbt?

In Bezug auf die Kirche und die dort notwendigen Veränderungen sind wir ganz offensichtlich nicht bereit, die eigenen immanenten Kriterien konsequent anzuwenden.

Nehmen wir beispielsweise Lumen Gentium: „Die Kirche ist in Christus gleichsam das Sakrament, das heißt, sie ist Zeichen und Werkzeug für die innigste Vereinigung mit Gott wie für die Einheit der ganzen Menschheit" (LG1). Wenn wir diesen Satz ernst nähmen, müssten alle unsere Aktivitäten und Tätigkeitsbereiche in diesem Sinne auf ihre Wirksamkeit hin überprüft und konsequent in (neue) Handlungsoptionen überführt werden.

Unter geistlicher Perspektive ist es Zeit, Fragen zu stellen:

- Ist unser Handeln wirksam wider den internen und externen Machbarkeitswahn, und hilft es, das rechte Maß zu wahren?
- Orientieren sich unser Denken und unser Handeln an jesuanischen Kerntexten?
- Sind wir selbst in der Lage, den Sinn der Paradoxie (im Kreuz ist Heil) zu erkennen, und gelingt es uns, dies zu vermitteln?
- Geben wir zeichenhaft in der Gesellschaft und intern operationalisiert Raum und Zeit, um aufmerksam zu sein für sich selbst und für andere?
- Wie gelingt es uns, Auszeiten für Gott vorzuhalten und so den Rahmen für Heilige Zeiten zu schaffen?
- Wo und wie verbürgen wir das Recht? Und wie können wir Gottes Gnade vor menschlichem Recht gelten lassen (z. B. Asyl gewähren)?
- Wie kalkulieren wir strategisch und operationalisiert den eschatologischen Vorbehalt ein?
- Gelingt es uns, dem Geist Raum zu geben und systematisch Erfahrungsräume für das Neue zu schaffen und so Innovation zu ermöglichen?
- Wo und wie sprechen wir das klare und lebensermöglichende Wort?
- Und gelingt es uns, im Gebrochenen Gottes Schönheit erkennbar zu machen?

Wie lange wollen wir warten?

Am Ende bleibt die Frage, wie auf diesem Hintergrund eine Veränderung nachhaltig erfolgen kann. Soll dies in typisch deutscher Manier in Entwicklungsschritten stattfinden, oder muss sie am Ende des Tages tatsächlich disruptiv und emergent erfolgen? Ist unsere Angst vor dem Neuen und unser Sicherheitsbedürfnis so groß, dass Veränderung erst durch den Zusammenbruch des Bestehenden herbeigeführt werden kann? Ist der Gap bereits zu groß, um in kleinen Entwicklungsschritten notwendige Reformen aufzuholen?

Geistlich formuliert: Könnten wir die Generation sein, die wie das Volk Israel aufgrund ihres Kleinmutes erst 40 Jahre durch die Wüste wandern muss? Werden wir das verheißene Land nie sehen, weil erst eine neue Generation kommen muss, die den Mut hat, zu gehen?

Gretchenfrage

Die Frage, ob wir bereits abgehängt sind oder zur neuen Generation gehören, entscheidet sich am Kern unserer Hoffnung: Wenn wir glauben, was wir lehren, gehören wir zu der Generation, die das Gelobte Land erreicht, ansonsten nicht.

Und dann braucht es gute Führung: kompetent, verantwortungsvoll, nachhaltig, eigeninitiativ, konsequent und zielorientiert. Ihre Aufgabe ist es, Freiräume zu schaffen und Entwicklung zu ermöglichen, strategisch zu handeln und Innovationen zu fördern, Theologie und Praxis zu verknüpfen, zum Wohl der Menschen, zu denen die Kirche gesandt ist.

Gelingt dies nicht, wird die Zeit zeigen, welche Wege sich die Botschaft Jesu außerhalb der Kirche, wie wir sie kennen, suchen wird.

Von der verstörenden Botschaft zum verstörten System
Andrea Qualbrink

Muster verstehe ich systemtheoretisch als Routinen, die einem System Stabilität verleihen und es auf diese Weise erhalten. Muster haben zunächst einmal entlastenden Charakter. Sie reduzieren Komplexität und Unsicherheit; sie sorgen dafür, dass die Funktionalität des Systems innerhalb bestimmter Toleranzgrenzen aufrechterhalten bzw. optimiert wird, indem sie es in einem gewissen Maße von Störungen unabhängig machen. Dadurch schirmen sie das System allerdings zugleich von Umwelteinflüssen ab, die u. U. für die zukünftige Entwicklung relevant sein können. Im schlechtesten Fall verhindern sie, dass sich das System weiterentwickelt und dadurch überlebt.

Christliche Botschaft und kirchliche Muster: Zähmung einer Systemsprengerin

Die christliche Botschaft ist verunsichernd, komplexitätssteigernd, störend und systemsprengend. Unbedingte, ohnmächtige Liebe sprengt Muster und Routinen. Die Kirche[91] hat in der Geschichte ihrer institutionellen Entfaltung wie jedes andere System – zumal in 2000 Jahren, in denen sie erfolgreich überlebt hat – eine Vielzahl von Mustern entwickelt. Solche Muster sind auf allen Ebenen zu beobachten, auf der Mikro-, der Meso- und der Makroebene.

Unter anderem sind solche Muster der Kirche in Rechtsnormen und Glaubenssätze gegossen worden. Aus der Gegenwartsperspektive stellt sich die Frage, inwieweit eine temporäre, zeitbedingt geprägte Kirchengestalt eine Weiterentwicklung nicht nur behindert, sondern geradezu blockiert. Die Nachwirkungen einer monarchischen Grundlogik von Ekklesiologie und Kirchenverfassung, die ihre Zuspitzung mit dem Dogma der Unfehlbarkeit im 19. Jahrhundert erreicht hat, ist auch durch das Aggiornamento des II. Vaktikanums nicht vollständig überwunden worden; auch für das II. Vatikanum ist eine nur „halbierte Rezeption des neuzeitlichen Freiheitsdenkens"[92] zu verzeichnen.

---

[91] Der Text bezieht sich im weiteren Verlauf v. a. auf die katholische Kirche.
[92] Striet, M., Für eine Kirche der Freiheit. Den synodalen Weg konsequent weitergehen, Freiburg 2022, 128.

Zahlreiche in Strukturen, Rollen und Prozessen wirkende Muster widersprechen aus heutiger Sicht der christlichen Botschaft, wie sie uns von den frühen Zeug:innen übermittelt wurde. Sie hatten lange Macht und Kraft: Menschen haben sich definieren, dominieren und regeln lassen. Abgründigstes Beispiel sind jene kirchlichen (Macht-) Strukturen und Muster, die sexualisierte Gewalt und ihre Vertuschung bis heute ermöglichen und befördern. Sie sind auch durch die Erschütterungen über die Dimension sexualisierter Gewalt in der Kirche nicht überwunden. Diese Realität steht im schärfsten Widerspruch zu den christlichen Botschaften von Heilung und Heil, Befreiung und Reich Gottes.

Beginnend mit der Aufklärung hat sich der absolute Wahrheits- und Machtanspruch der Kirche schrittweise aufgelöst. Die kirchlichen Rückzugsgefechte im 19. Jahrhundert haben diese Entmachtung nicht verhindert. Unter den Bedingungen der neuzeitlichen Freiheitsgeschichte gerät die Kirche grundsätzlich unter einen Zustimmungsvorbehalt. Die Menschen lassen sich nicht mehr vorschreiben, was sie zu glauben oder wie sie zu leben haben. Sie entscheiden sich gegen ein machtförmig in ihr Leben eingreifendes „System" der Kirche und gehen. Oder sie bleiben und entscheiden selbst, wie weit sie kirchlichen Lehren und Regeln folgen.[93]

Muster in der katholischen Kirche: Vier Beobachtungen, wer wie und warum den Status quo reproduziert

Muster „Wie blühen wir wieder auf?" – oder: Zurück zu alten Ufern

Von engagierten Gemeindemitgliedern höre ich häufig die Frage: „Wie schaffen wir es, dass die Kinder und Jugendlichen wieder in die Kirche kommen?" Mir scheint, dahinter steht der Wunsch, dass der Sonntagsgottesdienst wieder gefüllt ist, dass das Gemeindeleben wieder aufblüht, dass weitergeht, was für diese Gemeindemitglieder in der Vergangenheit gut und wichtig war. Ähnlich agieren engagierte Verbandsmitglieder, die fragen: „Was müssen wir tun, damit wir wieder neue Mitglieder gewinnen?" Ich vermute die Annahme dahinter, dass es nur das richtige „Wie", einen Kniff, eine gute Kampagne etc. braucht, um die Gemeinde oder den Verband wieder aufblühen zu lassen. Dabei werden die traditionellen

---

[93] Vgl. Dessoy, V., Die Zukunft der Kirche im Prozess des gesellschaftlichen Wandels, in: Drumm, J., Oeben, S. (Hrsg.), CSR und Kirche. Die unternehmerische Verantwortung der Kirchen für die ökologisch-soziale Zukunftsgestaltung, Berlin 2022, 47–65, insbesondere 52–55.

Sozialformen der Gemeinde und des Verbandes als zentral, basal, als Kern christlichen Lebens und darum als unaufgebbar betrachtet. Mittlerweile spüren immer mehr Menschen, dass es ein Wiederaufblühen nicht geben wird, halten aber an der Hoffnung einer Restitution fest und fordern mehr Engagement in der Hoffnung auf die Wiederherstellung einer nostalgisch verklärten Vergangenheit.

Muster „Für-Sorge" – oder: Den notwendigen Sprung vermeiden

Dieses Muster erlebe ich bei vielen engagierten Haupt- und Ehrenamtlichen, auch bei den Engagierten auf dem Synodalen Weg. Sie spüren und äußern die Verantwortung, die gute Botschaft nicht aufzugeben, die Kirche mitzugestalten und zu verändern für die Generationen vor und/oder nach ihnen, auch für sich selbst. Viele sind auch getragen von der Hoffnung, dass Veränderung möglich ist, möglich sein muss, wenn auch in kleinen Schritten und mit schmerzhaften Kompromissen. Den großen Sprung vermeidend, werden auch sie zu Agent:innen der Reproduktion gegebener Strukturen und Kulturen, die einer Öffnung für die Gegenwart und einer neuen authentischen Inkulturation christlichen Glaubens widersprechen – wenn auch mit dem „Schisma im Kopf", dass es nur verändert, ja grundsätzlich anders weitergehen kann, wenn es eine gute Zukunft geben soll.

Muster „Basis-Folge-Entscheidungs-Gap" – oder: Umgang mit Unsicherheit

Bei kirchlichen Führungskräften lässt sich mitunter ein ähnliches Muster beobachten: Selbstverständlich ist Innovation gewollt. Selbstverständlich ist erkannt, dass die katholische Kirche mit ihren Angeboten mehr Milieus erreichen, vielfältiger, kreativer werden müsste. In der Abwägung der Ressourcen fehlt dann aber der Mut, konsequent in Innovation und Experimente zu investieren, Ressourcen umzuverteilen und Formate zu beenden, die immer weniger gefragt sind. Nicht selten vermeiden Führungskräfte Entscheidungen – vielleicht, weil das Zukünftige nicht aus dem Bisherigen ableitbar ist, aufgrund der eigenen Unsicherheit hinsichtlich der Gestalt einer zukünftigen, post-volkskirchlichen Kirche und der Für-Sorge für Menschen, die Kirche in volkskirchlichen Bezügen und Formaten leben wollen. Sie verhindern damit systemrelevante inkrementelle und radikale Innovation und eine Öffnung zu veränderten gesellschaftlichen Wirklichkeiten.

Muster „Intersektionalität" – oder: Mächtige Exklusionsmechanismen

Intersektionale Faktoren[94] wirken generell auf allen gesellschaftlichen Ebenen selektierend, exkludierend und hierarchisierend. Sie sind gerade auch in der katholischen Kirche sehr stark und spezifisch ausgeprägt. Stand, Geschlecht, Alter, Ausbildung etc. bestimmen mit, wer im System welche Funktion innehat, wer leitet, wer entscheidet, wer in Gremien mitwirkt, wer Liturgie gestaltet, predigt etc. Die Faktoren sind sowohl strukturell als auch kulturell verankert. Im Blick auf die Struktur sind uns die Auswirkungen der Verquickung von Stand und Geschlecht wohl bekannt. Aber auch auf informeller Ebene, also kulturell bedingt, haben intersektionale Faktoren erhebliche Auswirkungen, etwa bei der Besetzung von Gremien, wie etwa von Kirchenvorständen und Kirchensteuer- und Wirtschaftsräten. Deren Personalisierung ist häufig sehr homogen. Auf diese Weise führt auch eine sich aus bestehenden Kontexten speisende Synodalität dazu, dass Mehrheiten volkskirchliche Praktiken und Routinen verlängern und innovative und diversifizierende Veränderungen verzögern oder verhindern. Die gesellschaftliche Exkulturation der Kirche schreitet damit fort.

Veränderung in den letzten fünf Jahren: Das verstörte System

Die MHG-Studie hat eine Situation ausgelöst, die Hans-Joachim Sander für hauptamtliche Mitarbeitende in der Kirche so beschrieben hat: Sie werden – so Sander – nie wieder für eine glaubwürdige Institution arbeiten. Ihr Dilemma: Wenn die katholische Kirche das Thema Missbrauch aufarbeite, verliere sie weiter an Glaubwürdigkeit. Arbeite sie das Thema Missbrauch nicht weiter auf, verliere sie ebenfalls an Glaubwürdigkeit.[95] Die Situation sei dramatisch.

Das System Kirche ist durch die Entlarvung des tausendfachen Missbrauchs und seiner Vertuschung massiv gestört und über sich selbst verstört. Auch hier greift das Muster, dass die Institution geschützt wird anstelle der Betroffenen sexualisierter Gewalt, etwa wenn Kardinal Marc

---

[94] Überschneidung und Gleichzeitigkeit verschiedener Formen der Diskriminierung oder sozialer Ungleichheit.
[95] Mündliche Aussage im Rahmen des Statements „Keine Angst vor dem Unmöglichen. Wie Glauben in einer Pfarreientwicklung über die Grenzen seiner Möglichkeiten hinauswächst" auf der Tagung „Transformation der Pfarrei" am 06.09.2021 in der Katholischen Akademie „Die Wolfsburg". Sander führt den Gedanken aus in Sander, H.-J., Anders glauben, nicht trotzdem. Sexueller Missbrauch der katholischen Kirche und die theologischen Folgen, Ostfildern ²2021, 26–28.

Ouellet von „*sogenannten* systemischen Ursachen des Missbrauchs" spricht.[96]

Ich nehme wahr, dass immer mehr Menschen sagen, dass die katholische Kirche nicht mehr veränderbar sei. Viele verlassen die Institution, auch solche Menschen, denen ihr christlicher Glaube wichtig ist – nicht zuletzt, um diesen Glauben davor zu schützen, mit dem System Kirche abzustürzen.

Umgekehrt: Was macht es anderen so schwer, loszulassen? Es geht offensichtlich im Ringen um und mit der Kirche um etwas sehr Fundamentales: um Erfahrungen und Deutungen, die existenziell wichtig sind, die Inhalt und Movens haupt- oder ehrenamtlichen Engagements sind, um Sozialformen und Rituale, die Heimat bieten, und um Muster, die Orientierung, Sinnstiftung und Sicherheit bieten.

Beides driftet aktuell mit hoher Dynamik auseinander. Das berührt und gefährdet die Existenz der Kirche und in der Folge die Weitergabe der Botschaft des Evangeliums, deren Zeichen und Werkzeug sie sein soll.

Angesichts dieser Lagebeschreibung sind Freiräume notwendig, Kirche anders und neu zu denken, neue Formen und Muster zu entwickeln und auszuprobieren, damit die Kirche ihrem Sendungsauftrag in Gegenwart und Zukunft im Maßnehmen am Evangelium authentisch und glaubwürdig nachkommen kann. Das dazu Notwendige liegt in unser aller Verantwortung.

Literatur

Dessoy, V., Die Zukunft der Kirche im Prozess des gesellschaftlichen Wandels, in: Drumm, J., Oeben, S. (Hrsg.), CSR und Kirche. Die unternehmerische Verantwortung der Kirchen für die ökologisch-soziale Zukunftsgestaltung, Berlin 2022, 47–65.

Frank, J., Manchmal reicht ein einziges Wort, um Abgründe zu begreifen, in: katholisch.de, 28.11.2022, URL: https://www.katholisch.de/artikel/

---

[96] Vgl. Frank, J., Manchmal reicht ein einziges Wort, um Abgründe zu begreifen, in: katholisch.de, 28.11.2022, URL: https://www.katholisch.de/artikel/42253-manchmal-reicht-ein-einziges-wort-um-abgruende-zu-begreifen [23.12.2022].

42253-manchmal-reicht-ein-einziges-wort-um-abgruende-zu-begreifen [23.12.2022].

Sander, H.-J., Anders glauben, nicht trotzdem. Sexueller Missbrauch der katholischen Kirche und die theologischen Folgen, Ostfildern ²2021.

Striet, M., Für eine Kirche der Freiheit. Den synodalen Weg konsequent weitergehen, Freiburg 2022.

D. Muster unterbrechen – Leere aushalten

Muster funktionieren, solange die zugehörigen Komponenten wirksam sind, um das Muster dauerhaft als Regelkreis aufrechtzuerhalten. Fällt eine dieser Komponenten weg, ist der Kreislauf nicht mehr geschlossen und das Muster kann nicht mehr realisiert werden. Die Folge ist eine mehr oder weniger große Irritation und eine Leerstelle: Bestehende Abläufe funktionieren nicht mehr, neue sind noch nicht absehbar.

Musterunterbrechung zielt daher darauf ab, systemrelevante Muster für eine begrenzte Zeit probehalber zu unterbinden, um den Beteiligten Raum für neue Erfahrungen zur Verfügung zu stellen. Musterunterbrechungen können von außen induziert oder von innen initiiert werden. Voraussetzung für eine konstruktive Wirkung ist, dass eine tragfähige und vertrauensvolle Arbeitsbeziehung zwischen den beteiligten Akteur:innen besteht.

Abschnitt *D. Muster unterbrechen – Leere aushalten* beschäftigt sich – wie Sektor 4 des Kongresses – mit der Frage, was aus diesen Überlegungen folgt, wenn man sie auf die Situation von Kirche überträgt (Valentin Dessoy *Disruption und Steuerbarkeit*), was notwendig ist, um Veränderungsprozesse entsprechend zu gestalten, damit diese Phase nicht ausgeklammert oder übersprungen wird (Hardy Lech *Disruptiv-sprunghafte Veränderung organisieren und halten),* und wie das, was dann passiert, theologisch gedeutet werden kann oder umgekehrt, was die Frohe Botschaft dazu beitragen kann, diesen Schritt mutig zu gehen (Johanna Schulenburg *Ostern beginnt mit dem leeren Grab* und Ulrich Engel *„God made himself nothing").*

Disruption und Steuerbarkeit[97]
Valentin Dessoy

Systeme organisieren sich selbst

Der Begriff Selbststeuerung bzw. Selbstorganisation (Autopoiesis; αὐτός = selbst; ποιεῖν = erschaffen) beschreibt die Fähigkeit lebender Systeme, die Komponenten, aus denen sie bestehen, und deren Beziehungen aus sich selbst zu reproduzieren. Systeme dieser Art sind in sich kohärent, selbstreferenziell und operativ geschlossen (Humberto Maturana).

Niklas Luhmann überträgt diesen Gedanken auf soziale Systeme. Sie entstehen – anders als biologische Systeme – nicht durch den Austausch von Materien und Energie, sondern durch Kommunikation. Kommunikation ist dabei nicht die einfache Übertragung von Information, sondern ein interaktives Geschehen, bei dem sich Beobachter:innen wechselseitig aktiv selektierend beobachten und ihrem Verhalten in der Beobachtung Sinn zuschreiben. Durch Kommunikation beziehen die Akteur:innen in sozialen Systemen sich und ihre Aktionen rekursiv aufeinander. Sie entwickeln einen spezifischen Systemcode und konstruieren so das System.

Wenn unter „Steuerung" die systematische Ausrichtung auf einen definierten Zielzustand hin verstanden wird, lassen sich Systeme im vorgestellten Verständnis nicht von außen steuern. Es können allenfalls Kontextbedingungen geschaffen werden, die das System veranlassen, Impulse aufzunehmen, um sie in der eigenen Logik sich dabei selbst organisierend zu verarbeiten.

Organisationen sind auf Dauer gestellte Systeme

Der Begriff „Steuerung" verweist auf eine andere logische Kategorie, nicht auf System, sondern auf Organisation. Organisationen sind auf Dauer gestellte Systeme. Dazu bilden und reproduzieren sie Muster (Regeln und Routinen), die losgelöst von Personen funktionieren. Eine Organisation überlebt dadurch, dass sie mit ihren „eigenen Routinen ... dafür sorgt, dass die Teilnehmer an der Kommunikation austauschbar bleiben, wäh-

---

[97] Erstveröffentlichung in: Zeitschrift für Organisationsentwicklung und Gemeindeberatung ZOEGB 23 (2023), 36–39.

rend im Gegensatz dazu die Kommunikationsmuster reproduziert und ihre Funktion (mehr oder weniger) konstant erhalten werden können."[98]

Die Kirchen sind beides, System und Organisation. Das hat mit ihrer langen Geschichte zu tun. Von ihrem Ursprung her lässt sich Kirche als soziale Bewegung verstehen, personales Kommunikationsgeschehen, das sich auf eine gemeinsame Erfahrung und deren Weitergabe bezieht. Das wird im Wort Ek-klesia (herausgerufen), aber auch in den biblischen Bildern Volk Gottes oder Leib Christi deutlich. Die Erfahrungen in der Geschichte Israels und mit der Person Jesu Christi dienen als Referenzrahmen für Sinnzuschreibungen. Die Taufe markiert die Systemgrenze.

In der späteren römischen Kaiserzeit wurde die Kirche zur Staatsreligion und zu einer Institution. Sie übernahm wesentliche Züge des Kaiserkultes, etwa die monarchische Binnenorganisation, den Sonntag als heilige Zeit, liturgische Geräte und Gewänder etc. Den Charakter als Organisation legte die Kirche nicht mehr ab. Dennoch gab es immer wieder Transformationsprozesse, durch die sich die Organisationsgestalt mehr oder weniger stark veränderte. Sie waren z. T. disruptiv, wie die Reformation am Übergang vom Mittelalter zur Neuzeit.

Resilienz ist die Fähigkeit, nachhaltige Lernprozesse zu organisieren

Es gibt unterschiedliche Formen des Lernens und der Entwicklung. Wenn sich die Umweltanforderungen ändern und dies ein bestimmtes Maß übersteigt, lassen sich Lernprozesse in Organisationen nicht mehr linear-stetig in den bestehenden Routinen und Funktionen abbilden. Dann geht die Veränderung tiefer, an die Basisprämissen, die innere Logik der Organisation. Gebraucht wird ein verändertes „Geschäftsmodell" bzw. – bei größeren Organisationen – ggf. auch ein neues „Betriebssystem". Solche Übergänge zwischen unterschiedlichen Systemzuständen sind notwendig disruptiv-sprunghaft. Organisationen sind resilient, wenn sie dauerhaft in der Lage sind, situativ und kontextbezogen, agil und achtsam eine angemessene Balance zwischen stetig-linearer und disruptiv-sprunghafter Veränderung zu finden, um ihre Funktionalität und Lernfähigkeit nachhaltig zu sichern.[99]

---

[98] Simon, F. B., Einführung in die systemische Organisationstheorie, Heidelberg ⁵2015, 23.
[99] Haas, O., Huemer, B., Preissegger, I., Resilienz in Organisationen. Erfolgskriterien erkennen und Transformationsprozesse gestalten, Stuttgart 2022, 27.

Die Reformbemühungen der Kirchen seit den 1980er Jahren folgen fast ausschließlich dem Modernisierungsparadigma (konzentrieren, verdichten, zentralisieren) im Rahmen einer defensiven Reformstrategie, die auf lineare Anpassung setzt. Diese Strategie hat außer kurzfristiger Entlastung kaum nachhaltige Wirkung erzeugt. Sie verkennt, dass der Prozess der Exkulturation von Kirche immer weiter voranschreitet und sich die Bedürfnislage der Menschen verändert hat.[100] Helmut Zander spricht von einem „Shift religiös-kultureller Grammatik".[101] Die Menschen brauchen die Kirchen nicht mehr. Der Gap zwischen Umwelt und Kirche, zwischen den Bedürfnissen zukünftiger Adressat:innen und Nutzenversprechen kirchlicher Angebote wird fortwährend größer. Der notwendige Sprung immer weiter, die erforderliche Innovation immer radikaler.

Dekonstruktive Transformationsprozesse verlaufen notwendig chaotisch

Die Chaosforschung zeigt, dass Veränderungen, bei denen die zugrundeliegende Musterkonfiguration des Systems dekonstruiert wird, zunächst scheinbar chaotisch verlaufen. Die bestehende Ordnung zerfällt, Altes funktioniert nicht mehr und neue Routinen stehen noch nicht zur Verfügung. Die relevanten Parameter und Regeln solcher Prozesse sind nicht transparent oder grundsätzlich nicht exakt bestimmbar. Ihr Ergebnis, der zukünftige Systemzustand, ist weder deduktiv ableitbar noch vorhersagbar. Das Neue entsteht aus sich heraus in einem emergenten Prozess durch das Zusammenwirken einer Vielzahl nicht kontrollierbarer Faktoren. Auf Organisationen bezogen gibt es keine Möglichkeit, solche Prozesse auf bestimmte Ergebnisse hin zu steuern.

Beobachter:innen nehmen Übergänge dieser Art als diskontinuierlich, sprunghaft oder disruptiv wahr. Der mit der Unsicherheit einhergehende Kontrollverlust erzeugt Stress, vielfach begleitet von ambivalenten Gefühlen wie Ohnmacht, Wut oder Trauer, aber auch Neugier und Lust. Entsprechend disparat ist das Verhalten. Je größer der Gap zwischen Umweltanforderungen und Organisationslösung ist, je umfassender und

---

[100] Pollack, D., Die Kirchen werden nicht mehr gebraucht, in: futur2 – 2 (2022), URL: https://www.futur2.org/article/video-interview-die-kirchen-werden-nicht-mehr-gebraucht/ [28.01.2023].
[101] Zander, H., Die nächste Stufe der Säkularisierung, in: Herder Korrespondenz 1/2023, 36–39.

tiefgreifender die notwendige Dekonstruktion ist, desto stärker ist die Irritation, umso länger dauert sie.

Der Verlust von Umweltreferenz vollzieht sich oft schleichend. Dabei gibt es einen Kipppunkt, ab dem es nur noch begrenzte Möglichkeiten gibt, den Prozess des Übergangs aktiv (mit) zu gestalten. Dann besteht das Risiko, dass nicht nur die Funktionalität organisatorischer Muster und Routinen kollabiert, sondern zugleich der kommunikative (System-) Zusammenhang, der erforderlich ist, um neue, angemessene Muster und Routinen zu generieren. Aus einem „strukturierten" wird ein „unkontrolliertes" Chaos mit einem hohen destruktiven Potenzial. Auf diesen Punkt steuern die Kirchen offensichtlich unaufhaltsam zu.[102]

Disruptive Übergänge lassen sich nicht steuern, aber gestalten

Sprunghafte Veränderungen und die ihnen zugrundeliegenden chaotischen Übergangsprozesse lassen sich auch intern grundsätzlich nicht steuern in dem Sinn, dass der Zielzustand vorab festgelegt und linear oder iterativ angesteuert wird. Gestaltbar ist der Rahmen, innerhalb dessen sich solche Prozesse vollziehen. Das Framing wirkt sich auf den Verlauf und das Ergebnis aus, auch wenn es nicht vorhersagbar ist.

Aus systemtherapeutischer Erfahrung lassen sich einige Basics benennen, die für ein tragfähiges Framing wichtig und von der Führung zu gewährleisten sind:

a) Realität akzeptieren: Bisherige Lösungsversuche sind gescheitert, das System in bisheriger Form ist ans Ende gekommen, das Neue ist nicht aus Bestehendem deduktiv ableitbar und linear herstellbar, es entsteht emergent.

b) Produktionsmodus unterbrechen: hinreichend Raum schaffen für Kreativität, spontane Lösungen, gezieltes Experimentieren und strukturiertes Innovieren.

c) Weiche Faktoren fokussieren: Vergangenes betrauern, Verluste entkatastrophisieren, dem Prozess einen Sinn geben, Emotionen plausibilisieren, Neugier und Lust auf Zukunft wecken.

---

[102] Pollack, D., Durch weniger Kirchenmitglieder werden Tabus fallen, in: katholisch.de, 26.12.202, URL: https://www.katholisch.de/artikel/42756-soziologe-durch-weniger-kirchenmitglieder-werden-tabus-fallen [28.01.2023].

d) In Beziehung investieren: Commitment herstellen, dem Kommenden mit all seinen Turbulenzen im Vertrauen aufeinander und in Verantwortung füreinander zu begegnen.
e) Mindset bestimmen: das Wesentliche, das Warum (Why) und das Wozu (Purpose), den Kern der Hoffnung freilegen.
f) Divergenz forcieren: ermutigen, vom Pfad abzuweichen, ohne Angst zu experimentieren, kreativ zu sein, Neues zu erproben, Grenzen zu überschreiten.
g) Konvergenz herstellen: Erfahrungen zusammenführen, Erkenntnisse bündeln und strukturieren, tragfähige Optionen erkennen, Entscheidungen zur Sicherung des Erreichten herbeiführen.

Sterben und Auferstehen ist Kern der DNA von Kirche als System

Der Systemcode jener, die sich in ihrer Kommunikation auf die jüdisch-christliche Gotteserfahrung beziehen, beinhaltet, dass gerade erwartungswidrige Ereignisse und disruptive Erfahrungen (z. B. der Verlust des Tempels) Israel zu der Erkenntnis führten, dass YHWH da ist („Ich bin der ich für euch da sein werde"), und die junge Kirche zu der Erfahrung, dass Jesus den Tod überwunden hat und lebt. Alles Bestehende ist vorläufig, definiert sich vom Kommenden (Reich Gottes) her. Wandlung, Sterben und Auferstehen ist die DNA des neuen Volkes Gottes. Die Meta-Routine, um auf der Spur Gottes zu bleiben, ist Metanoia: Umkehr, permanentes Loslassen dessen, was bindet, aufmerksam sein für das, was sich zeigt, vertrauen in das Wirken des Geistes.

Auf diesem Hintergrund liegt in den Genen der Kirche als System und Bewegung genau das, was der Organisation heute so schwerfällt. Dieses Ursprungsprogramm freizusetzen, ist Aufgabe von Führung. Hier entscheidet sich, ob sie versagt.

Literatur

Haas, O., Huemer, B., Preissegger, I., Resilienz in Organisationen. Erfolgskriterien erkennen und Transformationsprozesse gestalten, Stuttgart 2022.

Simon, F. B., Einführung in die systemische Organisationstheorie, Heidelberg ^{5}2015.

Pollack, D., Durch weniger Kirchenmitglieder werden Tabus fallen, in: katholisch.de, 26.12.2022, URL: https://www.katholisch.de/artikel/42756-soziologe-durch-weniger-kirchenmitglieder-werden-tabus-fallen [28.01.2023].

Pollack, D., Die Kirchen werden nicht mehr gebraucht, in: futur2 – 2/2022, URL: https://www.futur2.org/article/video-interview-die-kirchen-werden-nicht-mehr-gebraucht/ [28.01.2023].

Zander, H., Die nächste Stufe der Säkularisierung, in: Herder Korrespondenz 1/2023, 36–39.

Disruptiv-sprunghafte Veränderung organisieren und halten
Hardy Lech

Für den Strategiekongress am 7./8.12.2022 in Bensberg haben Johanna Schulenburg (Wien) und ich den „Sektor 3" mit diesem Fokus gestaltet.

Ich folge gerne der Einladung, hierzu meine Gedanken, angereichert mit eigenen Erfahrungen, zu formulieren.

Es sind drei Fragestellungen, die mich als Berater und Coach beschäftigen:
1. Wie lassen sich Logik und Muster der Reproduktion unterbrechen?
2. Was passiert emotional, wenn Irritation und Chaos entstehen?
3. Wie lässt sich Leere aushalten, ohne zu wissen, was kommt?

Zur Vertiefung führe ich Erklärungen und inspirierende Anregungen von Expert:innen, die sich intensiv, oft forschend, mit diesen Fragestellungen auseinandergesetzt haben, an bzw. verweise dahin.

Und wissend um die bereits vorhandene Komplexität möchte ich eine weitere, mir wesentliche Fragestellung hinzufügen:

4. Wie können Coaches, Supervisor:innen und Facilitator:innen sich selbst für Transformationsprozesse öffnen, um in Zeiten von „VUKA"[103] und „BANI"[104] Prozesse in Organisationen und Teams oder Führungsverantwortliche begleiten zu können? Was braucht es an eigener Bewusstseinsarbeit, an weiterentwickelten (inneren) Kompetenzen?

Sicherlich ist es kein Zufall, dass diese Fragestellungen mich gerade in aktuellen Anfragen und Aufträgen als Facilitator, Führungskräfte-Coach und Supervisor erreichen. Tatsächlich verändert sich „in diesen Zeiten" meine Art und Weise, zu arbeiten. Denn nicht nur die „Außenwelt", die Transformation der Arbeitswelt, ist im Wandel, im Umbruch. Jede äußere Veränderung kann nur angemessen begleitet werden, wenn gleichzeitig ein „Aufbrechen", ein Sich-Öffnen für unsere „inneren

---

[103] Das Akronym VUKA steht für die Merkmale Volatilität, Unsicherheit, Komplexität, Ambiguität, die gesellschaftliche Prozesse in zunehmendem Maße kennzeichnen.
[104] Das Akronym BANI wird ähnlich gebraucht, um Gesellschaft und ihre Entwicklung zu charakterisieren: brittle (brüchig), anxious (ängstlich), non-linear (nicht-linear) und incomprehensible (unbegreiflich).

Bewusstseinsstrukturen" ermöglicht wird. Ansätze wie „Inner Work" (Joanna Breidenbach), „Leader as Healer" (Nicholas Janni), „Zen und Leadership" und „Modell-Lassalle-Institut plus" (Dr. Anna Gamma) und „Theorie U" (Otto Scharmer: „Wie kommt das Neue in die Welt?") geben uns Hinweise auf den Zusammenhang von Bewusstseinsprozessen und neuen Arbeitsformen.

Wie lassen sich Logik und Muster der Reproduktion unterbrechen?

Was sind unsere Annahmen, unsere Bilder von dieser unsicheren, komplexen Welt? Was verstehen wir unter „disruptiven Veränderungen"? Worauf wollen wir mit diesen Begriffen hinweisen?

Die Annahmen und inneren Bilder sind selbst in ständiger Veränderung, genauso wie es die „Außenwelt" ist.

Im Jahr 2014 spricht Otto Scharmer noch von „Zeiten und Chancen" des disruptiven Wandels. „VUKA" als Modell für moderne Unternehmensführung gab zu dieser Zeit Organisationsverantwortlichen Orientierung. „Wir leben in Zeiten des disruptiven Wandels – der krisenhaften Erschütterungen und Zusammenbrüche. Dennoch ist die Möglichkeit tiefgreifender persönlicher, gesellschaftlicher und globaler Erneuerung nie realer gewesen als jetzt. Das hier ist unser Moment."[105]

Was bedeutet VUKA?

VUKA ist ein eingedeutschtes Akronym und steht mit den Buchstaben V, U, K und A für die vier Hauptmerkmale der modernen Zeit, die eine Unternehmensführung so schwierig machen.

Volatil (flüchtig, schwankend): Die rasante Geschwindigkeit von vor allem technologischen Entwicklungen erzeugt das Gefühl von Flüchtigkeit und Unbeständigkeit.

Unsicher: Entwicklungen werden immer weniger vorhersehbar, was ein ständiges Gefühl der Unsicherheit zur Folge hat.

Komplex: Globale Verknüpfungen und Abhängigkeiten machen Sachverhalte bis zur Unverständlichkeit komplex.

---

[105] Scharmer, O., Käufer, K., Von der Zukunft her führen: Theorie U in der Praxis, Heidelberg 2014, 12.

Ambig (mehrdeutig): Widersprüchlichkeiten und alternative Fakten erschweren Entscheidungen.

Im Jahr 2020 umschreibt Scharmer „die Entwicklung der Entwicklungen" nun folgendermaßen:

> „Die zweite Beobachtung betrifft den Aufstieg der Disruption (engl. disruption für ‚Störung, Unterbrechung, Bruch, Spaltung, Zerrissenheit, Zerrüttung') oder der krisenhaften Zusammenbrüche. Technik, Terrorismus, Trump, Klimakatastrophe, Konfliktzonen, Polarisierung. Wir leben in einem Zeitalter der Disruption. Jede Überprüfung der grundlegenden Antriebskräfte überzeugt uns davon, dass das Tempo der Disruption weiterhin zunehmen und nicht abnehmen wird. Bei einigen dieser Kräfte ist es zu spät, um die Entwicklung umzukehren. Wenn wir das Tempo der äußeren Disruption nicht steuern können, was können wir dann, wenn überhaupt, steuern?
>
> Das Einzige, was wir wirklich kontrollieren oder gestalten können, ist unsere innere Reaktion. Wie wir damit umgehen, wenn die Disruption zuschlägt.
>
> Die Probleme im Außen sind ein Spiegel der Probleme im Innern. Bei der neuen Arbeit der Führungskräfte geht es darum, einen inneren Raum des Haltens zu entwickeln, einen Raum, der uns inmitten widerstreitender Informationen und Interessen, inmitten der Konfusion, die Menschen zu Zorn, Angst und Verzweiflung treibt, unseren Kurs finden lässt."[106]

Für die sogenannte „VUKA-Welt" glaubte man, auf dem Weg zu Antworten und neuen Sicherheiten zu sein. Doch die Dynamik geht weiter: auf „VUKA" folgte „BANI".

> „Die Coronazeit hat Rahmenbedingungen wie VUKA oder BANI (B: brittle /brüchig; A: anxious/ängstlich; N: non-linear; I: incomprehensible/unbegreifbar; Jamais Cascio, 2020) mit einem Schlag für alle Beteiligten direkt und unmittelbar spür- und erlebbar gemacht. BANI als ‚Nachfolgemodell' von VUKA trifft die jetzige Situation meiner Ansicht nach besser. Während VUKA noch das Gefühl vermittelt, mit evolutionären Schritten die Lage meistern zu können, adressiert BANI Gefühle von Angst und Hilflosigkeit. BANI erfordert revolutionäre Maßnahmen und damit eine Vielzahl von massiven Transformationsprozessen in eine Zukunft, die brüchig und unvorhersehbar ist. Wir erleben in der Arbeit mit diesem Modell, das stark auf

---

[106] Scharmer, O., Theorie U, Heidelberg ⁵2020, 27–28.

die Person abzielt, sehr oft zuerst Abwehr, weil es die Gefühlslage so deutlich macht."[107]

VUKA/BANI: Wohin geht die weitere Reise?

"Unsere Gesellschaft ist im Umbruch. Unternehmen stehen vor massiven Transformationsprozessen, und viele wissen, dass ein grundlegender Wandel notwendig ist. Der Paradigmenwechsel ist jedoch so radikal, dass wir dafür kaum Vorbilder haben. Auch die Komplexität wächst in einer Weise, die unser Fassungsvermögen übersteigt. Wir wissen kaum mehr, wo ein Problem herkommt, geschweige denn, was unter all den Möglichkeiten eine Lösung sein kann. Aber es wird nicht nur alles schneller und komplexer, es fallen auch die Strukturen und Gewissheiten weg, die uns bisher Halt gegeben haben. Daher ist es heute wichtiger denn je, dass wir Halt in uns selbst finden. Und dass wir Sinn und Erfüllung nicht nur im Privaten suchen, sondern auch in der Arbeit, dass wir im Job nicht nur funktionieren, sondern das, was wir tun, mit Begeisterung und Leidenschaft tun."[108]

Dass diese Entwicklungen nicht erst in den letzten Jahren entstanden sind, verdeutlicht bereits 1992 Erich Fromm mit seinem Hinweis auf „Falsche Wege": „Wir sind wie ein Mensch, der Auto fährt und die schwache Ahnung hat, dass er den Weg verloren hat ... Wir fahren anscheinend ‚nirgendwohin' mit immer schnellerer Geschwindigkeit."[109]

Ich frage mich: Wie konnte das alles passieren mit dem enormen Wissen, das uns längst zur Verfügung stand?

Wie der Umgang mit der „aktuellen" Klimakrise erschreckend markant und beispielhaft zeigt, ist das Wissen um die Veränderungsnotwendigkeit längst da. Mut und die Bereitschaft, notwendige und nachhaltige Transformationsprozesse zu initiieren, das Neue wirklich zu wagen, „verdursten" (im wahrsten Sinne des Wortes) auf der Strecke. Klima, Kirche und Organisationen in der Wirtschaft, ebenso wie die in sozialer oder öffentlicher Trägerschaft, unterliegen radikalen Veränderungsprozessen. Und immer noch „glauben" wir, das Wesentliche zu wissen, sind bemüht, unser Wissen zu optimieren, versuchen permanent, „unverbrauchte" Steuerungs- und Führungskonzepte zu entwerfen.

---

[107] Exner, A., Komposition von Transformationsprozessen. Wie der überlegte Einsatz virtueller Arbeitsformen die Tastatur erweitert, in: OrganisationsEntwicklung 2 (2022), 81–88, 82.
[108] Latrache, M., Anders arbeiten, in: Moment by Moment – Und jetzt? 02/2020, 72–75, 72.
[109] Fromm, E., Worte wie Wege, Freiburg i. Br. ²1992, 13.

Es sind die immer wiederkehrenden Versuche, die Albert Einstein sinngemäß mit dem Satz „Mit dem Bewusstsein von gestern lassen sich nicht die Probleme von morgen lösen" auf den Punkt bringt.

„Solange wir uns nach Dauerhaftigkeit und Beständigkeit sehnen, verschließen wir unsere Augen vor der Wirklichkeit und müssen uns krampfhaft bemühen, mit einer Illusion zu beruhigen. Beständig ist allein der Wandel.

Das Paradoxe jedoch ist, dass gerade das Gewordensein mit all seinen Brüchen unsere Einzigartigkeit ausmacht, weil in ihm die Sehnsucht nach Ganzheit wach wird und uns lockt, etwas für unsere Heilung zu tun. Konflikte und Krisen können sozusagen als evolutionärer Treibstoff verstanden werden."[110]

Unsere wirkliche Herausforderung ist die Auseinandersetzung mit unseren (alten) Denk- und Bewusstseinsstrukturen. Die Wirklichkeit ist nicht „fest" oder, wie es Otto Scharmer formuliert: „Wie komme ich aus dem Gefängnis meines eigenen Denkens heraus?"

Die Reise der „sprunghaft-disruptiven Veränderungen" wird weitergehen, das Tempo permanent Fahrt aufnehmen. Wenigstens das scheint sicher zu sein.

2022 erschien das neue Buch von Nicholas Janni *Leader as Healer*: „Es spricht für die Führung, die in diesen zunehmend gefährlichen und unruhigen Zeiten des Krieges in der Ukraine und der drohenden Klima- und Energiekrise dringender denn je gebraucht wird. Führung, die die Normalisierung von ‚Abwesenheit' und Trennung erkennt und durchbricht und eine Integration von Denken, Fühlen und Empfinden und die Fähigkeit bringt, im tieferen Feld des vereinten Bewusstseins zu ruhen."[111]

Vielleicht beruhigt uns etwas die Einschätzung des *Instituts für disruptives Denken*. Es beschäftigt sich mit der Frage, wie Disruption entsteht: „Dabei steht fest: Disruption passiert jeden Tag, in jeder Branche. Ob wir wollen oder nicht, in den Organisationen, im Privaten, in Kirche, in Parteien."[112]

Wir sind also Expert:innen für disruptive Veränderungen, ohne es zu wissen?

---

[110] Gamma, A., Ruhig im Sturm, Berlin 2015, 13.
[111] Janni, N., Homepage, URL: www.nicholasjanni.com [10.11.2023].
[112] URL: https://www.disruptive-thinking.de/ [30.10.2022].

Um die Logik und Muster der Reproduktion zu unterbrechen, braucht es ein Loslassen von vertrauten Organisationsmodellen und alten Denkstrukturen. Dass Loslassen die Bereitschaft zum Nachdenken voraussetzt, verdeutlicht folgende wahre Geschichte:

> „In bestimmten Teilen Asiens wendet man eine geniale Methode an, um Affen zu fangen. Der Jäger schneidet ein Loch in eine Kokosnuss, das gerade groß genug ist, dass ein Affe mit seiner Hand hindurchgreifen kann, aber nicht groß genug, um die Hand bei geschlossener Faust zurückzuziehen. Dann steckt der Jäger eine reife Banane in die Kokosnuss, befestigt die Kokosnuss mit einer Schnur und wartet. Wenn ein Affe die Banane ergriffen hat, ist er so davon besessen, die Frucht zu behalten, dass er sich weigert, die Banane loszulassen, und der Jäger kann den Affen wie einen Fisch am Haken zu sich heranziehen."[113]

Was passiert emotional, wenn Irritation und Chaos entstehen?

Der Mensch ist darauf angewiesen, zu vertrauen, um sich in der Welt bewegen zu können. „Ohne jegliches Vertrauen könnte der Mensch morgens sein Bett nicht verlassen. Unbestimmte Angst, lähmendes Entsetzen befielen ihn", schrieb der Soziologe Niklas Luhmann schon in den Sechzigerjahren.[114]

Und genau hier beginnt das Problem: Es geht in der aktuellen Situation darum, zu erkennen, dass bisherige Lösungsansätze nicht zielführend sind, dass es Versuche sind, bestehende Lösungen (nur etwas anders) zu reproduzieren. Es braucht eine Offenheit gegenüber dem Werdenden und damit auch eine Öffnung, Selbstzweifel, Ängste, Traurigkeit und Schwere zulassen zu können.

Angstreaktionen treten häufig in Veränderungsprozessen auf. Scharmer spricht von der „voice of fear", der Stimme der Angst. Es ist eine Vermeidungsreaktion in Phasen, in denen es um Loslassen und Kommenlassen geht, um tiefere Transformationsprozesse.

Gewohnheiten, Routinen, eingespielte Abläufe (Muster) in Organisationen geben uns Sicherheit und Orientierung. Sie sorgen für eine kalkulierbare Effizienz in unseren Abläufen. Fallen diese (Muster, Routinen) weg,

---

[113] Bodian, S., Meditation für Dummies, Weinheim ³2011, 170.
[114] Zitiert nach Seiffert-Brockmann, J., Vertrauen in die Mediengesellschaft: Eine theoretische und empirische Analyse (Organisationskommunikation), Stuttgart 2015, 43.

geplant oder von selbst, entstehen Unsicherheit und Angst, mehr oder weniger. Jede Veränderung löst neurobiologisch einen Schmerz in unserem Gehirn aus.

„Diese eine große Angst, die vor dem großen Nichts, einer innerlichen Leere, genauso vor einer ‚ewigen Leere' im Außen, vor fehlender Resonanz – sie macht uns Stress. Sie aktiviert unsere Alarm- und Stressmechanismen, beginnt zusehends, unsere ‚Pedale' anzuwerfen, unseren inneren Motor, sodass wir immer schneller ‚am Rad' drehen. Und gleichzeitig werden wir schwermütig – die Leere, das Nichts beziehungsweise die Angst davor lastet auf uns."[115]

Der Film *Zehn-Meter-Turm*, gedreht von zwei jungen schwedischen Regisseuren, wurde auf dem Strategiekongress gezeigt, um bildhaft den Umgang mit Skepsis, Zweifel, Ängsten und das Gefühl des Scheiterns mitfühlen zu können.[116]

Die Versuchsanordnung des Films gleicht einem physikalischen Experiment. Anders als in der Physik ist das Ergebnis jedoch nicht vorhersehbar. Schwimmbad, innen, am Tag, Zehn-Meter-Turm. Die Kamera ist auf die Plattform gerichtet. Auch der Ton läuft mit, so dass die Zuschauer:innen alles hören können, was sich abspielt – dort oben. Verschiedene Menschen, allein, mit Freund oder Partner, besteigen den Turm, trauen sich bis an den Rand der Plattform, schauen nach unten. Dann ist erst einmal Pause. Was lässt die Menschen springen? Was bedeutet die Höhe? Was erfordert mehr Mut – springen oder rückwärts wieder herunterklettern? Die Spannung der Betrachtung löst sich im Moment des Sprungs, genauer: im Moment des Schreis. Erleichterung auf beiden Seiten. Was bleibt, ist Ruhe.

Der Film *Zehn-Meter-Turm* ist dank seines Minimalismus damit gleichzeitig eine „objektive" Kurzdokumentation über die Überwindung der Angst.

„Für mich kommt die schwierigste Herausforderung im Dialog an der Stelle, wo ich von der Klippe springen muss. Dieser Moment, wo ich mich selber vom sicheren Boden des Gewohnten abstoße und hineingehe in eine totale Gegenwärtigkeit, eine Offenheit gegenüber dem Werdenden."[117]

---

[115] Esch, T., Mehr Nichts!, München 2021, 341.
[116] URL: http://www.maximilienvanaertryck.com/films/hopptornet/ [01.11.2023].
[117] Scharmer, Theorie U, 317.

Szene aus dem Film *Zehn-Meter-Turm*

Junges Paar mit den Zehenspitzen an der Kante auf der Sprungplattform des 10-Meter-Turms.

Sie: „Entscheide dich, und bleib dabei. Okay?"

Er: „Ich springe nicht mit viel Anlauf, so viel ist klar!" – „Wenn ich springe, dann von hier."

Sie: „Schwimm dann zur Leiter. Ich komm nach."

Er: „Du willst echt springen?"

Er (weiter): „Willst du kneifen?"

Sie: „Das könnte passieren." – „Wenn ich sehe, dass du dir weh tust, nicht richtig, aber ..."

Sie (weiter): „Wenn dein Arm sich verdreht." – „Sag: ‚Frieda, lass es!'"

Sie (weiter): „Aber warum bist du vorher vom Fünfer gesprungen?"

Er: „Keine Ahnung" – „Das ist da unten!" – „Es ist nicht mal hoch, verglichen mit dem hier!"

Er (weiter, zu sich): „Linus, bring es hinter dich!"

Sie: „Du machst das für dich, also wie fühlst du dich?"

Er: „Ich blende dich mal aus."

Sie: „Okay, okay."

Er: „Nein, rede weiter, aber ich bin nicht richtig da."

Sie: „Und wenn ich zuerst springe?"

Er: „Nein, ich will zuerst!"

Sie: „Wenn das für dich okay ist?"

Er: „Okay."

Er (weiter, zu sich): „Schau runter, Linus."

Er (weiter): „Ich schreie sicher wie verrückt!"

Sie: „Ich auch!"

Er: „Meine Knie zittern." – „Ich wollte gerade springen, und meine Knie haben es bemerkt!" – „Jetzt weiß ich, warum es ‚weiche Knie bekommen' heißt."

Er (weiter, Blick nach unten): „Da treibt ein Haargummi."

Sie: „Ein Haargummi?"

Sie (weiter): „Also, die Entscheidung zu springen, verursacht dir weiche Knie?" – „Wenn wir so rumalbern, geht's dir gut?"

Sie (weiter): „Aber, nachdem du die Entscheidung getroffen hast, zitterst du!"

Er: „Was? Sorry, ich hab nicht zugehört ... aber deine Stimme beruhigt mich."

Er (weiter, zu sich selbst): „Also ... jetzt oder nie!!"

Sie: „Warte, was haben wir gesagt?" – „Wenn du springst, springe ich auch?"

Er: „Wenn du fällst, falle ich auch, Frieda."

Sie: „Okay." – „Sei vorsichtig!"

Er: „Ich sehe dich auf der ‚anderen Seite!' – Wir sehen uns im Himmel!"

Sie: „Himmel!"

Er: „Ich mach es, Frieda!"

Sie: „Nur Mut, das ist toll!!"

Er springt schreiend (vor Angst?).

Sie applaudiert heftig, schreit! (vor Freude?).

Er (unten im Wasser): „Oh mein Gott!!"

Sie: „Sag nichts!!"

Sie springt, schreiend (vor Angst?).

Er lacht lauthals! (erleichtert?)

„Ohne Anstrengung und ohne Bereitschaft, Schmerz und Angst zu durchleben, kann niemand wachsen."[118]

---

[118] Fromm, Worte wie Wege, 62.

Es ist ein Paradox. „Menschen besitzen einen biologischen Imperativ, loszulassen! Es besteht die vom Ego bestimmte Weigerung, loszulassen! Loslassen ist genetisch in uns programmiert, um einen Prozess abzuschließen und etwas Neues als Teil unseres nie endenden Weges der Evolution zu beginnen."[119]

Loslassen, so verstanden, ist ein Sein-Lassen.

Lässt sich Leere aushalten, ohne zu wissen, was kommt?

„Allen Vorstellungen gemeinsam ist die Idee, dass wir unser bekanntes Wissen erst aufgeben müssen, um neu sehen zu können. Der Zen-Meister Bernie Glassmann hat den Sprung ins Nichtwissen auch zum Prinzip seiner sozialen Arbeit gemacht. Er hat häufig darauf hingewiesen, dass wir nur meinten, die Wirklichkeit und uns selbst zu kennen. In Wahrheit wäre diese Kenntnis der Punkt, an dem die Probleme begännen. ‚Sobald wir über etwas Bescheid zu wissen glauben', schreibt er in Zeugnis ablegen, ‚machen wir dadurch einen anderen Verlauf der Dinge unmöglich. Wenn wir nicht mehr aus dem Nichtwissen heraus leben, fixieren wir unsere Situation, sodass wir das unablässige In-Erscheinung-Treten der Dinge und Ereignisse nicht mehr zu erleben vermögen.'"[120]

Das Alte, Vertraute, Gewohnte „los-lassen" ist ein mutiger Schritt. Doch er reicht nicht aus. Wir suchen die Leere, auch die Stille, um uns dann davor zu fürchten. Wenn es einmal leise wird, in mir, in den Teams, in den Organisationen, stellen nicht wenige fest, wie überfordert sie damit sind. Stille bietet viel Raum für Gefühle, auch für Un- und Unterbewusstes.

Im Führungskräfte-Coaching, in Team-Supervisionen ist es immer wieder zu erleben: Wenn es still wird, kein Thema auf der Oberfläche als Anker da ist, sich etwas organisch entfalten („emergieren") möchte, was der Verstand nicht so schnell verarbeiten und deuten kann, wird es unruhig, manchmal mit der „zuschreibenden Erwartung" an den:die Coach/Supervisor:in verbunden, nun doch bitte wieder die Steuerung zu übernehmen und für ein Weitermachen (wie bisher) zu sorgen. In solchen Momenten fallen mir Sätze von Kurt Tucholski: „In der vollkommenen Stille hört man die ganze Welt", oder Søren Kierkegaard ein: „Wenn alles still ist,

---

[119] Berceli, D., Körperübungen für die Traumaheilung und zur Stressreduktion im Alltag, hrsg. vom Norddeutschen Institut für Bioenergetische Analyse e. V. (NIBA), Westoverledingen, 8.2018, 20.
[120] Scobel, G., Pioniere, in: Moment by Moment 01/2022, 8–12, 11.

geschieht am meisten." Die Herausforderung in der Prozessbegleitung ist es, diese Stille zu halten. In der Stille spricht die Essenz zu uns über die Essenz selbst. In meine Coaching- und Supervisionsprozesse „baue" ich Momente des Innehaltens, der Stille bewusst ein.

> „Am Tiefpunkt des U: retreat and reflect (Rückzug und Reflexion). Lassen Sie das innere Wissen auftauchen. Suchen Sie die Stille, in der Wissen wahrnehmbar wird. Betrachten Sie an dieser Stelle all das, was Sie im Prozess des Zuhörens gelernt haben, und fragen Sie: ‚Was will hier entstehen?', ‚Wie hängt das mit der Reise nach vorn zusammen?' und ‚Wie können wir ein Teil der Geschichte der Zukunft werden, anstatt an der Geschichte der Vergangenheit festzuhalten?' ... Suchen Sie die Grenzen des Selbst."[121]

Es gilt, dem Impuls zum schnellen Handeln und Lösen zu widerstehen und damit die gut trainierte „Muskulatur des Verstandes" – permanent und eilig unterwegs auf der Suche nach noch nicht ausprobierten Möglichkeiten – vorübergehend stillzulegen.

„Leere" ist nicht das trotzige Aufgeben-Wollen im Sinne von: Wir sind gescheitert, mit all dem, was wir auf den Weg gebracht haben. Wir ergeben uns dem Schicksal.

„Leere und Stille" aushalten kann uns den Weg öffnen zur „inneren Quelle" (Otto Scharmer). Es ist eine Einladung, all unsere Intelligenzformate bewusst wahrzunehmen, bereit zu sein, auch die eigene Vulnerabilität anzunehmen, das „innere Wissen" aufzusuchen. Gleichzeitig kann sich der Raum der Stille, der leere Raum bedrohlich anfühlen.

„Die uns bedrängenden gesellschaftlichen und weltpolitischen Probleme sind Ausdruck und Spiegel des vorherrschenden Bewusstseinszustandes der Menschheit. Sie können nicht mit jener Geisteshaltung gelöst werden, die diese Probleme geschaffen haben. Um wirklich Neues zu schaffen, ist es unerlässlich, alte Denk- und Verhaltensweisen zu ersetzen durch innere Offenheit, durch Vertrauen in das schöpferische Potenzial der Menschen, durch achtsames Wahrnehmen der ‚Zeichen der Zeit' und durch den Mut, sich jenem ‚schöpferischen Chaos' auszusetzen."[122]

---

[121] Scharmer, Käufer, Von der Zukunft her führen, 36.
[122] Gyger, P., Brantschen, N., Leitlinien für eine fundierte Dialog-, Beratungs- und Unternehmenskultur. Grundlagen zum Lasalle Institut-Modell, Version 15, Oktober 2007, entnommen aus: Lehrgangsunterlagen Institut Zen & Leadership, Dr. Anna Gamma, Lehrgang „Spirituelles Coaching" 2007.

Was heißt das für die Prozessbegleitung?

Wie können Coaches, Supervisor:innen und Facilitator:innen sich selbst für Transformationsprozesse öffnen, um in Zeiten von „VUKA" und „BANI" Organisationsprozesse, Teams und Führungskräfte begleiten zu können? Was braucht es an eigener Bewusstseinsarbeit, an weiterentwickelten (inneren) Kompetenzen?

Auch das Veränderungsverständnis von Facilitator:innen und Coaches ist diesem Wandel ausgesetzt. Wie entwickeln wir neue Formen der Prozessbegleitung? Wie ermöglichen wir Entwicklungsarbeit „im Innen" / „Inner Work" und nicht erst dann, wenn wir „im Außen" bereits gescheitert sind?

„Open mind" und „open heart" (Otto Scharmer) sind Einladungen, all unsere Bewusstseinszugänge kennenzulernen, wertschätzen und einsetzen zu lernen. Es braucht eine Öffnung für eine Ganzheit, für die bewussten und die vor- oder weniger bewussten Wissensquellen, und Zugänge zu den unterschiedlichen Intelligenzzentren, die wir „in uns" haben.

Mich stärkt gerade die persönliche und fachliche Weiterentwicklung am *Institut Zen, Ethik und Leadership* (Luzern, Schweiz, Leitung Frau Dr. Anna Gamma), mich dort mit wesentlichen Aspekten von Transformationsprozessen auseinandersetzen zu können.[123]

Jede äußere Veränderung von Strukturen und Prozessen muss notwendigerweise von einer inneren Transformation begleitet werden.

> „Denn der Wandel findet nur im Außen statt. Die meisten Unternehmen tun so, als müsste man nur ein paar Rollen und Regeln verändern, und schon würden Menschen kreativer, verantwortungsvoller und selbstbestimmter. Dieses Herangehen übersieht, dass jede maßgebliche Veränderung in der Außenwelt eine entsprechende Veränderung im Innenleben der einzelnen Menschen braucht."[124]

Was sind die Herausforderungen, die Aufgaben, die sich neu bzw. anders stellen? Für uns als Individuum, für Teams in Organisationen, für Führungskräfte und damit natürlich für uns Prozessbegleiter:innen?

---

[123] Siehe auch die vier Formen der Intelligenz des *Lassalle-Institut-Modells plus*: Mentale Intelligenz, emotionale Intelligenz, körperliche Intelligenz und spirituelle Intelligenz.
[124] Breidenbach, J., Rollow, B., New Work braucht innere Arbeit: Ein Handbuch für Unternehmen auf dem Weg zur Selbstorganisation, München ²2019, 5.

Wesentliche Fragen in Zeiten von „VUKA" und „BANI" scheinen mir zu sein: Wie finden wir den Weg zur „Quelle"? Wie lässt sich Wandel „meisterlich" gestalten?

> „Meisterlich Wandel gestalten lässt sich nicht in Konzepte zwingen. Meisterlich Wandel gestalten ist ein lebendiges Antworten auf die Herausforderungen des Lebens, auf das, was sich ständig ändert. ‚Panta Rei – alles fließt'. Wie könnten wir da mit fertigen Konzepten zu den Antworten gelangen, die hier und jetzt notwendig oder genauer Not wendend sind? Meisterlich Wandel gestalten heißt, sich solchen größeren Zusammenhängen zu öffnen, im Wissen darum, dass wir Leben sind, das leben will inmitten von Leben, das leben will. Meisterlich Wandel gestalten, heißt bereit sein, als Geführte zu führen."[125]

Den (disruptiven) Wandel in Organisationen zu begleiten, fordert die Bereitschaft, als Facilitator:in und Coach selbst neue Wege zu gehen.

> *„In Bereichen wie Führung und Changemanagement findet ein Paradigmenwechsel statt, der auf ein wachsendes Verständnis zurückzuführen ist, dass wir Veränderungen nicht kontrollieren oder mikromanagen können und dass Veränderung nicht nur extern, sondern auch intern ist, da sie die Art und Weise einschließt, wie wir denken, fühlen und wer wir sind.*
>
> *Diese Verschiebung beinhaltet, dass wir sowohl die innere als auch die äußere Dimension der Prozessbegleitung beherrschen und dass wir auch unseren inneren Boden und die Qualität unserer Präsenz stärken. Die Herausforderung besteht jedoch darin, wie wir sie anwenden, um den Geist und die Herzen der Menschen – und uns selbst – zu öffnen und Maßnahmen auszulösen, die es uns ermöglichen, gemeinsam voranzukommen."*[126]

„VUKA" und „BANI" sind Akronyme, stehen für das Unplanbare, das nicht mehr Steuerbare. Sie fördern ein Erkennen, dass wir immer weniger wissen werden, wie der weitere Weg aussehen wird!

Es ist die Aufgabe, eine „generative" Wahrnehmung und Intuition in Organisationen, Teams, bei Führungsverantwortlichen und vor allem bei sich selbst zu stärken und zu entwickeln. Dazu braucht es in Organisationen eine Gestaltung von Räumen der Reflexion und Transformation für bewusste und insbesondere auch unbewusste Prozesse. Veränderungen

---

[125] Meibom, B. von, Brevier zur Führungskunst, Bielefeld, 2016, 90.
[126] Institut für generative Facilitation GFI, Berlin, URL: https://generativefacilitation.com [30.10.2023].

sind immer hochemotionale Prozesse. Es braucht die Reflexion der eigenen kognitiven und emotionalen Strukturen aus einer Metaperspektive heraus, um die Logik und die Muster der Reproduktion zu erkennen und zu verstehen. Was es nicht braucht, ist ein Mehr an Handlungs-Tools für bereits überdimensionierte „Methodenkoffer".

„Schwellen der Transformation: Es ist dieser wertvolle und zugleich schützenswerte Zwischenraum, der für Facilitation, und offenbar für alle Prozesse des Werdens, so wichtig ist. In dieser Phase, die vom Facilitator und der Communitas gehalten und begleitet wird, geschieht die innere (Wandlungs-)Arbeit. Es ist ein Geschehen, ähnlich der Verpuppung der Raupe. Für die tiefe, innere Arbeit ist ein robuster Schutzkörper vonnöten, den wir als Facilitatoren im sozialen und im organisationalen Feld als ‚Kontext des Gelingens' und als (sicheren) ‚Container' bezeichnen. Facilitatoren entwickeln diese Container für die Begegnung mit dem Unbekannten. Denn in jeder Transformation geschieht auch etwas Schmerzhaftes. Je tiefer man geht, desto mehr Struktur wird benötigt."[127]

Wo gibt es diese gemeinsamen Räume („transforming spaces"), in denen Menschen, Mitarbeiter:innen, Führungskräfte ihrer Irritation, dem Chaos, der Leere und der Stille Platz geben und dies miteinander teilen können? In Zeiten der Unsicherheit und des Loslassens von Vertrautem und Routinen braucht es einen Gegenpol, eine Kraftquelle, die nährt, trägt und hält, wenn es keinen äußeren Halt gibt.

„Zurückblickend
Die besseren Aussichten eröffnen sich dadurch
dass wir, die sonst keine haben
das offen zu sagen beginnen
Die Zukunft liegt nicht darin
dass man an sie glaubt
oder nicht an sie glaubt
sondern darin
dass man sie vorbereitet
Die Vorbereitungen bestehen nicht darin
dass man nicht mehr zurückblickt
sondern darin, dass man sich zugibt
was man sieht beim Zurückblicken
und mit diesem Bild vor Augen

---

[127] Scholz, H., Vesper, R., Facilitation, München 2022, 429.

*auch etwas Anderes tut
als zurückblicken"*

(Erich Fried, 2007)

Literatur

Berceli, D., Körperübungen für die Traumaheilung und zur Stressreduktion im Alltag, hrsg. vom Norddeutschen Institut für Bioenergetische Analyse e. V. (NIBA), Westoverledingen ^{8}2018.

Bodian, S., Meditation für Dummies, Weinheim ^{3}2011.

Breidenbach, J., Rollow, B., New Work braucht innere Arbeit: Ein Handbuch für Unternehmen auf dem Weg zur Selbstorganisation, München ^{2}2019.

Esch, T., Mehr Nichts!, München 2021.

Exner, A., Komposition von Transformationsprozessen. Wie der überlegte Einsatz virtueller Arbeitsformen die Tastatur erweitert, in: OrganisationsEntwicklung 2/2022, 81–88.

Fromm, E., Worte wie Wege, Freiburg i. Br. ^{2}1992.

Gamma, A., Ruhig im Sturm, Berlin 2015.

Gyger, P., Brantschen, N., Leitlinien für eine fundierte Dialog-, Beratungs- und Unternehmenskultur. Grundlagen zum Lasalle Institut-Modell, Version 15, Oktober 2007, entnommen aus: Lehrgangsunterlagen Institut Zen & Leadership, Dr. Anna Gamma, Lehrgang „Spirituelles Coaching" 2007.

Institut für generative Facilitation GFI, Berlin, URL: https://generativefacilitation.com [30.10.2023].

Janni, N., Homepage, URL: www.nicholasjanni.com [10.11.2023].

Latrache, M., Anders arbeiten, in: Moment by Moment – Und jetzt? 02/2020, 72–75.

Meibom, B. von, Brevier zur Führungskunst, Bielefeld 2016.

Scharmer, O., Theorie U, Heidelberg ^{5}2020.

Scharmer, O., Käufer, K., Von der Zukunft her führen: Theorie U in der Praxis, Heidelberg 2014.

Scholz, H., Vesper, R., Facilitation, München 2022, 429.

Seiffert-Brockmann, J., Vertrauen in die Mediengesellschaft: Eine theoretische und empirische Analyse (Organisationskommunikation), Stuttgart, 2015.

Scobel, G., Pioniere, in: Moment by Moment 01/2022, 8–12.

Ostern beginnt mit dem leeren Grab
Johanna Schulenburg CJ

Am Anfang des Ostergeheimnisses steht nicht die Begegnung mit dem Auferstandenen, nicht Osterjubel und Freude, sondern Ostern beginnt für die Jünger:innen mit der Erfahrung, dass der Leichnam Jesu verschwunden ist. Das Grab ist leer.

Im Evangelium nach Matthäus sind die Frauen, die in der Frühe zum Grab gehen, anwesend, als ein Engel erscheint, den Stein wegwälzt und ihnen sagt, dass der gekreuzigte Jesus „nicht hier", sondern auferstanden sei. In den Evangelien nach Markus, Lukas und Johannes ist der Stein schon weggewälzt, als die Frauen dort ankommen. Nach allen Evangelien ist Maria Magdalena eine dieser Frauen. Nach dem Johannesevangelium ist sie sogar die erste, die sieht, dass der „Stein vom Grab weggenommen" ist. Sie berichtet daraufhin Petrus und dem Jünger, den Jesus liebte, dass der Herr weggenommen worden sei und sie (die Frauen) nicht wüssten, wohin er gelegt sei. Sie kehrt dann ein weiteres Mal zusammen mit den beiden zum Grab zurück, beugt sich weinend hinein, sieht zwei Engel und wird von diesen gefragt, warum sie weine. Immer noch meint sie, der Leichnam sei weggenommen und woanders hingelegt worden. Auch vom Auferstandenen, den sie als Gärtner wahrnimmt, wird sie gefragt: Wen suchst du? Und wieder gibt sie die gleiche Antwort, dass sie den Leichnam holen will. Sie hat in ihrem tiefen Verlustschmerz den Auferstandenen noch nicht erkannt.

Das Markusevangelium berichtet in seinem ursprünglichen Schluss noch drastischer. Nach diesem ältesten Evangelium beginnt Ostern mit Erschrecken, Flucht und entsetztem Schweigen. Maria Magdalena geht zusammen mit den anderen Frauen in das leere Grab hinein und hört die Botschaft des Engels, der Gekreuzigte sei auferstanden und „nicht hier". Voller Schrecken und Entsetzen ergreift sie zusammen mit den anderen die Flucht und aus Furcht berichtet sie zunächst auch nicht über diese Erfahrung.

Vor der Begegnung mit dem Auferstandenen steht also eine zweifache Verlusterfahrung: Jesus ist grausam getötet worden. Er lebt nicht mehr. Und dann ist sogar sein Leichnam verschwunden. Mit dem zweiten Verlust wird der erste Verlust endgültig. Margareta Gruber hat diese Zusammenhänge an anderer Stelle eindrücklich herausgearbeitet.[128]

Dieser doppelte Verlust wird heutzutage leicht ausgeblendet und übersehen. Sofern Menschen heute noch einen Bezug zu Ostern und zur Karwoche haben, ist doch nicht selten festzustellen, dass mit Ende des Karfreitags für viele schon Ostern beginnt. Es setzt sich ein Gefühl durch von „es ist geschafft". Man beginnt, für Ostersonntag vorzubereiten, Ostereier zu färben und das Essen oder ein Familientreffen zu planen. Das sind schöne und wertvolle Bräuche. Sie bleiben aber an der Oberfläche des Ostergeheimnisses hängen, wenn übergangen wird, dass auf den Karfreitag mit Kreuzigung und Grablegung noch die Sabbatruhe folgt und die Konfrontation mit dem Verlust.

Dieses Dazwischen von Leere, Verlust, Orientierungs- und Haltlosigkeit und von Zweifel ist eine nur schwer aushaltbare Erfahrung. Dabei steht sie exemplarisch für alltägliche menschliche Erfahrungen und spielt zudem eine bedeutende Rolle in der Entwicklung des geistlichen Lebens. Dieser Moment des „Er ist nicht hier! Wirklich nicht (mehr) hier" ist wichtig.

Bevor sich der Auferstandene zeigen kann, das Wesen der Christuswirklichkeit zumindest für einen Augenblick unverhüllt sichtbar werden kann, müssen erst alle anderen Bilder und Vorstellungen von ihm genommen werden. Es handelt sich um eine Dynamik des geistlichen Weges, die sich – vielleicht nicht immer, aber doch ziemlich oft – ereignet: Bevor etwas Neues kommen kann, muss etwas anderes verloren gehen, vielleicht sogar genommen werden. Oftmals sind es gerade die Illusionen, die den Zugang zur Realität verdecken. Desillusionierung ist schmerzlich, manch einer ergreift die Flucht, gleichzeitig macht diese Ent-Täuschung den Blick auf die Wahrheit frei. Dieses Durchschreiten der Verlusterfahrung liegt vor der Begegnung, in der sich Jesus neu als der auferstandene Christus zu erkennen gibt.

In Sektor 3 des 7. Strategiekongresses haben wir uns anfanghaft dieser Realität gestellt. Anstatt den Auflösungserscheinungen von Kirche immer weitere Lösungsansätze entgegenzusetzen, den Stein wieder vor das Grab zu rollen, damit man die Leere nicht sieht, von Reaktion in Aktionismus zu rutschen und „weiterzumachen wie bisher", wurde eingeladen, sich der Leere zu stellen und sie auszuhalten – nur für eine kurze Weile. Wir

---

[128] Gruber, M., Ordenskorrespondenz 4/2016, 418.

haben einmal nichts getan, sondern haben innegehalten und nach innen gelauscht, uns der Ratlosigkeit, Hilflosigkeit, Ohnmacht, Trauer überlassen, die sich bemerkbar machen, wenn wir an uns heranlassen, was wir möglicherweise für immer verloren haben. Und das kann für jeden individuell durchaus unterschiedlich sein. Für die einen mag es der Verlust an Kirchenmitgliedern sein, für den anderen der Verlust der Glaubwürdigkeit, wieder andere trauern um die Heimat in Volksfrömmigkeit und in der Liturgie, großen Schmerz bereiten vielen die nicht enden wollenden Enthüllungen von Missbrauch ... der Verlusterfahrungen gibt es derzeit viele.

Exemplarisch nachvollzogen haben wir diese Erfahrung vom „Blick in die Leere", indem wir mit Hilfe einer Annäherung an die Erfahrung der Frauen am leeren Grab uns eine halbe Stunde der Stille überlassen und versucht haben, in dieser Stille mit dem je individuellen Schmerz über das, was die Einzelnen für immer als in der Kirche verloren erleben, in Berührung zu kommen. Hilfsmittel war eine paraphrasierende Annäherung an die Situation Maria Magdalenas am leeren Grab, die (natürlich fiktiv) einen Brief an die Verfasserin dieses Beitrags geschrieben hat. Er wird am Ende des Beitrags zur persönlichen Meditation beigefügt.

Stille wurde so zu einem Erfahrungsraum, in dem grundsätzlich die ganze Bandbreite dessen, was sich in uns bewegt, erfahrbar wird – Leere und Fülle, Schmerz und Heilung, Trennung und Begegnung, Tod und Leben, Verlust und Neu-gefunden-Werden. In dieser halben Stunde wurde eingeladen, dem Verlust zu begegnen. Jede und jeder mag das anders erlebt haben. Für die einen war es vielleicht (zu) schmerzlich, für die anderen stellte sich vielleicht ein Gefühl sogar von Befreiung ein: endlich mal nicht mehr gegen dieses Erleben ankämpfen. Der innere Widerstand gegen die Wahrheit kann sehr anstrengen, ihn zu lassen, erleichtern.

Im anschließenden Gespräch gab es Gelegenheit, sich in Zweiergruppen über diese inneren Bewegungen mitzuteilen. Während die eine Person erzählte, hörte die andere aufmerksam zu, ohne Kommentierung. Nachvollzogen wurde damit die Erfahrung der Frauen am Grab, auf Nachfrage (der Engel bzw. des Auferstandenen) ihre Betroffenheit auszusprechen. Wenn inneres Erleben in Worte gebracht wird, wird es realer, greifbarer.

Die Resonanz am Ende dieser Übung war unterschiedlich. Einige fühlten sich überfahren, andere waren dankbar für diese Zeit des Innehaltens und Wahrnehmens, für das Wahrnehmen der eigenen Regungen und die Erfahrung, dass Mitteilung darüber wohlwollend angehört wird.

Was können wir daraus nun konkret für den Umgang mit den Zerfallserscheinungen von Kirche, wie wir sie bisher kennen, ableiten? Kirche wird als sich auflösend, zerbrechend, als in die Bedeutungslosigkeit versinkend erlebt. Buchstäblich vor Augen führen es uns die leeren Kirchenräume und die stetig steigenden Kirchenaustrittszahlen. Genau unsere Übungserfahrung könnte Anregung sein, wie wir mit dieser Erfahrung umgehen könnten.

Zunächst einmal braucht diese Kirche Räume und Zeiten, in denen sich die Menschen dieser Realität stellen können. Dafür braucht unsere Kirche Entschleunigung, Innehalten und Stille. Gerade auch Liturgie und gemeinschaftliches Gebet brauchen Zeiten von Stille. Stille ist ein Resonanzraum, um auf das zu hören, was uns zutiefst im Innern bewegt. Stille ist also nicht Selbstzweck, sondern sie ermöglicht genau das, was exemplarisch in der Übung in Sektor 3 des Kongresses ausprobiert wurde: Stille bringt uns in Kontakt mit uns selbst, unserem inneren Erleben, unserer Realität, der schönen wie der schwierigen, der Fülle und der Erfahrung von Verlust und Leere. In ihr kann offenbar werden, was noch den Blick auf den je neu gegenwärtigen Auferstandenen blockiert und hindert.

Und diese Kirche braucht Zeiten und Orte für Begegnung und Austausch, so dass Menschen von ihrem Schmerz, dem Erleben des Verlusts, ihrem Suchen und Ringen genauso wie von Hoffnung und trostvollen Momenten erzählen können. Insoweit hat der gegenwärtig laufende synodale Prozess tatsächlich ein not-wendendes Bedürfnis aufgegriffen. Im Kontext der „spirituellen Konversationen", wie sie im Rahmen des synodalen Prozesses ausprobiert und eingeübt wird, tauschen sich Menschen nicht nur über ihre Hoffnungen und Wünsche, sondern gerade auch über ihre Frustrationen mit Blick auf die Zukunft der Kirche aus. Und sie erleben, dass ihnen aufmerksam und mit Interesse und ohne sofortige Gegenrede zugehört wird. Oftmals wird das als sehr berührend erlebt. Menschen begegnen einander. Dadurch erweitern sich Perspektiven.

Aber dies allein wird der Kirche nicht weiterhelfen. In den genannten Ostererzählungen ist noch ein drittes – vielleicht sogar das entscheidende – Element gegeben: das Suchen nach dem Verlorenen, ein Ansprechbar-Bleiben, ein Sein und Bleiben in der inneren Beziehung zu Jesus. In den Evangelien nach Matthäus, Markus und Lukas werden die Frauen durch Engel angesprochen. Im Evangelium nach Johannes sind es erst Engel, die Maria von Magdala fragen, warum sie weint. Anschließend ist es sogar der Auferstandene selbst, der dieselbe Frage stellt und dann ganz direkt fragt: Wen suchst du? Wen! Nicht „was"!

Diese Suchbewegung braucht es auch in der gegenwärtigen Krise der Kirche. Die gegenwärtige Gestalt von Kirche zerfällt, stirbt, ist in Teilen wohl sogar schon tot! Es scheint ein sich verschlimmernder Zustand zu sein. In Wahrheit ist es aber Teil eines Prozesses. Die Kirche ist auf einem Weg, einem geistlichen Weg, insofern kann man also fragen, ob sich das, was wir gerade erleben, als eine „österliche Verlusterfahrung" deuten lässt.

Zu einem Dämmern des Ostermorgens, der noch kaum erahnbar ist, kann diese aber nicht werden, solange die Leere nicht anerkannt, der Verlust nicht wahrgenommen und betrauert, ins Wort gebracht wird. Es gilt, diese Erfahrung zu durchleben. Und vieles, wenn nicht sogar alles, wird davon abhängen, ob ein Ausschauhalten nach Jesus Christus, dem Auferstandenen, geschieht. Es ist sinnlos, die Kirche retten zu wollen, wenn es nicht eigentlich um die Beziehung zu ihm geht. Nur dann kann das Wesen der Kirche in Jesus Christus in neuer Gestalt offenbar werden.

Das Grab ist leer – das ist eine gute Nachricht! Nur – verkünden wir noch, ja wissen wir eigentlich noch, wer darin begraben war? Die Hoffnung bleibt, dass der Auferstandene selbst sich zu erkennen geben wird. Aber dafür braucht es die Sehnsucht und das innere Ausschauhalten nach ihm.

Rainer Maria Rilke hat es einmal so formuliert: „Es wechseln immer drei Generationen. Eine findet Gott, die zweite wölbt den engen Tempel über ihn und die dritte verarmt und holt Stein und Stein aus dem Gottesbau, um damit notdürftig kärgliche Hüten zu bauen. Und dann kommt eine, die Gott wieder suchen muss."

Vielleicht gehören wir zu dieser Generation?

Liebe Schwester Johanna,

ich möchte Dir heute von etwas erzählen, wovon ich nie so wirklich gesprochen habe und wofür ich mich anfangs geschämt habe, wovon ich aber heute weiß, dass es eine sehr wichtige und notwendige Erfahrung war. Es war damals, nach der furchtbaren Kreuzigung von Jesus – meinem geliebten Meister.

Ich bin damals auch weggelaufen, nicht schon bei der Kreuzigung, aber später, als wir das leere Grab fanden. Ich war außer mir vor Schrecken und Entsetzen.

Wir Frauen, Maria, Salome und ich – wir gingen damals ganz früh zum Grab, die Sonne ging gerade auf. Wir hatten wohlriechende Öle dabei und wollten damit den Leichnam Jesu salben. Wir sprachen nicht viel, aber eine von uns fragte, wer uns wohl den Stein vom Eingang des Grabes wegwälzen könnte. Der war sehr groß, wir hätten das nicht allein geschafft.

Und dann kommen wir zum Grab – und der Stein ist doch tatsächlich schon weggewälzt! Wir trauten unseren Augen nicht und schauten noch mal genau hin.

Wir gehen also in das Grab hinein und dann sitzt da dieser junge Mann – rechts – er war ganz in ein weißes Gewand gekleidet. Wir erschraken sehr. Er aber sagte nur:

"Erschreckt nicht! Ihr sucht Jesus von Nazaret, den Gekreuzigten. Er ist auferstanden; er ist nicht hier. Seht, da ist die Stelle, wohin man ihn gelegt hat. Nun aber geht und sagt seinen Jüngern und dem Petrus: Er geht euch voraus nach Galiläa; dort werdet ihr ihn sehen, wie er es euch gesagt hat."

Ich weiß die Worte heute noch wie damals – sie brannten sich in meine Seele ein. Aber auch wenn der junge Mann – ein Engel? – gesagt hatte, wir sollen nicht erschrecken, wir waren noch entsetzter als vorher. Wir haben uns nur noch umgedreht und sind gerannt. Ich wollte nur noch weg.

Ich konnte anfangs nichts von all dem erzählen, ich fürchtete mich zu sehr. Und ich war so verwirrt. Wo war Jesus? Sein Leichnam? Wohin war er verschwunden?

Und später, als ich ihm – meinem geliebten Herrn – dann begegnet bin, da war ich so voller Freude und von seiner Gegenwart erfüllt, da wollte ich allen davon erzählen, dass ich ihn gesehen hatte. Aber sie glaubten mir nicht. Und ich wollte sie nur davon überzeugen, dass es wirklich wahr ist, dass er auferstanden ist. So habe ich über meine Flucht geschwiegen.

Heute höre ich oft, wie gesagt wird, dass es die Frauen waren, die geblieben sind, bis zum Kreuz mitgegangen sind. Oft sagen die Männer: Die Frauen haben ausgehalten, die Männer sind weggelaufen. Stimmt, am Kreuz haben wir ausgehalten (übrigens: unser Bruder Johannes war auch da) – vielleicht haben wir da wirklich eine Gabe, Leiden besser auszuhalten. Und vielleicht hängt es mit unserer Fähigkeit, Kinder unter Schmerzen zu gebären, zusammen. Vielleicht, mag sein ... Aber der Anblick des leeren Grabes war dann auch für uns zu viel – da sind auch wir davongelaufen. Es war unmöglich zu bleiben. Das habe ich nicht mehr ausgehalten. Es war zu unerträglich.

Ich habe mich oft gefragt, warum uns die Jünger nicht geglaubt haben, unsere Worte nur für Geschwätz hielten, wie unser Bruder Lukas sagt. Ich glaube mehr und mehr, weil wir zu wenig von der Bedeutung erzählt haben, die der Blick ins leere Grab hatte. Dabei war das eine so wichtige Erfahrung. Wir mussten erst den alten Jesus loslassen, um den auferstandenen Jesus Christus erkennen zu können. Er hatte uns ja auch gesagt, dass es so kommen muss. Nur deshalb konnte ich den Auferstandenen erkennen – weil ich vorher den Blick ins leere Grab getan habe und es mich so erschütterte, mir alles Bisherige nahm.

Die Kreuzigung – sie war schon so schrecklich. Aber dann dieses: „Er ist nicht hier" – es schnitt mir so in die Seele! Ich hatte ihn doch noch einmal sehen wollen, salben, diesem geschundenen Körper noch mal meine ganze Liebe schenken. Ich wollte mich verabschieden. Aber da, wo man ihn hingelegt hatte, war er nicht mehr. Ganz weg. Verschwunden. Das war, wie Jesus noch einmal zu verlieren. Ich war taub vor Schmerz und Enttäuschung. Nicht mal ein Ort zum Trauern blieb mir.

Die Botschaft des jungen Mannes im Grab konnte mich da noch nicht erreichen. Ich verstand nicht, was er uns sagte, dass Jesus auferstanden sei. Es war so schwer, den Gedanken an mich heranzulassen, dass ich ihn nie wieder sehen würde, alles vorbei sei.

Aber heute weiß ich, dass es wichtig war – ich musste erst den vollständigen Verlust erleben. Musste begreifen, dass er so, wie ich ihn erlebt habe, nicht mehr da ist, nie mehr wiederkommen wird. Vorbei – für immer. Fragt Ihr Euch nicht manchmal, warum mein Bruder Johannes aufgeschrieben hat, dass ich mich in das Grab hineinbeugte? Das war der Moment, wo ich es erlebte: Er ist nicht hier! Wirklich nicht (mehr) hier. Nur so konnte ich frei werden von meinen Bildern und Vorstellungen von Jesus, von dem, wie ich ihn bisher erlebt hatte, um ihn dann neu zu sehen, in seinem wahren, unverhüllten Wesen.

Liebe Schwester Johanna – Grüße meine Brüder und Schwestern von mir. Sag ihnen, sie sollen sich nicht fürchten. Sag ihnen, dass sie in die Leere schauen sollen, ganz hineingehen, so wie wir drei Frauen damals ins Grab hineingegangen sind. Sag ihnen, dass sie wahrnehmen sollen, was verloren ist, für immer verloren bleibt, dass sie an sich herankommen lassen sollen, dass es nicht mehr wiederkommen wird. Hilf ihnen, zu trauern und zu weinen am Grab – es ist wichtig. Es war für mich wichtig, um mich vom Äußeren unseres Herrn zu lösen und wach zu werden für das Erkennen seines unverhüllten Wesens. Mach ihnen Mut, dass dieser Blick in die Leere nicht das Letzte ist, aber dass er notwendig ist, um sich von Altem zu lösen und das Neue zu sehen. Ihn – unseren auferstandenen Herrn zu sehen. Man kann diesen Schritt nicht überspringen. Da, wo das Ende von allem Vertrauten ist, da ist auch der Beginn des Neuen. Sag es ihnen. Und bleib bei ihnen, wenn sie trauern, lass sie darin nicht allein, gib ihnen Zeit. Er war ja auch schon da – ich erkannte ihn nur noch nicht.

Vielleicht werden sie auch Dir nicht glauben. So wie sie mir nicht geglaubt haben. Dann lies ihnen noch mal das 16. Kapitel aus dem Evangelium meines Bruders Markus vor. Und zwar nur bis zu Vers 8. Das war nämlich der ursprüngliche Schluss dieses Evangeliums, das ja das älteste von den vieren ist. Und da steht es: dass wir Frauen geflohen sind nach dem Blick in das leere Grab und nichts erzählt haben, weil wir uns fürchteten. So stand es also ursprünglich am Ende des Evangeliums. Aber das war wohl doch zu unerträglich, es so stehen zu lassen, und dann wurde der Schluss erweitert, davon erzählt, wie wir ihm – unserem Herrn, dem Auferstandenen – begegnen. Und das ist gut so. Aber vielleicht ist dadurch zu sehr in den Hintergrund getreten, dass vor der Begegnung mit ihm das Durchleben des Verlustes und das tiefe Entsetzen darüber stand.

Wie gesagt ... lies ihnen am besten dieses Evangelium noch mal vor. Dann erinnern sie sich vielleicht, dass sie das durchaus schon gelesen – vielleicht aber auch überlesen – haben.

Herzlich grüßt Dich

Deine Schwester Maria von Magdala

„God made himself nothing"
Eine Kurzpredigt[129]

Ulrich Engel OP

[1]Wenn es also eine Ermahnung in Christus gibt, einen Zuspruch aus Liebe, eine Gemeinschaft des Geistes, ein Erbarmen und Mitgefühl, [2]dann macht meine Freude vollkommen, dass ihr eines Sinnes seid, einander in Liebe verbunden, einmütig, einträchtig, [3]dass ihr nichts aus Streitsucht und nichts aus Prahlerei tut. Sondern in Demut schätze einer den andern höher ein als sich selbst. [4]Jeder achte nicht nur auf das eigene Wohl, sondern auch auf das der anderen.

[5]Seid untereinander so gesinnt, wie es dem Leben in Christus Jesus entspricht: [6]Er war Gott gleich, / hielt aber nicht daran fest, Gott gleich zu sein, [7]sondern er entäußerte sich / und wurde wie ein Sklave / und den Menschen gleich. / Sein Leben war das eines Menschen; [8]er erniedrigte sich / und war gehorsam bis zum Tod, / bis zum Tod am Kreuz. [9]Darum hat ihn Gott über alle erhöht / und ihm den Namen verliehen, / der größer ist als alle Namen, [10]damit alle im Himmel, auf der Erde und unter der Erde ihr Knie beugen / vor dem Namen Jesu [11]und jeder Mund bekennt: / Jesus Christus ist der Herr / zur Ehre Gottes, des Vaters. (Phil 2,1–11)

Liebe Kongressteilnehmer:innen,

Kirche löst sich auf. Sie implodiert. Zerfällt auch ihre Botschaft in tausend Einzelteile – so wie es das Logo des Strategiekongresses 2022 insinuiert? Lange Zeit stabilisierende Identitätsangebote tragen nicht mehr. Kirchliche Strukturen erodieren. Möglicherweise löst sich damit einhergehend gerade auch die Bedingung der Möglichkeit der Reich-Gottes-Botschaft auf? Vielleicht.

Auf jeden Fall zerbröseln tradierte ekklesiale Machtansprüche, wie anlässlich des *Ad-limina*-Besuchs der deutschen Bischöfe in Rom im November 2022 zu besichtigen war. Immer weniger Gläubige schreiben den kirchlichen Hierarchen noch *die* Autorität zu, die es bräuchte, um von

---

[129] Die Predigt wurde im Rahmen des Abendlobs im Strategiekongress 2022 am 07.12.2022 in der Edith Stein Kapelle in der Thomas-Morus-Akademie Bensberg gehalten.

oben herab autoritär regieren zu können. Die Kirche, *diese* Kirche, erodiert. Und das ist gut so!¹³⁰

„Erodieren" ist in der deutschen Sprache ein intransitives Zeitwort. Es bezeichnet einen Vorgang, bei dem durch den Einfluss des Wetters etwas zerstört wird, zerklüftet, zerbröckelt, zerbröselt, zerfällt – kurz: sich auflöst. Erosion ist der Fachbegriff. Ein alter Baumstamm verwittert genauso wie ganze Felsformationen. Sie fallen nach und nach auseinander, indem die Einwirkungen der in Luft und Wasser enthaltenen Säuren einen chemischen Zersetzungsprozess bewirken. So beschreibt die „Oekonomische Encyklopädie [...] der Staats-, Stadt-, Haus- und Landwirtschaft [...], 1773–1858" in Band 219 den biochemischen Vorgang der Erosion.¹³¹ Man könnte auch sagen: Es geht um den Prozess des Sterbens – wozu ironischerweise passt, dass der langjährige Herausgeber ebenjener „Oekonomischen Encyklopädie" genau zu der Zeit starb, als er seinen Artikel zum Begriff „Leiche" verfasste.¹³²

Liebe Zuhörer:innen,

die biblische Intervention aus dem Brief des Paulus an die Philipper thematisiert auch einen Auflösungsprozess.¹³³ Allerdings geht es im Narrativ des Philipperhymnus nicht um die Erosion kirchlicher Strukturen, sondern ungleich dramatischer um die Erosion Gottes selbst. Verhandelt wird dieses ungeheuerliche Geschehen unter dem Begriff der κένωσις. Gott erniedrigt sich selbst. Eduard Schweizer hat uns darauf aufmerksam gemacht, dass es in der κένωσις nicht bloß um einen Wandel der äußeren Erscheinungsform Gottes geht – etwa im Sinne einer Verkleidung –, sondern dass Phil 2 nicht weniger als „den ‚Status', die Position, die Stellung"¹³⁴ Gottes selbst in Frage stellt – einschließlich seiner „Macht und Herrlichkeit"¹³⁵. Die Radikalität, um die es hier geht, kommt in der Über-

---

[130] Vgl. Striet, M., Der alte Blick von oben herab, in: Christ & Welt v. 01.12.2022 (Nr. 49), 1.
[131] Art. „Verwittern", in: Krünitz, J. G., Oekonomische Encyklopädie oder allgemeines System der Staats-, Stadt-, Haus- und Landwirtschaft, in alphabethischer Ordnung, 1773–1858, Bd. 219, URL: https://www.mineralienatlas.de/lexikon/index.php/Geologisches%20Portrait/Verwitterung%20und%20Erosion [15.02.2023].
[132] Krünitz konnte bis zu seinem Tod 1796 72 Bände der Enzyklopädie fertigstellen. Das ist fast ein Drittel der insges. 242 Bände, um deren restliche Erarbeitung sich in den folgenden fast 60 Jahren sechs weitere Autoren bemühten.
[133] Phil 2,1–11.
[134] Schweizer, E., Erniedrigung und Erhöhung bei Jesus und seinen Nachfolgern, Zürich 1955, 54.
[135] Hofius, O., Der Christushymnus 2,6–11. Untersuchungen zu Gestalt und Aussage eines urchristlichen Psalms (Wissenschaftliche Untersuchungen zum Neuen Testament Bd. 17), Göttingen ²1991, 57.

setzung der englischen Bibelausgabe „New International Version" (NIV) in aller Schärfe zum Ausdruck, wenn dort von Gott gesagt wird: „he made himself nothing".

Meine Frage lautet nun: Was wäre, wenn sich unsere kirchlichen Praktiken wie auch unsere sich daran anschließenden ekklesiologischen Selbstbilder und ihre Sozialformen von solch einer kenotischen Theologie leiten ließen?[136] Paulus selbst schon verband die göttliche Selbstentäußerung mit ethischen Mahnungen an die Gemeinde (Phil 2,12–18).[137] Eine Glaubensgemeinschaft, die einem Gott nachfolgt, der sich hinsichtlich seiner eigenen Macht autodekonstruiert hat, so der Gedanke, eine solche Kirchengemeinschaft muss auch ihr eigenes Machtgehabe massiv beschränken. Die Diskurse und Praktiken einer wahrhaftig kenotischen Kirche würden auf alle direkte Repräsentation der göttlichen Macht verzichten. Freiwillig! Statt eine Kirche, deren männlich-dogmatischer Testosteronspiegel vor Selbstbewusstsein nur so strotzt, würde eine dekonstruierte Kirche den eigenen Bedeutungsverlust und das Prekäre ihrer Position akzeptieren – und damit würde sie dann vielen „Menschen gleich" (Phil 2,7).[138]

Liebe Gemeinde,

Erosion ist nicht bloß Zersetzung und Auflösung. Im Mineralien-, Fossilien- und Geologie-Atlas habe ich gelesen, dass Erosion definiert ist als „die Abtragung, der Transport und die Verlagerung von Gesteinen durch Fließgewässer, durch Meeresbrandungen, durch Niederschläge und durch Gletscher [...] Bei der Erosion findet [...] also ein Transport statt."[139] Material verschwindet von Ort A und bewegt sich an einen Ort B.

Meine Frage angesichts der gegenwärtigen Auflösungsprozesse in unserer Kirche lautet dann: Wohin ist sie erodiert, die göttliche Macht? Wenn denn das Bild aus der Geologie stimmt, dass es nicht primär um ein Ver-

---

[136] Vgl. Kühn, U., Deus absconditus – ecclesia abscondita, in: Brosseder, J. (Hrsg.), Verborgener Gott – verborgene Kirche? Die kenotische Theologie und ihre ekklesiologischen Implikationen (Forum Systematik Bd. 14), Stuttgart 2001, 81–98. Vgl. Engel, U., Kirche unter leerem Himmel. Skizzen zu einer kenotischen Ekklesiologie für post/moderne Zeiten, in: futur2 – 2/2015, URL: https://www.futur2.org/article/kirche-unter-leerem-himmel/ [10.12.2023].
[137] Vgl. Kampling, R., Das Lied vom Weg Jesu, des Herrn. Eine Annäherung an Phil 2,6–11, in: Bibel und Kirche 64/2009, 18–22.
[138] Zu den politischen Implikationen des Philipperbriefes insges. vgl. Zanotelli, A., Il Dio che si svuota. Filippesi: una comunità alternativa all'Imperio (Cammini dello Spirito vol. 5), Bologna 2014.
[139] Art. „Erosion", in: Mineralienatlas – Fossilienatlas – Geologieatlas, URL: https://www.mineralienatlas.de/lexikon/index.php/Erosion?lang=de [15.02.2023].

schwinden, sondern um Verlagerungen geht, dann müssten doch kleine und kleinste Partikel der Gottesmacht – göttlicher Feinstaub quasi – irgendwo in den Ritzen unserer gesellschaftlichen und privaten Lebenszusammenhänge zu finden sein. Das ist übrigens auch die Pointe des Paulus in seinem Schreiben an die Gemeinde in Philippi: „alle[n] im Himmel, auf der Erde und unter der Erde" (v. 10) wird der Name Jesu zugänglich (vgl. v. 9f.). Allen. In jeder Ritze.

In diesem Sinne lade ich Sie ein: Fixieren Sie sich nicht bloß auf die Auflösung althergebrachter Kirchenstrukturen. Weder lustvoll noch angstbesetzt. Machen Sie sich stattdessen anderswo auf die Suche: nach Gottespartikeln inmitten unserer vielgestaltig diversen Welt.

Ich habe Hoffnung, dass wir da überraschend fündig werden könnten.

Literatur

Engel, U., Kirche unter leerem Himmel. Skizzen zu einer kenotischen Ekklesiologie für post/moderne Zeiten, in: futur2 – 2/2015, URL: https://www.futur2.org/article/kirche-unter-leerem-himmel/ [10.12.2023].

Hofius, O., Der Christushymnus 2,6–11. Untersuchungen zu Gestalt und Aussage eines urchristlichen Psalms (Wissenschaftliche Untersuchungen zum Neuen Testament Bd. 17), Göttingen ²1991.

Kampling, R., Das Lied vom Weg Jesu, des Herrn. Eine Annäherung an Phil 2,6–11, in: Bibel und Kirche 64/2009, 18–22.

Krünitz, J. G., Oekonomische Encyklopädie oder allgemeines System der Staats-, Stadt-, Haus- und Landwirtschaft, in alphabethischer Ordnung, 1773–1858, Bd. 219, URL: https://www.mineralienatlas. de/lexikon/index.php/Geologisches%20Portrait/Verwitterung%20und%20 Erosion [15.02.2023].

Kühn, U., Deus absconditus – ecclesia abscondita, in: Brosseder, J. (Hrsg.), Verborgener Gott – verborgene Kirche? Die kenotische Theologie und ihre ekklesiologischen Implikationen (Forum Systematik Bd. 14), Stuttgart 2001, 81–98.

o. V., Art. „Erosion", in: Mineralienatlas – Fossilienatlas – Geologieatlas, URL: https://www.mineralienatlas.de/lexikon/index.php/Erosion?lang=de [15.02.2023].

Schweizer, E., Erniedrigung und Erhöhung bei Jesus und seinen Nachfolgern, Zürich 1955.

Striet, M., Der alte Blick von oben herab, in: Christ & Welt v. 01.12.2022 (Nr. 49).

Zanotelli, A., Il Dio che si svuota. Filippesi: una comunità alternativa all' Imperio (Cammini dello Spirito vol. 5), Bologna 2014.

E. Warum eigentlich? – Start with Why

Wenn etwas an seine Grenze gekommen ist, wenn nichts mehr geht und man das akzeptiert, wenn der Verlust wahrgenommen und betrauert, die dann folgende Leere erfahren und ausgehalten wird, entsteht Raum für das, was wirklich zählt, was Bedeutung hat und bleibt – das Warum. Dann kann auf dieser Basis Neues wachsen, das überzeugt.

Menschen spüren, ob das Herz brennt oder nicht. Wenn es darum geht, andere zu gewinnen, sie von etwas zu überzeugen und zu begeistern, ist deshalb das Warum (warum man das tut, was man tut) entscheidend, nicht das Was (was man tut) oder Wie (wie man es tut). Diese Beobachtung, der sog. Golden Circle, geht auf Simon Sinek zurück und basiert auf der Analyse der Kommunikation erfolgreicher Unternehmen.[140]

Dies war der Fokus in Sektor 4 des Kongresses. Folgende Fragen standen im Raum: Welche grundlegenden Erfahrungen tragen uns? Was treibt uns an, der Botschaft zu folgen und Kirche sein zu wollen? Was ist der Kern unserer Hoffnung, den es zu bewahren und weiterzugeben gilt?

Intention war es nicht, den „richtigen" Kern herauszufinden oder Erfahrungen zu bewerten, sondern absichtslos zuzuhören, die Bandbreite der Erfahrungen bzw. ihrer Beschreibung wahrzunehmen, Ambivalenzen sichtbar werden zu lassen und miteinander auszuhalten.

Die Beiträge in diesem Kapitel versuchen, sich einer Antwort auf die Frage nach dem Kern der Hoffnung anzunähern: *Nicht anders, sondern gar nicht mehr ...* von Jan Loffeld, *Zum Kern der Hoffnung* von Sandra Bils und *(M)achtsam nach dem Why suchen* von Monika Kling-Witzenhausen. Die sich in den Texten zeigende Ambiguität des Hoffnungsbegriffs und die Ambivalenz oder auch Leerstelle im Blick auf die zugrundeliegende Erfahrung scheint ein Knackpunkt der aktuellen Plausibilitäts- und Relevanzkrise von Kirche zu sein.

---

[140] Simon Sinek stellte die Idee des Golden Circle erstmals im Rahmen eines TEDx-Talks im Jahr 2010 vor. Der Golden Circle ist ein simpler Kreis mit drei Schichten: What (Was), How (Wie) und Why (Warum). In diesem Video stellt er auf eindrückliche Weise seine Idee vor: URL: https://www.youtube.com/watch?v=qp0HIF3SfI4 [30.10.2023]. Hierzu passt der Satz von Augustinus: Dilige, et quod vis fac (Liebe, und was du willst, das tu!).

Nicht anders, sondern gar nicht mehr ...
Vom ‚Mut zur Lücke' und zu Trauerprozessen in der Pastoral

Jan Loffeld

Volkskirche – Gemeinde – Andersorte: Pastorale Paradigmen und ihre Grenzen

Wer sich ein wenig mit der pastoraltheologischen Literatur der vergangenen Jahrzehnte seit dem II. Vatikanum vertraut macht, wird leicht feststellen, dass es auch hier zeitbedingte Haupt- bzw. Modethemen gibt. Vielleicht muss dies sogar zur Signatur eines praktischen Fachs gehören.

War das nach dem Konzil bis in die 2000er das Thema der Gemeinde und damit die Emanzipation vom volkskirchlichen Paradigma, kommt in der zweiten Hälfte der 2000er Jahre das Thema „Andersorte" in den Blick. Später werden diese zeittheoretisch um „Gelegenheiten" erweitert. Das Ziel: Weg vom pastoralen Allrounder Ortsgemeinde (bzw. vom Dual Gemeinde- und Kategorialpastoral, wobei Letztere nicht selten gemeindetheologisch aufgeladen wurde, wie an den Bezeichnungen Klinik- oder Schulgemeinde sichtbar), hin zu einer Pluralität von pastoralen Orten und Ereignissen. Kirche sollte nicht nur anders werden, sondern es konkret an diversen Orten auch sein. Patinnen waren poststrukturelle bzw. -moderne Ansätze, die von Heterotopien oder einem Pluralismus von Paradigmen sprachen. Allen gemeinsam war und ist dieses „Anders". In und an den Orten, in Stilen, im pastoralen Habitus, in der Verteilung der Ressourcen. Dabei blieb dieses „Anders" auf eigentümliche Weise dem modernen Denken treu. Anders meinte – unausgesprochen oder ausgesprochen – besser. Wenn wir es anders machen, wenn wir andere Orte aufsuchen, andere Stile wählen, steigt die Qualität.[141] Dann könnten sich dort Lösungen finden lassen, die das Gemeindemonopol ausgeschlossen hatte bzw. die damals noch nicht nötig waren. An dieser Stelle ist auch der gesamte kirchliche Innovationssektor zu nennen. Innovation bzw. anders als besser werden nicht selten als Werte an sich gehandelt: Wenn du

---
[141] Ohne auf einen breiten Apparat von Verweisen auf andere zu rekurrieren, möchte ich einfach meine eigene Dissertation nennen, die ebenfalls jenem Paradigma zuzurechnen ist: Loffeld, J., Das andere Volk Gottes. Eine Pluralitätsherausforderung für die Pastoral, Würzburg 2010.

innovativ bist, ist das in jedem Fall gut oder zumindest besser, als wenn man gar nichts tut. Das soll Innovationen, die zweifellos im kirchlichen bzw. pastoralen Sektor immer nötig sind, in keiner Weise relativieren. Hätte man gerade in Deutschland während der Nachkonzilszeit nicht die Impulse des Konzils so beherzt aufgegriffen, wären nicht bis heute viele Ressourcen in innovative Ansätze gesteckt worden, die Kirchen wären vermutlich schon längst zu einer Sekte geworden. Man kann das „Anders" aber auch in weiteren Bereichen orten. Die innerkirchlichen Machtdiskurse, Reformforderungen und synodale Ekklesiologien möchten allesamt auf der Linie einer ecclesia semper reformanda die Kirche verändern, um notwendigerweise Diskriminierungen abzustellen und bestenfalls kirchliche Funktionalitäten zu verbessern.

Allerdings ist eine Aufmerksamkeit interessant. Immer, wenn man angetreten war, ein neues Paradigma durch die Ablösung des Alten zu etablieren, geschah etwas Merkwürdiges. Das Alte verschwand – zumindest bisher – nie gänzlich. Konkret: Weder haben die Ansätze der Gemeindetheologie aus den 1960ern und 1970ern volkskirchliche Strukturen ganz und gar transformieren können, noch ist die „Gemeinde" nach ihrer Relativierung durch Anders-Orte und -Gelegenheiten völlig abzuschreiben. Im Gegenteil: Die Sechste Kirchenmitgliedschaftsuntersuchung (KMU 6) von 2023 hat deutlich gemacht, dass die Ortsgemeinde der von den meisten Kirchenmitgliedern gekannte und ebenso (okkasionell) konsultierte kirchliche Kontaktort ist. Immer noch und wieder bietet sie wertvolle kirchliche Kontaktmöglichkeiten ‚in der Fläche' und für nicht wenige einen wichtigen kirchlichen Lebensort, zumindest auf Zeit. Sicherlich ist dieser Befund ambivalent zu deuten: An vielen Orten stehen wir zugleich immer sichtbarer vor einem „Weder noch". Weder die Volkskirche noch die Gemeindewirklichkeiten werden die anstehenden Transformationen unbeschadet überleben bzw. sie haben an vielen Orten bereits ausgedient. Das vorher schon lange Totgesagte ploppt allerdings in einer Weise hier und da wieder auf, die eher auf die Hybridität und Ambiguität heutiger Lebensverhältnisse hinweist. Eine modellhaft gedachte, glatte Ablösung von Paradigmen wird diesen Phänomenen daher nicht hinlänglich gerecht.

Vermutlich wird jedoch für die Zukunft Folgendes festzuhalten sein: Alle pastoralen Monopol- bzw. Universalkonzepte haben ausgedient. Weder die Volks- noch die Gemeindekirche werden die Landschaft dominieren noch die anderen Orte und Gelegenheiten deren vormalige Funktion komplett übernehmen. Insgesamt wird bei aller zeitweisen (Wieder-)Funktionalität oder Kontinuität der ein oder anderen Form von Kirche vor allem eines zu vergegenwärtigen sein: Das Christentum kommt in eine gesellschaftliche Minderheitenrolle, es steht uns eine Diaspora ins Haus, die hier und da schon greifbar wird. Die spannende und offene Frage, die einiges an Gestaltungspotenzial bieten könnte, wäre dann: Welche Art von Minderheit wollen wir werden? Depressiv-lakonisch, zynisch-rechthaberisch, wahrheitssicher-arrogant oder eher demütig-konstruktiv und darin offen für das Ganze?

Kirche aufgelöst? Die Bedeutung des ‚Why' von Kirche

In präzise diese vielschichtige Situation hinein ‚stolpert' das Kongressmotto „Auflösung. Kirche reformieren, unterbrechen, aufhören?". Deutet sich hier in Frageform – unter der Voraussetzung des oben Gesagten – ein neues pastorales Paradigma an? Wissend, dass es voraussichtlich nicht zu einer gänzlichen Auflösung kommen wird (vgl. oben). Ist es aber so hoffnungslos um die Kirche bestellt, dass man eigentlich nur noch unterbrechen oder aufhören kann, so wie die vielen Ausgetretenen der vergangenen Jahre? Oder aber merkt man, dass die Kirche als Religionsgemeinschaft keinen rechten Boden bzw. Auftrag innerhalb einer modernen Gesellschaft mehr zugewiesen bekommt, in der sie über ein funktionales Alleinstellungsmerkmal verfügte?

Wenn man ernst damit machte, Kirche aufzulösen, hätte das weitreichende Konsequenzen. Sicherlich für den Wohlfahrtsstaat, der sich mit der Ablösung der Staatsleistungen auch deshalb schwertut, weil man die sozialen Konsequenzen einer institutionell schwächeren Kirche fürchtet.

Aber vielleicht zielt das Auflösen und Aufhören noch auf eine ganz andere Dimension. Viele Menschen haben damit aufgehört, auf die Kirche zu hören. Sie haben aber auch damit aufgehört bzw. gar nicht erst begonnen, die Kirche zu benötigen. Warum? Die Liste der kirchlichen Fehltritte, systemischer Faktoren, Inkompatibilitäten mit modernen Werten ist lang. All das führt zu unweigerlichen Distanzierungen. Allerdings gibt es mindestens zwei Argumente, die den Blick hier zugleich weiten könnten. Einmal geht der übergroße Teil der Ausgetretenen in die kirchliche Bindungslosigkeit, und Menschen behalten ihre vorherige religiöse Nicht-Praxis bzw. ihr Nicht-Glauben einfach bei. Zum anderen liegen die Religiositätsmarker bei Mitgliedern der Schwesterkirchen nicht über denen der

Katholik:innen. Was sich eklatant unterscheidet, sind die Vertrauenswerte in Bezug auf die Institution, die im Falle der katholischen Kirche ebenfalls entsprechend der KMU 6 buchstäblich durch die Decke gehen: Über 90 % der Deutschen haben kein Vertrauen mehr in die katholische Kirche.[142] Könnte daher neben dem eklatanten Vertrauensverlust auch noch ein anderes Motiv auszumachen sein, das viele „mit Kirche aufhören" bzw. sie auflösen lässt? Könnte vielleicht ihr „Purpose", ihr „Why" nicht mehr notwendig sein. Doch was wäre das?

Dazu drei kurze Referenzen. Wenn man jemanden in den 1950ern nach dem Sinn des Lebens fragte, dann war es sehr wahrscheinlich, eine Antwort aus dem (damals gebräuchlichen) grünen Katechismus zu erhalten. Dort lautete die erste Frage: „Wozu sind wir auf Erden?" Und die Antwort dazu: „Wir sind auf Erden, um Gott zu erkennen, ihn zu lieben, ihm zu dienen und einst auf ewig bei ihm zu sein."[143] Theologisch elaborierter formuliert das II. Vatikanum in den 1960ern: „Die Kirche ist in Christus gleichsam das Sakrament, das heißt Zeichen und Werkzeug für die innigste Vereinigung mit Gott und für die Einheit der ganzen Menschheit."[144] Ökumenisch geweitet könnte man wahrscheinlich am besten das Johannes-Evangelium anführen: „Ich bin gekommen, dass sie das Leben haben und es in Fülle haben" (Joh 10,10). Ist es denkbar, dass es diese Dimension der Religion bzw. des christlichen Glaubens ist, welche existenziell für immer mehr Menschen ins Hintertreffen gerät, weil sie schlichtweg andere Orte und Weisen gefunden haben, ihr Leben, voll und ganz zu erleben? Und wenn es dann nicht rundläuft, ist es auch nicht mehr die Religion, auf die man zurückgreift. Die Corona-Pandemie hat endgültig deutlich gemacht, dass wir die Weisheit „Not lehrt beten" überdenken sollten.

Doch was bedeutet es, wenn viele Menschen in diesem Sinne „mit Kirche aufhören", sie damit faktisch zu weiten Teilen auflösen und noch nicht mal mehr in menschlichen Grenzsituationen auf die Idee kommen, (wieder) mit ihr anzufangen?

---

[142] Vgl. KMU 6 von 2023.
[143] URL: http://www.summorum-pontificum.de/themen/glaubenskrise/1487-wozu-sind-wir-auf-erden.html [10.07.2024].
[144] LG 1.

Ein neuer Mut zur Lücke und das Erklärungspotenzial von Trauerphasenmodellen

Vermutlich besteht eine der wichtigsten Voraussetzungen gegenwärtig darin, einen „Mut zur Lücke" aufzubringen. Dieser Ausspruch, der einen ‚strategischen' Umgang mit Examensstoff ans Herz legen soll, könnte unter heutigen Bedingungen heißen: Mut dazu, dass wir nicht mehr alle Menschen erreichen. Damit geht ein erweitertes Verständnis von Freiheit einher: Menschen wirklich freizulassen und dabei auf allen Pater- bzw. Maternalismus zu verzichten. Die Geschichte eines jeden Menschen (mit Gott) ist offen. Wir haben sehr lange verinnerlicht, dass der Weg innerhalb der Kirche der einzige (= traditionelle Haltung) bzw. der beste (= moderne Haltung) sei. Wer aber sagt, dass Gott nicht noch ganz andere Wege kennt, Menschen zu begleiten? Mit einer solchen Perspektive geht schließlich auch eine neue Gelassenheit einher, die den Mut zur Lücke von jeher kennzeichnete: Ich muss nicht alles wissen, kontrollieren, in Händen haben. Gewisse Dinge, vielleicht sogar die wesentlichen, entziehen sich ohnehin autonomer Steuerbarkeit, etwa: Werde ich geliebt, bin ich liebenswürdig? Bin bzw. bleibe ich gesund? Es könnte daher auch eine neue pastorale Gelassenheit auf die Tagesordnung kommen. Weder dass wir die Kirche und ihre Botschaft retten müssten noch dass wir es könnten, wird von uns erwartet. Die Kirche soll vielmehr ihre Berufung leben, dass Menschen in ihr und durch sie mit dem Evangelium in Kontakt kommen können. Was immer dann daraus wird.

Neben dem Mut zur Lücke könnte die Beschäftigung mit Trauerphasen aus der Begleitung Sterbender bzw. Abschiednehmender weitere Impulse beinhalten, wenn es heißt, dass die Kirche sich größtenteils auflöst. Mindestens zwei Modelle sind populär. Ein erstes, vielleicht etwas unbekannteres, stammt von der Schweizer Psychologin Verena Kast. [145] Sie unterteilt die Trauer in folgende Phasen: Nicht-wahrhaben-Wollen, Aufbrechende Emotionen, Suchen und sich trennen, Neuer Selbst- und Weltbezug. Phase eins ist dabei dadurch gekennzeichnet, dass die:der Trauernde unter Schock steht. Man will den Verlust nicht wahrhaben bzw. verdrängt ihn, solange es geht. In der nächsten Phase wird die Wand des Abweisens der Realität brüchig, und Emotionen brechen sich Bahn: Wut, auf die:den Verstorbenen, die Krankheit oder das Umfeld. Diese Ausbrüche sind

---

[145] Vgl. Kast, V., Trauern: Phasen und Chancen des psychischen Prozesses, Freiburg i. Br. ^{5}2013 (ursprünglich 1982).

allerdings wichtig, denn sie helfen, die Realität zu sehen und sie anfänglich zu bewältigen. Dem folgt die Auseinandersetzung mit Erinnerungen, Orten gemeinsamer Geschichte etc. Hier wird immer mehr der Verlust in die eigene Lebensgeschichte integriert. Dies leitet über in die letzte Phase: Die:der Trauernde setzt sich neue Ziele. Zugleich bleibt der Verstorbene Teil des eigenen Lebens bzw. der Geschichte.

Vergleichbar und zugleich anders fällt die Beschreibung bei der ‚Klassikerin' der Trauerprozesse, Elisabeth Kübler-Ross, aus.[146] Sicherlich ist ihr Modell nicht unwidersprochen geblieben und bleibt sehr schemenhaft.[147] Zugleich ist es verwunderlich, dass es doch seit mehreren Jahrzehnten eine Matrix bleibt, an der Menschen sich in Trauer- und Abschiedsprozessen orientieren. Kübler-Ross, ebenfalls Schweizerin, unterteilt die Bewältigung in fünf Phasen. Erstens: Verdrängung. Man meint, es liegt eine Verwechslung vor, die Diagnose ist falsch oder trifft nicht mich. Es kann nicht sein, weil nicht sein kann, was nicht sein darf. Wenn – ähnlich wie oben – diese Opposition aufgegeben wird, folgt die Wut. Entweder auf andere: Ihr habt etwas falsch gemacht. Oder auf sich selbst: Es ist alles meine Schuld. Als Nächstes kommt die Verhandlung. Erwachsene legen bisweilen kindliche Muster an den Tag, um alles zu tun, dass es wieder so wird wie früher. Im säkularen Bereich greifen hier Menschen nicht selten auf religiöse Perspektiven zurück und verhandeln auf kindliche Weise mit dem lieben Gott; die Kirche scheint derzeit hingegen eher mit der Gesellschaft verhandeln zu wollen (s. u.). Der nächste Schritt ist Verzweiflung: Wer soll dies und das jetzt machen, ich schaffe es nicht. Es gibt keine Zukunft. Die letzte Phase führt in die Akzeptanz des Verlusts. Die Stimmung ist zwar immer noch schlecht. Aber es keimt auch Hoffnung auf: Irgendwann wird das schon wieder gehen, es wird langsam besser und man arrangiert sich innerhalb der neuen Koordinaten. Trauer, so Kübler-Ross, lässt sich nur so bewältigen. Die Gefühle sind – das ist für die Kirche vielleicht auch nicht unerheblich – nicht rational und Phasen müssen nicht linear ablaufen. Es gibt auch Rückfälle.

Jede:r wird sich ihren:seinen eigenen Reim auf die Trauerphasen und ihre Anwendung auf persönliche bzw. institutionelle Prozesse machen können. Dies gilt auch für die Passung der Modelle. Im Falle der katho-

---

[146] Vgl. Kübler-Ross, E., Interviews mit Sterbenden, Berlin 1971.
[147] Zur Kritik vgl. etwa: URL: https://aware-psychologie-magazin.ch/2021/03/04/das-erbe-kubler-ross-in-der-sterbeforschung-ein-uberblick/ [23.08.2023].

lischen Kirche (und eventuell auch der evangelischen) geht es letztlich um den Abschied bzw. die Akzeptanz von vormaliger gesellschaftlicher Bedeutsamkeit. In Deutschland scheint man nun nach Jahren der auch durch die Finanzkraft bedingten Verdrängung in der Phase der Wut angekommen zu sein. Um nicht missverstanden zu werden: Wut ist angesichts der nicht endenden Missbrauchsenthüllungen und der sie bedingenden Strukturen absolut angemessen und setzt nötige Energien der Aufarbeitung frei. Allerdings kommt es auch nicht selten zu Schuldzuschreibungen untereinander, den Kirchenleitenden gegenüber oder sogar an die Adresse der Gläubigen.

Zugleich scheint in Deutschland nach Jahrzehnten der Verdrängung und der Wut (wie gesagt aufeinander, den Papst, die Amtskirche oder die widerwilligen Gläubigen) mittlerweile auch die dritte Phase des Abschieds bei Kübler-Ross („Verhandeln") dominanter zu werden. Auf der Pressekonferenz zum Synodalen Weg auf dessen halber Strecke wurde genau dies deutlich: Man wolle herausfinden, wo noch etwa Stellschrauben zu finden seien, um die Entkirchlichung abzufedern. Während der Pressekonferenz zum Abschluss des Synodalen Wegs klang dies allerdings weitaus begrenzter: Die Austrittswelle derjenigen, die nie einen wirklichen Kontakt zur Kirche bekommen hätten, sei sicher nicht zu stoppen. Allerdings für diejenigen, die noch da sind, seien die Themen des Reformvorhabens durchaus entscheidend (und sicherlich auch für die Betroffenen des sexuellen Missbrauchs!). Wird man, wenn man merkt, dass man die Säkularisierung durch was auch immer nicht wird aufhalten können, bald in die Depression verfallen? Eine andere Möglichkeit wäre das (weitere) Changieren zwischen den Phasen. Aus niederländischer Sicht erscheinen solche Feststellungen wie jene auf den Pressekonferenzen des Synodalen Wegs – gerade in den Ohren derjenigen, die die Reformvorhaben aus den 1960er und 1970er Jahren erlebt haben – wie Töne aus vergangenen Zeiten. Es hilft alles nichts, so sagen sie, man wird sich auch in Deutschland den Realitäten eines radikalen Desinteresses an Glaubensthemen mit allen Konsequenzen und vor allem konstruktiv stellen müssen. Das wäre nach Kübler-Ross Phase 5: Leben mit und nach dem Verlust. Noch ein weiteres Indiz spricht dafür, dass es mit den Trauerphasen innerkirchlich etwas auf sich haben könnte: Die Irrationalität und Emotionalität der Debatte. Vermutlich wird sich dies auch erst in der letzten Phase legen.

Welches Trauermodell man auch bevorzugt, in ihren Grundaussagen sind beide Modelle gleich: Man muss da durch. Es hilft nichts, der Abschied muss vollzogen werden. Und: Es gibt ein Leben nach dem Verlust. Dies wird anders sein, aber möglich. Vielleicht ist man dann sogar reifer, souveräner und kann auf neue Weise den eigenen, kirchlichen Auftrag wahrnehmen, weil alle institutionelle Selbstdrehung beendet bzw. relativiert ist.

„Nichts ist ohne sein Gegenteil wahr": Ungleichzeitigkeiten in der Kirche nutzen

Die Grundherausforderung besteht allerdings derzeit innerkirchlich in der Ungleichzeitigkeit der Trauerbewältigung bzw. ihrer Phasen. Wenn etwa eine Bischofskonferenz, ein Pastoralteam oder ein Verband aus Menschen mit sehr unterschiedlichen Perspektiven zusammengesetzt ist, sorgen jene mit diesen Perspektiven bzw. Phasen verbundenen Wahrnehmungen und Lösungsvorschläge für hohes Konfliktpotenzial. Wo man sich sowohl bezüglich der Problemanalyse als auch der Lösungsstrategien völlig uneins ist, lähmt das die Organisation bzw. ein System als Ganzes. Es werden Verwundungen zugefügt und davongetragen, die womöglich bei Bewusstmachung einer allgemeinen und ähnlichen Komplexität eines jeden Trauerprozesses hätten vermieden werden können.

Es ist also riskant, von kirchlichem „Auflösen" zu sprechen. Viele wollen oder können das nicht bzw. wollen es noch nicht können. Sie führen bisweilen alte Lösungen auf immer neue und zugleich bekannte Fragen an. Daher ist es nicht verwunderlich, dass jene Konzepte des pastoraltheologischen Diskurses der vergangenen fünfzig Jahre stets aufs Neue aufpoppen. So wie sich wissenschaftliche Paradigmen nicht sauber voneinander ablösen, so wenig eindeutig lassen sich Trauerphasen trennen. All das sollte allerdings keinesfalls moralisch konnotiert werden, im Sinne eines „Du bist noch nicht so weit". Es braucht innerkirchlich vielmehr eine hohe Ambiguitätstoleranz von allen Seiten. Von jenen, die volkskirchlichen Formen bzw. der Gemeinde anhängen ebenfalls wie auf Seiten der „Anders"-Leute bzw. einer „Gar-nicht-mehr"-Fraktion. Blockaden, die mit dem Verkeilen der Paradigmen bzw. Trauerphasen zusammenhängen, könnten allerdings besprechbar gemacht werden. In Teams, Bistümern, Berufsgruppen, kirchlichen Generationen und nicht zuletzt innerhalb diözesaner Zukunftsprozesse. Nur so können Vertreter:innen von „Volkskirche", „Gemeinde", „Anders" oder „Gar nicht mehr" zusammenkommen. Dies erfordert schließlich von allen Seiten einen besonderen „Mut zur Lücke": Vorausgesetzt allerdings ist die Haltung, dass ich vom anderen – gerade für meinen persönlichen Trauerprozess – immer noch etwas lernen könnte. Oder wie es Martin Walser formuliert: „Nichts ist ohne sein Gegenteil wahr".

Literatur

Evangelische Kirche in Deutschland (EKD) (Hrsg.), Wie hältst du's mit der Kirche? Zur Bedeutung der Kirche in der Gesellschaft. Erste Ergebnisse der 6. Kirchenmitgliedschaftsuntersuchung, Leipzig 2023.

Loffeld, J., Das andere Volk Gottes. Eine Pluralitätsherausforderung für die Pastoral, Würzburg 2010.

Loffeld, J., Wenn nichts fehlt, wo Gott fehlt. Das Christentum vor der religiösen Indifferenz, Freiburg i. Br. 2024.

Kast, V., Trauern: Phasen und Chancen des psychischen Prozesses, Freiburg i. Br. ^{5}2013 (ursprünglich 1982).

Kübler-Ross, E., Interviews mit Sterbenden, Berlin 1971.

Nassehi, A., Kritik der großen Geste. Anders über gesellschaftliche Transformation nachdenken, München 2024.

Zum Kern der Hoffnung
Sandra Bils

Vor ein paar Jahren. Ein großer, leerer Kirchbau. Nach einem einwöchigen Workshop und intensiver Arbeit zu Fragen der Zukunft der Kirche stehen alle Teilnehmenden für einen kirchenpädagogischen Abschluss um ein Taufbecken versammelt. Verschiedene Aspekte der gemeinsamen Reflexionen werden im Rückblick angesprochen. Viele äußern ihre eigenen Erfahrungen aus kirchlichen Transformationsprozessen und heben hervor, wie wichtig das Nachdenken über kirchliche Kernanliegen ist, damit die Prozesse nicht die falschen Veränderungen anstoßen.

Als Bündelung der Erfahrungen werden abschließend alle Anwesenden gebeten, ihr *Why* im Hinblick auf ihren individuellen Dienst im kirchlichen Bereich zu formulieren, eben ihr zentrales Kernanliegen.

Es folgt ein langes Schweigen. Eine gefühlte Ewigkeit. Zuerst wendet sich ein Teilnehmender ab und verlässt den Kreis, bei anderen rollen die Tränen, viele andere starren ins Leere. Niemand antwortet.

Diese Erfahrung einer kollektiven Sprachlosigkeit erfahrener und hochidentifizierter Haupt- und Ehrenamtlicher mag exemplarisch als Problemanzeige und Einführung in das Thema dienen. Ein kirchliches Feld, in dem sich die Frage nach dem Kern stellt. Gibt es ein individuelles oder gemeinsames Bild davon, was der Kern ist, den es kirchlicherseits zu bewahren und weiterzugeben gilt? Gibt es dabei ein normatives „Richtig" oder „Falsch" oder geht es nicht vielmehr um die Wahrnehmung der Bandbreite in der Beschreibung des Kernanliegens und das Aushalten der Diversität?

Die leitende Frage nach dem Why

Das Konzept des britisch-US-amerikanischen Autors und Unternehmensberaters Simon Sinek „Start with Why" hat in den letzten Jahren erhebliche Aufmerksamkeit erlangt und einen bemerkenswerten Einfluss auf die Art und Weise gehabt, wie kybernetische Entscheidungen in Wirtschaftsunternehmen, aber auch im dritten Sektor, wie bspw. der Kirche, getroffen und Erfolge sowie Misserfolge bewertet werden können. Die leitende

Frage nach dem *Warum* wurde erstmals 2009 in Sineks TED Talk[148] präsentiert, darauf in dem gleichnamigen Buch[149] beschrieben und in einem späteren Arbeitsbuch[150] weiterentwickelt. Die Rezeptionsgeschichte dieses Konzepts spiegelt nicht nur den Erfolg eines der erfolgreichsten TED Talks wider, sondern auch die drängende Sehnsucht nach einem klareren Verständnis für die Sinnhaftigkeit von Unternehmen und Organisationen und einer bewussteren und konsequenteren Ausrichtung an dem zugrundeliegenden Kernanliegen.

Simon Sinek hat mit seinem expliziten Fragen nach dem prägenden *Why* einen bedeutenden Beitrag zur Diskussion über Führung und Unternehmenskultur geleistet. Seine Hauptthese ist, dass erfolgreiche und inspirierende Führungskräfte, Unternehmen und Organisationen sich zuerst auf das *Why* („*Warum*") konzentrieren sollten, bevor sie sich mit dem *What* („*Was*") und *How* („*Wie*") befassen.

Sinek illustriert seine These mit dem sogenannten „Goldenen Kreis", bestehend aus den drei Schichten *Warum*, *Wie* und *Was*. Er behauptet, dass erfolgreiche Unternehmen, die langfristig Loyalität und Erfolg erreichen, in der Lage sind, ihre Botschaften, Entscheidungen und Handlungen auf einer tieferen, emotionalen Ebene zu vermitteln, indem sie klar und überzeugend ihr zugrundeliegendes *Why* kommunizieren.

Sinek argumentiert, dass viele Organisationen traditionell von außen nach innen denken und handeln, indem sie zuerst erklären, *was* sie tun, dann *wie* sie es tun, und erst zuletzt, *warum* (oder *wozu* bzw. *wofür*)[151] sie es tun. Er schlägt vor, genau dem umgekehrten Ansatz zu folgen und stattdessen mit der Frage nach dem *Why* zu beginnen. Das *Warum* bezieht sich dabei auf den Kernzweck, die Überzeugungen und Werte, die eine Organisation antreiben.

Das Konzept des „Start with Why" ist in seiner Anwendbarkeit nicht nur auf den Unternehmens- und Wirtschaftsbereich beschränkt, sondern fin-

---

[148] Sinek, S., How great leaders inspire action, Seattle 2009, URL: https://www.ted.com/talks/simon_sinek_how_great_leaders_inspire_action [01.10.2023].
[149] Sinek, S., Frag immer erst: warum: Wie Top-Firmen und Führungskräfte zum Erfolg inspirieren, München 2014.
[150] Sinek, S., Finde dein Warum: Der praktische Wegweiser zu deiner wahren Bestimmung, München 2018.
[151] Fink, F., Moeller, M., Purpose Driven Organizations. Sinn – Selbstorganisation – Agilität, Stuttgart 2018, 25.

det auch Verwendung im kirchlichen Bereich sowie auf individueller Ebene im Feld der persönlichen Motivation und Führung.[152]

Vom Sinn und Zweck

Ein interessanter Vergleich lässt sich zwischen dem Konzept des *Why* und anderen verwandten Begriffen wie *Purpose*, *Mission* und *Vision* ziehen.

Simon Sineks *Why* betont die persönliche und organisationale Motivation sowie den darin zugrundeliegenden tieferen Sinn hinter Handlungen („Die Menschen kaufen nicht, was wir tun, sie kaufen, warum wir es tun"[153]).

Im Gegensatz zum *Why* sind *Purpose* und *Mission* breiter gefasste Konzepte, die den grundlegenden Zweck und die übergeordneten und vor allem langfristigeren Ziele von Institutionen definieren.

Unter dem *Purpose* einer Organisation oder Firma ist der zugrundeliegende und sinnvolle Zweck zu verstehen.[154] Purpose oder Zweckmäßigkeit kann somit ein durchaus sinnstiftendes Moment zugeschrieben werden, das sich sowohl auf die individuelle Bewertung bezieht als auch auf die geteilten Wertvorstellungen innerhalb eines Teams, einer Organisation oder eines Unternehmens.[155]

Als *Mission* werden, sehr vergleichbar, die grundlegenden Ziele, Werte und Zwecke einer Organisation oder Aufgabe definiert.[156]

Während sowohl der zweckmäßige Purpose als auch die zielführende Mission gegenwartsgerichtet und in jedem Fall vorhanden sind, handelt es sich bei einer *Vision* um eine erdachte Zielvorstellung oder ein ange-

---

[152] Vgl. Sinek 2018, 26ff.
[153] Ebd., 104.
[154] Rosso, B. D., Dekas, K. H., Wrzesniewski, A., On the meaning of work: A theoretical integration and review, in: Research in organizational behavior 30/2010, 91–127, 108.
[155] So bspw. Krügl: „We identify seven categories of mechanisms through which scholars have proposed work is perceived as meaningful or acquires meaning: authenticity, self-efficacy, self-esteem, purpose, belongingness, transcendence, and cultural and interpersonal sensemaking" (Krügl, S., Der (Un)Sinn von Purpose: Theoriebasierte Ansätze zur Gestaltung von sinnhaftem Handeln in Unternehmen, in: Gruppe. Interaktion. Organisation. Zeitschrift für Angewandte Organisationspsychologie (GIO) 53/2022, 251–259, 253).
[156] Vgl. Rosso, Dekas, Wrzesniewski, 2010.

peiltes Zukunftsbild, das durchaus auch nur angestrebt und daher lediglich optional vorhanden sein kann.[157]

Alle genannten Termini betonen die starke Relevanz von Sinnhaftigkeit und Zweckmäßigkeit des Tuns, sowohl auf individuell persönlicher als auch auf organisationaler Ebene. Leitend ist hier jeweils der Wunsch, Entscheidungen, Handeln und Vollzüge auf den zugrundeliegenden Zweck und Sinn hin zu hinterfragen.

Demnach kann man zusammenfassend feststellen, dass ein Zusammenhang zwischen dem Sinn und Zweck einer Organisation (erhoben und kommuniziert bspw. durch ein gemeinsames *Why*, durch Purpose oder Mission) einerseits und der Loyalität, Identifikation und Zufriedenheit der Adressat:innen, Mitarbeitenden und Stakeholder anderseits besteht, was zum Erfolg der Institution beiträgt.

Sinn-voll? – Kirchliche Kernbohrungen

Auch im kirchlichen Bereich haben das Modell von Simon Sinek und auch weitere Konzepte von Purpose-Journeys, Missionstatements und Visionsarbeit eine breite Rezeption und Anwendung erfahren.[158] Christinnen und Christen fragen in ihrer persönlichen und auch gemeinschaftlichen Nachfolge nach dem *Why*: Warum und wofür sind wir als Einzelne und auch als Gemeinde gesandt? Was ist meine und unsere gemeinsame Mission und Sendung am Ort?

Vielfach lösen diese vermeintlich einfachen und grundlegenden Fragen großes Schweigen aus. Denn nicht nur die verstummten Expertinnen und Experten am Taufstein im Eingangsbeispiel werden angesichts der Rückfrage nach Sinn und Zweck kirchlichen Handelns sprachlos. Es scheint sich mehr und mehr zu einer kollektiven Sprachlosigkeit in vielen kirchlichen Settings Deutschlands ausgeweitet zu haben.

In dieses verstummte Vakuum tönen oft nur noch vereinzelte Antwortversuche, meist biblische Reflexe, die wenig hilfreich und zielführend sind: unlauter verzweckte biblische Bilder, die wie blutleere Worthülsen und

---

[157] Knippenberg, D. van, Meaning-based leadership, in: Organizational Psychology Review 10/2020, 6–28, 7.
[158] Eine hilfreiche Sammlung unterschiedlicher Methoden und Tools findet sich in Fink, F., Moeller, M., Playbook Purpose Driven Organizations – Der Navigator für Purpose Drive in Ihrem Unternehmen, Stuttgart 2022.

Schlagworte ohne Kraft, Alltagsrelevanz und Bodenhaftung um Plausibilität und öffentliche Wahrnehmung ringen.

Dabei liegt doch im wahrsten Sinne *un-glaubliche* Kraft in den biblischen Bildern, die uns das vermitteln, was uns unmittelbar angeht und kirchlicherseits anzutreiben vermag. In ihnen könnte ein segensreicher Schatz zur (Wieder-)Entdeckung der eigenen Mission und Sendung liegen. Wenn jedoch diese biblischen Geschichten keinen Bezug zum eigenen Kontext und Handeln haben, bleiben sie kraftlos und vermögen keine Energie zu Berufung und Aufbruch freizusetzen.

Was kann man theologisch sagen, was der Kern der Kirche sei?

Wie lässt sich der Sprachlosigkeit nun beikommen? Können geisteswissenschaftliche Zugänge der Theologie klärende Impulse liefern?

Folgt man der systematisch-theologischen Spur, scheint es auf den ersten Blick nicht so schwer zu sein, Hinweise auf der Suche nach dem *Why* zu finden. Liefern doch die Notae Ecclesiae aussagekräftige ekklesiologische Kirchenkennzeichen, indem sie die *eine, heilige, katholische* und *apostolische* Kirche skizzieren. Hierbei handelt es sich in jedem Fall um hilfreiche Kriterien für die Bewertung möglicher Kerninhalte auf der Suche nach dem *Why*. Auch die Confessio Augustana liefert aus der reformatorischen Tradition weitere Hinweise.

Außerdem wird in der neueren praktischen Theologie kirchentheoretisch, übertragen aus dem anglikanischen Kontext, immer häufiger von einer *Mission-shaped Church* gesprochen,[159] einer Kirche, die von ihrer Sendung her geformt ist und auftragskonservativ aus ihrer *Mission* und ihrem *Purpose* heraus ein ekklesiologisches *form follows function* expliziert.[160]

Ob diese nur beispielhaft angeführten theologischen Schlaglichter nun von sich aus bereits inspirierend und produktiv sein können, bleibt fraglich: Die kirchlichen Grundvollzüge Verkündigung (*Martyria*), Versammlung zum Gottesdienst (*Leiturgia*), der praktische Dienst (*Diakonia*) und die Gemeinschaft (*Koinonia*) geben zwar Anstöße, in welche Richtungen

---

[159] Müller, S., Fresh Expressions of Church: Ekklesiologische Beobachtungen und Interpretationen einer neuen kirchlichen Bewegung, University of Zurich 2016, 80ff., URL: https://www.zora.uzh.ch/id/eprint/123122 [01.11.2023].
[160] Conring, H.-T., Werkzeuge kirchlicher Innovationskultur, in: Brennpunkt Gemeinde 5/2016, 1–16, 5.

sich kirchliches Handeln und Kommunizieren entfalten könnten, liefern jedoch eher Impulse auf der *Was*-Ebene als Hinweise auf der Suche nach einem zentralen Kernanliegen und *Why*.

So scheint hier die von Simon Sinek vielfach erwähnte Verwechslung des *What* mit dem *Why* als Kernanliegen zu drohen. Gerade im kirchlichen Bereich, wo besonders durch geprägte Formen wie Liturgien und gottesdienstliche Agenden klare normative Vorgaben auf der *Was-Ebene* wirken, ist es nur schwer, ein einendes, zugrundeliegendes Kernanliegen auszumachen. Es steigt dadurch die Gefahr, dass letztlich eben kein gemeinsames, leitendes *Why* im Sinne eines *Purpose* und einer *Mission* oder *Sendung* prägend ist, sondern lediglich die bisherigen Formen und Formate, die sich in der Praxis als Tradition durchgesetzt haben (*What*). Dadurch können mitunter, ohne dass dies bewusst reflektiert wird, die bisherigen gemeindlichen Praxisversuche nicht nur zur Antwort auf das *Wie* und *Was* werden, sondern zugleich die Antwort auf das *Warum* und *Wozu* verhindern. Ein Festhalten an der bisherigen Praxis im Sinne eines „Weiter so" führt zu weiterer Strukturkonservativität und zunehmender inhaltlichen Aushöhlung. Es droht die Entstehung einer kirchlichen Folklore, die inhaltlich den Bezug zu ihrer Mission und Sendung ganz aus dem Blick verloren hat. Dies wird anschaulich in einem Zitat aus einem wegweisenden anglikanischen Synodenbericht zu einer stärkeren Ausrichtung der Church of England an ihrer zugrundeliegenden Mission:

„*Start with the Church and the mission will probably get lost. Start with mission and it is likely that the Church will be found.*"[161]

Kernbohrung: Wie kommen wir zum Kern, zum *Why*?

Mögen gerade in Zeiten von Unsicherheit, Abbruch und Transformation der Wunsch und die Sehnsucht nach kollektiven und dadurch einenden Kernanliegen in kirchlichen Systemen vorhanden sein, so sind doch auch individuelle Zugänge unerlässlich. Die persönliche Auseinandersetzung mit der zugrundeliegenden und leitenden Frage nach dem *Warum* und *Wofür* wird in den nächsten Jahren an Relevanz zunehmen. Eine subjektive und vor allem induktive Suche nach der eigenen und der gemein-

---

[161] Church House Publishing, Breaking New Ground. Church Planting in the Church of England, London 1994, 116.

samen Mission und Sendung von Kirche führt zu mehr Sprachfähigkeit, die in Summe der gesamten Kirche dient.

Neben der individuellen Auseinandersetzung mit den eigenen Impulsen im Hinblick auf Mission und Sendung von Kirche ist auch eine Beschäftigung mit den Ansichten und Erfahrungen anderer im binnenkirchlichen und außerkirchlichen Diskurs unerlässlich. So warnt Gerhard Wegner von der Gefahr einer „eigenresonanten Wirklichkeit"[162] innerhalb der Kirchen, einer binnenkirchlichen Beschäftigung mit sich selbst, die – innerhalb und außerhalb von Kirche – nicht oder nicht ernsthaft genug danach fragt, wie Menschen die Sinnhaftigkeit und Nützlichkeit von Kirche wahrnehmen. Der ehemalige anglikanische Erzbischof William Temple hat in diesem Zusammenhang das zum Sprichwort gewordene Zitat geprägt, das den notwendigen Perspektivwechsel beschreibt:

„Die Kirche ist die einzige Organisation, die für diejenigen existiert, die noch nicht ihre Mitglieder sind."[163]

Durch die derzeit stark ausgeprägte Selbstreferenzialität und Beschäftigung mit internen Strukturfragen kommt das bewusste Einholen von Fremdresonanzen oftmals zu kurz. Kostbare Lernchancen und hilfreiche kritische Rückmeldungen werden übersehen. Dies mag an vielen Stellen mit der Arbeitsbelastung Haupt- und Ehrenamtlicher zusammenhängen. Oftmals drängt sich jedoch der Eindruck auf, dass viel mehr noch der damit verbundene Haltungs- und Perspektivenwechsel gescheut wird. Eine Kirche, die mit aufrichtigem Interesse all jene an den Hecken und Zäunen fragt: „Was ist es, dass ich dir tun soll?" (vgl. Mk 10,51), bevor sie ungefragt unzählige Angebote macht, müsste den dafür notwendigen Perspektivwechsel erst einmal lernen und einüben. Genau diesen Shift könnte die Suche nach dem *Why* in Gang setzen.

Auch hier lohnt sich der Blick in die Church of England, die in ihren Prozessen zur Entwicklung neuer Ausdrucksformen von Kirche (*Fresh Expressions of Church*) das Hören und Wahrnehmen an die erste Stelle der vorgeschlagenen neuen Praxis gesetzt hat.[164] Die Gefahr, zu vorschnell wieder auf die *What*-Ebene zu gehen, droht auch hier. Es geht in der Betonung der Relevanz des Hörens und Wahrnehmens nicht in erster Linie nur um das konkrete Abfragen möglicher Formen und Formate (*What*), sondern um

---

[162] Wegner, G., Substanzielles Christentum. Sozialtheologische Erkundungen, Leipzig 2022, 363.
[163] Das Zitat wird William Temple zugeschrieben (zitiert nach Müller 2016, 163).
[164] Ebd., 266.

ein Interesse am Kontext und an den Menschen, die darin leben. Das Hören und Wahrnehmen des Kontexts und gleichsam auf Gott (sog. *Double Listening*) liefern hilfreiche Impulse für eine kontextuelle Mission.[165] Diese Suche nach dem *Why* von Kirche, nach gemeinsamer Sendung und Mission ist damit auch und vor allem ein geistlicher Prozess.

Zurück an den Taufstein

Abschließend stehen wir nun alle wieder gemeinsam am Taufbecken, im Kreis. Erneut wird uns die Frage nach dem *Why* gestellt, nach dem zentralen Kernanliegen im Hinblick auf den eigenen, individuellen Dienst in der Kirche.

Was würden Sie antworten? Was wären Ihre leitenden Bilder zu Ihrer Mission und Sendung, zu Ihrem Purpose, Ihrem zugrundeliegenden und prägenden *Warum* und *Wofür*?

Simon Sinek schlägt zur Erstellung eines eigenen Why-Statements ganz einfach und pragmatisch vor, den eigenen Beitrag und die erwünschte Wirkung zu benennen:[166]

_____ (*Beitrag*), **damit** _____ (*Wirkung*).

Was hier so banal und profan wirken mag, hält einen großen Schatz bereit, kann auch viel geistlicher sein, als es vermeintlich scheint. Die eigene, individuelle und sehr persönliche Sprachfähigkeit im Hinblick auf den zugrundeliegenden Kern der Hoffnung kann die notwendige Unterstützung liefern, das große Ganze und ein *Why* für die Kirche der Zukunft zu bedenken. Hier liefert die Summe unserer Antworten *sinn-volle* und *zweck-mäßige* Impulse, die es braucht.

---

[165] Ebd.
[166] Sinek 2018, 72ff., 122ff.

Literatur

Church House Publishing, Breaking New Ground. Church Planting in the Church of England, London 1994.

Conring, H.-T., Werkzeuge kirchlicher Innovationskultur, in: Brennpunkt Gemeinde 5/2016, 1–16.

Fink, F., Moeller, M., Playbook Purpose Driven Organizations – Der Navigator für Purpose Drive in Ihrem Unternehmen, Stuttgart 2022.

Fink, F., Moeller, M., Purpose Driven Organizations. Sinn – Selbstorganisation – Agilität, Stuttgart 2018.

Knippenberg, D. van, Meaning-based leadership, in: Organizational Psychology Review 10/2020, 6–28.

Krügl, S., Der (Un)Sinn von Purpose: Theoriebasierte Ansätze zur Gestaltung von sinnhaftem Handeln in Unternehmen, in: Gruppe. Interaktion. Organisation. Zeitschrift für Angewandte Organisationspsychologie (GIO) 53/2022, 251–259.

Müller, S., Fresh Expressions of Church: Ekklesiologische Beobachtungen und Interpretationen einer neuen kirchlichen Bewegung, University of Zurich 2016, 80ff., URL: https://www.zora.uzh.ch/id/eprint/123122 [01.11.2023].

Rosso, B. D., Dekas, K. H., Wrzesniewski, A., On the meaning of work: A theoretical integration and review, in: Research in organizational behavior 30/2010, 91–127.

Sinek, S., Finde dein Warum: Der praktische Wegweiser zu deiner wahren Bestimmung, München 2018.

Sinek, S., Frag immer erst: warum: Wie Top-Firmen und Führungskräfte zum Erfolg inspirieren, München 2014.

Sinek, S., How great leaders inspire action, Seattle 2009, URL: https://www.ted.com/talks/simon_sinek_how_great_leaders_inspire_action [01.10.2023].

Wegner, G., Substanzielles Christentum. Sozialtheologische Erkundungen, Leipzig 2022.

(M)achtsam nach dem Why suchen – inklusive leutetheologischer Gleichwürdigkeit und transformativer Offenheit

Monika Kling-Witzenhausen

„If the future is to remain open and free,
we need people who can tolerate the unknown,
who will not need
the support of completely worked out systems
or traditional blueprints from the past."

Das Ende von Kontrolle ist der Anfang der Suche

Ist es ein Viereck oder ein Kreis? Diese und noch weitere unterschiedliche Perspektiven in *einem* Kunstwerk bildet das Künstlertrio Troika in seinem Werk *Squaring the circle*[167] ab. Paulacohen_5d, in deren Reel im Oktober 2023 ich das bereits 2013 entworfene Kunstwerk entdeckt habe, schreibt zur Skulptur: „By recognizing the existence of these multiple views, we expand our horizons and open ourselves to an ocean of learning."[168]

Das Künstlertrio selbst, Eva Rucki, Conny Freyer und Sebastian Noel, fassen ihr Anliegen folgendermaßen zusammen: „Confronted with the sculpture, viewers have their logical and visual sensibilities challenged. As such, the sculpture points towards a possible unity of seemingly antithetical forms, which escape traditional dualistic interpretations of reality."[169]

Um diese Punkte wird es auch in diesem Beitrag gehen: um multiple, heterogene, ja fast schon gegensätzliche Standpunkte und die Tatsache, diese nicht nur wahrzunehmen, sondern anzuerkennen, wenn wir uns auf die Suche begeben nach dem gemeinsamen Why in Kirche bzw. als

---

[167] URL: https://troika.uk.com/work/troika-squaring-the-circle/ [20.10.2023].
[168] URL: https://www.instagram.com/paulacohen_5d/reel/CuppMllRNn5/ [27.01.2024].
[169] URL: https://troika.uk.com/work/troika-squaring-the-circle/ [20.10.2023].

Christ:innen. Dies erfordert eine Weitung des eigenen Horizonts als notwendige Grundbedingung, um mit- und voneinander zu lernen, ob und wie (m)achtsam der gemeinsame Kern unserer Hoffnungsperspektiven zu finden sein könnte. Mehr noch: Die Pluralisierung der Deutungsmacht zieht eben auch eine geteilte und plurale Deutungsmacht nach sich, wie zum Abschluss des Beitrags gezeigt wird.

Leuchtende Augen und leutetheologischer Glitzer

Beim Strategiekongress 2022 startet die Suche nach dem Why mit persönlichen Worten und Zeugnissen – im Zweiergespräch und im Plenum. Bewegende Worte waren zu hören und leuchtende Augen waren zu beobachten. Theologisch könnte man die geschilderten Dynamiken als Gottesbegegnung oder -erfahrung einordnen oder gar von Berufung sprechen – doch auch das könnte schon vereinnahmend sein.

Treffender und soziologisch allgemeiner könnten wir auf Hartmut Rosas Konzept der Resonanz zurückgreifen: „Das, was wir meinen, wenn wir alltagsweltlich davon reden, dass eine Begegnung jemandes Augen zum Leuchten gebracht habe, ist eine empirische Realität und keine esoterische Phantasie. [...] Die *leuchtenden Augen* eines Menschen können [...] als sicht- und tendenziell messbares Indiz dafür gelesen werden, dass der ‚Resonanzdraht' in beide Richtungen in Bewegung ist: Das Subjekt entwickelt ein intrinsisches, tendenziell handlungsorientierendes und öffnendes Interesse *nach außen*, während es zugleich *von außen* in Schwingung versetzt oder affiziert wird."[170]

Die Frage aushalten, ob es ein gemeinsames Why überhaupt gibt ...

Wenn wir angesichts der religionssoziologischen Neukartierungen und der bereits gestarteten bzw. dringend anstehenden kirchlichen Transformationsprozesse nach dem gemeinsamen Why innerhalb christlicher Gruppierungen oder Kirchen fragen, müssen wir auch die Frage aushalten, ob es denn überhaupt ein gemeinsames Why gibt bzw. wie groß die Gemeinsamkeiten sind. Möglicherweise ist damit die Kernfrage gestellt, die für die Zukunft der Kirche in postmoderner Zeit entscheidend sein wird.[171]

---

[170] Rosa, H., Resonanz. Eine Soziologie der Weltbeziehung, Berlin ⁵2016, 671 und 241, zitiert nach Müller, S., Suhner, J., Transformative Homiletik – jenseits der Kanzel: (M)achtsam predigen in einer sich verändernden Welt, Interdisziplinäre Studien zur Transformation 3, Neukirchen-Vluyn 2023, 20f.
[171] Ich danke Valentin Dessoy für die Diskussion zu diesem Punkt.

Meine Wahrnehmung auf dem Kongress wie auch auf verschiedenen Veranstaltungen seither ist: Kirchlichen Akteuren fällt es nicht selten schwer, zu benennen, was der Kern ihrer Hoffnung ist und auf welcher Erfahrung er beruht. Und wenn es geschieht, sind die Aussagen verständlicherweise extrem divergent. Nicht selten lassen sich zudem Abwehrreaktionen beobachten, gegebenenfalls auch Blockaden, nicht über „solche Dinge" reden zu wollen.

Daraus resultieren für mich zwei Fragekreise:

1) Wo tauschen wir uns überhaupt über das Warum unseres Engagements, den Grund unseres Glaubens und den Kern unserer Hoffnung aus? Wo trauen wir uns ereignishaft oder geplant, Auskunft zu geben, unsere Sprachfähigkeit in dieser wichtigen Frage zu testen oder zu erweitern? Wo suchen wir nach Gemeinsamkeiten, nach Verbindendem? Wie könnte diese Suche nach dem Warum überhaupt erfolgen? Und was könnte das verbindende Why sein? Dies wäre für mich der notwendige Blick in die Gegenwart für die Zukunft.

2) Gleichzeitig wäre die Frage zu stellen, woher die Blockaden oder Schwierigkeiten kommen. Dazu könnte eine Befragung der Beteiligten sicher hilfreich sein. Meine Vermutung wäre, dass neben persönlichen Charakterzügen hier nicht nur fehlende Übung, sondern auch die Erfahrungen von oft gehörten Floskeln und der in Kirchenkreisen zumindest retrospektiv weit verbreitete Hang, möglichst in bestimmte Muster passen zu müssen, einen großen Einfluss haben. Dies bedürfte eines genaueren Blickes in die Vergangenheit für die Zukunft und wäre gleichzeitig Inhalt eines anderen Beitrages.

Zwei Zielrichtungen: Diversität statt Einheitlichkeit und ein von kirchlich geprägter Sprache entäußertes Evangelium

Für oben angesprochene notwendige Diversifizierung, die letztendlich die gesellschaftlich bestehende Heterogenität abbildet, bräuchte es „Mut zur Vielfalt an Klängen, an Stimmen"[172], welche möglicherweise „auch zur Disharmonie"[173] führen könnte. Sabrina Müller und Jasmine Suhner bringen Konsequenzen möglicher Dissonanzen folgendermaßen auf den Punkt: „Polyphonie kann auch zur Kakophonie werden. Sie gilt es nicht zu vermeiden, sondern als gemeinsames Arbeitssetting anzuerkennen, in und an dem gestaltet und gebaut wird. Dies mag visionär klingen. Und

---

[172] Müller, Suhner, Transformative Homiletik, 109.
[173] Ebd.

anstrengend [...] [aber; MK] auch: unvermeidlich und notwendig. Nur ein gemeinsames Getragenfühlen in einem gemeinsamen Geist mag hier durch manche ‚bau'-intensive Zeit führen."[174]

Anstatt sich dabei von „eine[r] große[n] Sorge vor Willkürlichkeit und Synkretismus"[175] treiben zu lassen, könnte der Blick auf sogenannte Pioneers, zum Beispiel Gemeindegründer:innen, wie Miriam Hoffmann es aufzeigt, helfen, denn diese „haben diese Angst nicht. Sich der eigenen Spiritualität bewusst zu sein und sie sprachfähig einzusetzen, ermöglicht den Beteiligten [...] die größtmögliche Freiheit einer Suche nach der transzendenten Erfahrung im eigenen Leben, Gott begegnet dir und mir, und wir können einander begleiten, dem nachspüren."[176] Hoffmann beschreibt, wie sie selbst „als Pionierin viel von dem Glauben der vermeintlich Kirchenfernen"[177] habe lernen dürfen: „Ich habe mich meiner kirchlich geprägten Sprache entäußert und bin achtsamer geworden. Abendmahl zu feiern in Worten, die kirchenfremde Menschen wählen, hat mich befreit. Ich habe neue Zugänge entdeckt und Geisteskraft als wirksam erlebt. Das Evangelium erzählt sich selbst. Neu und anders."[178]

In Leutetheologien Spuren des Kerns der Hoffnung entdecken ...

Um diesem sich immer wieder neu erzählenden Evangelium und der entsprechenden Hoffnung näher zu kommen, bieten sogenannte Leutetheologien hilfreiche Einsichten. Der Ansatz bei Leutetheologien stellt Leute und ihre Theologien in den Fokus und vertritt die These, „dass jeder und jede, der bzw. die sich mit Fragen nach Sinn, Gott, Religion etc. auseinandergesetzt und diese reflektiert hat, eine persönliche Theologie besitzt"[179]. Theologie wird hier nicht in einem ‚engen' Sinne verstanden als eine Glaubensreflexion, die auf einer wissenschaftlichen Ebene stattfindet und die allein von Spezialist:innen auf professioneller Ebene ausgeübt werden kann, sondern als reflektierte oder reflektierende ‚Rede' von Gott im jeweiligen Kontext der oder des Theologietreibenden. Insbesondere angesichts von Extremsituationen wie Krankheit, persönlichen und

---

[174] Ebd.
[175] Hoffmann, M., Machtfragen. Anders über Macht denken, in: Herrmann, M., Karcher, F. (Hrsg.), anders, denn Kirche hat Zukunft. Wie Fresh X neue Wege gehen, Freiburg 2022, 124.
[176] Ebd.
[177] Ebd.
[178] Ebd.
[179] Kling-Witzenhausen, M., Was bewegt Suchende? Leutetheologien – empirisch-theologisch untersucht, Praktische Theologie heute 176, Stuttgart 2020, 9.

gesellschaftlichen Krisen usw. wird die persönliche Theologie im Alltag auf ihre Tragfähigkeit hin erprobt und gegebenenfalls angepasst bzw. verändert. Entsprechend könnte man Leutetheologien auch mit der schweizerischen Theologin Sabrina Müller als „gelebte Theologien" bezeichnen, als einen „kontinuierliche[n] Konstruktionsprozess und eine stetige Evaluationsleistung von Selbsterkenntnis und Selbstgestaltung"[180].

In meinem Dissertationsprojekt[181] habe ich dafür den Begriff der Leutetheologie aufgegriffen, welcher von Christian F. Bauer in Rekurs auf Madeleine Delbrêl und ihre Rede von den Leuten auf der Straße und auf M.-Dominique Chenus „theologale Wertschätzung [...] einer kleinen Theologie des Alltags" in den theologischen Diskurs eingebracht wurde.[182] Der Begriff der „Leute" trägt im Vergleich zu der im theologischen Kontext üblichen integralen und normativen Sprechweise vom ‚Menschen' eine plurale und deskriptive Perspektive mit ein. Hier klingt auch die argentinische Theologie des Volkes (teología del pueblo) an, die wichtige Impulse für die hier zu beschreibenden Leutetheologien liefert und die explizit die Mitglieder des Volkes Gottes in den Mittelpunkt ihres theologischen Forschens stellt.[183]

Zur Einordnung der Leutetheologien in den theologischen Diskurs

Das Konzept der Leutetheologien beschreibt folglich eine besondere Praxis und Haltung: Es unterstreicht das Vermögen jeder einzelnen Person, selbst, ungeachtet von Alter (vgl. auch das Anliegen der Kinder- und Jugendtheologie), Herkunft oder Bildung, Theologie treiben zu können, über Gott reden und dies reflektieren zu können. Aus einer inhaltlichen Perspektive bilden Leutetheologien folglich theologische Reflexionen darüber ab, was von dem oder der Einzelnen geglaubt und erhofft wird. Sie geben als persönliche Theologien Einblicke in die Theologie des

---

[180] Müller, S., Gelebte Theologie. Impulse für eine Pastoraltheologie des Empowerments, Theologische Studien NF 14, Zürich 2019, 67.
[181] Kling-Witzenhausen, Was bewegt Suchende.
[182] Vgl. Bauer, C., Ortswechsel der Theologie. M.-Dominique Chenu im Kontext seiner Programmschrift „Une école de théologie: Le Saulchoir", Tübinger Perspektiven zur Pastoraltheologie und Religionspädagogik 42, Bd. 1, Berlin u. a. 2010, 57 sowie ders., Schwache Empirie? Perspektiven einer Ethnologie des Volkes Gottes, in: Pastoraltheologische Informationen 33/2013, 81–117, 81f.
[183] Als Vordenker der argentinischen teología del pueblo sind Lucio Gera (1924–2012) und Rafael Tello (1917–2002) zu nennen. Neben Papst Franziskus finden sich im Schülerkreis von Lucio Gera zahlreiche Theolog:innen, die an der Aktualisierung der Theologie des Volkes weiterarbeiten und ihre Bedeutung auch für die heutige Zeit deutlich machen. Dazu zählt auch Virginia Azcuy, die mein Dissertationsprojekt mitbetreut hat.

Volkes Gottes bzw. in den *sensus fidei*, auch wenn sie nicht als deckungsgleich mit diesen zu verstehen sind. Entsprechend sind sie relevante und unhintergehbare Autoritäten für den theologischen Erkenntnisprozess.

Angesichts der tektonischen Umwälzungen in Religions- und Glaubensfragen und der Bedeutungsverschiebungen von Kirchenzugehörigkeit und individueller Suche ist es nicht verwunderlich, dass sich derzeit – auch befördert durch die Diskussionen um synodale Bewegungen – ein vermehrtes Interesse an persönlichen Theologien bzw. dem hier gebrauchten Terminus der Leutetheologien feststellen lässt. So fragt das DFG-Projekt von Ulrich Riegel und Johannes Grössl[184] nach der Bedeutung von sogenannten Laientheologien für die akademische Theologie und mehrere Beiträge in dem Sammelband „Ewig wahr" von Gunda Werner greifen den Ansatz auf.[185]

Wie dem Why näher kommen?

Bei der Suche nach dem Why von Kirche bzw. unter Christ:innen wären Leutetheologien für mich ein unübergehbarer, bisher aber gern übersehener Ansatzpunkt für die Suche nach dem Kern der Hoffnung: Leutetheologien zeugen nämlich nicht nur von einer persönlichen und existentiellen Bedeutung des Kerygmas für den einzelnen Leutetheologen oder die einzelne Leutetheologin, sondern bieten auch Einsicht in die Bedeutung der christlichen Botschaft im Hier und Heute. Dafür bedarf es jedoch einer Anerkennung, eines aufmerksamen Hinhörens und einer Diskursivierung ihrer theologischen Gehalte. Leutetheologien sind nicht nur subjektiv und sehr heterogen, insbesondere hinsichtlich ihrer inhaltlichen Elemente, sondern meist implizit vorhanden. Das bedeutet, dass sie in weiten Teilen eher unbewusst sind und üblicherweise weder versprachlicht noch geäußert werden. Entsprechend braucht es Orte oder Resonanzräume, in denen die Leutetheologie zum Tragen kommen kann – denn sie wird erkenntnistheoretisch „dann zur Theologie, wenn sie

---

[184] Vgl. Grössl, J., Riegel, U., Die Bedeutung von Gläubigen für die Theologie, Praktische Theologie heute 187, Stuttgart 2022.
[185] Vgl. insbesondere den Beitrag von Blum, D., Kirchengeschichte als Leutetheologie. Religiöse Selbst- und Weltdeutung in der Vergangenheitsform, in: Werner, G. u. a., Ewig wahr? Zur Genese und zum Anspruch von Glaubensüberzeugungen, Quaestiones disputatae 332, Freiburg u. a. 2023, 217–231, sowie Schweighofer, T., Wenn Menschen sich ihren eigenen theologischen Reim machen. Über die Bedeutung individueller Glaubensvorstellungen für die akademische Theologie, in: Werner, G. u. a., Ewig wahr, 320–333.

reflektierten Ausdruck findet und auf öffentliche Resonanz stößt"[186]. Mögliche Formen könnten sein: a) empirisch-theologische Diskursivierungen in Forschungsprojekten, b) theologieproduktive Gespräche und Dispute, die eine Art von theologischer Sprachfähigkeit fördern, aber auch c) ereignishafte Begegnungen, in denen die leutetheologischen Ansätze zeichen- und worthaft zum Ausdruck kommen. In all dem, was dann zum Ausdruck kommt, mal stotternd, mal eloquent, mal zeichenhaft oder klar, sind Spuren dessen zu finden, was die einzelne Person beschäftigt und trägt.

Modus des Zuhörens und Resonanzumkehr[187]

Leutetheolog:innen erscheint dann vor allem das als sinnvoll bzw. relevant, was resoniert mit den eigenen Themen und Antwortversuchen auf die persönlichen Lebens- und Glaubensfragen. Auf Seiten der Amtskirchen oder der pastoralen Praktiker:innen stellt sich derzeit ein gravierender Relevanzverlust ein – man nehme nur die sinkenden Teilnehmerzahlen oder das Wegbleiben von Gottesdiensten zur Kenntnis, den oft als schmerzhaft empfundenen Verlust an Deutungsmacht von akademischer Theologie und ordiniertem Amt über den theologischen Lebensentwurf der Einzelnen oder die Tatsache, dass Kirche bei gesellschaftlich relevanten Fragestellungen weitestgehend nicht (mehr) als adäquater Gesprächspartner gilt. Anstatt aus diesem Relevanzverlust gekränkt hervorzugehen, könnte eine Resonanzumkehr eine neue Sichtweise bieten: Nicht die Leute sollen Resonanz finden bei „uns", sondern hier wollen wir bzw. will Kirche in all ihren Facetten von der Welt her lernen (vgl. Vatikanum II, GS 44).

Diese Umkehr zeigt sich dann auch in einem Wechsel von einer Theologie im Modus der Verkündigung[188] hin zu einem Modus des Zuhörens bzw. Hinschauens und der gemeinsamen Gottsuche. Gerade im ereignishaften Aufblitzen Gottes und der gemeinsamen Suche, wie sich das Ereignen Gottes einordnen und zumindest fragmentarisch fassbar machen lässt, liegt nicht nur der Clou der oben beschriebenen Interviews mit Leute-

---

[186] Müller, Gelebte Theologie, 39.
[187] Kling-Witzenhausen, M., Gott: wohnt nicht im Tabernakel. Gott*suche in Worten und Gesten von Leutetheolog*innen, in: futur 2 – 1/2023, URL: https://www.futur2.org/article/gott-wohnt-nicht-im-tabernakel/ [07.10.2023].
[188] Kern, C., „Ich verkündige nicht": Über einen anderen Modus von Theologie, in: feinschwarz 29. Juli 2021, URL: https:// www.feinschwarz.net/ich-verkuendige-nicht-ueber-einen-anderen-modus-von-theologie/ [01.06.2023].

theolog:innen, sondern von Gotteserfahrung allgemein.[189] Diese Suchbewegung drückt sich auch sprachlich bei Leutetheolog:innen aus und findet ihren Niederschlag in den sogenannten Grammatiken einer suchenden Gottesrede, die auch Zögern, Stottern und Satzfragmente zulässt. Gleichzeitig macht der Blick auf Leutetheologien deutlich, dass die Reduktion auf Grammatiken oder Sprache an sich bei der Gott*suche bzw. Gott*rede nicht ausreicht, sondern hier auch Emotionen, Gesten, ja Praktiken an sich unerlässliche Bestandteile sind.

Was bedeutet dies nun für die Forschung und die kirchliche Praxis, wenn das Ziel ein Miteinander ist, welches nicht in paternalistischem oder maternalistischem „Helfen" des:der einzeln:en Leutetheolog:innen von Seiten der akademischen Theolog:innen und Praktiker:innen mündet? Wichtig wäre es, ein reziprokes Empowerment anzuzielen – indem beide Gesprächspartner:innen von- und miteinander lernen können und gegenseitig befähigt werden. Diese Art der Präsenz bedeutet gleichfalls auch ein Sich-Aussetzen, Erproben und Um-Worte-Ringen, bei dem man sich weder hinter der Kanzel oder dem Schreibtisch noch hinter dem vorab formulierten geistlichen Impuls verstecken könnte.

(M)achtsamkeit und reziprokes Empowerment als Schlüssel

Von Sabrina Müller und Jasmine Suhner habe ich den Begriff (m)achtsam lernen dürfen.[190] Sie schreiben: „Nicht der Gebrauch von Macht ist das Problem, denn dem können wir uns nicht entziehen. Machtgebrauch und Achtsamkeit auf die Situation gehören zusammen."[191] Hier muss ich auch meine eigenen Gedanken weiterführen, denn unter (m)achtsamer Perspektive darf der:die andere nicht zu einer Art „Zapfsäule"[192] werden. Ja, das Gehörtwerden kann aus leutetheologischer Perspektive zu einem wertvollem „Ermächtigungsraum" – und zwar im Certeau'schen Sinne eines Sprechens als Selbstermächtigung[193] – werden. Doch gleichzeitig sei

---

[189] Hier sind die Arbeiten von Michael Schüßler und seine Einsichten zum Ereignisdispositiv und der Wende vom Dispositiv der Ewigkeit über das Dispositiv der Geschichte hin zum Ereignis augenöffnend: Schüßler, M., Mit Gott neu beginnen. Die Zeitdimension von Theologie und Kirche in ereignisbasierter Gesellschaft, Praktische Theologie heute 134, Stuttgart 2013.
[190] Müller, Suhner, Transformative Homiletik.
[191] Dietz, T., Faix, T., Geleitwort des Herausgeber:innenteams, in: Müller, Suhner, Transformative Homiletik, 11–14, 14.
[192] Werner, G., Erfahrung als Quelle lehramtlicher Entwicklung? Eine dogmatische Skizze am Beispiel bischöflicher Aussagen nach #outinchurch, in: Werner u. a., Ewig wahr?, 69–83, 81.
[193] Vgl. de Certeau, M., The Capture of Speech and Other Political Writings, Minneapolis 1997, insbesondere 25–39.

mit Gunda Werner vor einem Tokenism, einem Hören ohne Entscheidungsbeteiligung, gewarnt.[194] Es braucht folglich eine Machtteilung, welche wiederum zu einer Vermehrung von ermöglichender Macht führt:[195] „Beides – Verantwortung abgeben und andere ermutigen – wiederum fordert oft auch *Änderungen im System selbst*: Denn wo Verantwortungsübernahme nur ein Wort bleibt oder lediglich Ressourcen von Beteiligten ‚umsonst' einfordert, führt der partizipative Anspruch eher zu einem schön verkleideten Ausnutzen denn zu echter Partizipation."[196]

Deutungsmacht teilen: Wer ist die gestaltende Mitte?

Wie könnte nun ein Einbeziehen der Leutetheologien in die theologische „Richtungsfindung" und Suche nach dem gemeinsamen Kern der Hoffnung sein? Hier stellt sich zunächst die Frage nach der Deutungsmacht. Wer wird überhaupt, wann, wo, wofür gehört? Und zu welchen Fragen? Miriam Hoffmann macht darauf zu Recht aufmerksam: „Christliches Denken ist inklusiv: Menschen mit Behinderung, nichtakademische Milieus, Frauen, BIPoC, LGBTQs, Kinder und Jugendliche, alle sind willkommen. Aber unsere Leitungsstrukturen sind geprägt von Menschen mit (un)bewussten Privilegien – meist männlich, weiß, gesund, erwachsen, akademischer Bildungsgrad. Marginalisierte Gruppen kommen in Form von Bedürftigkeit in Kirche vor, nicht aber als Teil unserer gestaltenden Mitte."[197] Diese oft unhinterfragt gesetzte Normativität und die damit verbundene Perspektivenverengung hinsichtlich Gender, Rasse, Diversität, Sozialität, Bildung, Partizipation usw. müsste unbedingt aufgebrochen werden.

Hier wäre es wichtig, christliche Werte nicht nur in Predigten floskelhaft zu benennen, sondern im alltäglichen Leben und Entscheidungsprozessen spür- und erfahrbar zu machen als eine (m)achtsame, diskriminierungsarme bzw. -kritische und gewaltfreie Kirche. Auch theologisch begründete und/oder strukturelle Unterdrückung in verschiedenen Ausdrucksformen würde abgeschafft werden.

---

[194] Werner, Erfahrung als Quelle lehramtlicher Entwicklung, 81.
[195] Müller, Suhner, Transformative Homiletik, 108.
[196] Ebd.
[197] Hoffmann, Machtfragen, 124.

Die Suche nach dem großen Kern und den kleinen Samen der Hoffnung

Zum Ende dieses Beitrages gilt es, die oben aufgeworfenen Fragen nach den Orten, wo der Austausch über das Warum unseres Engagements, den Grund unseres Glaubens und den Kern unserer Hoffnung stattfindet, noch einmal aufzugreifen. Wo trauen wir uns ereignishaft oder geplant, Auskunft zu geben, unsere Sprachfähigkeit in dieser wichtigen Frage zu testen oder zu erweitern? Wo suchen wir nach Gemeinsamkeiten, nach Verbindendem? Wie könnte diese Suche nach dem Warum überhaupt erfolgen? Und was könnte das verbindende Why sein?

Hier könnte eine Unterscheidung hilfreich sein, die Simon Sinek zehn Jahre nach der Veröffentlichung von „Frag immer erst: Warum" in „Das unendliche Spiel" vornimmt.[198] Er differenziert zwischen endlichen Spielen, also Fragestellungen, die sich abschließend klären lassen, und sogenannten unendlichen Spielen, also Aufgaben und Herausforderungen, die nicht endgültig zu erledigen bzw. zu meistern sind. Dieser Gedankengang ließe sich auch auf die hier gestellte Problematik der Suche nach dem Why übertragen, indem vor Ort im Kleinen mit der Suche begonnen wird und in partizipativen Formaten voller Transparenz dem nachgegangen wird, was den oder die Einzelne:n trägt und ihnen Hoffnung schenkt. Dies könnte beispielsweise in theologieproduktiven Gesprächen und Disputen gelingen, die theologische Sprachfähigkeit fördern und die einzelnen Subjekte empowern. Ein Ort dafür könnte die Verkündigung sein, wenn dort nicht ein klassisches Kanzelbewusstsein richtungsweisend ist, sondern partizipative Formate gesucht werden oder ein gemeinsames Entdecken des Evangeliums im Mittelpunkt steht. Schließlich geht es nicht darum, „das Evangelium irgendwo*hin* zu tragen"[199]: „Das Evangelium erzählt sich selbst. Es braucht gastfreie Sprache, aktives Zuhören und Freiheit in den Formen. Es braucht dienendes Miteinander und die Haltung: Ich weiß nicht mehr als du."[200] Auch in Rückgriff auf die oben geschilderten Zugänge der Leutetheolog:innen wäre eine Bearbeitung der Fragestellung höchst gewinnbringend: „Wie kann und will ich so predigen, dass Augen leuchten, dass Menschen zu mündigen Subjekten in dem

---

[198] Vgl. dazu und weiterführend für den Bereich der Kirchen Herrmann, M., Karcher, F., anders – und doch nicht. Ein Schlusswort zum Anfangen, in: Herrmann, Karcher, anders, 255f.
[199] Hoffmann, Machtfragen, 123.
[200] Ebd.

Umgang mit der Bibel werden, dass sie miteinander kreativ werden und auf diesen Wegen spürbar zur Veränderung von Gesellschaft und Kirche beitragen?"[201] Damit verbunden ist nicht nur ein neuer Habitus pastoral Wirkender und kirchlicher Entscheidungsträger:innen, sondern auch ein Ortswechsel für entsprechende Kontaktflächen und Aushandlungsprozesse: Küchentisch statt Schreibtisch, öffentliche Plätze mit Präsenzpastoral und Pop-up-Church statt Kanzel als Ausgangspunkt theologischen Austauschs und Suchens. „Vielleicht kann dies eine Basis der Theologie [... werden]: dass diese nicht versucht, Orte zu finden, an denen Gott ist – etwa bei pastoralen Angeboten [...] –, sondern dass sie bereit ist, Gott in den Verbindungen der Suchenden zu finden. Dann wird Synodalität, also das gemeinsame Aushandeln, welche Wege man als Kirche gehen will, ganz selbstverständlich."[202]

Der Kern der Hoffnung ließe sich folglich nicht nur in und mit Worten finden, sondern auch in Praktiken und Vollzugsformen der einzelnen Gläubigen. Hier sind theologische Spürnasen gefragt: Der empirisch-theologische Ansatz bei den Leutetheolog:innen inklusive einer Wertschätzung ihrer Gleichwürdigkeit und einem Fokus auf Dialog und Empowerment kann hier weiterhelfen. Dabei gilt wie so oft, wenn es um Teilhabe geht: „Nicht ohne uns über uns!"[203] Im Rahmen dieser Suchprozesse könnte es auch gelingen, sich darauf zu einigen und dies wiederum mit dem christlichen Auftrag zu verbinden, dass es Menschen in unserer Gemeinschaft im ganzheitlichen Sinne gut gehen kann und soll.

Die Geistkraft als verbindendes Warum?

Als eine These möchte ich zum Abschluss Folgendes in den Raum stellen: Es könnte sein, dass der Kern der Hoffnungen eben nicht ein inhaltlicher ist, sondern die Erfahrung, bewegt (worden) zu sein von etwas, das wir theologiegeschichtlich als Geistkraft, als *ruach* oder *pneuma* bezeichnen könnten. Sowohl das hebräische Wort ruach als auch das griechische pneuma und die damit verbundenen theologischen Konzepte sind dogmatisch nicht festlegbar.[204] Die Geistkraft ist unverfügbar, und doch ist sie „diejenige Kraft, von der Menschen die Erfahrung machen, dass sie sie

---

[201] Dietz, Faix, Geleitwort, 15.
[202] Linder, S., Eine streitende Kirche in digitaler Gegenwart: Warum eine Theologie der Digitalität nach Synodalität und Streitkultur verlangt, Tübingen 2023, 490.
[203] Rath, J., „Nichts ohne uns über uns!" Weihnachten als Paradebeispiel der Inklusion, in: Lelle, A., Naglmeier-Rembeck, C., Spies, F. (Hrsg.), Weihnachten kann erst werden, wenn … Wie die Nacht wieder heilig wird, Freiburg u. a. 2022, 142–149.
[204] Vgl. weiterführend Müller, Suhner, Transformative Homiletik, 161.

mit dem Bereich des Göttlichen in Verbindung bringt"[205]. Die neutestamentlichen Texte unterstreichen ihre Bedeutung, wenn deutlich wird, dass Jesus „mit pneuma (Geist) und Feuer tauft" (Mt 3,11/Lk 3,16). Auch für die junge Kirche ist pneuma richtungsweisend (Apg 8,29.39 u. ö.). Sie bewirkt Vielstimmigkeit und Vielsprachigkeit und ermöglicht deren Deutung: „Stets eröffnet ruach oder pneuma neue Wahrnehmungs-, Hör- oder Sprechfähigkeit, eröffnet neue Möglichkeiten und Lebenskraft, [...] sie ist Dynamik. Sie ist nicht in ein adynamisches Konzept, in eine starre, unbewegliche Vorstellung fassbar"[206].

Was Sabrina Müller und Jasmine Suhner in ihrer Transformativen Homiletik herausarbeiten, gilt auch für den Kontext hier: „Die Vielfalt von Stimmen impliziert das partizipative Element des Geistgeschehens – nicht eine einzelne Person wird zum:zur Prophet:in erwählt und durch den Geist zu prophetischer Rede befähigt; vielmehr erhält eine große Anzahl von Menschen mit je eigener Sprache Anteil an diesem Geist, der sich eben nur in diesem Beziehungsgeschehen der Vielen äußert und hierin seine Kraft und Wirksamkeit gewinnt."[207]

So könnte es auch mit Verweis auf das anfangs erwähnte Kunstwerk von Troika die Geistkraft sein, die nicht nur Wirkmacht des Warums ist, sondern auch dessen verbindendes Element ist. Und gleichzeitig könnte sie auf einfache und gleichzeitig komplexe Weise dafür stehen, was der Kern unserer Hoffnung ist: Die Erfahrung, dass Gottes bewegende, lebensfördernde Geistkraft mit uns ist.

Literatur

Bauer, C., Ortswechsel der Theologie. M.-Dominique Chenu im Kontext seiner Programmschrift „Une école de théologie: Le Saulchoir", Tübinger Perspektiven zur Pastoraltheologie und Religionspädagogik 42, Bd. 1., Berlin u. a. 2010.

Bauer, C., Schwache Empirie? Perspektiven einer Ethnologie des Volkes Gottes, in: Pastoraltheologische Informationen 33/2013, 81–117.

---

[205] Ebd., 162.
[206] Ebd., 163, 161.
[207] Müller / Suhner, Transformative Homiletik, 163.

Blum, D., Kirchengeschichte als Leutetheologie. Religiöse Selbst- und Weltdeutung in der Vergangenheitsform, in: Werner, G. u. a., Ewig wahr? Zur Genese und zum Anspruch von Glaubensüberzeugungen, Quaestiones disputatae 332, Freiburg u. a. 2023, 217–231.

de Certeau, M., The Capture of Speech and Other Political Writings, Minneapolis 1997.

Dietz, T., Faix, T., Geleitwort des Herausgeber:innenteams, in: Müller, Suhner, Transformative Homiletik, 11–14.

Grössl, J., Riegel, U., Die Bedeutung von Gläubigen für die Theologie, Praktische Theologie heute 187, Stuttgart 2022.

Herrmann, M., Karcher, F., anders – und doch nicht. Ein Schlusswort zum Anfangen, in: Herrmann, M., Karcher, F. (Hrsg.), anders, denn Kirche hat Zukunft. Wie Fresh X neue Wege gehen, Freiburg 2022.

Hoffmann, M., Machtfragen. Anders über Macht denken, in: Herrmann, M., Karcher, F. (Hrsg.), anders, denn Kirche hat Zukunft. Wie Fresh X neue Wege gehen, Freiburg 2022.

Kern, C., „Ich verkündige nicht": Über einen anderen Modus von Theologie, in: feinschwarz 29. Juli 2021, URL: https://www.feinschwarz.net/ich-verkuendige-nicht-ueber-einen-anderen-modus-von-theologie/ [01.06.2023].

Kling-Witzenhausen, M., Gott: wohnt nicht im Tabernakel. Gott*suche in Worten und Gesten von Leutetheolog*innen, in: futur 2 – 1/2023, URL: https://www.futur2.org/article/gott-wohnt-nicht-im-tabernakel/ [07.10.2023].

Kling-Witzenhausen, M., Was bewegt Suchende? Leutetheologien – empirisch-theologisch untersucht, Praktische Theologie heute 176, Stuttgart 2020.

Linder, S., Eine streitende Kirche in digitaler Gegenwart: Warum eine Theologie der Digitalität nach Synodalität und Streitkultur verlangt, Tübingen 2023.

Müller, S., Gelebte Theologie. Impulse für eine Pastoraltheologie des Empowerments, Theologische Studien NF 14, Zürich 2019.

Müller, S., Suhner, J., Transformative Homiletik – jenseits der Kanzel: (M)achtsam predigen in einer sich verändernden Welt, Interdisziplinäre Studien zur Transformation 3, Neukirchen-Vluyn 2023.

Rath, J., „Nichts ohne uns über uns!" Weihnachten als Paradebeispiel der Inklusion, in: Lelle, A., Naglmeier-Rembeck, C., Spies, F. (Hrsg.), Weihnachten kann erst werden, wenn ... Wie die Nacht wieder heilig wird, Freiburg u. a. 2022, 142–149.

Rosa, H., Resonanz. Eine Soziologie der Weltbeziehung, Berlin ^{5}2016.

Schüßler, M., Mit Gott neu beginnen. Die Zeitdimension von Theologie und Kirche in ereignisbasierter Gesellschaft, Praktische Theologie heute 134, Stuttgart 2013.

Schweighofer, T., Wenn Menschen sich ihren eigenen theologischen Reim machen. Über die Bedeutung individueller Glaubensvorstellungen für die akademische Theologie, in: Werner, G. u. a., Ewig wahr? Zur Genese und zum Anspruch von Glaubensüberzeugungen, Quaestiones disputatae 332, Freiburg u. a. 2023, 320–333.

Werner, G., Erfahrung als Quelle lehramtlicher Entwicklung? Eine dogmatische Skizze am Beispiel bischöflicher Aussagen nach #outinchurch, in: Werner, G. u. a., Ewig wahr? Zur Genese und zum Anspruch von Glaubensüberzeugungen, Quaestiones disputatae 332, Freiburg u. a. 2023, 69–83.

F. Wie Loslassen geht – Exnovation

Systemisch betrachtet kann man nicht zugleich maximal funktionieren und optimal lernen. Um dem, was wichtig ist, Raum, Gestalt und Sprache zu geben, muss Kirche Ballast abwerfen, der sie bindet und verhindert, dass sie zum Wesentlichen vorstoßen und lernen kann, wie sie die Kernerfahrung für die Menschen heute zugänglich, die Frohe Botschaft hier und jetzt berührbar machen kann. Dazu muss die Kirche entrümpelt werden und es wird – das zeigen die Resonanzen – vermutlich vom Bisherigen nicht viel bleiben.

In diesem Abschnitt steht die Frage im Mittelpunkt, wie Kirche Bisheriges (Angebote, Formate, Formen der Vergemeinschaftung …), in der Sprache Simon Sineks also das, was sie tut und wie sie es tut, loslassen kann. Wie sie dem Sterben der bisherigen Sozialgestalt einen guten Rahmen geben kann, um den zugrunde liegenden Kommunikationszusammenhang nicht zu verlieren und sich als System aufzulösen. Mit welchen Emotionen und Widerständen dabei zu rechnen und wie damit umzugehen ist. Welche Einstellungen und Haltungen hilfreich sind.

Torsten Groth beschreibt in seinem Beitrag *Das Sterben als guter Grund, sich um das Überleben der Organisation zu kümmern*, dass „Sterben" aus Perspektive der soziologischen Systemtheorie auf „lebende Organisationen" verweist und als Signal gehört werden muss, um zu überleben. Der erfolgreiche Unternehmer Andreas Dethleffsen beleuchtet diesen Aspekt in seinem Beitrag *Auch wir schritten am Abgrund – Umbau eines Familienunternehmens* aus der Perspektive eines Praktikers, der die Verantwortung für ein großes mittelständisches Unternehmen hat. Mit seinem Beitrag *Wie Sterben geht – Erfahrungen aus der Hospizarbeit* trägt Karl Bitschnau wesentliche Erfahrungen aus dem Umgang mit sterbenden Menschen ein. In *Freiraum schaffen – praxisnahe Verfahren und Instrumente* geben Ursula Hahmann und Valentin Dessoy methodische Hinweise, wie Loslassen im kirchlichen Kontext konkret im Miteinander gestaltet werden kann.

Das Sterben als guter Grund, sich um das Überleben der Organisation zu kümmern
Torsten Groth

Aus Anlass der Tagung „Auflösung – Kirche reformieren, unterbrechen, aufhören?" im Dezember 2022 in Bensberg wurde ich angefragt, einen Impuls zur Frage „Können Organisationen sterben?", zu leisten. Hierzu fünf Anregungen aus der Perspektive eines systemischen Beraters mit engen Bezügen zur soziologischen Systemtheorie, aus denen hervorgeht, dass das Sterben mehr, als man zunächst denkt, auf lebende Organisationen verweist.

Was heißt sterben systemtheoretisch?

In der soziologischen Systemtheorie Luhmann'scher Prägung nimmt das Konzept der Autopoiesis (autos = selbst; poiein = erschaffen) eine besondere Stellung ein. Systeme existieren bzw. leben so lange, wie es ihnen gelingt, ihre Autopoiesis aufrechtzuerhalten. Dieser aus der Biologie stammende Grundgedanke wird angewendet auf soziale und psychische Systeme. Ein wenig konkreter lässt sich deshalb folgern, soziale Systeme (Organisationen, Teams, Interaktionen) „leben", solange Kommunikationen an Kommunikationen angeschlossen werden, und psychische Systeme (Bewusstsein) leben, solange Gedanken an Gedanken anschließen. In diesem rein operativen Zugang zu Systemen lässt sich das Sterben recht leicht, schnell und nüchtern definieren: Ein System stirbt, wenn keine Folgeoperationen stattfinden.

Was heißt dies nun für die Praxis? In der Welt der Organisationen – auf die hier der Fokus gelegt wird – geht es keineswegs so nüchtern zu. Fälle, in denen es zum Ende eines Sozialsystems kommt, haben meist weitreichende Folgen (ein Unternehmen oder eine Produktionsstätte wird geschlossen, eine Abteilung/Stabsfunktion wird nicht mehr finanziert ...) – vor allem für direkt Betroffene, die ihre Arbeit und mit dieser auch eine Identitätsstütze verlieren, und auch für Regionen, in denen ein Arbeitgeber wegfällt. Oft sind solche Schließungen Teil einer bewussten Eigentümerentscheidung: Eine abgegrenzte Einheit muss zum Wohle einer übergeordneten Einheit „sterben". Insofern kann man in diesen Fällen von einem selbstbestimmten Sterben sprechen.

Denkbar sind zudem noch weitere Formen des Sterbens: Ein Unternehmen verschätzt sich in der Bewertung von Marktentwicklungen, Konkurrenten, Kundeninteressen, Technologien, Kompetenzen und trifft Richtungsentscheidungen, die sich anschließend als falsch herausstellen. Man könnte hier vom Sterben durch Fehleinschätzung sprechen. Ein wenig anders gelagert ist der Fall, wenn Unternehmen relevante Veränderungen in der Umwelt nicht angemessen wahrnehmen. Hier kann man von einem Sterben durch Unachtsamkeit reden.

In beiden letztgenannten Fällen – dem der Fehleinschätzung oder dem der Unachtsamkeit – sind entweder Entscheidungen getroffen worden, die sich (im Nachhinein) als falsch herausgestellt haben, oder aber es sind relevante Entscheidungen nicht getroffen worden. Spannend und lehrreich in solchen Fällen ist die erste Krisenphase, in der versucht wird, durch besondere Maßnahmen noch einen Turnaround zu schaffen. Erst wenn dieses Krisenmanagement misslingt, können letztlich aufgrund mangelnder Liquidität fremde Forderungen nicht mehr bedient werden. Ein Unternehmen stirbt selbstverursacht-fremdbestimmt, indem es nach misslungenem Krisenmanagement in die Insolvenz gezwungen wird.

Auch wenn in allen Fällen ein Unternehmen stirbt, lässt sich zeigen, dass das Sterben nur der Schlussakt einer weit interessanteren, vorigen Verkettung von Kommunikationen und Entscheidungen ist. Anders als beim Menschen schlägt der Tod für Organisationen nicht schicksalhaft zu. Er ist Folge von bestimmten Führungsentscheidungen und Führungskonstellationen, in denen

- das Sterben bewusst herbeigeführt wurde zum Zweck der Überlebenssicherung einer übergeordneten Einheit,
- das Sterben als Folge von weitreichenden Fehleinschätzungen zu sehen ist,
- das drohende Sterben nicht wahrgenommen oder angemessen thematisiert wurde oder aber
- das drohende Sterben zwar wahrgenommen und thematisiert wurde, aber keine angemessenen Antworten gefunden wurden.

So unterschiedlich die denkbaren Sterbeursachen auch sein mögen: Sie verweisen allesamt auf eine Zeit zuvor, auf eine Zeit des drohenden Sterbens zu einer Zeit, in der das System noch lebte. In dieser Zeit sind bestimmte Entscheidungen getroffen oder gerade nicht getroffen worden bzw. ist das drohende Ende nicht oder nicht angemessen thematisiert worden.

Insofern können wir schlussfolgern, die Semantiken des drohenden Sterbens und die fehlgeschlagenen Strukturanpassungen des Systems sind weit relevanter als das Sterben an sich. „Das Sterben ist ein Problem der Lebenden", dieses Bonmot des Soziologen Armin Nassehi gilt für Menschen wie für Organisationen.

2. Potenzielles Sterben als Beschäftigung mit der Überlebensfrage

Fasst man das Sterben als (semantisches und strukturelles) Problem eines lebenden Systems, so betrachten wir keineswegs einen Sonderfall von Führung und Organisationen. Wir befinden uns mittendrin im Alltag – zumindest in einer systemischen Sicht. Die vordringliche Aufgabe von Führung ist in der Sicherung des Überlebens einer Organisation zu sehen: Wie – mit welchen Strukturen, Strategien, Ressourcen, Aufgabenverteilungen und mit welchem Personal – wird eine Organisation so gestaltet, dass sie in einer sich permanent wandelnden Umwelt mindestens überlebensfähig bleibt, besser jedoch wächst und gedeiht? – Führung muss sich also immer mit der Passung des Systems zur relevanten Umwelt beschäftigen. Diese Beschäftigung mit dem drohenden Sterben ist so gesehen Alltag bzw. sollte zum Führungsalltag gehören. Zumeist ist es sogar instruktiver, das eigene Handeln an der Verhinderung des Sterbens auszurichten als an wohlklingenden Zielen wie Agilisierung, Flexibilität, Innovativität.

Der führungsseitige Fokus auf das mögliche Sterben ist auch deshalb von großer Relevanz, weil Organisationssysteme im Laufe der Zeit dazu neigen, sich selbst immer stärker von ihren Umwelten abzuschotten. Sie richten sich (selbstreferenziell) in ihrer Welt ein und halten an Erfolgsmustern aus der Vergangenheit fest. Gerade langjährig erfolgreiche Unternehmen sind gefährdet, in die sog. „Erfahrungsfalle" (James G. March) zu tappen. Sie schauen herab auf innovative Markteinsteiger, verweisen auf die eigene Größe als Ergebnis bisheriger Erfolge oder auf ihre hohe Langlebigkeit und erliegen der Illusion, sie sind unfehlbar und unsterblich. Gerade die erfolgreichen Unternehmen verpassen es, in den Neuerungen eigene Entwicklungschancen zu sehen oder aus gesellschaftlichen und technologischen Veränderungen relevante Gefährdungen für ihr Geschäftsmodell abzuleiten.

Überführt man das Sterben in die Welt der Führung, wird es zu einem wichtigen Führungsfokus. Das potenzielle Sterben sollte nicht tabuisiert werden, sondern ganz im Gegenteil, in hypothetischer Form wird es zu einer vitalen Prüffunktion für gegenwärtige und zukünftige Praktiken des Organisierens.

Potenzielles Sterben als Lernchance

Betrachtet man die Beschäftigung mit dem Sterben als Normalfall der Führungskommunikation, so können wir das potenzielle Sterben als eine Lernchance für Organisationen begreifen. Eines vorweg: Organisationslernen ist keineswegs zu verwechseln mit dem Lernen der Mitglieder in einer Organisation. Wenn hier von Organisationslernen die Rede ist, so ist die (Selbst-)Anpassung von Strukturen einer Organisation an eine sich permanent wandelnde Umwelt gemeint. Nicht zufällig sind das Lernen und die Führung von Organisationen eng miteinander verknüpft zu denken. Organisationslernen – so Fritz B. Simon – vollzieht sich infolge intern wahrgenommener und kommunizierter Nichtpassung des Systems an sich ändernde Umwelten. Der Witz dieser Formulierung liegt in der Rückbindung der Lernnotwendigkeit an interne Formen des Umgangs mit Wahrnehmungen des Nichtpassens. Dass Mitarbeiter:innen denken und auch darauf verweisen, dass Änderungsbedarfe bestehen, heißt noch lange nicht, dass die Organisation daraus lernt. Im Gegenteil, Organisationen sind Meister darin, Veränderungsimpulse zu ignorieren oder aber an soziale Orte relativer Unwirksamkeit zu verschieben: Man startet ein „Projekt" oder veranstaltet eine Tagung zum Thema oder richtet Stabsfunktionen mit großen Namen und kleinen Budgets ohne hierarchische Befugnisse ein. Hier zeigt sich einmal mehr, dass es der interne Umgang mit Veränderungsimpulsen ist, der zum Ausgangspunkt aller Überlebensfragen zu nehmen ist.

Das potenzielle Sterben allein sollte eigentlich schon starke Anreize zum Organisationslernen geben, es liegt jedoch an der Führung und der Organisation, diese Hinweise in wirksame Veränderungsprozesse zu überführen.

Das Sterben als Gefahr und als Risiko

In der Risikoforschung arbeitet man seit Langem mit der Unterscheidung von Gefahr und Risiko. Auch für Führungs- und Lernfragen, wie insgesamt für alle Formen organisationaler Sterbeverhinderung, lässt sich diese Unterscheidung nutzen. Ist von Gefahren die Rede, so handelt es sich um eine Kommunikationsform, in der vor dem Sterben gewarnt wird, ohne dass es zu Entscheidungen und Handlungen kommt. Ist hingegen von Risiken die Rede, dann handelt es sich um konkrete, abwägende Kommunikationen, denen Entscheidungen folgen.

Die Gefahrenkommunikation ist recht gefahrlos für alle Beteiligten. Da aus der Warnung noch keine Handlung folgt, kann man auch nicht wirklich falschliegen. Man übernimmt nicht nur keine Risiken, sondern kann sich – vor sich selbst oder vor Kolleg:innen – rückversichern, dass man, sollte der Worst Case eintreten, eh schon auf einen Missstand verwiesen habe. Mailverteiler mit vielen Namen im CC, in denen „interessante" Studien über Missstände in anderen Organisationen verlinkt sind, und/oder längere Wortbeiträge in Sitzungen gespickt mit Konjunktiven, was man (also andere!) doch tun müsste und sollte, damit es wieder bergauf geht, sind als organisationstypische Gefahrenkommunikationen anzusehen.

Viel relevanter – dies sollte hiermit schon angedeutet sein – ist der Umgang mit dem potenziellen Sterben in der Form der Risikokommunikation. Hierzu ist eine Gefahrenlage dreifach zu transformieren: erstens in Form der Formulierung, Reflexion und Bewertung von Entscheidungsalternativen, zweitens im Treffen der Entscheidung (was die bewusste Abwahl aller anderen Alternativen inkludiert) und drittens in der Sorge dafür, dass dies relevante Auswirkungen im Organisationsalltag hat (anders formuliert, dass eine Neuerung auch umgesetzt wird). Dieser Dreischritt ist höchst voraussetzungsvoll und eng verknüpft mit der Formulierung passender Entscheidungsprämissen, mit Orten und Zeiten, in denen über Gefahren reflektiert werden kann, mit Gremien, die personell und strukturell in der Lage sind, Letztentscheidungen zu treffen, mit einer Fehlerfreundlichkeit und mit einem Verständnis für Organisationen, das darauf verweist, dass eine Ankündigung einer Änderung noch keine Organisationsveränderung darstellt. Wer sich all dies vor Augen führt, wird Verständnis dafür haben, warum es in Krisenzeiten, in denen Richtungsentscheidungen eigentlich notwendig wären, zu einer Inflation der Gefahrenkommunikation kommt und viele Folgeschritte unterbleiben. Die Aufgeregtheit nimmt zu, ohne dass organisational etwas bewirkt wird.

Eine der wichtigsten Aufgaben von Führung ist darin zu sehen, Gefahren in Risiken zu überführen, was nichts anderes bedeutet, als Sorge dafür zu tragen, dass unter dem Damoklesschwert der Existenzbedrohung Entscheidungen getroffen werden, ohne dass man sich sicher sein kann, dass damit automatisch eine Verbesserung der Lage verbunden ist.

Sterben im kulturellen Kontext der Organisationen

Die Semantik des Sterbens, so können wir bis jetzt zusammenfassen, ist als Problem lebender Systeme zu erfassen und eng verknüpft mit Führungs- und Lernformen. Ob, nachdem der Fokus auf das drohende Sterben gelegt wurde, daraus auch wirksame Veränderungen hervorgehen, hängt davon ab, dass Strukturen etabliert werden, in denen Risiken übernommen werden. Dieses hier nur sehr kurz angerissene Zusammenspiel ist organisational höchst voraussetzungsvoll und benötigt als fünften, letzten Schritt noch eine Ergänzung um den Aspekt der Kultursensibilität.

Jede Organisation wird in Abhängigkeit von ihrer Zwecksetzung und ihrer Branche typische Lern- und Nicht-Lernkulturen ausbilden. Start-ups, um einmal auf die eine Seite der Extreme zu gehen, haben meist eine Kultur des schnellen Lernens aus Fehlern ausgeprägt. Sie wandeln gerade am Anfang ihrer Existenz immerzu am Rande ihrer Existenz, müssen schauen, wie sie Wachstumskapitel einwerben und zugleich das Geschäft sichtbar voranbringen. Aus diesen Gründen haben sich in dieser Organisationsform ein „Fail fast"-Denken und Methodiken des Lean Start-up („Build-Measure-Learn") etabliert. Auch in der Erwartung, dass es im Verlauf der ersten Jahre noch einen Schwenk im Geschäftsmodell („Pivot") geben wird, zeigt sich eine Kultur des Lernens aus Scheiternserfahrungen und Sterbeandrohungen.

Ganz anders sieht es in etablierten Organisationen aus, v. a. bei denjenigen, die ihr Überleben nicht primär an Markt- und Kundenresonanzen festmachen. Gemeint sind hier u. a. Verwaltungen, Schulen, Stiftungen, die Kirchen und auch die große Anzahl sogenannten Non-Profit-Organisationen. Sie legitimieren ihre Existenz und sichern ihr Überleben nicht allein nach rein ökonomischen Kriterien, so dass sie notwendig in den Widerstreit kommen, was das relevantere Überlebenskriterium ist bzw. ob es überhaupt ein Sterberisiko gibt.

Solche professionsgetriebenen Organisationen (im Betriebsverfassungsgesetz spricht man hier auch von Tendenzbetrieben) tun sich generell schwerer damit, wahrgenommene Krisen mitsamt Sterberisiken in relevante Organisationsveränderungen zu überführen. Da die Ökonomie nicht die primäre Rolle spielt, sondern im Aufmerksamkeitsfokus der handelnden Akteure zurückstecken muss hinter wertegeladenen – karitativen, religiösen, erzieherischen, ökologischen – Zwecken, ist der Lernanreiz aus mangelnder oder nachlassender Resonanz von außen gedämpft.

Im Zweifelsfall genügt man sich selbst, da es um eine „gute" Sache geht. Organisational kann man hier von einer strukturellen Lernbehinderung reden, auch wenn bzw. weil allein die Tätigkeit für Einzelne als sinnstiftend erlebt wird.

Dies zeigt sich auch in der Kultur dieser Organisationen, z. B. in Fragen der Führung, der Gestaltung von Organisationsstrukturen bis hin zur Mitarbeiterbindung. Da die Werte im Vordergrund stehen, ist aus Sicht ihrer Mitglieder die Organisation mitsamt deren Führung stärker noch eine „ärgerliche Tatsache" (angelehnt an Ralf Dahrendorf), als es in anderen Organisationsformen der Fall ist. Widerstrebend nur werden Führungs- und Organisationsfragen vorangetrieben, denn das vermeintlich Eigentliche ist und bleibt der Dienst am primären Zweck. Aus diesen Gründen fühlen sich Mitarbeiter:innen eher mit ihrer konkreten, erfüllenden Tätigkeit verbunden, also mit ihrer Profession, als mit dem Schicksal der gesamten Organisation. Für die Führung und langfristige Entwicklung dieser Organisationsformen ist es von großer Bedeutung, dass der hier zugespitzte Widerspruch zwischen der primären Orientierung an den nicht-ökonomischen Zwecken und der sekundären Orientierung an der Ökonomie adressiert und bewusst balanciert wird. Gelingt dies, so erfahren Mitglieder professionsgetriebener Organisationen nicht nur Sinnerfüllung in ihrer Tätigkeit, sondern fühlen sich auch in der Organisation langfristig beheimatet. Und der Sinn muss nicht künstlich – wie aktuell in Großkonzernen beobachtbar – mit wenig Erfolg über Purpose-Projekte vermittelt werden.

All diese Aspekte können hier nur angedeutet werden, sie verweisen aber darauf, dass der Umgang mit dem Sterben bzw. das Lernen aus dem drohenden Sterben auch eine Frage des kulturprägenden gesellschaftlichen Kontextes ist, in den die Organisation eingebunden ist. Die beiden großen Kirchen mit ihrer Orientierung an der Transzendenz Gottes stellen in dieser Hinsicht eine Steigerungsform dar – so eine laienhafte Außensicht. Wie in anderen Glaubenssystemen auch führt die Transzendenzorientierung zu Immanenzproblemen der Organisation, die aber zugleich verdeckt und für die Mitglieder erträglich werden durch ebenjene Transzendenz. Man könnte hier eine Paradoxie vermuten, die es kreativ zu bearbeiten gilt …

Auch wir schritten am Abgrund
Umbau eines Familienunternehmens

Andreas Dethleffsen

Um dem, was wichtig ist, Raum, Gestalt und Sprache zu geben, muss Kirche Ballast abwerfen. Wie will sie loslassen, wie kann Sterben gehen?

Die folgenden Überlegungen sind formuliert vor dem Hintergrund eigener Erfahrung in der Leitung der HGDF Familienholding. Diese habe ich zusammen mit meinem Vetter Hermann am 1. Oktober 1994 in der achten Generation übernommen. Wir haben als gleichberechtigte und gesamtverantwortliche Geschäftsführer (Doppel-CEO) zusammengearbeitet.

Das Unternehmen

Die HGDF Familienholding wurde 1738 als Handelshaus von Christian Dethleffsen gegründet. Der Handel über See ermöglicht einen regen Warenaustausch: Gehandelt werden damals Produkte wie Mehl und Erbsen, aber auch Zuckerrohr und Rum – ein Nebenprodukt der Zuckerraffination. Christian wählt den Leitspruch „Gott verleihe uns Geduld und gebe uns vergnügte Herzen". 1870 teilen die beiden Brüder Diederich und Hermann Georg das Geschäft in ein Handels- und ein Spirituosenunternehmen. Hermann Georg führt das Spirituosengeschäft in vierter Generation fort. Er spezialisiert sich auf den Handel und die Veredelung z. B. von Rum, Branntwein und Aquavit. Mit dem Erwerb der Marke „Doppelherz" beginnt HGDF 1976 das unternehmerische Handeln auf eine breitere Basis zu stellen. 1998 entschließt sich die Geschäftsführung, das Spirituosengeschäft und damit das größte und zugleich traditionsreichste Unternehmen zu verkaufen. Folglich sinkt der Gesamtumsatz von rund 300 Mio. Euro auf ca. 90 Mio. Euro. Er entwickelt sich bis zum Jahr 2021 auf rund 1.200 Mio. Euro.

Als Unternehmen, das seine Existenz über mehr als 275 Jahre sichern konnte bzw. wechselvolle Zeiten und Kriege überstanden hat, haben wir uns immer wieder anpassen müssen, um das „Überleben" von Generation zu Generation zu ermöglichen. In diesem Rahmen verantworten wir aus heutiger Sicht auch dunkle Kapitel. Beispielsweise erfolgt der Handel zum Zeitpunkt der Gründung zu einem großen Teil zwischen Flensburg und „Dänisch-Westindien". Bedient wird damit eine der drei Routen des „Dreieckshandels". Auch in der NS-Zeit arrangiert man sich mit den Nationalsozialisten.

8 Thesen zum Loslassen

Die folgenden Thesen beruhen über die eigenen Erfahrungen hinaus auf einem tief verwurzelten, transgenerationalen Erfahrungsschatz. Er umfasst ebenso die positiven Seiten des Familienunternehmens wie seine Schattenseiten.

1. **„Was du ererbt von deinen Vätern hast, erwirb es, um es zu besitzen."** (J. W. Goethe)

Hierbei geht es um die Aneignung der von den Vätern (Vorfahren) erarbeiteten materiellen und immateriellen Werte. Dieses Einlassen auf das geistige und materielle Erbe ist mit Fleiß und Mühe verbunden und kann durchaus Schmerzen verursachen. Ohne das Erfassen des Erbes und die Auseinandersetzung damit entwickelt man kein Bild für die Zukunft.

Vor dem Hintergrund einer eher schwierigen Entwicklung unseres Unternehmens haben mein Vetter und ich uns damit auseinandergesetzt, worin dieses Erbe für uns bestand. Was war der Gegenstand des Erbes, sein Kern? Das Spirituosengeschäft als Stammhaus? Eine bestimmte unternehmerische Haltung? Etwas ganz anderes?

2. **„Die Zukunft ist ungewiss, das Leben ist Versuch und Irrtum."**

Der Versuch, vor dem Loslassen, vor der Veränderung und vor der Entscheidung, sich ein neues Zielbild zu schaffen, um erst dann zu handeln, führt in die Irre bzw. ins Erstarren. Da es unmöglich ist, dieses Zielbild mit einer hinreichenden Genauigkeit zu beschreiben, ist die zu starke Beschäftigung damit als eine Erklärung zu sehen, nicht loslassen zu können.

Mein Vetter und ich hatten zunächst die Idee, erst den Plan für ein neues Unternehmen zu haben, bevor das Stammgeschäft verkauft wird. Indem wir von dem Entwurf eines „neuen Unternehmens" Abstand nahmen, haben wir unsere Gedanken für das Loslassen geöffnet.

3. **„Was passiert, wenn nichts passiert?"**

Mit dieser Frage sollte sich Führung beschäftigen. Wird mit der Antwort auf diese Frage ein gewünschter Zustand erreicht? Fein. Falls nicht, steht man „vor dem Abgrund" und der Entscheidung, ob man springen will.

Wir wussten, dass wir mit unserem Stammhaus (Spirituosen: Hansen Rum, Balle Rum, Nissen Rum, Andresen Rum, Bommerlunder, Linie Aquavit etc.) keine aussichtsreiche Zukunft erlangen würden, weil wir diese nicht selbst gestalten konnten. Das Gesamtunternehmen würde daher früher oder später in eine kritische Lage geraten. Uns wurde klar, dass wir ohne das Spirituosengeschäft zumindest eine Chance auf eine gute Zukunft haben würden. Diese Chance wollten wir ergreifen.

4. „Führung hat immer mit Unentscheidbarem zu tun."

Fragen des Loslassens sind typische unentscheidbare Fragen. Sie tauchen auf, wenn die Folgen einer Entscheidung nicht klar, also ungewiss oder unvorhersehbar sind.

Die Auswirkungen des Verkaufes unseres Spirituosengeschäftes konnten wir in keiner Weise abschätzen oder vorhersehen, wir hatten es also mit einer „unentscheidbaren Frage" zu tun. Indem wir uns dieses Thema vor Augen geführt haben, ist uns bewusst geworden, dass „weitermachen wie bisher" ebenfalls eine Entscheidung ist.

5. „Führung sitzt auf dem Zaun."

„Auf dem Zaun zu sitzen" bedeutet, aus zwei Perspektiven schauen zu können: einerseits als beteiligte, tief involvierte Person, die mit viel Wissen über die Organisation ausgestattet ist und andererseits gleichzeitig aus der Metaperspektive reflektieren kann. Führung auf dem Zaun macht es möglich, „unentscheidbare Fragen" zu identifizieren, sie zu übernehmen bzw. zu entscheiden und die Organisation dadurch zu entlasten.

HGDF ist seit 1984 als eine Dachgesellschaft, eine Holding mit mehreren Tochtergesellschaften mit eigener Geschäftsführung und hohen eigenen Freiheitsgraden, organisiert. Wir sind in keiner Tochtergesellschaft als Geschäftsführer tätig. Diese Organisationsform erleichtert es uns „auf dem Zaun zu sitzen" und uns mit wesentlichen, unentscheidbaren Fragen zu befassen.

6. „Freiheit – Angst – Handeln – Befreiung"

„Angst kann man vergleichen mit Schwindel. Der, dessen Auge es widerfährt in eine gähnende Tiefe niederzuschauen, er wird schwindlig. Aber was ist der Grund? Es ist ebenso sehr sein Auge wie der Abgrund; denn falls er nicht herniedergestarrt hätte. Solchermaßen ist die Angst der Schwindel der Freiheit, der aufsteigt, wenn der Geist die Synthese setzen will und die Freiheit nun niederschaut in ihre eigene Möglichkeit, und sodann die Endlichkeit packt sich daran zu halten. In diesem Schwindel sinkt die Freiheit zusammen. Weiter mag die Psychologie nicht zu kommen und will es auch nicht. Den gleichen Augenblick ist alles verändert, und indem die Freiheit sich wieder aufrichtet, sieht sie, dass sie schuldig ist. Zwischen diesen beiden Augenblicken liegt der Sprung, den keine Wissenschaft erklärt hat oder erklären kann" (Søren Kierkegaard, Der Begriff Angst, 1844).

Dieser Text ist in gewissem Sinne eine Zusammenfassung des Vorherigen: Freiheit bedeutet, unentscheidbare Fragen zu identifizieren und sie entscheiden zu dürfen. Die Freiheit dazu anzunehmen, ist ein aktiver Willensakt. Mit der Entscheidung wird Verantwortung für die Konsequenzen übernommen. Da diese in der Regel unkalkulierbar, unvorstellbar und unvorhersehbar sind, entsteht Angst; Angst vor einer Handlung.

Auch wir schritten am Abgrund, hatten die Tiefe gespürt, hatten bewusst „herniedergeschaut" und alles ausprobiert, alles versucht. Wir standen vor der Frage, ob wir den Niedergang des Geschäftes als Schicksal annehmen oder die Freiheit zum Sprung, zur Handlung nutzen sollten. 1998 standen wir gewissermaßen im Garten Gethsemane.

Wir haben unsere Freiheit genutzt, sind gesprungen und mussten mit den Konsequenzen leben. Als Erstes haben wir tiefe Scham empfunden, dass wir das Erbe unserer Vorgänger nicht entwickeln, nicht formen und nicht fortsetzen konnten („… indem die Freiheit sich wieder aufrichtet, sieht sie, dass sie schuldig ist").

Viele haben uns nicht mehr gern willkommen geheißen. Wir hätten „die Seele Flensburgs als Rum-Stadt" verkauft.

Mit dem Verkauf gaben wir die Verantwortung für das Spirituosengeschäft ab. Infolgedessen konnten wir uns mit Fleiß und viel Engagement den verbliebenen Aktivitäten widmen. In diesem Rahmen haben wir eine Befreiung erlebt, d. h., wir konnten wieder an eine Zukunft für unser Unternehmertum glauben und das Unternehmen aktiv entwickeln. – Unsere unternehmerische Haltung war zu uns zurückgekehrt und hat uns die Kraft zur weiteren Entfaltung gegeben.

7. Gottvertrauen – Spiritualität

In Genesis 12,2 heißt es: „Ich will dich segnen und du sollst ein Segen sein."

Ich begreife Segen als eine mir von Gott zugemessene Kraft, als Fähigkeit, die mir verliehen worden ist, um an der Entwicklung der Schöpfung mitzuarbeiten. In diesem Rahmen glaube ich, unentscheidbare Fragen vor mich hinstellen, reflektieren und mutig entscheiden zu dürfen, um Wege zu finden bzw. zu ermöglichen. Das schließt auch ein, mich zu irren. Hier ist die Kunst, dies anzuerkennen und den Weg zu korrigieren, auch dann, wenn es bedeuten könnte, mein Gesicht vor mir selbst zu verlieren.

8. Was man wirklich sein Eigen nennt, hat man mindestens einmal losgelassen. Kommt es zu einem zurück, gehört es zum Selbst.

Unser Stammhaus haben wir verkauft, unser Unternehmertum ist zu uns zurückgekehrt. So konnten und können wir unsere Zukunft befreit gestalten.

Wie Sterben geht – Erfahrungen aus der Hospizarbeit
Karl Bitschnau

Sterben geht von allein: Alles, was lebt, geht einmal zu Ende. Eine gute Begleitung kann den entscheidenden Unterschied machen, in welcher Qualität diese letzte Phase erlebt wird, ob ungelebtes Leben noch eine zweite Chance bekommt und ob auch angesichts von zunehmendem Verfall die Würde gewahrt wird. Bei der Themenstellung des Strategiekongresses stellt sich aber die Frage, ob es wirklich ums Sterben (im engeren Sinn) geht oder eher um eine chronische und zunehmende Funktionseinschränkung, die ständige Anpassungsprozesse erfordert. Hier könnte eine Beobachtung der Soziologin Cathy Charmaz hilfreich sein, die Menschen mit chronischen Erkrankungen über viele Jahre wissenschaftlich begleitet hat: Die Krankheit zu akzeptieren und mit ihr zu ringen (to surrender) hat sich als die erfolgreichere Strategie herausgestellt, als gegen die Krankheit zu kämpfen und die Kräfte dabei zu vergeuden. Ständige Anpassungen der eigenen Identität sind notwendig, um mit dem veränderten Körperbild wieder in Einklang zu kommen.

Die Bedrohung der eigenen Existenz löst viele und heftige Emotionen aus: Was Elisabeth Kübler-Ross bei sterbenden Krebspatient:innen beobachtet hat – die Aufeinanderfolge von Nicht-wahrhaben-Wollen, Zorn, Verhandeln, Depression und Annahme des Todes –, darf nicht als starres Muster verstanden werden. Vielmehr deutet es auf die Heftigkeit und Vielschichtigkeit der Gefühle hin. Emotionen sind überlebenswichtig. Zu viel davon kann aber auch kontraproduktiv sein und blockiert häufig die notwendige Kommunikation. Das ist kein Zeichen mangelnder Kommunikationsfähigkeit, sondern von emotionaler Überrumpelung. Moderation und Begleitung durch nicht in die Situation verstrickte Personen können die Kommunikation wieder in Fluss bringen. – Ich bin selbst überrascht, dass mir – von einer Ausnahme abgesehen – die Angst vor dem Tod nie als Emotion begegnet ist. Es gibt aber unheimlich viele Ängste vor dem, was im Sterben passieren könnte, vor Schmerzen, Autonomieverlust, Würdeverlust.

Loslassen braucht Sicherheit: Der Zuruf „Du musst nur loslassen!" ist als zynisch zu werten, wenn jemand an der Klippe hängt und fürchten muss, ins Unendliche abzustürzen. Dennoch wird dieser Zuruf immer noch als guter Rat missverstanden. Loslassen können wir erst, wenn wir die

Sicherheit haben, nicht ins Bodenlose zu fallen oder äußerst schmerzhaft am Boden aufzuprallen. – Ich bin häufig Sterbenden begegnet, die erfolgreich dem Schicksal getrotzt haben und dem Leben noch Tage, Wochen oder Monate abgerungen haben. Angekommen bei sich selbst, ist das oft eine Zeit mit mehr Qualität als in anderen Phasen des Lebens.

Sterben in Würde bedeutet auch, zu würdigen, was dieses Leben ausmacht: Wenn Menschen (nicht nur am Ende des Lebens) ihre Lebensgeschichte aus ihrer eigenen Perspektive erzählen dürfen und dem Leben damit *Sinn* verleihen, dann verleiht das ihrem Leben Würde. Durch Zuhören wird gewürdigt, was da war und ist – an Gutem wie an Schwierigem, an Erfolgen wie an Misserfolgen, an Vertrautem wie an Befremdlichem. Harvey Max Chochinov hat diesen Vorgang als Würdetherapie bezeichnet. Neben dem Zuhören sind die Niederschrift des Gehörten und die Abstimmung des Niedergeschriebenen mit dem:der Erzähler:in Bestandteil der Würdetherapie.

Im Angesicht des Todes ist radikale Ehrlichkeit gefordert: Eine der angenehmen Erfahrungen im Umgang mit Sterbenden ist, anderen Menschen von Herz zu Herz begegnen zu dürfen. Im Wissen um die begrenzte verbleibende Zeit ist radikale Ehrlichkeit angesagt. Kaum in einer anderen Lebensphase begegnen wir so authentischen Menschen wie in der letzten Lebensphase. Es besteht kein Bedarf mehr für Versteckspiele, für gegenseitiges Betrügen und Selbstbetrug noch für das Streben nach Nutzlosem. Angesichts des Todes stellt sich die Frage, was wirklich, wirklich wichtig ist. Es ist die Zeit, ganz viel Ballast abzuwerfen und sich auf den Wesenskern zu konzentrieren. – In Bezug auf Rainer Maria Rilkes Panther-Gedicht stellt sich die Frage, warum der Panther so fasziniert auf die 1000 Eisenstäbe starrt und sich nicht einmal umdreht. Vielleicht würde er sehen, dass die Eingangstür offensteht. „Zur Offenheit muss man sich entschließen" (Elazar Benyoetz), zur Freiheit auch.

Freiraum schaffen – praxisnahe Verfahren und Instrumente

Valentin Dessoy, Ursula Hahmann

Unsere Gesellschaft befindet sich in einem epochalen Umbruch. Für die Kirchen kommt hinzu, dass es ihnen kaum noch gelingt, ihre Botschaft und ihr Tun zu plausibilisieren. Sie verlieren dramatisch an Relevanz und in der Folge ihre Mitglieder und ihre finanzielle Basis. Beides, gesellschaftlicher Wandel und Verlust an Umweltreferenz, führen zunehmend zu Dissonanzen und Dysfunktionalitäten. Während der Anpassungsdruck steigt, zeigen zugleich Reformen innerhalb der bestehenden Organisationslogik keine nachhaltigen Effekte. Sie binden Ressourcen und haben nur kosmetischen Charakter. Die Kirchen müssten sich aber umfassend und grundlegend verändern, wenn sie Zukunft offenhalten wollen.

Herausforderung

Systeme können nicht maximal performen und zugleich optimal lernen – für beides muss hinreichend Raum sein; beides muss in einer guten Balance sein. Je mehr ein System seine Umweltreferenz verliert, desto höher wird das Risiko, den notwendigen Anpassungssprung nicht zu schaffen. Daher müssen die Kirchen ihre Aufmerksamkeit auf allen Ebenen sehr viel stärker als bisher auf Innovation und Transformation richten und die verbleibenden personellen und finanziellen Ressourcen – solange sie noch da sind – substanziell hierfür einsetzen.

Voraussetzung für die erfolgreiche Gestaltung nachhaltiger Innovations- und Transformationsprozesse ist jedoch, dass hierfür hinreichend Mittel zur Verfügung stehen. Kirche ist jedoch auf Stabilität programmiert. Die Bemühungen, die sich seit Jahren verstärkende Krise in den Griff zu bekommen, laufen meist nach alten Mustern ab: Sie dienen der Aufrechterhaltung der bisherigen Funktionalität, deren Output jedoch nicht mehr nachgefragt wird.

Gegenstand und Fragestellung

Doch wie kann das gehen: Ein Modell von Kirche, das volkskirchliche, das über Jahrzehnte erfolgreich war, grundlegend in allen seinen Facetten zu erneuern? Die Dinge, die man selbst als hauptberuflich oder ehrenamtlich Tätige gelernt, viele Jahre lang erfolgreich praktiziert und u. U. auch immer wieder in begrenztem Rahmen weiterentwickelt hat, durch etwas ersetzen, von dem man nicht weiß, ob es denn überhaupt funktioniert? Und sich denen zuwenden, die nicht kommen?

Die Ausrichtung derjenigen, die über Jahrzehnte auf die bewährte Weise ihren Dienst geleistet haben, lässt sich nicht mit einem Schalter aus- oder umdrehen. Das Arrangement aller Beteiligten, es noch eine kurze Strecke auf den alten Pfaden zu versuchen, ist überstark. Die Minderheit derjenigen, für die Veränderungen in der Kirche den Untergang des Abendlandes bedeutet, ist schrill und findet katholischerseits oftmals Gehör in Rom.

Auf diesem Hintergrund erscheint vielen eine additive Lösung die einzig mögliche zu sein: Weitermachen wie bisher, also v. a. performen, und zugleich Neues ausprobieren. Das gelingt aber nicht. Entweder geht diese Lösung auf die Gesundheit der Beteiligten oder der Einsatz für Neues erfolgt halbherzig und kann nicht erfolgreich sein. So wird Innovation nicht systemrelevant. Sie bleibt Alibi.

Wenn in der aktuellen Situation der Kirchen Innovation systemrelevant und Transformation nachhaltig werden soll, ist die zentrale Frage, wie in einem komplexen System wie dem kirchlichen in verantwortlicher Weise Freiraum geschaffen werden kann, um die notwendigen Lern- und Veränderungsprozesse gestalten zu können und v. a. Neues zu kreieren. Das erfordert in erster Linie transparente und begründete Entscheidungen.

Begriffsklärungen

Der notwendige Prozess des Abschaffens wird – je nach Kontext – als Exnovation, Produkteliminierung oder Produktabkündigung bezeichnet.

Der Begriff Exnovation wird v. a. in der Nachhaltigkeitsdebatte verwendet, in der sich zeigt, dass der Wandel allein durch Innovation nicht vollzogen werden kann. Es braucht zusätzlich das aktive Abschaffen als problematisch eingestufter Produkte und Technologien – etwa Glühbirnen, Stromerzeugung aus Kohle und Kühlschränke mit FCKW. In diesem

Kontext wird unter Exnovation ein „gezieltes und aktives Bemühen von Akteuren" verstanden, „bestehende Technologien, Organisationsstrukturen oder Verhaltensweisen ‚aus der Welt zu schaffen', weil sie ihre Lösungskraft verloren, unter veränderten Bedingungen und Erkenntnissen nicht mehr als zielführend oder gar als schädigend erkannt wurden"[208].

Im betriebswirtschaftlichen Kontext wird der Vorgang des Abschaffens häufig als Produkteliminierung oder Produktabkündigung geführt. Verschiedene Faktoren führen dazu: sinkende Nachfrage bzw. Rentabilität, eine veränderte strategische Ausrichtung, zu hoher Konkurrenzdruck bzw. zu große Wettbewerbsnachteile, sinkende Kundenzufriedenheit bzw. negatives Feedback aufgrund von Qualitätsproblemen, Funktionsmängeln u. a. Nicht zuletzt spielt auch der Kannibalisierungseffekt eine Rolle: Er tritt auf, wenn ein neues Produkt oder eine neue Dienstleistung eines Unternehmens die Verkäufe eines bereits bestehenden Produkts desselben Unternehmens verringert. Das kann auch umgekehrt gedacht werden: Damit das neue (i. d. R. verbesserte, ggf. teurere) Produkt sich besser am Markt durchsetzen kann, wird das ursprüngliche Produkt vom Markt genommen. Dies geschieht, um die Ressourcen auf das neue Produkt zu konzentrieren und die interne Konkurrenz zu reduzieren.

In kirchlichen Kontexten ist in letzter Zeit verstärkt der Begriff Exnovation aufgegriffen worden und in Mode gekommen. Er greift allerdings zu kurz. Es geht in den meisten Fällen nicht um Exnovation im engeren Sinne, also um die Abschaffung eines Angebots oder einer Tätigkeit. Viel häufiger steht eine Reduktion bzw. Schwerpunktsetzung an oder die Verlagerung der Verantwortung für ein Angebot oder eine Tätigkeit (z. B. von hauptberuflichen auf ehrenamtlich Tätige oder zwischen verschiedenen Ebenen kirchlichen Handelns).

Produktlebenszyklus

Hintergrund der folgenden Überlegungen ist die Idee, den Lebenszyklus eines Angebots aktiv zu gestalten. Der sog. Produktlebenszyklus umfasst alle Phasen der „Lebensdauer" eines Angebots, vom Konzept über das Design und die Ausgestaltung, die Produkteinführung, den Echtbetrieb und die Wartung bis hin zum Rückgang der Nutzung (Degeneration) und der

---

[208] Fichter, K., Nachhaltigkeit: Motor für schöpferische Zerstörung?, in: Howaldt, J., Jacobsen, H. (Hrsg.), Soziale Innovation. Auf dem Weg zu einem postindustriellen Innovationsparadigma, Wiesbaden 2010.

notwendigen Entscheidung, was mit dem Angebot bzw. den Ressourcen, die dort hineingesteckt werden, geschehen soll.

Wenn die Nutzung eines Angebotes signifikant zurückgeht oder Ersatzprodukte deutlich an Zuspruch gewinnen und das eigene Produkt überflügeln, gilt es zu entscheiden:

Sollen die Ressourcen, die in das Produkt gesteckt werden (Zeit, Geld ...), im gleichen Feld direkt reinvestiert werden, sei es für graduelle Verbesserungen (inkrementelle Innovation) oder eine radikale Neukonzeption des Produkts (disruptive Innovation), oder werden sie freigesetzt, um Raum für ganz andere Dinge zu schaffen, die sinnvoll und notwendig erscheinen? Hier bestehen drei Optionen, wie mit dem bisherigen Angebot umgegangen werden kann: Es kann outgesourct werden, etwa indem es eine Partnerorganisation übernimmt (z. B. ein Jugendhaus, das an die Diakonie geht) oder es im Falle einer Kirchengemeinde ehrenamtlich Tätigen anvertraut wird (z. B. Beerdigungen). Es kann aber auch in dem Sinne optimiert werden, dass man Wege sucht, wie das Angebot weniger Ressourcen in Anspruch nimmt oder es reduziert wird (Downsizing). Das kann z. B. der Fall sein, wenn Gottesdienste fokussiert bzw. konzentriert (und qualitativ verbessert) werden. Schließlich besteht natürlich auch die Möglichkeit, das Angebot auslaufen zu lassen und ersatzlos aus dem Portfolio zu streichen (End of Life).

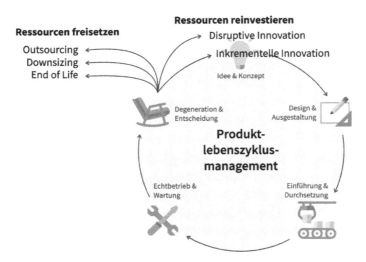

Übersicht über Instrumente und Vorgehensweisen

Bei Fragen der Priorisierung bzw. des Freiraumschaffens geht es im Kern um Entscheidungen, die in aller Regel in einer Gruppe oder einem Gremium zu treffen sind. Der Prozess der Entscheidungsfindung kann auf unterschiedliche Weise erfolgen. Folgende Verfahren werden hier vorgestellt:

- (Einzel-)Entscheidung nach dem Mehrheitsprinzip
- Clusterverfahren zur inversen Priorisierung
- Fokusfinder (multipler Paarvergleich)
- Ratingboard (Zustimmungsrating)
- Systemisches Konsensieren (Widerstandsrating)
- Cockpit Freiraum schaffen (kriteriengeleitete Entscheidung)

Das gewählte Verfahren beeinflusst stets auch die Gruppenkohäsion und -dynamik auf der einen und die individuelle Bereitschaft, das Ergebnis mitzutragen (Commitment), auf der anderen Seite. Daher ist die Frage der Verfahrenswahl stets mit einer systemischen Betrachtung und Bewertung von Risiken verbunden.

Entscheidung nach dem Mehrheitsprinzip

Die Frage, ob ein Angebot reduziert, ausgelagert oder abgeschafft werden soll, kann selbstverständlich nach dem Mehrheitsprinzip entschieden werden. Einfache Mehrheiten setzen die Zustimmung von mindestens der Hälfte, qualifizierte Mehrheiten von mindestens 2/3 der anwesenden Gruppenmitglieder voraus. Mehrheitsentscheidungen können i. d. R. sehr schnell herbeigeführt werden. Allerdings führen sie oftmals zu Polarisierungen (z. B. 55 % ja vs. 45 % nein). Sie produzieren Gewinner:innen und Verlierer:innen. Dies wirkt sich stark auf die Identifikation mit Entscheidungen aus. Gerade bei knappen Entscheidungen findet sich u. U. nahezu die Hälfte der Personen nicht im Ergebnis wieder. Hinzu kommt, dass bei solchen Entscheidungen die einzelnen Angebote isoliert und nicht in Relation zu anderen Angeboten betrachtet werden. Im Blick auf die Fragestellung ist das eher unterkomplex.

Clusterverfahren zur inversen Priorisierung

Ein einfaches Verfahren selbstgesteuerter Priorisierung von Tätigkeiten, Angeboten oder benötigten Ressourcen ist das Clusterverfahren zur inversen Priorisierung. Zielsetzung dieses Verfahrens ist es, ausgehend von einem gesamtorganisatorisch definierten Zielrahmen für notwendige Einsparungen den jeweils Verantwortlichen für Tätigkeits- oder Produktbereiche ein Instrumentarium an die Hand zu geben, um in Eigenregie zu entscheiden, was im eigenen Zuständigkeitsbereich zukünftig ganz weggelassen oder im Umfang reduziert werden soll. Der Clou ist dabei, dass man das Ganze im Blick behält und invers, also von hinten her, priorisiert. D. h., man überlegt, was – im Vergleich zum jeweiligen Rest – als Nächstes am ehesten gestrichen werden kann.

Das Verfahren geht von der Hypothese aus, dass die Verantwortlichen für ihren jeweiligen Verantwortungsbereich ein klares inneres Bild der Rangfolge von Tätigkeiten, Angeboten oder benötigten Ressourcen haben und genau sagen können, was sie – falls erforderlich – von hinten beginnend schrittweise aufgeben oder reduzieren würden.

Für die Durchführung des Verfahrens liegt ein DIN-A4-Formular und für komplexere Zusammenhänge eine Excel-Tabelle vor, in die Festlegungen und erarbeitete Ergebnisse schrittweise eingetragen werden. Wenn innerhalb des jeweiligen Verantwortungsbereichs mehrere Personen an der Entscheidung beteiligt sind, können die erforderlichen Festlegungen diskursiv erfolgen.

Die Bearbeitung des Clusterverfahrens zur inversen Priorisierung beginnt mit übergeordneten Vorklärungen in der Gesamtorganisation, die dann die Arbeitsgrundlage für die Einzelklärungen in den Verantwortungsbereichen sind. Dazu gehört u. a. die Frage, was Gegenstand der Betrachtung ist (Objekte: Tätigkeiten, Angebote ...), welche Organisationseinheiten bzw. Verantwortungsbereiche mit einbezogen werden, was anteilige Einsparziele sind und bis wann sie zu erreichen sind.

Auf dieser Basis wird in den jeweiligen Verantwortungsbereichen autonom weitergearbeitet. Das Vorgehen gliedert sich in mehrere Schritte, deren Ergebnisse im Formular „Inverse Priorisierung" festgehalten werden.

Kern des Verfahrens ist die schrittweise Festlegung der Objekte (Tätigkeiten, Angebote), die abgeschafft oder reduziert werden sollen, um die Einsparziele zu erreichen. Die Leitfrage hierfür ist: *Was von dem, was jeweils noch im Portfolio vorhanden ist, kann am ehesten weggelassen oder in seinem Umfang reduziert werden?* Für das identifizierte Objekt wird die mögliche Einsparung festgelegt. Das kumulierte Einsparvolumen bis zum jeweiligen Eintrag gibt Auskunft darüber, ob das Einsparziel erreicht oder weitere Objekte herangezogen werden müssen.

Einsparstufe 1				HD SYSTEM
Relatives Einsparziel 1	Absolutes Einsparziel 1		Zeitziel	
Relatives Einsparziel Stufe 1 (in %)	Absolutes Einsparziel Stufe 1 (in Euro oder Wochenstunden/VZÄ)		Zeitziel (zu erreichen bis ...)	

Nr. Priorität	Objekt Zu reduzierendes Tätigkeitsfeld, Angebot, ...	Art der Reduktion A: Exnovation/ganz abschaffen B: Reduktion C: Kooperation mit anderen D: Outsourcing	Einsparung in Euro oder Std./VZÄ	Kumuliert Kumulierte Einsparung in Euro oder Std./VZÄ
n.	Hier tippen	Hier tippen	Hier tippen	Hier tippen
n.	Hier tippen	Hier tippen	Hier tippen	Hier tippen
n.	Hier tippen	Hier tippen	Hier tippen	Hier tippen
n.	Hier tippen	Hier tippen	Hier tippen	Hier tippen
n.	Hier tippen	Hier tippen	Hier tippen	Hier tippen
n.	Hier tippen	Hier tippen	Hier tippen	Hier tippen
n.	Hier tippen	Hier tippen	Hier tippen	Hier tippen
n.	Hier tippen	Hier tippen	Hier tippen	Hier tippen
n.	Hier tippen	Hier tippen	Hier tippen	Hier tippen

Nr. Priorität	Anmerkungen Rechtliche, finanzielle, personelle und zeitliche Realisierbarkeit (z.B. Eintritt in Vorruhestand oder Rente, alternativer Personaleinsatz, Vertragslaufzeiten, Umstellungszeiten...)
n.	Hier tippen
n.	Hier tippen
n.	Hier tippen

In der Regel geht man bei diesem Verfahren diskursiv vor. Es bietet sich an, notwendige Entscheidungen nach dem Konsentprinzip[209] zu fällen. Ist die diskursive Form der Priorisierung jedoch nicht zielführend, weil z. B. Eigeninteressen eine Konsensbildung erschweren, bieten sich spezifische Entscheidungsverfahren als Zwischenschritt an, insbesondere Rating-

---

[209] Die Moderation von Entscheidungsprozessen nach dem Konsentprinzip kommt ohne Abstimmung aus. Alle für die Entscheidung relevanten Aspekte werden nach einem bestimmten Verfahren – der Kreismoderation – im Diskurs erörtert. Die Moderation stellt sicher, dass alle Beteiligten ihre Sichtweisen und Argumente einbringen können (Meinungsbildung). Am Ende steht die Beschlussfassung, die mit der Formulierung eines Lösungsvorschlags beginnt, der alle zuvor gehörten Argumente berücksichtigt. Der Vorschlag wird angenommen, sofern es keinen „schwerwiegenden Einwand" gibt. Dieser Einwand muss argumentativ begründet sein und einen integrativen Vorschlag zur Verbesserung der gemeinsamen Lösung beinhalten.

verfahren, systemisches Konsensieren oder multipler Paarvergleich (Fokusfinder), die im weiteren Verlauf gesondert beschrieben werden.

Beim Nachdenken über Einsparmöglichkeiten und -prioritäten ist immer darauf zu achten, dass es zwischen Tätigkeiten oder auch Angeboten Wechselwirkungen geben kann, die nicht zu vernachlässigen sind und ggf. die Einsparreihenfolge oder auch das jeweils ins Auge gefasste Einsparvolumen beeinflussen können.

Die Ergebnisse der unterschiedlichen Verantwortungsbereiche müssen dann zusammengeführt und auf Diskontinuitäten bzw. Wechselwirkungen hin überprüft werden. Hier kann es noch zu einzelnen Verschiebungen kommen. Sie haben i. d. R. übergreifende Bedeutung und müssen daher gemeinsam entschieden und getragen werden. Abschließend ist zu überlegen, wie die Kommunikation zu gestalten ist, also wer wie wann und auf welchem Weg informiert wird.

Arbeit mit dem Fokusfinder – Multipler Paarvergleich

Der Fokusfinder basiert auf dem Prinzip des multiplen Paarvergleichs. Auch hier handelt es sich um ein Verfahren, das in besonderer Weise zur Priorisierung in Gruppen geeignet ist. Der Fokusfinder wird in mehreren Schritten durchlaufen.

Zu Beginn legt man fest, was betrachtet und ggf. reduziert oder abgeschafft werden soll (z. B. Angebote oder Tätigkeitsfelder) und wie die Reduktion bzw. das Abschaffen gemessen werden soll (z. B. über Zeitressourcen, die eingesetzt werden).

Dann werden alle infrage kommenden *Objekte* (z. B. die Angebote einer Kirchengemeinde) aufgelistet, die potenziell reduziert oder abgeschafft werden könnten.

Ausgehend von einer definierenden Fragestellung (z. B. *Was ist (uns) wichtiger?*) werden die Objekte paarweise miteinander verglichen. Auf Basis aller Paarvergleiche wird die *Rangfolge* der Objekte gebildet und mit weiteren Informationen angereichert: Der aktuelle Ressourcenverbrauch und die mögliche Einsparsumme werden eingetragen. Die kumulierte Einsparsumme zeigt an, ob bzw. inwieweit das insgesamt angestrebte Einsparziel erreicht ist oder weitere Objekte in die Berechnung einbezogen werden müssen.

Auch hier werden die Ergebnisse sprachlich zusammengefasst und eine finale Entscheidung über die Reduzierung oder gänzliche Abschaffung der Angebote bzw. Objekte formuliert, die dann sorgfältig und differenziert zu kommunizieren ist.

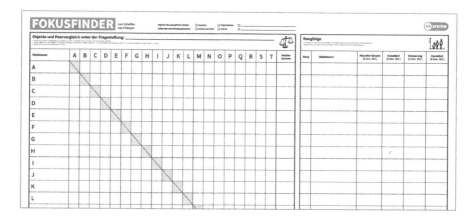

Arbeit mit dem Ratingboard – Zustimmungsrating

Beim Freiraumschaffen mit Hilfe des Ratingboards wird der Grad der Zustimmung zur Abschaffung bzw. substanziellen Reduktion eines Angebotes abgefragt. Hierbei handelt es sich um intervallskalierte Einschätzungen.

Zunächst wird ähnlich wie beim Fokusfinder definiert, was betrachtet und ggf. reduziert oder abgeschafft werden soll, z. B. Angebote, Tätigkeitsfelder, Immobilien etc. Ebenso wird die Größe bestimmt, in der die Reduktion bzw. das Abschaffen gemessen werden soll.

Alle infrage kommenden *Objekte,* die zur Disposition stehen, werden in der Matrix aufgeführt und die Einzelbewertungen der Teilnehmer:innen eingetragen. Diese sollen das Ausmaß ihrer Zustimmung angeben, ein Objekt abzuschaffen bzw. es substanziell zu reduzieren. Basierend auf den Durchschnittsbewertungen werden die Objekte in eine *Rangfolge* gebracht. Zusätzlich wird in diesem Schritt wie beim Fokusfinder der aktuelle Ressourceneinsatz bestimmt und je Objekt überlegt, wie viel man einsparen will. Die kumulierten Einsparsummen geben Aufschluss darüber, ob das angepeilte Einsparziel bereits erreicht ist.

Die Ergebnisse werden sprachlich zusammengefasst und eine finale Entscheidung über die Reduzierung oder gänzliche Abschaffung der Angebote getroffen, die entsprechend kommuniziert wird.

Systemisches Konsensieren – Widerstandsrating

Das systemische Konsensieren zur Schaffung von Freiraum ist vom Vorgehen her dem Ratingverfahren vergleichbar. Im Unterschied dazu wird nicht der Grad der Zustimmung zur Abschaffung bzw. substanziellen Reduktion eines Angebotes abgefragt, sondern umgekehrt der Widerstand dagegen. Auch hier liegen intervallskalierte Einschätzungen vor.

Die Ergebnisse des systemischen Konsensierens und des Ratingverfahrens unterscheiden sich markant. Während beim Ratingverfahren jene Objekte im Fokus sind, deren Abschaffung bzw. Reduktion von der Mehrheit der Teilnehmenden befürwortet wird, sind es beim systemischen Konsensieren jene, bei denen der Widerstand gegen die Abschaffung/Reduktion am geringsten ist. Daher ist vom Grundsatz her eine höhere Akzeptanz in der Breite gegeben als beim Rating.

Cockpit Freiraum schaffen – Kriterienorientierte Entscheidung

Das „Cockpit Freiraum schaffen" bietet die Möglichkeit, Entscheidungen über die Abschaffung bzw. Reduktion von Angeboten oder Tätigkeiten kriterienbasiert zu treffen. Das Instrument wird in der Gruppe diskursiv bearbeitet, greift aber in Teilen auch auf vorhandene Daten aus Beobachtungen zurück. Die Angebote (bzw. Tätigkeiten) im Portfolio werden dabei schrittweise anhand von 8 Kriterien (Dimensionen) bewertet. Jeweils zwei Dimensionen sind zu einer Matrix zusammengefasst:

1) relative Nachfragestärke x relative Nachfrageänderung
2) relativer Aufwand x Nähe zum Purpose
3) Breitenwirkung x Tiefenwirkung
4) Risiko der Abschaffung (Kundenbeziehung und Stakeholderinteressen) x Chance der Beibehaltung (Marktpotenzial/-chancen)

Die Angebote werden entsprechend ihrer Position auf den jeweiligen Dimensionen in den Matrizen eingetragen. Anhand des Gesamtüberblicks lassen sich die Angebote dann anhand von Plausibilitätsüberlegungen in eine Rangfolge bringen, die Auskunft darüber gibt, welche Angebote am ehesten reduziert, outgesourct oder aufgegeben werden können. Es empfiehlt sich, notwendige Entscheidungen nach dem Konsentprinzip zu treffen.[210] Angebote werden schließlich entsprechend ihrer Rangordnung inkl. der damit freiwerdenden Ressourcen in das Ergebnisfeld übertragen. Nächste Schritte können im Anschluss geplant und festgehalten werden.

Das Verfahren kann auf zwei verschiedene Art und Weisen durchgeführt werden. Es kann in Gänze diskursiv auf der Basis aktueller Erfahrungen und Einschätzungen der Teilnehmenden eines Workshops bearbeitet werden. Damit hat das Verfahren einen Screening-Charakter, da etwa Größen wie Nachfrage und Nachfrageänderung auf subjektiven Eindrücken der Beteiligten basieren. Das Verfahren kann aber auch differenzierter und datenbasiert durchgeführt werden, indem ein Teil der Kenngrößen (wie Nachfrage oder Aufwand) mit echten (also empirischen) Daten hinterlegt wird. Der Aufwand für diese Vorgehensweise ist entsprechend höher, weil die Daten beschafft und notwendige Berechnungen erstellt werden müssen.

---

[210] Vgl. Fußnote 206.

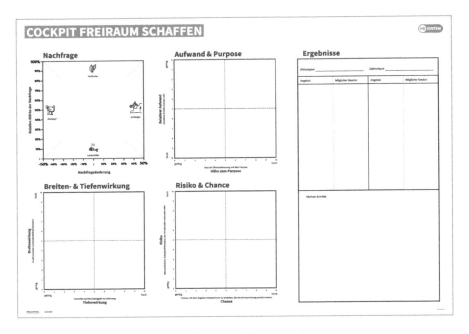

Kriterienbasierte Analyse der Angebote

Relative Nachfrage x relative Nachfrageänderung

Im ersten Analyseschritt wird die Nachfrage und deren Änderung über die Zeit betrachtet, um daraus Informationen für die Weiterentwicklung des Angebotsportfolios zu gewinnen. Sie kann – wie zuvor erwähnt – intuitiv als Screeningverfahren oder systematisch als empirisch fundiertes Analyseverfahren eingesetzt werden.

Aufwand x Purpose

Im zweiten Schritt wird die Relevanz des Angebots für die Organisation, definiert als Nähe zum Purpose (Sinn & Zweck der Organisation), mit dem Aufwand in Beziehung gesetzt, der notwendig ist, das Angebot vorzuhalten bzw. zu erbringen.

Breitenwirkung x Tiefenwirkung

Es folgt die Analyse bzw. Einschätzung des Angebots hinsichtlich seiner Breiten- und Tiefenwirkung. Unter Breitenwirkung wird verstanden, wie groß die Bandbreite bzw. das Spektrum der Adressat:innen ist, das mit einem Angebot erreicht wird. Mit Tiefenwirkung ist gemeint, in welchem Ausmaß ein Angebot die Auseinandersetzung und Mitwirkung des:der

Adressat:in erfordert, in welcher Intensität es Erfahrungen ermöglicht und wie nachhaltig es in seiner Wirkung ist.

Risiko x Chance

Abschließend wird das Angebot dahingehend untersucht, wie hoch das Risiko einer Reduktion, eines Outsourcings oder der Abschaffung des Angebots ist und in welchem Maße die Beibehaltung des Angebots (in bisheriger Form) neue Marktchancen, also Potenziale, eröffnet, neue Adressatengruppen anzusprechen.

Darstellung im Kriterienraum

Durch die Bearbeitung erhält man ein anschauliches Bild davon, wie die Angebote im Kriterienraum positioniert sind. Aus der Position in der jeweiligen Matrix und über die Matrizen hinweg ergeben sich konkrete Hinweise darauf, wie mit den Produkten weiter zu verfahren ist.

Die Dimensionen in allen Matrizen sind so gepolt, dass im linken unteren Quadranten („roter Bereich") diejenigen Angebote liegen, die – aus Sicht derjenigen, die das Board bearbeitet haben – bezogen auf die jeweils betrachteten Kriterien eher schlecht abschneiden. Angebote, die oben rechts im „grünen" Bereich liegen, werden positiv eingeschätzt.

Über die Einzelbetrachtung hinaus ist jedoch das Gesamtbild entscheidend. Bei jenen Angeboten, die gehäuft, also zwei-, drei- oder viermal, im roten Bereich liegen, ist die Plausibilität hoch, dass sie gut und einvernehmlich reduziert, outgesourct oder abgeschafft werden können.

Priorisierung der Angebote und Berechnung des Einsparpotenzials

Ein weiterer wesentlicher Schritt besteht jetzt darin, die Angebote anhand ihrer Positionierung im Kriterienraum zu priorisieren. Diskursiv wird die Rang- und Reihenfolge festgehalten, in der man die Angebote reduzieren, anderweitig platzieren oder exnovieren will. Es gibt dabei sicher Fälle, die unstrittig sind, es gibt sicher auch Fälle, die nicht eindeutig sind. Auf jeden Fall braucht es hier klare und begründete Entscheidungen. Auch hier empfiehlt sich das Konsentverfahren.[211] Am Ende steht die Liste der Produkte, die in der Folge schrittweise auf das darin liegende Rückbau- und

---

[211] Vgl. Fußnote 206.

Einsparpotenzial zu prüfen sind, bis man das anvisierte Limit erreicht hat.

Auch die Berechnung des Einsparpotenzials erfordert mehrere Schritte. Hierfür steht die Karte „Einsparpotenzial" zur Verfügung. Zunächst wird auf einen definierten Referenzzeitraum bezogen berechnet, wie hoch aktuell der Aufwand für ein Angebot ist. Im zweiten Schritt werden unterschiedliche Szenarien geprüft.

- Optimierungsszenarien: Optionen, die auf eine Reduktion des Aufwands bei grundsätzlicher Beibehaltung des Angebots abzielen
- Outsourcing- oder Verselbstständigungsszenarien: Optionen, das Angebot in andere Hände (ggf. auch Strukturen bzw. Trägerschaften) zu übergeben
- Eliminierungsszenario: komplette Eliminierung, also die Aufgabe des Angebots

Für jedes der Szenarien ist neben dem Einsparpotenzial der Aufwand für den Anschub der jeweiligen Änderung anzugeben und eine Risikobewertung vorzunehmen. Die Ergebnisse werden im Cockpit dokumentiert.

Abschließende Überlegungen zur Indikation

Die skizzierten Instrumente beschreiben mehr oder weniger strukturierte Vorgehensweisen, um zu qualifizierten und transparenten Entscheidungen zu kommen, welche Tätigkeiten oder Angebote weggelassen oder reduziert werden können, wenn Ressourcen fehlen oder in Innovation gesteckt werden sollen.

Den größten Gestaltungsspielraum für Verantwortliche von Teilbereichen der Organisation gibt das Clusterverfahren zur inversen Priorisierung. Da es in der Grundversion diskursiv angelegt ist, besteht eine höhere Anfälligkeit, sich in Diskussionen zu verstricken. Daher ist eine gut funktionierende Arbeitsbeziehung für dieses Verfahren unabdingbar.

Umgehen lässt sich das Risiko, wenn man (ggf. zusätzlich) auf die strukturierteren Verfahren zurückgreift, in denen die Entscheidung auf einer Skalierung beruht. Das einfachste Verfahren ist das Ratingverfahren. Es fokussiert die Zustimmung zur Frage, was abgeschafft oder reduziert werden soll. Im Ergebnis kann das bedeuten: Man hat zwar diejenigen Objekte identifiziert, die mehrheitlich eine Zustimmung finden, aber aus dem Auge verloren, dass es dabei zu einzelnen Objekten erhebliche Widerstände geben kann. Das Verfahren ist anwendbar, wenn es tendenziell eine hohe Übereinstimmung in der Frage des Freiraumschaffens gibt.

Ist dies nicht der Fall, insbesondere dann, wenn Polarisierungen zu erwarten sind, bietet sich das Systemische Konsensieren an. Hier wird der Widerstand gegen die Abschaffung bzw. Reduktion eines Objektes gemessen. Idealerweise führt man beide Verfahren durch und bearbeitet die Differenzen im Ergebnis diskursiv auf Basis des Konsentverfahrens.

Der Fokusfinder integriert wesentlich mehr Informationen und ist daher etwas aufwändiger. Im Blick auf die Fragestellung (z. B. *Was ist wichtiger?*) wird jedes einzelne Objekt mit jedem anderen Objekt verglichen. Dadurch wird die Entscheidung sehr valide. Auch dieses Verfahren lässt sich mit den beiden zuvor genannten kombinieren, um die Unterschiede wahrzunehmen und diskursiv auszuhandeln. Benutzt man alle drei Verfahren, ist das Ergebnis äußerst zuverlässig.

Die drei bisher genannten Skalierungsverfahren setzen darauf, dass die Optionen der beteiligten Akteur:innen Gültigkeit haben und mit gleichem Gewicht in das Ergebnis einfließen, losgelöst von den jeweiligen Kriterien, die den einzelnen Optionen zugrundeliegen. Das „Cockpit Freiraum schaffen" bietet im Unterschied dazu acht paarweise kombinierte Kriterien, die für die Bewertung von Angeboten relevant sind. Die Einschätzung der Objekte, bezogen auf die Kriterien, geschieht diskursiv oder auch z. T. anhand empirischer Daten. Das Ergebnis ist eine anschauliche Positionierung der Objekte im Kriterienraum, die entscheidende Hinweise für die Erstellung der Objektrangfolge liefert. Dieses Verfahren ist am aufwändigsten, integriert empirische Daten, sorgt für die Anwendung der gleichen Kriterien auf alle Objekte und plausibilisiert die Entscheidung der Kriterien. Voraussetzung ist, dass die Beteiligten den Kriterien folgen und ihre Plausibilität anerkennen können.

G. Kirche neu denken – Ansätze und Utopien

Im Abschnitt Kirche neu denken – Ansätze und Utopien wird der Versuch unternommen, Kirche ausgehend vom Sendungsauftrag alternativ, radikal neu denken. Ziel ist es, Ansätze zu skizzieren, die aus der bisherigen, territorial geprägten Organisationslogik ausbrechen, um in einem ersten Zugang alternative „Geschäftsmodelle" zu skizzieren, ohne den Anspruch, ein neues Einheitsparadigma jenseits von Volkskirche, Gemeinde oder „Andersorten" zu schaffen.

Michael Schüßler plädiert in *Radikale Gegenwart als Form der nächsten Kirche* dafür, das „Risiko der Gegenwart (...) zum Ort der Entdeckung Gottes zu machen". In *Sichtachsen zum Himmel. Ideen zur „Aufstellung" unserer Kirche* nimmt Gerhard Wegner in gewisser Weise die Gegenposition ein: Kirche hat eine Botschaft. Aus der Perspektive der Mitgliederorganisation geht es in erster Linie um Reproduktion, „Add Members or don't do it!". Er beschreibt, wie das gelingen könnte. Björn Szymanowski erläutert in seinem Beitrag *An ihren Früchten werdet ihr sie erkennen. Pastoraltheologische Orientierungen für eine anspruchsvolle Praxis kirchlicher Dienstleistung* das Modell einer ganz an den Adressaten ausgerichteten Dienstleistungskirche. Ganz weit geht Jens Ehebrecht-Zumsande in *Das kirchliche Betriebssystem auf Open Source stellen. Ideen zur „Aufstellung" unserer Kirche*. Kirche geht in Begegnung, sie gibt ihren Quellcode frei und vertraut darauf, dass der Heilige Geist genau darin wirksam ist und sie führt. In *Ein Ort am Rande des Chaos* berichten Miriam Penkhues und David Schulke abschließend von den Erfahrungen der Villa Gründergeist in Frankfurt am Main, einer christlich inspirierten Plattform für Social Entrepreneure.

Radikale Gegenwart als Form der nächsten Kirche
Michael Schüßler

„Wir finden Ihr Anliegen unterstützenswert. Aber wir kooperieren nicht mit einer Täterorganisation wie der katholischen Kirche."[212] So beschreibt Anna Grebe auf katholisch.de die Erfahrungen von Kirchengemeinderät:innen vor Ort oder von Referent:innen in Bildungshäusern. Sexuelle und geistliche Gewalt, Vertuschung und Klerikalismus, diskriminierende Lehr- und Seelsorgepraxis – wer heute (noch) katholisch ist, hat es wirklich nicht leicht. Der Synodale Weg ist wichtig, kann aber Entscheidendes nicht verändern. Viele Gläubige empfinden sich deshalb „obdachlos katholisch"[213] oder treten aus der Kirche aus, um überhaupt noch weiter redlich katholisch bleiben und hoffen zu können.

Die Aufgabe von Theologie kann in all dem kein billiges „Trotzdem" und wohl auch kein nur scheinbar reflektierteres „Dennoch"[214] sein. Grebe schreibt weiter in aller Klarheit: „Wenig hilfreich ist nun, beleidigt zu sein oder sich als Katholik:innen selbst in die Opferrolle zu bringen [...] Sollte man versuchen, mit Argumenten aufzuzeigen, dass das Gute am Engagement in kirchlichen Strukturen und für andere Menschen das strukturelle Versagen der Institution Kirche aufwiegen kann? Nein. Wenn sich Kirche nicht verändert, dann versündigt sie sich nicht nur an Menschen in Not, sondern auch an jenen, die sich gegen Armut und Gewalt engagieren und die Welt im Sinne der Botschaft Christi zu einem besseren Ort machen wollen."[215]

Es gilt, sich der abgründigen Wirklichkeit analytisch wie theologisch zu stellen. Dazu gehören echte Musterwechsel und das kirchliche Verlernen von tiefsitzenden Selbstverständlichkeiten und Routinen. So beschreibt Klerikalismus nicht nur offensichtliches priesterliches Fehlverhalten, sondern ist als Machtstruktur in das katholische Feld eingebacken wie

---

[212] Grebe, A., Wenn sich die Kirche nicht verändert, schadet sie auch den Engagierten, in: katholisch.de 04.10.2022, URL: https://www.katholisch.de/artikel/41312-wenn-sich-die-kirche-nicht-veraendert-schadet-sie-auch-den-engagierten [10.11.2023].
[213] Laudage-Kleeberg, R., Obdachlos katholisch. Auf dem Weg zu einer Kirche, die wieder ein Zuhause ist, München 2023.
[214] URL: https://dennoch.eu/ [01.12.2023].
[215] Ebd. Das Argument findet sich ausformuliert in Sander, H.-J., Anders glauben, nicht trotzdem. Sexueller Missbrauch der katholischen Kirche und die theologischen Folgen, Ostfildern 2021.

Zimt in eine Zimtschnecke,[216] auch wenn neuerdings „Synodalität" auf der Tüte steht. Das vielfältige Verstricktsein in die klerikale Heilsökonomie und Rollenstruktur dokumentiert sich nicht nur in ihren toxischen Auswirkungen, sondern auch in den resonanten Bereichen positiver (Glaubens-)Erfahrungen, in den emotionalen Bindungen an die „heilige" Kirche, in den komplementären Rollen der Gläubigen beim klerikalen Spiel der Heilserwartung. Wer wirklich Co-Klerikalismus[217] überwinden will, kann hier bei vielem nicht mehr einfach „dennoch" mitspielen. Es gilt, manches einfach beiseitezulassen und stattdessen neue Spielfelder zu eröffnen.

Weder in eine glorreiche Vergangenheit noch in eine erträumte Zukunft ist deshalb auszuweichen: Die Zukunft der Kirchen liegt in einer Haltung radikaler Gegenwart. Denn das ist der Ort, an dem das Evangelium bezeugt oder verraten wird – es gibt keinen anderen.

Analytisches: Ewigkeit, Geschichte, Ereignis als Formationen von Kirche im Konflikt

Um diese kirchliche Gegenwart zu verstehen, ist es hilfreich, drei unterschiedliche Selbstverständnisse des Katholischen zu unterscheiden. Es handelt sich um weitläufige Formationen, die jeweils Gott, Zeit und Welt in ein bis in die Architektur von Räumen hinein sichtbares Verhältnis bringen.

1. Ewigkeit

Denken Sie zuerst an den Kölner Dom. Ein Bauwerk, wie gemacht für die Ewigkeit. Man geht durch das Portal und fühlt sich gleich winzig klein und unbedeutend. Alles strebt gotisch nach oben in eine gigantische Höhe. Ein Gefühl stellt sich ein, dem man sich fast nicht entziehen kann. Dieser Kirchenbau steht für die ewige und unveränderliche Macht Gottes. Der Einzelne erscheint schwach und fehlbar und darf sich dankbar fühlen, Teil einer so erhabenen Sakral-Institution des Heils zu sein. Im 19. Jh. wird Kirche auch praktisch zur „societas perfecta" mit Unfehlbarkeit des

---

[216] So Hanlon Rubio, J., Schutz, P. J., Beyond 'Bad Apples'. Understanding Clergy Perpetrated Understanding Sexual Abuse as a Structural Problem & Cultivating Strategies for Change, Santa Clara University 2022, 5, URL: https://www.scu.edu/media/ignatian-center/bannan/Beyond-Bad-Apples-8-2-FINAL.pdf [10.11.2023].
[217] Vgl. dazu Heft 1/2022 der Lebendigen Seelsorge zum Thema Klerikalismus, darin: Schüßler, M., Un/doing Co-Klerikalismus, in: Lebendige Seelsorge 73/1 (2022), 50–55.

Papstes, Unveränderlichkeit der Lehre und organisatorischer Zentralisierung. Ehrfurcht und Gehorsam sind deren entscheidende Tugenden, die sakramentale Heilsvermittlung durch Priester der pastorale Zentralvollzug: *Kirche als Ewigkeit.*

2. Geschichte

In den vergangenen Jahren wurde bei Umbau- und Sanierungsarbeiten der Innenraum mancher Kirchen nicht mehr nach dem Modell „Altarraum mit Kirchenbänken" gestaltet. Stattdessen sind Bänke oder Stühle in einer Ellipse um die beiden Brennpunkte Ambo/Lesepult und Altar herum aufgestellt: ein Communio-Raum. Die Gemeinde vor Ort soll sich auch im Gottesdienst wirklich als eine Gemeinschaft (Communio) erleben. Die Gläubigen sind als Volk Gottes gemeinsam unterwegs auf dem Weg durch die Zeit bis zur Vollendung, so das Kirchenbild des II. Vatikanums. Aus dem statischen Gott über uns wird der mitgehende Gott neben und vor uns. Dieser biblische Gott kann jetzt (wieder) als in der Geschichte erfahrbar geglaubt werden, die von der Schöpfung bis zur Erlösung in einen Heilsplan eingespannt ist. Praktisch wurde aus der vorkonziliaren Pfarrei die lebendige Gemeinde. „Wer mitmacht, erlebt Gemeinde", so der beliebte Slogan. Wer allerdings nicht mitmacht, gilt als „fernstehend". Bei aller neuen Dynamik bleibt das Kriterium von Kirchlichkeit die Teilnahme an der priesterzentrierten Sonntagseucharistie. Vielfalt hat hier Platz, allerdings nur in der Einheit mit dem sanften Klerikalismus der Pfarrer und Bischöfe: *Kirche als Gemeinschaft in Geschichte.*

Zwischenhalt: Diese beiden Formationen liegen seit Jahrzehnten im Streit. Mit dem Durchbruch des II. Vatikanums steht der statischen Ewigkeit von Kirche eine fortschrittliche Kirche der Zukunft gegenüber. Diese hat aber eine ganz bestimmte Form, nämlich die von moderner Geschichtstheologie und der Gemeindekirche. Doch im 21. Jh. sind zwischen digitalen Technologien, Klimakatastrophe und anhaltender Gewalt beide Formationen in der Krise ihrer jeweiligen Verflüssigung. Weder Vergangenheit noch Fortschritt verheißen etwas rein Positives. Die Gesellschaft hat auf Gegenwart umgestellt. Und das heißt auf Ereignisse im Dazwischen ohne Garantien eines Happy End.

3. Ereignis

Auf der Schillerwiese im Bamberger Hain steht eine traditionelle Kirchenbank. Zwei Personen sind dort in ein lebhaftes Gespräch vertieft. Dem ökumenischen Mittagsgebet war vor ein paar Jahren die Kirche abhandengekommen. Der Putz rieselte von der Decke, die Statik war gefährdet, ein akuter Sanierungsfall. Und eine günstige Gelegenheit, kreativ zu werden. Das Seelsorge-Team entwickelte die Idee, eine Kirchenbank vom Depot in den öffentlichen Raum zu bringen und dort regelmäßig präsent zu sein. Ein punktueller Ort für flüchtige Ereignisse, die niemand in der Hand hat. Das Ganze ist mit einer kleinen Info-Kampagne bei ziemlicher Ungewissheit und mit überschaubaren Erwartungen gestartet – und hat doch irgendwie funktioniert.[218] Dem entspricht die zentrale Erfahrung der Gegenwart: Mit jedem Ereignis kann sich die ganze Welt verändern, aber man weiß nur selten, wohin. Corona und Ukrainekrieg sind nur die Spitze epochaler Verschiebungen. 2007 kommt das erste iPhone auf den Markt und seither revolutioniert Digitalität unser Zusammenleben. 2010 macht Klaus Mertes den sexuellen Missbrauch in der Kirche sichtbar. Seit diesem Schweigebruch ist Gewalt in der Kirche besprechbar. Aber wegen der systemischen Vertuschung ist auch viel Vertrauen verspielt. 2018 setzt sich Greta Thunberg mit dem Schild „Schulstreik für das Klima" vor den Schwedischen Reichstag und gibt der neuen Klimabewegung ein Gesicht. Diese bedankt sich in Lüzerath bei „Kirche an der Kante" und „Christians for Future" für die ökologische Solidarität.

Der Soziologe Philipp Staab diagnostiziert in Zeiten von Corona, Krieg und Klimakatastrophe eine Rückkehr von (Über-)Lebensfragen. Leitmotive sind nicht mehr die Formeln der Selbstentfaltung wie Fortschritt, Emanzipation, individuelle Freiheit, sondern die der Selbsterhaltung, vor allem kritischer Anpassung an Probleme planetaren Ausmaßes. „Die adaptive Konstellation wirft die [...] entscheidende Frage auf, unter welchen Voraussetzungen Lebensführung unter den Bedingungen gefährdeter Selbsterhaltung gelingen kann."[219] Dem entspricht eine epochale Umstellung in den Zeithorizonten, wie sie hier pastoralanalytisch skizziert wurde: „Fundamentale Verschiebung in den Zeitbezügen der Menschen: War für das moderne Zeitverhältnis die Umstellung von Ewigkeit auf Zukunft kennzeichnend, so ist es für die adaptive Gesellschaft jene von der Zu-

---

[218] Röhner, S., Geh hinaus – da kannst Du was erleben! Erfahrungen an einem neuen Ort von Kirche, in: feinschwarz 17. 11. 2016, URL: https://www.feinschwarz.net/geh-hinaus-da-kannst-du-was-erleben-erfahrungen-an-einem-neuen-ort-von-kirche/ [10.11.2023].
[219] Staab, P., Anpassung. Leitmotiv der nächsten Gesellschaft, Berlin 2022, 25.

kunft auf die Gegenwart."²²⁰ Oder: *Kirche als Ereignis im Risiko der Gegenwart.*²²¹

Ewigkeit – Geschichte – Ereignis

Da lauert gleich ein Missverständnis. Denn diese Formationen lösen sich nicht gegenseitig ab. Alle drei sind in digitalisierter Gegenwart gleichzeitig und konflikthaft ineinander verschlungen präsent²²²: als verbissener Überlebenskampf einer ständisch verfassten, vorkonziliaren „societas perfecta" (Ewigkeit), als Relativierung der nachkonziliaren gemeindlichen „Vollform von Kirche" auf ihrem Weg durch die Zeit (Geschichte) und als risikoreiche Suchbewegung in ereignisbasierter Gegenwart, in der unhintergehbare Freiheitsbedingungen der Lebensführung sowie alltagskulturelle Vielfalt die verflüssigte Geschäftsgrundlage allen kirchlichen Handelns sind (Ereignis). Der Ort dieses Ringens aber ist unausweichlich die Gegenwart: das situative Ereignis, der jeweils nächste Schritt in einem unsicheren Gelände als neuer Inkulturationsort des Evangeliums.

Um es an einem Beispiel aus der pastoralen Praxis zu verdeutlichen: Die Taufe²²³ gilt in der „Ewigkeits-Formation" als heilsnotwendige Eingliederung in die Gnadenanstalt der „societas perfecta", um einem strafenden Gott zu entkommen und das im Gehorsam erhoffte ewige Heil zu erlangen. Mit dem II. Vatikanum wurde die Taufe zur Eingliederung in die Ortsgemeinde, wo sich eine Karriere der lebensphasenspezifischen Bindung an die pfarrlichen „Angebote" und kirchlichen „Werte" entfalten sollte. Wer heute in der Seelsorge tätig ist, erfährt nun aber mit nahezu jedem pastoralen Kontakt, dass beide Zuschreibungen ihre Relevanz verloren haben. Burkhard Hose berichtet von einem in seiner Hochschulgemeinde engagierten Paar. Sie wollten ihr Kind taufen lassen. Was sie nicht wollen,

---

[220] Ebd., 81.
[221] So der einflussreiche Titel von Bucher, R., Theologie im Risiko der Gegenwart. Studien zur kenotischen Existenz der Pastoraltheologie zwischen Universität, Kirche und Gesellschaft, Stuttgart 2010.
[222] Vgl dazu Linder, S., Eine streitende Kirche in digitaler Gegenwart. Warum eine Theologie der Digitalität nach Synodalität und Streitkultur verlangt, Tübingen 2023, URL: https://publikationen.uni-tuebingen.de/xmlui/bitstream/handle/10900/140940/Linder%2c%20Simon_Eine%20streitende%20Kirche%20in%20digitaler%20Gegenwart.pdf?sequence=2&isAllowed=y [10.11.2023].
[223] Vgl. dazu ausführlicher Schüßler, M., Über/Leben: Sakramentalität und Offenbarung im Ereignisdispositiv, in: Bechmann, U., Bucher, R., Krockauer, R., Pock, J. (Hrsg.), Theologie als Werkstatt. Offene Baustellen einer praktischen Theologie, Münster 2023 (in Veröffentlichung).

ist, dass ihr Kind Mitglied dieser Kirche wird, „in der so viele Werte, die ihnen wichtig seien, mit Füßen getreten würden. Deshalb wollten sie sich erkundigen, ob es die Möglichkeit einer Taufe ohne Kirchenmitgliedschaft gebe"[224]. Die Taufe ist, sofern sie noch stattfindet, ein ritueller Kontaktpunkt von Eltern und Kind, von Familie und Freunden mit dem kirchlich überlieferten Glauben in sakramentaler Verdichtung. Dabei kann niemand garantieren, was die Feier des sakramentalen Zuspruchs der Gnade Gottes den Einzelnen einmal bedeuten wird – nicht einmal die oft unterstellte völlige Bedeutungslosigkeit ist sicher.

Eine evangelische Gemeinde in Berlin bietet neuerdings sogar viel beachtete „Popup-Taufen" an. Ist das jetzt der Ausverkauf des Allerheiligsten? „‚Die Sorge, dass die Menschen, die spontan kommen, nicht ganz bei Trost sind oder die Taufe leichtfertig wollen, ist nach den bisherigen Erfahrungen völlig unbegründet', erzählt Zisselsberger, eine Frau voller Tatkraft. ‚Sie haben sich ausführlich – manchmal jahrelang – damit beschäftigt.' Wenige seien religiös sozialisiert, die meisten eher mittleren Alters – und weiblich."[225] Ganz wunderbar dann dazu die Einschätzung meines Bochumer Kollegen Matthias Sellmann, in der alle drei skizzierten Formationen miteinander verknotet werden:

„‚Wozu die Eile?' Wer nicht getauft sei, müsse aus theologischer Sicht keine Nachteile vor Gott befürchten. Eine längere Vorbereitung biete zudem die Chance für Gespräche, Reflexion, das Beobachten und ‚Einüben' bestimmter Rituale und auch für eine geistliche Vorbereitung, etwa durch ein Retreat oder eine bewusste Fastenzeit. ‚Die Entscheidung zur Taufe ist ja ein existenzieller Schritt; das will gut überlegt sein – so wie ein gut gestochenes Tattoo, das soll ja auch nicht mehr weggehen', gibt der Pastoraltheologe zu bedenken."[226]

Weil es theologisch vom universalen Heilswillen Gottes her „keine Nachteile" ohne die Taufe gibt, dürfte die Taufe nicht nur im Blick auf die Eile der Erlösung, sondern auch im Blick auf katechetisches Leistungserbringen als entdramatisiert gelten – ein performatives *Ereignis* befreiender Gnade eben. Dass irgendwie trotzdem eine „längere Vorbereitung"

---

[224] Hose, B., Persönliche Zeugnisse sind ein theologischer Erkenntnisort, in: katholisch.de 09.03.2023, URL: https://www.katholisch.de/artikel/43964-persoenliche-zeugnisse-sind-ein-theologischer-erkenntnisort [10.11.2023].
[225] Schmedding, N., Christ werden in 30 Minuten: In Berlin gibt es eine „Popup-Taufe", in: katholisch.de 12.04.2023, URL: https://www.katholisch.de/artikel/44519-christ-werden-in-30-minuten-in-berlin-gibt-es-eine-popup-taufe [10.11.2023].
[226] Ebd.

wichtig sei, reproduziert die eingelebten Erwartungen der gemeindekirchlich-katechetischen *Geschichts*formation – so war das früher. Und mit der Metapher der Taufe als für immer in den Körper eingeschriebenes Tattoo läuft auch noch die upgedatete *Ewigkeits*unterstellung ontologischer Veränderung mit (character indelebilis).

Ist das aber theologisch überhaupt denkbar, das Risiko der Gegenwart tatsächlich zum Ort der Entdeckung Gottes zu machen? Und auf diese Weise Kirche zu verstehen?

Orientierendes: Musterwechsel zu Praxisereignissen und Vielfalt

Bruno Latour hat den anstehenden Musterwechsel einmal ganz wunderbar beschrieben. Die Sprache des Glaubens, so Latour, ist nicht die Sprache sachlicher Informationen über geistige Welten im Jenseits, sondern eine Sprache der existenziellen Bedeutsamkeit Gottes im Leben heute. Er erklärt das an einem simplen und zugleich subtilen Beispiel:

„Stellen Sie sich einen Liebenden vor, der die Frage ‚Liebst du mich?' mit dem Satz beantwortet ‚Aber ja, du weißt es doch, ich habe es dir letztes Jahr schon gesagt.' [...] Wie könnte er entschiedener bezeugen, daß er endgültig aufgehört hat, zu lieben? [...] Angesichts dieser Antwort verstünde jeder unparteiische Beobachter, daß der Liebhaber nichts verstanden hat. Denn die Freundin fragte ihn ja nicht, ob er sie geliebt *habe*, sondern ob er *jetzt* liebe. Dies ist ihr Ersuchen, ihre flehentliche Bitte, ihre Herausforderung."[227]

Die liebende Freundin wollte kein Geschichtsdatum wissen, sondern ob er sie *jetzt* liebt – in der Gegenwart, dem einzig möglichen Ort. Damit ist das ganze Dilemma einer historisch-erinnernd ansetzenden Theologie auf den Punkt gebracht. Die epochale Frage ist nicht mehr die nach der reinen Vernunft oder der historischen Wahrheit. Es ist die Frage nach dem Ereignischarakter christlicher Wahrheit.

Die Frage, wozu Kirche dann eigentlich da ist, lässt sich mit einer Kurzformel des christlichen Glaubens in „Evangelii gaudium" 39 beantworten: „Das Evangelium lädt [...] dazu ein, dem Gott zu antworten, der uns liebt und uns rettet [...], indem man ihn in den anderen erkennt und aus sich selbst herausgeht, um das Wohl aller zu suchen." Was all unserm Tun und Sorgen und Hoffen zuvorkommt, das ist der Indikativ der Gnade: Gott

---

[227] Latour, B., Jubilieren. Über religiöse Rede, Berlin 2011, 39–40.

liebt und rettet vorbehaltlos. Aus dieser guten Nachricht entsteht gerade kein Schuld- oder Zwangsverhältnis – niemand muss für Gott etwas Spezielles tun. Das Evangelium besteht genau in dieser ermöglichenden Einladung, im Anderen Gott zu erkennen und das Wohl alles Lebendigen zu suchen. Aus sich selbst herauszugehen ins Dazwischen des verletzbaren Lebens, darin ereignet sich Evangelium. Damit ist ein dreifacher Musterwechsel des Freigebens[228] beschrieben, um als Kirche frei geben zu können:

Evangelium ohne Missionsdruck freigeben

Es geht im Christentum nicht um den Glauben als ein exklusives religiöses Besserwissen, sondern um die befreiende Erfahrung des Neubeginns, um das, was sich von Gott her hier und jetzt an Horizonten auftut, auch wenn es nicht so benannt wird. Die einzige Forderung des Evangeliums ist ein Zum-Leben-Kommen des:der jeweils anderen, ohne ihn:sie intentional zu verändern, also weder in eine Gemeinde noch in ein religiöses Bekenntnis hineinzumanövrieren.

Kirchliche Sozialformen freigeben

Die Grenzen der organisierten Kirchen sind nicht die Grenzen der Aktualisierung des Evangeliums vom Reich Gottes. Freigeben heißt, die christliche Botschaft zu entdecken, auch wenn man die Erwartungen der Anwesenden nicht kennt, wenn sie nicht schon christlich vorgeprägt und mit den Selbstverständlichkeiten der gemeindlichen Kirche abgeglichen sind. Kirchliche Orte sind keine religiösen Bewahranstalten, die Gott einen Platz in der Welt sichern müssten. Die vielfältigen Vollzugsformen christlicher Existenz sind deshalb mit dem Einheitskonzept „Gemeinde" nicht mehr auf den Begriff zu bringen. Schon in den biblischen Evangelien begegnen viele Menschen der Präsenz und Gastfreundschaft Jesu, ohne dass sie alle Jünger:innen werden müssten.

Zeit aus ihrer Dauer freigeben

Dauer als Kontinuität ist keine entscheidende Qualität kirchlichen Handelns. Treue zum Evangelium entsteht nicht durch die ungebrochene, lineare Linie einer 2000-jährigen Geschichte. Die Neuerfindung des Evangeliums findet statt, wenn die in den Glaubensarchiven beheimateten Versprechen Gottes zum Ereignis unserer Gegenwart werden: wenn sich

---

[228] Vgl. Feiter, R., Müller, H. (Hrsg.), Frei geben. Pastoraltheologische Impulse aus Frankreich, Ostfildern 2012.

Versöhnung ereignet, wenn als Arme und Andere Stigmatisierte zum selbstverständlichen Teil „normaler Vielfalt" werden, wenn Menschen den Glauben als befreiende Horizonteröffnung erleben – oder bis zum Verzweifeln an und vor Gott genau darum ringen.

In der Ereignisformation von Kirche wächst das Bewusstsein für die sozialstrukturelle Einsicht, dass sich mit jedem Ereignis die ganze Welt verändern kann. Das ganz normale „Unbehagen an einer Gesellschaft, in der letztlich nichts vor Dekonstruktion sicher ist, scheint uneinholbar zu sein – was den semantischen Überschuss erklärt, kategoriale Eindeutigkeiten zu generieren"[229]. Hier entsteht etwa die neue Lust am Retro- oder Vintage-Katholizismus.[230]

Heute ist jedenfalls nicht Verflüssigung überraschend und begründungspflichtig, sondern die eigentlich recht unselbstverständliche Stabilität und Routiniertheit sozialer und religiöser Strukturen. Zumal man nach dem linguistic und practical turn darum weiß, dass Kommunikationsprozesse „keine feststehenden Kausalketten sind, sondern dass das Dazwischen, die Differenz zwischen kommunikativen Ereignissen jene Freiheit in die Welt einbaut, die Ergebnisoffenheit und kaum festlegbare Prozesse hervorbringt"[231]. Kirchliche Vollzüge sind davon ebenso betroffen wie theologische Selbstbeschreibungen, deren routinierte Sprachformen ihre semantischen Versprechen immer weniger halten können. Gregor Maria Hoff schreibt:

> *„Die katholische Antwort auf die Irritationen der Moderne bestand im 19. und frühen 20. Jahrhundert in einer Profilschärfung. Sie schuf feste Milieus mit kirchlich eingespielten Abläufen und dogmatisch festgelegten Glaubensmodellen. Die damit verbundene Zentralperspektive löst sich derzeit zunehmend auf, weil sich die Lebensräume der Menschen permanent verschieben. [...] Das hat, so meine These, eine entscheidende Konsequenz für die Bedingung der Möglichkeit christlicher Gottesrede und ihrer kirchlichen Verortung: Sie verliert den Rahmen, in dem sie Unterscheidungssicherheit des Zeichens ‚Gott' garantieren kann."*[232]

---

[229] Nassehi, A., Unbehagen. Theorie der überforderten Gesellschaft, München 2021, 275.
[230] Vgl. etwa Koch, A., Religionswissenschaft an einer Theologischen Fakultät: Am Beispiel der Analyse des „Vintage"-Katholizismus der charismatischen Gemeinschaft Loretto e. V., in: Gmainer-Pranzl, F., Hoff, G. M. (Hrsg.), Das Theologische der Theologie, Innsbruck 2019, 291–311.
[231] Ebd., 276.
[232] Hoff, G. M., Die Mission der Kirche angesichts der religionssoziologischen Transformation der westlichen Kultur, in: ZMR 104/2020, 188–196, 194.

Weder der Bezug auf schlichte Ewigkeit noch die Geschichte vom steinigen (aber eben doch) Fortschritt hin zum Reich Gottes am Ende der Tage kann letzte Sicherheiten verbürgen.

„Damit ergibt sich ein Konflikt, der das Selbstverständnis der katholischen Kirche betrifft. [...] Die Ausgangsgewissheit der Kirche, die sich in einer theologischen Ästhetik der Fülle und Sicherheit ausdrückt, macht es nicht nur schwer, die kirchlichen Verlusterfahrungen zu bearbeiten, sondern vor allem, sie überhaupt erst wahrzunehmen:

Welchen liturgischen, architektonischen, theologischen Raum lässt Kirche für Erfahrungen der Leere, des religiösen Sprachverlustes, der nicht einfach jenseits des Glaubens spielt?

Das hängt mit einer zweiten Frage zusammen: Lässt die Kirche Raum für Überraschungen, also für das, was nicht bereits vorgesehen ist, was befremdet, unerwartet ist? [...]

Es handelt sich um die Grammatik einer Gottesrede, die Suchbewegungen abverlangt und mit der die Bedeutung des Zeichens ‚Gott' nicht bereits vorab feststeht, sondern Offenbarungsqualität annimmt: in konkreten geschichtlichen Situationen. [...] Das hat Folgen für die kirchliche Disposition des Gottesglaubens und der Gottesrede: Nicht der eigene Traditionsbestand ist unverfügbar, sondern Gott, der den Menschen ergreift."[233]

Versteht man *Offenbarung* als Antworten auf die Frage, wo auf welche Weise mit Gott zu rechnen ist, und *Sakramentalität* als die ereignishafte Realisierung biblischer Verheißungen in Zeichen und Praktiken, dann ist die katholische Glaubenstradition weder auf die Ewigkeit noch auf die Geschichtsformation normativ festgelegt. Beides prägt als ständische Priesterzentrierung und/oder möglichst dauerhafte Gemeindebindung zwar weiter (welt)kirchliche Strukturen und den routinierten pastoralen Habitus. Theologisch unaufgebbar allerdings ist allein die antwortende Hoffnung auf einen Gott, „der uns liebt und uns rettet ..., indem man ihn in den anderen erkennt und aus sich selbst herausgeht, um das Wohl aller zu suchen" (EG 39). Fragt man praxistheoretisch nach diesen mit Offenbarung und Sakramentalität verbundenen (Ereignis-)Qualitäten, dann führen kirchliche Identitätsdiskurse in eine falsche Richtung und oft sogar auf fromme Weise weg vom Glauben (an Gott als inkarniertes Ereignis der Welt). Die in der Analyse skizzierte „*Verlagerung der Sakramentalität*"[234]

---

[233] Ebd., 194–195.
[234] Certeau, M. de, Glaubensschwachheit, Stuttgart 2009, 247.

von den kirchlich kontrollierten Riten und Räumen in die biographischen Existenz- und planetaren Überlebensprobleme hatte Michel de Certeau schon früh wahrgenommen. Er unterstellt eine Drift „von wirkungslos gewordenen christlichen Symbolen zu ‚weltlichen‘, aber insgeheim noch immer von einer religiösen Symbolik bestimmten Aufgaben"[235]. Dann wären Klima-Aktivismus, konvivale Stadtteilprojekte oder präsenzpastorale Seelsorge im Stadtteil,[236] im Klinikum, am Telefon oder im Netz jenes „soziale oder politische Engagement [, das] die Verbindung zwischen dem symbolischen Wort und der transformierenden Aktion wirksam machen will, jene notwendige Verbindung, die die Sakramente bezeichnen [...]."[237] Mit dieser Dynamik entwickelt sich christliches Leben in der Ereignisformation weg von der Exklusivität kirchlicher Religion hin zu den Überlebensfragen von Welt, Mensch und dem ganzen Planeten.

Praktisches: Quartierspastoral als Lernorte des Evangeliums im Dazwischen

An vielen Orten in Deutschland sind in den letzten Jahren Initiativen und Projekte entstanden, die sich als „Quartierspastoral" verstehen.[238] In Sindelfingen schließen sich zwei Seelsorgeeinheiten und ein Seniorenzentrum zusammen und finanzieren das „AnsprechBarMobil", einen umgebauten Kleinbus, der als flexibles Begegnungscafé für Dialog und Verständigung im Quartier funktioniert.[239] In Stuttgart kooperiert das offene Kirchenprojekt „St. Maria als" mit dem diözesanen Caritasverband für die Projektstelle „Präsenzpastoral". Die Caritastheologin Dorothee Steiof ist im Quartier um St. Maria präsent und lässt sich dort auf nicht planbare Ereignisse und Begegnungen ein.[240] Auch wenn heute in Städten und deren Umland ganze Wohngebiete neu entstehen, stellt sich für Kirche neu die Frage, wer sie mit den Menschen vor Ort eigentlich auf welche Weise sein will. Meist heißt es: offen, einladend, vielfältig, entdeckend statt

---

[235] Ebd., 248, FN 4.
[236] Vgl. Steiof, D., Was macht Gott in der Stadt? Erfahrungen aus einem Projekt der Präsenzpastoral im Süden von Stuttgart, in: feinschwarz 21.06.2021, URL: https://www.feinschwarz.net/was-macht-gott-in-der-stadt [10.11.2023].
[237] Ebd.
[238] Vgl. zum Folgenden ausführlicher Schüßler, M., Quartierspastoral: Lernorte des Evangeliums im Dazwischen, in: Anzeiger für die Seelsorge 11/2023 (im Erscheinen).
[239] Bundschuh-Schramm, C., Vernetzung über den Kirchturm hinaus, in: Diözese Rottenburg-Stuttgart 25.10.2021, URL: https://www.drs.de/ansicht/artikel/vernetzung-ueber-den-kirchturm-hinaus.html [10.11.2023].
[240] Vgl. Steiof 2023.

dominierend, vernetzt und ökumenisch bis multireligiös. Mein Münsteraner Kollege Christian Bauer begleitet solche Projekte auf Konversionsflächen wie am Würzburger Hubland[241] oder das FranZ im Wiener Nordbahnviertel[242], und zwar als pastorale Lernorte – Konversion/Umkehr eben. Bewährte Initiativen wie die Vesperkirche werden mittlerweile ebenso dazugezählt wie neuere Projekte, etwa an Gemeinnützigkeit orientierte Co-Working-Spaces.

Quartierspastoral ist eine Pastoral der lokalen „Zeichen der Zeit", die aus der pastoralen Wende des Zweiten Vatikanischen Konzils nächste und weitergehende Konsequenzen zieht: nach-nachkonziliar quasi. Bereits in den 1970er und 80er Jahren entstanden mit dem Rückenwind des Konzils und der weltweiten Aufbrüche der Befreiungstheologie Ansätze einer kirchlichen Gemeinwesenarbeit. Nicht mehr die Kirche war im Zentrum, sondern die Frage, wofür Christ:innen im sozialen und nachbarschaftlichen Leben, im Gemeinwesen vor Ort eigentlich da sind. Die Kirche der Sonntage sollte auch eine Kirche der Werktage sein, die Sorgen und Hoffnungen von armen und ausgegrenzten Menschen vor Ort auch die Sorgen und Hoffnungen der „Jünger/-innen Christi" (Gaudium et spes 1).

Um die Nullerjahre hat sich daraus das Fachkonzept der Sozialraumorientierung entwickelt. Mit Wolfgang Hinte stehen jetzt einige zentrale Handlungsprinzipien Sozialer Arbeit[243] im Vordergrund (und zunächst weniger die Raumkategorie): 1. Orientierung am Willen der Menschen vor Ort, was nicht als utopische Wünsche, sondern als erreichbare Ziele guten Lebens verstanden wird, 2. Förderung von Eigeninitiative (Ressourcenorientierung) statt Betreuung von Menschen, die auf bestimmte Defizite reduziert wurden, 3. Empowerment unter Einbezug auch nichtprofessioneller Ressourcen vor Ort, 4. ziel- und bereichsgruppenübergreifende Sicht- und Arbeitsweise sowie 5. Vernetzung verschiedener Dienste und Lebenswelten. Mit dem „Spatial Turn" zu Raum und Materialität

---

[241] Hauck, M., Als Kirche nicht Gastgeberin, sondern Gast sein. Interview mit Burkhard Hose, Bistum Würzburg, Aktuelle Meldungen 02.03.2023, URL: https://pow.bistum-wuerzburg.de/aktuelle-meldungen/detailansicht/ansicht/als-kirche-nicht-gastgeberin-son-derngast-sein/ [10.11.2023].
[242] Asteriadis, A., FranZ schläft nicht! Über eine Pastoral offener Türen in einem florierenden Stadtentwicklungsgebiet, in: feinschwarz 30.04.2020, URL: https://www.feinschwarz.net/franz-schlaeft-nicht [10.11.2023].
[243] Vgl. Fürst, R., Hinte, W., Sozialraumorientierung 4.0. Das Fachkonzept: Prinzipien, Prozesse & Perspektiven, Wien 2020.

wurde dann noch stärker gesehen, wie das Leben der Einzelnen in territoriale und soziale Räume eingebettet und von diesen geprägt ist.[244]

Nach den beiden Konzeptbegriffen Gemeinwesen und Sozialraum kommt es in der Stadt-, Migrations- und Diversitätsforschung seit einiger Zeit zu einer „politischen ‚Renaissance' der Quartiersidee"[245]. Ein Quartier, so Olaf Schnur, „kann man mit einem ‚fuzzy system' vergleichen, dessen Unschärfe sowohl in der Vielfalt subjektiver Perspektiven als auch in der Unmöglichkeit der allgemeingültigen Abgrenzung begründet ist"[246]. Inhaltlich geht es etwa um Fragen der unternehmerischen Gentrifizierung von Stadtteilen, nach sozialem und ökologischem Wohnungsbau, der Rolle von Nachbarschaften für ältere Menschen oder um das multiethnische und multireligiöse Zusammenleben in einer Migrationsgesellschaft. Sieht man sich die eingangs genannten Beispiele des pastoralen Engagements im Quartier an, dann gehen diese von der grundsätzlichen Vielfalt und Verbundenheit der Menschen vor Ort aus und stellen jeweils lokal die Frage nach Gerechtigkeit und Solidarität, nach dem (von Gott verheißenen) guten Leben und einem möglichst undramatischen Zusammenleben in kritischen Nähebeziehungen. Vielleicht ist es auch theologisch der produktivste Lernprozess, sich in solch komplexen Situationen von Diversity und Dazwischen als Kirche nicht mehr in der Rolle einer überlegenen Problemlöserin und unfehlbaren Antwortgeberin zu inszenieren: Kirche weiß es oft auch nicht besser. Und das zu wissen ist Teil einer glaubwürdigen Theologie, also einer Rede von Gott als dem letzten Geheimnis unserer verwundeten Existenz. Was zeichnet sich hier ab?

In der Diözese Rottenburg-Stuttgart trifft sich seit einiger Zeit eine Gruppe aus verschiedenen Professionen und von unterschiedlichen katholischen Trägern unter dem Label „Vernetzung Quartier", die bereichsübergreifend durch Annegret Hiekisch (Dekanat Böblingen/Keppler-Stiftung), Joachim Reber (DiCV) und Christiane Bundschuh-Schramm (HA Pastorale Konzeption) begleitet wird. Bundschuh-Schramm hat mit den diözesan angestellten Quartiersseelsorger/-innen das interne Erfahrungs- und Konzeptpapier „Im Quartier Pastoral neu lernen" erarbeitet, das 15

---

[244] Früchtel, F., Cyprian, G., Budde, W., Sozialer Raum und Soziale Arbeit. Textbook: Theoretische Grundlagen, Wiesbaden 2013.
[245] Schnur, O., Quartier / Quartiersentwicklung, in: Akademie für Raumforschung und Landesplanung (Hrsg.): Handwörterbuch der Stadt- und Raumentwicklung, Hannover 2018, 1831–1841, 1833, URL: https://www.arl-net.de/system/files/media-shop/pdf/HWB%20 2018/Quartier%20Quartiersentwicklung.pdf [10.11.2023].
[246] Ebd. 1837.

Lernerfahrungen auflistet.247 Die erste und grundlegende Einsicht betrifft die Frage, wo auf welche Weise mit Gott gerechnet werden kann: „Quartierspastoral bringt Gott nicht, Gott ist schon da. [...] Quartierspastoral ist offen für das Ereignis des Evangeliums, aber sie ist sich bewusst, dass sie die Erfahrung der Wirkmacht Gottes nicht herstellen kann." Das führt zu einer Umkehr im pastoralen Habitus von Kirche: „In der Quartierspastoral ist Kirche nicht die Gastgeberin, sondern Gast. Die Menschen müssen nicht kommen, sondern bleiben in ihrem sicheren Kontext, wo nicht die Kirche die Deutungshoheit besitzt, sondern die Menschen im Quartier." Für pastorale Mitarbeitende liegt hier eine große Herausforderung, weil sie die Sicherheit und Souveränität kirchlicher Orte, seelsorglicher Settings und liturgischer Sprache zugunsten einer neugierigen Offenheit verlernen müssen. „Quartierspastoral ist keine herkömmliche Programm- oder Angebotspastoral. [...] Quartierspastoral [...] eröffnet Räume für Begegnung und Beziehung. Sie schafft Ermöglichungsräume, damit sich Menschen gegenseitig unterstützen oder gemeinsam Projekte gestalten können." Verlernt wird dabei auch der Gestus der Mitte und der Zentralität als Ort Gottes samt der Raummetapher konzentrischer Kreise um ein „Eigentliches". „Quartiersarbeit ist Kirche an vielen Orten, wobei diese Quartiersorte kirchlich nicht vordefiniert sind. Sie sind nicht kirchliche Orte, weil Kirche als Organisation vorhanden ist, sondern weil sich dort das Wesen von Kirche ereignet, nämlich Zeichen und Werkzeug des Evangeliums zu sein." Quartierspastoral versteht sich als ereignisbasierte Kirche bei Gelegenheit, die aus der Vielfalt der Kulturen, der Religionen, der Lebens- und Liebesformen heraus entsteht. „Diversität muss nicht mühsam organisiert werden, sie ist da. [...] Gelegenheiten, die das Quartier bietet, sind zum Beispiel der Dialog der Religionen, weil die unterschiedlichen Religionen vor Ort sind, oder die Kommunikation der Nationen, weil das Quartier multinational ist." Dafür braucht es auch einen Wandel pastoraler Professionalität, die weniger von Weiheständen oder kirchlichen Berufsbildern ausgeht, sondern von theologischen und multifachlichen Kompetenzen, die „iterativ" auf eine plastische „Rollenklarheit angesichts einer fluiden Situation" reflektiert und entwickelt wird.248

---

[247] Alle folgenden Zitate aus dem internen Konzeptpapier „Im Quartier Pastoral neu lernen. Quartierspastoral in der Diözese Rottenburg-Stuttgart" 2022, URL: https://www.an-vielen-orten.de/quartier.html [10.11.2023].
[248] Vgl. dazu die in Tübingen eingereichte Habilitationsschrift von Andree Burke, Agent:innen des Unmöglichen. Entdeckungen kreativer Potenziale für ein kirchliches Personalmanagement im Wandel der Dispositive des Erwerbslebens, Tübingen 2023 (unveröff. Manuskript).

Quartierspastoral zeigt sich damit momentan als ein Feld gegenwartsfähiger Praxisprojekte von Kirche mit großem theologiegenerativem und solidaritätsstiftendem Potenzial. Hier ist radikale Gegenwart eine nächste Form von Kirche.

Literatur

Asteriadis, A., FranZ schläft nicht! Über eine Pastoral offener Türen in einem florierenden Stadtentwicklungsgebiet, in: feinschwarz 30.04.2020, URL: https://www.feinschwarz.net/franz-schlaeft-nicht-ueber-eine-pastoral-offener-tueren-in-einem-florierenden-stadtentwicklungsgebiet/ [10.11.2023].

Bucher, R., Theologie im Risiko der Gegenwart. Studien zur kenotischen Existenz der Pastoraltheologie zwischen Universität, Kirche und Gesellschaft, Stuttgart 2010.

Bundschuh-Schramm, C., Vernetzung über den Kirchturm hinaus, in: Diözese Rottenburg-Stuttgart 25.10.2021, URL: https://www.drs.de/ansicht/artikel/vernetzung-ueber-den-kirchturm-hinaus.html [10.11.2023].

Certeau, M. de, Glaubensschwachheit, Stuttgart 2009, 247.

Diözese Rottenburg-Stuttgart, Im Quartier Pastoral neu lernen. Quartierspastoral in der Diözese Rottenburg-Stuttgart, 2022, URL: https://an-vielen-orten.de/quartier.html [10.11.2023].

Feiter, R., Müller, H. (Hrsg.), Frei geben. Pastoraltheologische Impulse aus Frankreich, Ostfildern 2012.

Früchtel, F., Cyprian, G., Budde, W., Sozialer Raum und Soziale Arbeit. Textbook: Theoretische Grundlagen, Wiesbaden 2013.

Fürst, R., Hinte, W., Sozialraumorientierung 4.0. Das Fachkonzept: Prinzipien, Prozesse & Perspektiven, Wien 2020.

Grebe, A., Wenn sich die Kirche nicht verändert, schadet sie auch den Engagierten, in: katholisch.de 04.10.2022, URL: https://www.katholisch.de/artikel/41312 [10.11.2023].

Hauck, M., Als Kirche nicht Gastgeberin, sondern Gast sein. Interview mit Burkhard Hose, Bistum Würzburg, Aktuelle Meldungen 02.03.2023,

URL: https://pow.bistum-wuerzburg.de/aktuelle-meldungen/detailansicht/ansicht/als-kirche-nicht-gastgeberin-sondern-gast-sein/ [10.11.2023].

Hoff, G. M., Die Mission der Kirche angesichts der religionssoziologischen Transformation der westlichen Kultur, in: ZMR 104/2020, 188–196, 194.

Hanlon Rubio, J., Schutz, P. J., Beyond 'Bad Apples'. Understanding Clergy Perpetrated Understanding Sexual Abuse as a Structural Problem & Cultivating Strategies for Change, Santa Clara University 2022, 5, URL: https://www.scu.edu/media/ignatian-center/bannan/Beyond-Bad-Apples-8-2-FINAL.pdf [10.11.2023].

Hose, B., Persönliche Zeugnisse sind ein theologischer Erkenntnisort, in: katholisch.de 09.03.2023, URL: https://www.katholisch.de/artikel/43964-persoenliche-zeugnisse-sind-ein-theologischer-erkenntnisort [10.11.2023].

Koch, A., Religionswissenschaft an einer Theologischen Fakultät: Am Beispiel der Analyse des „Vintage"-Katholizismus der charismatischen Gemeinschaft Loretto e. V., in: Gmainer-Pranzl, F., Hoff, G. M. (Hrsg.), Das Theologische der Theologie, Innsbruck 2019, 291–311.

Latour, B., Jubilieren. Über religiöse Rede, Berlin 2011, 39–40.

Laudage-Kleeberg, R., Obdachlos Katholisch. Auf dem Weg zu einer Kirche, die wieder ein Zuhause ist, München 2023.

Linder, S., Eine streitende Kirche in digitaler Gegenwart. Warum eine Theologie der Digitalität nach Synodalität und Streitkultur verlangt, Tübingen 2023, URL: https://publikationen.uni-tuebingen.de/xmlui/bitstream/handle/10900/140940/Linder%2c%20Simon_Eine%20streitende%20Kirche%20in%20digitaler%20Gegenwart.pdf [10.11.2023].

Nassehi, A., Unbehagen. Theorie der überforderten Gesellschaft, München 2021, 275.

Röhner, S., Geh hinaus – da kannst Du was erleben! Erfahrungen an einem neuen Ort von Kirche, in: feinschwarz 17.11.2016, URL: https://www.feinschwarz.net/geh-hinaus-da-kannst-du-was-erleben-erfahrungen-an-einem-neuen-ort-von-kirche/ [10.11.2023].

Sander, H.-J., Anders glauben, nicht trotzdem. Sexueller Missbrauch der katholischen Kirche und die theologischen Folgen, Ostfildern 2021.

Schmedding, N., Christ werden in 30 Minuten: In Berlin gibt es eine „Popup-Taufe", in: katholisch.de 12.04.2023, URL: https://www.katholisch.de/artikel/44519-christ-werden-in-30-minuten-in-berlin-gibt-es-eine-popup-taufe [10.11.2023].

Schnur, O., Quartier / Quartiersentwicklung, in: Akademie für Raumforschung und Landesplanung (Hrsg.): Handwörterbuch der Stadt- und Raumentwicklung, Hannover 2018, 1831–1841, 1833, URL: https://www.arl-net.de/system/files/media-shop/pdf/HWB%202018/Quartier%20Quartiersentwicklung.pdf [10.11.2023].

Schüßler, M., Quartierspastoral: Lernorte des Evangeliums im Dazwischen, in: Anzeiger für die Seelsorge 11/2023 (im Erscheinen).

Schüßler, M., Über/Leben: Sakramentalität und Offenbarung im Ereignisdispositiv, in: Bechmann, U., Bucher, R., Krockauer, R., Pock, J. (Hrsg.), Theologie als Werkstatt. Offene Baustellen einer praktischen Theologie, Münster 2023 (in Veröffentlichung).

Schüßler, M., Un/doing Co-Klerikalismus, in: Lebendige Seelsorge 73/1 (2022), 50–55.

Staab, P., Anpassung. Leitmotiv der nächsten Gesellschaft, Berlin 2022, 25.

Steiof, D., Was macht Gott in der Stadt? Erfahrungen aus einem Projekt der Präsenzpastoral im Süden von Stuttgart, in: feinschwarz 21.06.2021, URL: https://www.feinschwarz.net/was-macht-gott-in-der-stadt [10.11.2023].

Sichtachsen zum Himmel
Ideen zur „Aufstellung" unserer Kirche

Gerhard Wegner

Unsere Kirchen sind nicht lebensnotwendig oder systemrelevant. Es geht auch ohne sie. Das Leben kann auch ohne Sichtachsen zum Himmel verlaufen. Man kann auch konfessionslos glücklich sein. Aber wenn Menschen solche „Achsen" einmal kennengelernt haben, könnte es sein, dass sie sie nicht mehr missen möchten, da sie ihnen etwas zwar Überschießendes und Zusätzliches zum alltäglichen Leben, aber nichtsdestotrotz immens Bereicherndes und die Perspektiven des Lebens Erweiterndes vermitteln – Freiheitsspielräume eröffnen. Die man aber sonst nicht vermisst – eben deswegen, weil man sie gar nicht kennt.

Mit all dem ist das Problem bezeichnet, vor dem wir heute stehen, wenn wir in unserer gesellschaftlichen Situation von „Mission" reden. Wir kommen nicht darum herum, Mission zu treiben, jedenfalls so lange nicht, wie wir davon überzeugt sind, dass das Leben im christlichen Glauben eine gute und richtige Art zu leben ist. Noch vor ein bis zwei Generationen wurde diese Vorstellung auch von der großen Mehrheit der Bevölkerung insofern geteilt, als sie sich die Grundkenntnisse des Glaubens, seine Erzählungen und Überzeugungen wenigstens äußerlich aneignete. Insofern wurde so etwas wie eine christliche Alphabetisierung von Generation zu Generation weitergegeben. Dieser Prozess ist aber abgebrochen – und die Radikalität dieses Abbruchs wird uns immer deutlicher. Das Sozialwissenschaftliche Institut der EKD hat zusammen mit einigen anderen Einrichtungen das Publikum der großen christlichen Kirchen im deutschsprachigen Raum über seine Erfahrungen mit den Kirchenräumen befragt.[249] Dabei stellte sich sehr deutlich heraus, dass im Wesentlichen diejenigen, die der Kirche aufgrund oft früher religiöser Prägungen enger verbunden sind, diese Kirchenräume auch als lebendige Orte des praktizierten Glaubens erlebten. Viele der anderen jedoch erfuhren sie als touristisch und historisch interessante Orte – und waren sich ihrer gegenwärtigen religiösen Bedeutung gar nicht mehr wirklich bewusst. Damit sie ein Gespür dafür bekommen können, was Gottesdienste sind, muss man folglich

---

[249] Rebenstorf, H., Zarnow, C., Körs, A., Sigrist, C. (Hrsg.), Citykirchen und Tourismus. Soziologisch-Theologische Studien zwischen Berlin und Zürich, Leipzig 2018.

etwas unternehmen und ihr Interesse an einem lebendig gelebten Glauben überhaupt erst einmal wecken.

Grundlegende Kenntnisse des Glaubens, die ein jeder braucht, um in irgendeiner Weise überhaupt Interesse an Kirche und Glauben ausbilden zu können, sind so nicht mehr vorhanden. Viele Menschen vermuten zwar, dass in der Kirche durchaus Gutes passiert, aber was das genau ist, können sie selbst nicht mehr sagen, und wenn, dann ist es etwas, was auf jeden Fall nicht für sie selbst von Bedeutung sein könnte, sondern für jeweils andere. Für mich folgt daraus, dass ein Interesse, ein Bedarf an christlichem Glauben in keiner Weise mehr von selbst gegeben ist, sondern von der Kirche erst geweckt werden muss. Das klingt geradezu widersinnig, da wir doch den Menschen nichts überstülpen wollen. Aber wie sollen Menschen etwas wertschätzen können, von dessen grundlegender Qualität sie noch nie etwas erfahren haben? Diese Problematik wird dann noch drängender, wenn man auf spezifische, für den christlichen Glauben grundlegende Inhalte achtet. Unser Glaube ist zum Beispiel nicht nachvollziehbar, wenn man auf die Vorstellung, dass Menschen auf Gott und auf andere Menschen Angewiesene sind, weil sie selbst Sünder sind, verzichten würde. Genau an dieser Stelle existieren jedoch dermaßen große Verstehensprobleme, dass eine weitere Auseinandersetzung oft verunmöglicht wird. Eine weitere Studie aus dem Sozialwissenschaftlichen Institut der EKD zur EKD-Synode 2018 über die Lebenswelten von Menschen in den Zwanzigern[250] macht gerade diese Problematik sehr deutlich. Die Ungebrochenheit einer Lebenseinstellung, die davon ausgeht, dass man selbst im Mittelpunkt der ganzen Welt steht und für alles selbstverantwortlich sei, ist dermaßen dominant, dass daneben alle anderen Lebensbereiche – abgesehen von der eigenen Familie – an den Rand rutschen. Ich selbst stehe Mittelpunkt meines Lebens und habe ein absolutes Recht, ich selbst zu sein. Und darum dreht sich alles. Wie lassen sich derartige Vorstellungen „taufen"?

Es sind solche grundlegenden Überlegungen über die Rolle der christlichen Kirchen und des christlichen Glaubens in unserer heutigen Gesellschaft, die im Hintergrund der folgenden Überlegungen zur „Aufstellung" der Kirche stehen. Dabei leitet mich die Überzeugung, dass Menschen nicht nur im Inneren zutiefst religiös sind, sondern auch über eine große Sehnsucht nach Gott verfügen. Diese Überzeugung entstammt allerdings

---

[250] Wegner, G., Endewardt, U., „Was mein Leben bestimmt? Ich!". Lebens- und Glaubenswelten junger Menschen heute, Si-Aktuell, Hannover 2018.

aus grundlegenden christlich anthropologischen Annahmen über den Menschen – sie wird von vielen heute nicht mehr geteilt. Und davon müssen wir in all unseren Bemühungen ausgehen. Der Anteil derjenigen, die sich als bewusst christlich religiöse Menschen verstehen, ist weit geringer als der Anteil derjenigen, die sich noch als Kirchenmitglieder auffassen. Was überhaupt Religion sein kann, unterliegt heute zudem vielfältigen Verdunklungen durch die perverse Wiederkehr der Religion als Terrorismus oder auch als behaftet mit den bekannt gewordenen Formen des sexuellen Missbrauchs. Vor allem die Folgen des Zweiten werden uns noch lange zu schaffen machen.

Fünf Anregungen zur „Aufstellung" der Kirche

Reproduktion: „Add Members or don't do it!"

Damit Menschen zum Glauben kommen und Kirchenmitglieder werden können, braucht es Anstöße und Gelegenheiten. Zentral ist eine lebensgeschichtlich frühe Begegnung mit Religion.

Man muss natürlich gleich zugeben, dass der Begriff der Reproduktion für das, um was es hier geht, nicht besonders schön gewählt ist. Tatsächlich geht es um die Frage, wie der christliche Glaube von Generation zu Generation weitergegeben wird und sich in einem damit auch die Mitgliedschaft in der Kirche entsprechend fortpflanzt. Wenn man es so beschreibt, dann wird sofort deutlich, wie fragil dieser ganze Prozess im Grunde genommen ist und dass er letztlich natürlich unter dem Vorbehalt der Stiftung des Glaubens durch Gott selbst steht und insofern menschlicher Verfügung prinzipiell entzogen ist. Es ist gut, dass das so ist, und bewahrt zum einen vor der Vorstellung, wir müssten die Zukunft der Kirche allein auf unseren Schultern tragen. Gerade deswegen aber bleibt es zum anderen unsere Aufgabe, uns Gedanken über den nüchternen Prozess der nachhaltigen Bindung von Menschen an die Kirche und den christlichen Glauben zu machen und insofern ihre Reproduktion, soweit es möglich ist, sicherzustellen. Der theologische Vorbehalt dient nicht dazu, diese Aufgabe hintanzustellen und nicht mehr wirklich ernst zu nehmen. Im Gegenteil: Es geht darum, alle nur denkbaren Voraussetzungen zu schaffen, um Menschen an die Kirche zu binden; dies bleibt unsere Verantwortung – und doch können wir es nicht bewirken. Diese Paradoxie lässt sich in keiner Weise auflösen; sie steht vielmehr im Kern unseres Umgetriebenseins.

Und genau in diese Richtung kann auch der Satz „Add Members or don't do it!" als Maxime für unser Handeln verstanden werden: „Gewinne Mitglieder hinzu – oder lass es sein!" Das wäre tatsächlich eine Grundperspektive, mittels derer wir all unsere kirchliche Praxis durchleuchten und formatieren könnten im Blick auf die Frage, wie mitgliederfreundlich und bindend wir eigentlich alltäglich wirken. Ursprünglich entstammt der Satz aus den Unternehmensleitsätzen des Volkswagen-Konzerns und lautete in der damaligen Fassung: „Add value or don't do it!": Schaffe Mehrwert oder lass es sein! Eine Aufforderung mithin, sich in allem, was man tut, immer wieder klar zu werden, produktiv tätig zu sein und nichts zu verschwenden; sein Handeln mithin beständig zu rationalisieren. Das klingt nicht nur ökonomistisch – das ist es auch – und beißt sich insofern mit unseren christlichen Vorstellungen, in denen menschliche Kommunikation einen hohen Eigenwert aufweist und nicht einfach für etwas anderes entfremdet werden darf. Und: Natürlich kann es nicht das oberste Ziel kirchlicher Arbeit sein, Mitglieder zu gewinnen. Aber ebenso natürlich ist dieses Ziel für die Aufrechterhaltung unserer Handlungsmöglichkeiten von ganz hoher Bedeutung.

Deswegen ist die Maxime hilfreich, auch unser Tun kritisch in den Blick zu nehmen. Haben wir in den alltäglichen Prozessen unserer Kirche die Perspektive der Mitglieder und insbesondere derjenigen, die Mitglieder werden könnten, eigentlich wirklich im Blick? Dabei geht es weniger um die wohlfeile Kritik an einer gewissen Selbstbezüglichkeit unseres Tuns. Wir müssen uns immer auf uns selbst und unseren Auftrag beziehen und unser Handeln entsprechend überprüfen. Die Frage ist aber, mit welcher Referenz, welchem Bezug diese Selbstbezüglichkeit vollzogen wird. Beginnt sie bei uns selbst und endet bei uns selbst, oder beginnt sie beim anderen und endet auch dort? Christliche Selbstbezüglichkeit verläuft stets triangulär, zwischen mir selbst, Gott und dem anderen. Das Selbst des Glaubens ist offen und nicht geschlossen.

Nun ist es, wie gesagt, unter heutigen gesellschaftlichen Bedingungen weitgehend vorbei damit, dass sich die Reproduktion der Kirche und die Weitergabe des Glaubens selbstverständlich vollziehen. Wobei man an dieser Stelle auch immer gut fragen kann, was es eigentlich genau vor mehreren Generationen war, was da in einer Selbstverständlichkeit weitergegeben wurde. War es wirklich christlicher Glaube? In der Regel ging es um eine Fusion seiner Bestandteile mit kulturellen Aspekten verschiedenster Art, die den Glauben zwar einbetteten, aber ihn möglicherweise auch von seinen Quellen entfremdeten. Am deutlichsten sicherlich in den immer wieder anzutreffenden Kopplungen von Nationalismus und christlichem Glauben – die man auch heute noch antreffen kann. Insofern ist die heute anzutreffende Problematisierung seiner Selbstverständlichkeit vielleicht für den Glauben ja auch ganz heilsam.

Aber wie dem auch sei: Auf jeden Fall braucht es heute Anstöße und vor allem Gelegenheiten, damit Menschen überhaupt in Begegnung mit Kirche und Religion kommen können. Über ihre Gestaltung sollte in der Kirche gut nachgedacht werden. Natürlich ist dies zunächst eine Anfrage an die klassischen Formen der Annäherung an die Kirche, wie die Begegnung mit ihren Repräsentanten, den Pastorinnen und Pastoren, den Kirchengebäuden, den kirchlichen Ritualen, wie den Gottesdiensten und – insbesondere was die Wirkung auf Nichtmitglieder anbetrifft – den Kasualien. So wird es durchaus so sein, dass der Habitus der Pastorin oder des Pastors bereits Menschen affizierende oder aber auch gegenteilige Effekte auslösen kann. Wie es sich damit im Einzelnen verhält, ist bisher, trotz vieler Anläufe zu dann gescheiterten größeren Studien, komplett unerforscht. Dabei wären Kenntnisse in diesem Bereich für die Aus- und Weiterbildung von Pastorinnen und Pastoren von allergrößter Bedeutung. Schaut man in die auf der anderen Seite in großer Vielfalt vorliegenden Studien über die Sichtweisen von Pastorinnen und Pastoren hinein, so drängt sich nicht gerade das Bild einer lustvoll und umfassend kommunikativ tätigen Berufsgruppe auf. Vielmehr steht der Bezug auf sich selbst sehr stark im Vordergrund, was allerdings mit der ja nicht einfachen Situation des Ausfüllens einer religiösen Rolle in einer weitgehend säkularen Gesellschaft zu tun haben wird.

Wozu dienen entsprechende Gelegenheiten und Anstöße? Letztendlich dazu, den Menschen zu helfen, ihre verschüttete Sehnsucht nach Gott wiederzugewinnen – insofern Sichtachsen in ihr Leben einzuziehen. Aber das ist natürlich ein ganz großes Ziel, vor dessen Erreichung viele zurückschrecken werden. Was Sehnsucht nach Gott genau bedeutet, ist mit den gebrochenen religiösen Erfahrungen unserer heutigen Zeit gar nicht so einfach zu beschreiben. Jeder von uns kann verstehen, wenn Menschen sagen: „Lasst mich doch mit Gott zufrieden! Das macht mein Leben nur noch komplizierter und komplexer, als es ohnehin schon ist." Dass der Bezug auf Gott gerade in größter Komplexität umfassende Freiheit eröffnen kann, weil er letzte, aber tragende Reduktionen bietet und in sich selbst Komplexität dechiffriert, ist nicht ganz einfach zu vermitteln.

Will man Gelegenheiten und Anstöße im Blick auf die Wirkung von Sympathie für die Kirche und den christlichen Glauben ordnen, so kann es sich anbieten, sie nach den folgenden Qualitäten zu sortieren. Da sind (1) zunächst Gelegenheiten, die durch Freundlichkeit die Zugänglichkeit zu einer offenen sympathischen Kirche sozusagen im Vorbeigehen erschließen. Das betrifft viele Äußerlichkeiten, die aber eine wichtige Bedeutung für das Image der Kirche haben. Auf einer zweiten Ebene geht es dann um (2) Vertrauensbildung. Das hat viel mit der Rolle der Kirche und insbesondere der Kirchengemeinden in ihren Gemeinwesen und den entsprechenden kirchlichen Funktionsträgern zu tun. Weiter zieht sich dann die Linie hin zu (3) Begegnungen mit Kirche und Glauben, in denen passive Konsumenten- oder Kundenhaltungen überwunden werden und deutlich wird, dass die Kirche auch etwas von den Menschen will, ja die Menschen braucht. „Etwas mit der Kirche zu wollen, dies auch zu sagen und dann auch zu tun, hat seine eigene Faszination und zieht Menschen an. Es ist etwas, was mit Selbstbewusstsein einhergeht. Solches Selbstbewusstsein erzeugt in der Regel ein Kraftfeld, das Menschen spüren werden."[251] Es folgen dann (4) möglicherweise Begegnungen, in denen sich Visionen eines guten Lebens aus dem christlichen Glauben heraus und damit entsprechende Verpflichtungen ergeben. Erfahren werden Formen einer umfassenden Fülle des Lebens aus der Nähe zu Gott, aus der sich Persönlichkeiten entwickeln können. Und damit kann schließlich (5) zu etwas wie einem Ergriffensein von der Nähe Gottes einhergehen, dem sich Menschen nicht entziehen können und in ihm doch zugleich die allergrößte Freiheit erleben.

Wem dies zu abgehoben oder zu spekulativ klingt, der oder die sei ganz pragmatisch-praktisch darauf hingewiesen, dass für den Zugang zum Glauben und eine nachhaltige Bindung an die Kirche rein empirisch gesehen lebensgeschichtlich frühe Erfahrungen mit dem Glauben entscheidend sind. Im Falle fast aller Beteiligungsformen an der Kirche oder religiöser Überzeugungen lässt sich zeigen, dass diese umso stärker sind, wenn die frühe lebensgeschichtliche Begegnung intensiver war. Wer im Leben diese Möglichkeiten nicht gehabt hat, hat es in der späteren Lebenszeit erheblich schwerer, einen Weg zur Kirche und zum Glauben zu finden – auch wenn es natürlich nicht völlig ausgeschlossen ist. Die These gilt zum Beispiel auch für die Eintritte oder Wiedereintritte in die Kirche:

---

[251] Wegner, G., Religiöse Kommunikation und Kirchenbindung. Ende des liberalen Paradigmas? Leipzig 2014, 160.

Auch sie fallen wesentlich leichter, um es einmal so zu formulieren, wenn es in früheren Lebenszeiten schon einmal positive Erfahrungen mit Kirche und Religion gegeben hatte. Wobei dies dann von vornherein bedeutet, dass Abbrüche nach der Konfirmation oder mit dem Eintritt in das Berufsleben noch lange nicht bedeuten müssen, dass die Bindung an die Kirche ein für alle Mal beendet wäre. Insofern ist die „religiöse Investition" in früheren Lebenszeiten für die Kirche der fast alles entscheidende Faktor. Allerdings wirkt er nicht, wie man sich sofort klarmachen kann, kurz- oder mittelfristig, aber tendenziell durchaus langfristig positiv.

Anders gesagt: Wer als Kind in einem positiven, warmen Sinne mit Gott in Berührung gekommen ist, der hat dadurch möglicherweise einen inneren Vertrauenskern, der auch im späteren Leben entscheidend sein kann. Allerdings wird er das nur dann sein, wenn es durch die Bildungsanstrengung der Kirche oder auch der Schulen – oder auch durch selbst initiierte Bildungsanstrengungen – gelingt, diesen warmen Kern reflexiv weiter auszubilden und ihn nicht als naive Erstbegegnung zu diffamieren. Aber das gilt letztendlich für alle wesentlichen Lebenskompetenzen, die samt und sonders mit den ersten Lebenserfahrungen eines Menschen gekoppelt bleiben und sich dabei entweder in Richtung Freiheit und Selbstgewissheit weiterentwickeln oder blockieren und versanden.

Institutionell hat die frühe lebensgeschichtliche Begegnung mit Religion zunächst einmal ihren Platz in den unmittelbaren Beziehungen der Familien. Hier ist klassisch der Ort einer ersten religiösen Sozialisation und auch der Bindung an die Kirche. Neben den Eltern spielen auch die Großeltern in diesem Kontext eine nicht unwesentliche Rolle. Allerdings ist es überdeutlich, dass sich viele Familien in dieser Hinsicht in den letzten Jahren sehr zurückhaltend verhalten und auf Formen expliziter religiöser Artikulation gegenüber den Kindern eher verzichten, wenn sie denn in diesem Feld überhaupt bewusst agieren. Das hat Gründe in den Erfahrungen mit negativen religiösen Artikulationen und dem Verlust menschlicher Autonomie in ihren Zusammenhängen. Aber es hat auch mit Überforderungen der Familien zu tun, die vor dem Hintergrund dieses schwierigen Kontextes schlicht unsicher sind, wie sie mit den religiösen Fragen der Kinder, wenn sie denn überhaupt auftauchen, umgehen können. Deswegen ist dieses Feld frühkindlicher religiöser Sozialisation nur in einer gelingenden Partnerschaft zwischen Kirche, Bildungseinrichtungen und Familien sinnvoll bespielbar – wobei allerdings den Familien die entscheidende Rolle zukommt.

Grundsätzlich verfügt die Kirche über erhebliche Aktivitäten im Bereich der Kinder- und Jugendarbeit und natürlich vor allem als Träger von Kindertageseinrichtungen. Und gerade in Bezug auf Letztere ist auch in den letzten Jahren Erhebliches unternommen worden, um religiöse Bildung von Kindern sinnvoll gestalten zu können. Gleichwohl liegt für diesen Bereich bisher nirgendwo eine Evaluation vor, so dass sich nur spekulieren lässt, was sich in dieser Hinsicht in Kindergärten tatsächlich abspielt. Die Vermutung allerdings, dass es auch hier beträchtliche Schwierigkeiten gibt, ohne größere Zuarbeit der Eltern eine wirkliche religiöse Erziehung zu leisten, ist sicherlich nicht von der Hand zu weisen und kann nicht nur den Erzieherinnen und Erziehern zum Vorwurf gemacht werden. Zudem unterliegen die Kindergärten natürlich staatlicher Aufsicht und Kontrolle, was sich auch auf die inhaltlichen religionspädagogischen Konzepte auswirken wird. Eine „missionarische Kindergartenarbeit" ist deswegen nur sehr indirekt möglich. Was gefragt ist, sind eher religionssensible pädagogische Konzepte, die insbesondere das Miteinander verschiedener Religionen im Kindergarten thematisieren. Ich kann mir gut vorstellen, dass in dieser Komplexität auch in den Kindergärten oftmals, wie es ja auch sonst in der Gesellschaft geschieht, auf eine betont religiöse Auseinandersetzung verzichtet wird.

Wesentlich in all diesen Prozessen der Gestaltung von Gelegenheiten und der frühkindlichen religiösen Bildung scheint mir immer wieder die Einsicht darin zu sein, dass christlicher Glaube einen Deutungsprozess verkörpert. Seine Narrative, Mythen und Dogmen überlagern in einem positiven Sinne die Lebenserfahrungen der Menschen, ob klein oder groß, und werden in einem ähnlichen Sinne zu ihren „Kleidern", die sie schlicht zur Wärmung oder heute auch gezielt zur Distinktion anziehen können. Auch hier muss man sehen, dass es natürlich vielfältige, andere Kleider gibt, die sich ebenso gut für diese Zwecke eignen. Christliche Deutungen zielen weit über die erfahrbaren Alltagswelten hinaus, indem sie Bezüge zu Erfahrungen Gottes und damit zu Erfahrungen der Fülle des Lebens herstellen. Aber sie bleiben virtuell, imaginär. Die Fülle, um die es hier geht, ist eine Fülle im Glauben – aber nicht unbedingt eine Fülle der Welterfahrung. Ganz im Gegenteil kann es sein, dass sie gerade in Distanz zur Welterfahrung besonders deutlich wird. Der christliche Glaube stellt in dieser Hinsicht folglich etwas Überschießendes, nicht unmittelbar Lebensnotwendiges, sondern vielmehr das Leben Transformierendes dar. Das allerdings lässt sich nur bei Gelegenheit erfahren – wenn überhaupt.

Es braucht Erschließungssituationen des Glaubens, die sich allerdings individuell durchaus unterschiedlich ergeben werden.[252]

Kommunikation: Pflege deine Resonanzräume!

Damit Menschen in der Kirche bleiben und sich ggf. sogar engagieren, braucht es verlässliche und gezielte Kommunikation. Dabei müssen diejenigen, die mit der Kirche sympathisieren, besonders in den Blick geraten.

In den letzten Jahren ist vor allem in Aufnahme der Theorie von Hartmut Rosa viel über die Notwendigkeit diskutiert worden, wirksame Resonanzen in der eigenen Kommunikation erzielen zu können. Das Konzept geht weit über das reine Abstrahlen von Signalen und das entsprechende gegenläufige Empfangen von Rückmeldungen hinaus und fragt, wie sich Kommunikation mit hoher Qualität bezogen auf die Authentizität der Kommunizierenden gestalten lässt. Rosa bezieht dabei ausdrücklich religiöse Kommunikation als einen wichtigen Teil nicht entfremdender Resonanz ein. Insofern ist auch die Öffentlichkeitsarbeit der Kirche durchaus weit mehr als lediglich das, was auch sonst Werbeabteilungen zu tun haben – sie stellt einen Teil der Verkündigungspraxis dar und nimmt missionarische Aufgaben wahr. Dabei bedient sie sich allerdings all derjenigen Mittel und Medien, jeweils auf dem höchsten Stand modernster Technik, die sich auch sonst in der Gesellschaft finden lassen.

Schaut man von daher auf Formen der gegenwärtigen Kommunikation in Kirchengemeinden oder Kirchenkreisen und weit darüber hinaus, finden sich vielfach interessante neue Ansätze gut organisierter und vernetzter Kommunikation, aber man wird kaum behaupten können, dass sich die Kirche insgesamt als ein solches großes Netzwerk aufgestellt hätte. Im Grunde genommen stehen ihr heute alle möglichen technischen Mittel zur Verfügung, um im Prinzip jederzeit mit den eigenen Mitgliedern in Kontakt treten zu können, um ihnen nicht nur Angebote von längst fertigen Veranstaltungen zu machen, sondern auch tatsächlich wechselseitige Resonanzen erzeugen zu können. So wäre es heute eigentlich kein Problem mehr, allein schon mit technischen Mitteln die Begrüßung von

---

[252] Ein sehr interessantes Konzept zur Schaffung möglicher Erschließungssituation ist die in den Niederlanden mittlerweile an verschiedenen Orten durchgeführte städteräumliche Großperformance „The Passion". Dabei geht es um das Durchspielen der Passion Christi in einem spezifischen gegenwärtigen Kontext mit allen medialen Möglichkeiten. Das Christusnarrativ wird in die bestehende, vorhandene Textur eingebettet. Vgl. dazu zum Beispiel Gärtner, S., The Passion. Über eine hybride Form des Passionsspiels. Liturgisches Jahrbuch, Bd. 67 (2017), 237–252.

Neuzugezogenen zu organisieren oder mit denjenigen, die das wollen, über Newsletter und Kontakte auf den sozialen Netzwerken in einem Dauergespräch zu sein. Wahrscheinlich wäre die Konzentration auf eine angemessene Verkündigungspraxis über digitale Medien mittlerweile resonanzträchtiger als über die klassischen Formen unserer Gottesdienste. Einige entsprechende Erfahrungen wurden während der Coronazeit gemacht. Dabei ist sicherlich das Paradigma eines Netzwerks, in dem man sich bewegt, den gegenwärtigen Kommunikationsanforderungen sehr viel angemessener als klassische Formen einer institutionellen Anstalt, die ihre Botschaft unters Volk bringt.

Ohne die Möglichkeit, reagieren zu können und Wechselwirkungen auszulösen, geht heute kaum noch etwas. Das hat vor allem damit zu tun, dass die digitalen Welten die Vorstellung bestärken, jeder könnte sich jederzeit mit seinen Ideen überall einbringen, was die Vorstellung von der eigenen Selbstwirksamkeit enorm steigert. Das Muster für eine entsprechende Praxis ist die Art und Weise gewesen, wie der amerikanische Präsident Donald Trump über Twitter jederzeit den Eindruck erweckte, er würde mit jedem Einzelnen direkt kommunizieren. Das hat zwar in dem Fall ausgesprochen demagogische Züge gehabt, der Weg selbst wäre aber auch für die Kommunikation von Pastorinnen und Pastoren mit ihren Gemeinden möglich und könnte sowohl für intensivere als auch extensivere Kommunikation der Kirche sorgen. Sicherlich wird er auch bereits in vielen Fällen längst begangen.

Fragt man nun weiter nach gezielten Formen kirchlicher Kommunikation, so kann es sich nahelegen, nicht pauschal die gesamte Öffentlichkeit oder auch nur alle Kirchenmitglieder in den Fokus zu nehmen, sondern die Zielgruppen klar zu differenzieren, um möglichst bedarfsgerecht zu kommunizieren, um auch die Wirkung der eigenen Kommunikation zutreffend einschätzen zu können. Dafür kann es hilfreich sein, die Kirchenmitgliedschaft selbst noch einmal differenziert wahrzunehmen, wie dies insbesondere in der letzten großen Fünften Kirchenmitgliedschaftsuntersuchung vorgenommen worden ist.[253] Tut man dies, dann zeigt sich, dass – pauschal gesagt – etwa 15 % der Kirchenmitglieder der Kirche und dem christlichen Glauben sehr nahestehen, aber am anderen Ende des Spektrums sich ähnlich viele bereits von der Kirche entfernt haben und über einen Austritt nachdenken. Die große Gruppe dazwischen ist auch nicht

---

[253] Evangelische Kirche in Deutschland (EKD), Engagement und Indifferenz – Kirchenmitgliedschaft als soziale Praxis. V. EKD-Erhebung über Mitgliedschaft, Hannover 2014.

einheitlich, sondern weist erhebliche Unterschiede in Nähe und Distanz zur Kirche auf. So lässt sich sagen, dass etwa 40 % der gesamten Kirchenmitgliedschaft (inklusive der 15 % „Kirchennahen") als Sympathisanten der Kirche bezeichnet werden können, d. h. als solche, die zwar nicht beständig intensiv mit ihr kommunizieren oder sich gar ehrenamtlich engagieren, die aber dennoch durchaus aufgeschlossen für das sind, was die Kirche tut, und insofern einen wichtigen Resonanzraum für die Kirche bilden. Sie sind herkömmlich auch die Gruppe, die noch am verlässlichsten mit dem bisher nach wie vor wichtigsten kirchlichen Medium, nämlich dem Gemeindebrief, erreicht werden. Hier ließe sich allerdings durch eine gezielte Recherche und entsprechend gestaltete Ansprache mit großer Wahrscheinlichkeit noch mehr Interesse wecken und entsprechende Bindungen erzielen. Demgegenüber ist es sehr viel schwieriger und mit sehr viel mehr Aufwand verbunden, diejenigen zu erreichen, die weiter entfernt von Kirche und christlicher Religion leben. Insofern lohnt es sich für die Stabilisierung der Kirche ungemein, die Öffentlichkeitsarbeit auf diese Zielgruppe zu konzentrieren, um über eine verbesserte Bindung der entsprechenden Menschen letztendlich dann möglicherweise auch die Ausstrahlung der kirchlichen Aktivitäten auf längst weiter entfernte Menschen zu verbessern.

Bei all dem muss gesehen werden, dass sich die kirchliche Kommunikation längst nicht mehr in eine christliche Gesellschaft hinein richtet, d. h. nicht mehr in eine, die in der Masse über Grundkenntnisse des Christlichen verfügen würde. Plausibilität muss selbst bei der Gruppe der Sympathisanten immer wieder erst hergestellt werden; sie kann in vielen für den christlichen Glauben wichtigen Feldern nicht mehr vorausgesetzt werden. Und es ist nicht nur dies. Gravierender ist noch das Problem einer bei der Mehrheit in Deutschland mittlerweile anzutreffenden Gleichgültigkeit gegenüber dem, was die Kirche ist und tut: dem Phänomen der Indifferenz. Dies hat unmittelbar mit dem Ausbreiten von Individualisierungs- und Singularisierungsprozessen zu tun, denn sie gehen mit der Fokussierung auf das eigene Selbst und damit dem Ausblenden von unbefangenen Wahrnehmungen anderer oder gewohnter Umgebungen einher. Durchbrechen lässt sich Indifferenz folglich nur dann, wenn es gelingt, nachhaltige Bezüge von Kirche und Religion auf das Selbst der Menschen herstellen zu können. Das sollte theologisch nicht unmöglich sein – kollidiert aber in der Praxis nicht selten mit den von den Menschen unterstellten Anforderungen der Institution Kirche und ihrer Dogmen an sie. Auf der einen Seite zwingt es dazu, im Kommunikationsstil alle

Ansprüche auf ein überlegenes Wissen fallen zu lassen – auf der anderen Seite nötigt es aber paradoxerweise geradezu dazu, die Arroganz des Glaubens ganz gezielt auch auszuspielen, da sich sonst die Fassade der Indifferenz überhaupt nicht ankratzen lässt. Wenn es gut geht, wird eine entsprechende Kommunikationsstrategie dann als authentisch wahrgenommen.

Allerdings ist diese Argumentation wahrscheinlich noch viel zu sehr von uns, d. h. der Kirche als dem hauptsächlichen Akteur, her gedacht, der etwas an den Mann oder die Frau bringen möchte. Viele wichtige aktuelle Diskussionsparameter, wie zum Beispiel alles das, was professionell unter Sozialraumorientierung oder auch Inklusion diskutiert wird, weisen darauf hin, dass es schon lange nicht mehr darum geht, die Menschen an die Institutionen, sondern die Institutionen an die Menschen anzupassen. Besonders deutlich wird dies, wenn der „Papst" der Sozialraumorientierung, Wolfgang Hinte, notwendige Veränderungen in der Sozialarbeit und der sozialen Administration zusammenfasst, demgemäß es nicht mehr darum ginge, Menschen als anspruchsberechtigt nach diesem oder jenem Paragrafen dieses oder jenes Sozialgesetzbuches einzuordnen, sondern je individuell mit den jeweiligen leistungsberechtigten Menschen konkret auf sie bezogene Unterstützungspakete zu entwickeln. Das Hilfesystem des Sozialstaats müsse sich in Zukunft „jeweils passgenau den speziellen individuellen Willen und Zielen der Menschen anschmiegen und sich – nur leicht übertrieben gesagt – in jedem ‚Fall' neu justieren."[254] Genau das gilt auch für die Arbeit der Kirche. Aber die Herausforderung ist nicht gering.

Aber wie dem auch immer im Einzelnen sei: Damit Menschen überhaupt etwas vom christlichen Glauben erfahren, in der Kirche bleiben und sich gegebenenfalls sogar in ihr engagieren, braucht es umfassende Kommunikation. Sie unterliegt spezifischen Bedingungen, wie zum Beispiel denen der Geschwindigkeit, was durchaus idealen Resonanzbedingungen widersprechen kann. Aber eine langweilige Kommunikation ist auch für die Kirche abträglich: „Du sollst nicht langweilen!" Gut wären immer wieder Überraschungen, die als paradoxe Interventionen bestimmte herrschende Deutungsmuster irritieren. Ich erinnere mich zum Beispiel an ein Plakat in der Passionszeit an der Tür einer katholischen Kirche in

---

[254] Hinte, W., Original oder Karaoke – was kennzeichnet das Fachkonzept sozialer Orientierung? In: ders., Fürst, R. (Hrsg.), Sozialraumorientierung 4.0. Das Fachkonzept: Prinzipien, Prozesse und Perspektiven, Wien 2020, 11–26, 12.

Wuppertal, auf dem das berühmte Bild von Edward Munch „Der Schrei" abgebildet war und mit dem Satz kommentiert wurde: „Leiden ist göttlich". Ich fand diese Aussage dermaßen provozierend, ja höchst skandalös, dass sie mir bis heute nicht aus dem Kopf gegangen ist. Für mich war das eine äußerst gelungene Intervention, die meine bisherigen Deutungskategorien infrage stellte und so mich selbst neu für die Plausibilitäten des christlichen Mythos öffnete.

Sichtbarkeit: Pflegt die Aura der Gemeinde!

Die evangelische Kirche ist für die meisten Menschen fast ausschließlich über ihre (Orts-)Gemeinden sichtbar. Sie bleiben Knotenpunkte in kirchlichen Netzwerken.

Gelegenheiten und Anstöße sind, wie gesagt, für das Interesse an Mitgliedschaft oder gar der Mitarbeit in der evangelischen Kirche von großer Bedeutung. Sie laufen jedoch vollkommen ins Leere, wenn es an der Sichtbarkeit der evangelischen Kirche insgesamt mangelt. Damit ist ein Problem beschrieben, das nicht übersehen werden sollte. Natürlich ist für diejenigen, die der Kirche nahestehen oder gar in der Kirche arbeiten, Kirche in der einen oder anderen Form bei fast jeder Gelegenheit zu entdecken. Wer aber über diese Erfahrungen mit der Kirche nicht verfügt, dem fällt es angesichts der offenkundigen Notwendigkeit zu selektiver Wahrnehmung angesichts unglaublich vielfältiger Wahrnehmungsangebote nicht leicht, Kirche im Alltäglichen wirklich zu identifizieren. Natürlich gibt es die Kirchengebäude, die in Europa nach wie vor vielfach den städtischen oder dörflichen Raum prägen und insofern nachhaltig an den lebendigen christlichen Glauben erinnern. Allerdings stehen sie eben auch, wie schon aufgezeigt wurde, nicht immer für die Lebendigkeit des Glaubens, sondern zum großen Teil auch für dessen historische Geltung und damit oft gerade nicht für dessen gegenwärtige Bedeutung.

Dies betrifft im Übrigen auch die öffentliche Aufstellung der Diakonie. Viele Umfragen der letzten Zeit zeigen, dass sie gegenüber der Caritas in der öffentlichen Wahrnehmung deutlich schwächer präsent ist, was mit der größeren Einheitlichkeit des Auftritts der Caritas zu tun hat. Besonders drastisch ist dies in Hannover im Fall der Marienstraße und ihrer Verlängerung nach Kirchrode der Fall. Wahrscheinlich in kaum einer anderen Straße Deutschlands findet sich dermaßen viel Diakonie versammelt wie hier. Aber dass das so ist, wird nicht deutlich, weil die verschiedenen diakonischen Einrichtungen mit völlig unterschiedlichen Logos auftreten. Auch medial gesehen ist die evangelische gegenüber der katholischen Kirche stark im Nachteil. Das hat mit der Fokussierung auf den Episkopat und die entsprechenden Großkirchen sowie vor allem auf die Bedeutung des Vatikans zu tun. Medial geraten einzig hin und wieder einzelne evangelische Bischöfinnen und Bischöfe, der oder die Ratsvorsitzende der EKD und gelegentlich Synodaltagungen in den Blick. Aber das macht nicht viel her.

Worauf ich hinauswill, ist: Für die weitaus meisten Menschen bei uns in Deutschland ist die evangelische Kirche fast ausschließlich über die Ortsgemeinden in ihrer unmittelbaren Umgebung oder über bedeutende Citykirchen sichtbar. Dies ist auch in der Fünften Kirchenmitgliedschaftsuntersuchung der EKD deutlich geworden, und es ist zu vermuten, dass eine entsprechende Selektion der Wahrnehmung auch noch weiter zunehmen wird, da es keine Anhaltspunkte dafür gibt, dass Kirche in der großen Öffentlichkeit sichtbarer werden könnte. Empirisch lässt sich zeigen, dass sich diejenigen unter den Mitgliedern, die sich der Kirche stärker verbunden fühlen, auch der eigenen Ortsgemeinde stärker verbunden fühlen, was umgekehrt bedeutet, dass die Bindung an die Kirche nicht ohne die Ortsgemeinden zu denken und ganz stark mit ihnen verknüpft ist. Dies gilt vor allem für diejenigen, die sich der Kirche besonders stark verbunden fühlen oder sich sogar in ihr engagieren. Kirchliches Ehrenamt ist zuvörderst an die Ortsgemeinden gekoppelt – dampft man die Ortsgemeinden ein, so beeinträchtigt man das Ehrenamt.

Insofern ist es gut und richtig, wenn in den Papieren der EKD davon gesprochen wird, dass es gelte, die Gemeinden zu stärken. Allerdings ist damit ein sehr weiter Begriff von Gemeinde vorausgesetzt, der weit über die Ortsgemeinden hinausgeht. Auch das ist sicherlich eine sinnvolle Strategie, neue und alternative Gemeindeformen in den Blick zu nehmen und sie an die Kirche anzubinden. Wo dies möglich ist und es danach Bedürfnisse gibt, sollte die Kirche ihre Türen großzügig öffnen und keine bürokratischen Hindernisse in den Weg legen. Das ändert aber nichts daran, dass es sich im Fall von neuen Gemeindegründungen um Prozesse am Rande der Volkskirche handelt: Die Grundlast der Kirche wird durch die Ortsgemeinden getragen und wer bei ihnen die Axt an die Wurzel legt, steht in der Gefahr, die gesamte Kirche in die Unsichtbarkeit hinein zu zerlegen.

Das bedeutet nun nicht, und das ist sicherlich wichtig anzumerken, dass die Ortsgemeinden besonders großartig funktionieren würden, und es bedeutet natürlich schon gar nicht, dass die Kirche auf ewig ihre Basis in

Ortsgemeinden finden müsste. Es geht hier um rein empirische, faktische Beobachtungen ihrer Bedeutung – um mehr nicht. Natürlich weisen die heutigen Ortsgemeinden Grenzen ihrer Reichweite auf – was sie im Übrigen schon immer taten. Um spezifische Zielgruppenarbeit über die mittleren Sozialmilieus hinaus zu machen, reichen die Ortsgemeinden nicht aus. Und natürlich kann man fragen, ob die Ortsgemeinden tatsächlich in der Lage sind, die Herausforderungen der Individualisierung wirklich aufzugreifen. Natürlich gibt es andere kirchliche Formen, insbesondere im Bildungs- und Beratungsbereich, die möglicherweise gerade hier besser greifen können. Aber das ändert nichts an der Flächenwirkung des Ortsgemeindeprinzips, über das die Kirche eben breitenwirksam sichtbar wird. Insofern führt kein Weg daran vorbei, nach wie vor die Ortsgemeinden zu stärken, an ihrer weiteren Professionalisierung und an ihrem Qualitätsbewusstsein zu arbeiten. Wer dies vernachlässigt, entwickelt nicht irgendeine bessere Kirche, sondern schwächt die gesamte Kirche.

Allerdings gibt es den immer wieder auftauchenden Vorwurf gegen die Ortsgemeinden, dass sich in ihnen nach außen abgrenzende Gruppen von konservativen und rückständigen Milieus sammeln würden, die im Wesentlichen mit sich selbst beschäftigt wären. An diesem Vorwurf ist etwas dran, wenn man ihn als schlichte Beschreibung der gesellschaftlichen Situation christlich-religiöser Kommunikation versteht. Dann lässt sich sehen, dass tatsächlich das Interesse am christlichen Glauben in den hier benannten Gruppen und Milieus am höchsten ist. So wird es mit hoher Sicherheit eine enge Korrelation zwischen eher konservativen Familienformen und der Bindung an die Kirche geben. Das muss zweifellos der Kirche zu denken geben und zur Öffnung in Richtung neuerer Familienformen und insbesondere auch für Alleinerziehende führen. Aber die kulturelle Synthese, die hier zum Ausdruck kommt, ist nicht einfach aufzubrechen, weil mit einem entsprechenden Aufbruch eben auch ein Abbruch einhergehen wird. Auch ist anzuerkennen, dass das Leben in Kirchengemeinden seltener von einem möglichen Aufbruch und einer gezielten und geplanten Außenorientierung geprägt ist und sich sehr viel mehr daran orientiert, dass die Kommunikation untereinander, also Geselligkeit und Gemeinschaft, gut funktioniert. In dieser Hinsicht konnte das Sozialwissenschaftliche Institut der EKD herausfinden, dass zum Beispiel unter Kirchenvorstehern das entscheidende Kriterium dafür, dass sie eine erfolgreiche Arbeit im Kirchenvorstand leisten, weniger die äußere Entwicklung der Kirchengemeinde, sondern mehr die Atmosphäre im Kirchenvorstand selbst ist (wenngleich das natürlich kaum eine Alternative sein kann).[255]

Gesehen werden muss m. E. auch, dass religiöse Kommunikation schon immer, aber in der heutigen Gesellschaft noch in besonderer Weise, eines gewissen Schutzes nach außen, gegenüber der Umwelt, bedarf. So ist es heute ganz schwierig, spontan im Alltag, auf der Arbeit oder im Restaurant zu beten. Leichter fällt dies, wenn es dafür klar definierte Orte und Zeiten gibt. Dort wird dann aber eine andere Sprache gesprochen und eine andere Atmosphäre gepflegt, als sie im Alltag sonst gegeben ist. Damit sind von vornherein Distinktionen verbunden: Man muss eine Schwelle übertreten, um an den entsprechenden Aktivitäten teilnehmen zu können, auch dann, wenn die Mühe zu spüren ist, niedrigschwelliger zu arbeiten. Und diese Schwelle ist eine sehr viel weniger baulich atmosphärische als tatsächlich eine habituelle. Wer sich nachhaltig in religiöse Kommunikation hineinbegibt – und nicht nur *über* Religion kommuniziert – entwickelt andere habituelle Formen, als sie sonst im Alltag üblich sind. Und das setzt Grenzen der Kommunikation, die es nicht nur zu beachten gilt, sondern die sogar intensiv gepflegt werden müssen, um eine entsprechende Kommunikation überhaupt möglich werden zu lassen. Das aber sieht „von außen" nach Selbstbeschäftigung aus. Würde man sie abschaffen und Grenzen zwischen religiöser und anderer Kommunikation schleifen, wäre Religion nicht mehr erkennbar. Sie muss sich folglich gesellschaftlich ausdifferenzieren, denn nur so ist sie überhaupt erträglich. Ihr das nun aber wiederum vorzuwerfen, wäre Unsinn.

Schaut man über diese Perspektiven hinaus und fragt nach Erfolgsfaktoren von kirchengemeindlicher Arbeit, also nach Charakteristika von Kirchengemeinden, denen es trotz aller Schwierigkeiten gelingt, ein lebendiges Gemeindeleben nicht nur aufrechtzuerhalten, sondern weiterzuentwickeln und vielleicht sogar neue Mitglieder zu gewinnen, so zeigt sich, dass es vor allem drei wichtige Betätigungsfelder gibt, die hier von Bedeutung sind. Zum einen (1) ist es die mehr oder minder öffentliche Präsenz der Kirchengemeinde im Sozialraum, verlässlich über Kasualien und Ansprechbarkeit aller Art sichergestellt. Zum anderen ist es (2) die Ausrichtung von großen Teilen der Kirchengemeindearbeit auf Familien in jeder Form. Familien nehmen Leistungen der Kirchengemeinde durchaus gerne in Anspruch, da sie für das familiäre Leben entlastend sein

---

[255] Rebenstorf, H., Ahrens, P.-A., Wegner, G., Potenziale vor Ort. Erstes Kirchengemeindebarometer, Leipzig 2015.

können. Das setzt allerdings voraus, dass die Kirchengemeinde entsprechende Bezüge auch entwickelt und über Kinder- und Jugendarbeit, Familiengottesdienste und Kindergartenarbeit ein vernetztes Angebotssystem für Familien vorhält (Familienzentren). Die Fusion von Familie und Religion ist in allen Religionen der Welt die Grundlage für die Plausibilität religiöser Kommunikation und, wie schon aufgezeigt, ihrer Reproduktion. Damit allerdings verfügen die Religionen über eine durchaus konservative Grundverankerung in der Gesellschaft, was natürlich auch nicht unproblematisch ist. Und schließlich (3) brauchen Kirchengemeinden soziale Projekte; sollten zumindest in der einen oder anderen Form an ihnen Anteil haben. Einerseits natürlich deswegen, weil Diakonie zu ihrem Auftrag gehört, aber dann auch, weil die Erwartung der Kirchenmitglieder, dass sich ihre Kirche sozial äußert und engagiert, besonders stark ist. Ohne ihr soziales Image könnte die evangelische Kirche wahrscheinlich nicht einmal halb so viele Mitglieder binden, wie sie es tatsächlich tut. Dabei geht es nicht um das Diakonische Werk, sondern tatsächlich um eine soziale Atmosphäre und soziale Aufgeschlossenheit – bis hin zu nachbarschaftlichen Hilfeleistungen vor Ort. Sie bestätigen die ansonsten oft völlige Ungreifbarkeit des christlichen Glaubens in besonderer Weise. Das funktioniert im Grunde genommen über einen Rückschluss in der eigenen Wahrnehmung: Da wo die Christenmenschen etwas Gutes tun, muss es damit zusammenhängen, dass sie selbst an Gott glauben und Christus nachfolgen. Direkt sehen und erfahren kann man das nicht – aber immerhin auf diese Weise indirekt.

Organisation: Arbeitet mit den Erwartungen der Mitglieder!

Immer besser muss sich die kirchliche Organisation als lernend gestalten. Entscheidend dafür ist die Rückbindung von Mitgliedererwartungen an Angebote. Fördert deswegen autonome Akteure!

Nun ist es gut und richtig, sich in der eigenen kommunikativen Arbeit auf die Erwartungen und Bedarfe der Mitglieder und der Menschen in der Gesellschaft überhaupt zu beziehen. Niemand wird bestreiten, dass eine Kirche, die völlig an den an sie adressierten Erwartungen vorbeigeht, in große Probleme gerät. Zum Teil kann man das an der Entwicklung der katholischen Kirche in den letzten Jahren ablesen. Allerdings bedeutet dies nicht, dass die Erwartungen eins zu eins von der Kirche umgesetzt werden sollten. Das ist zum einen gar nicht möglich und zum anderen wird es auch nicht wirklich erwartet. Am besten funktioniert der Bezug auf die Erwartungen der Mitglieder dann, wenn an ihre Erwartungen angeknüpft und sie dann überrascht werden; d. h., wenn sie sich in der einen oder anderen Form mit ihren Lebenserfahrungen angenommen finden und sich deswegen identifizieren können, aber gleichwohl Angebote der Weiterentwicklung und der Bereicherung ihres Lebens erfahren, die einen Unterschied machen. Meines Erachtens wirkt jede gute Predigt und jedes Verkündigungsangebot genau auf diese Weise: Es nimmt Erfahrungen und Erwartungen der Menschen auf und fügt sie in einen größeren Zusammenhang mit den Motiven der christlichen Tradition bzw. den Erzählungen des Evangeliums ein. Wenn das gelingt, erweitert es die Horizonte der Beteiligten und stimuliert ihre eigenen Erfahrungswelten.

So abstrakt ist dies relativ leicht formuliert und es lässt sich auf der Ebene der persönlichen Begegnungen auch gut umsetzen. Die Pastorin, die von einer eigenen Erfahrung authentisch erzählt und sie dann christlich deutet, wird im Regelfall verstanden und auch als emotional nahestehend einsortiert. Schwieriger ist es jedoch, die Erwartungen der Kirchmitglieder insgesamt in die Gestaltung der kirchlichen Arbeit einzubeziehen. Das hängt mit der Art und Weise der Organisiertheit unserer Kirche zusammen, und zwar insbesondere der Art und Weise ihrer Finanzierung. Die klassische amerikanische Kirchengemeinde finanziert sich über die Mitgliedsbeiträge ihrer 200-300 Mitglieder und ist deswegen darauf angewiesen, in all ihren Angeboten und im Stil ihrer Verkündigung die Interessen dieser Mitglieder abzubilden. Geschieht dies nicht, führt es zu Krisen in der Gemeinde, die sich dann spalten oder auch sterben kann. Gemeinden sind auf diese Weise eng an die Erwartungen der Mitglieder angekoppelt, was zu einer großen Lebendigkeit des religiösen Lebens auf einem religiösen Markt führen kann. In Deutschland ist der organisationale Bezug durch die Kirchensteuer geprägt. Die Finanzierung der Kirche erfolgt weitgehend anonym und hat mit den Interessen der Mitglieder direkt nichts zu tun. So kann es durchaus so sein, wie es in den vergangenen 40 Jahren gewesen ist, dass Millionen von Mitgliedern die Kirche verlassen, ohne dass sich an ihrer Struktur wirklich Grundlegendes geändert hätte. Natürlich ist ihre Arbeit nicht völlig von der Gesellschaft abgekoppelt und hat sich in dieser Zeit immer wieder verändert. Neue Angebote wurden entwickelt und atmosphärisch wurde viel verändert. Aber die Tatsache des andauernden Verlustes von Mitgliedern hat in kaum einer Kirchengemeinde wirklich zu Beunruhigungen geführt und tut es nach wie vor nicht. Das hat mit dem seit über 100 Jahren wirkenden Entwicklungspfad der Kirche in Deutschland zu tun, aus dem offensichtlich nicht auszubrechen ist. Zwar gibt es hin und wieder Versuche am Rande der

Kirche, neue kirchliche Modelle zu entwickeln und auch zu Formen eigener Finanzierungen zu kommen, was diesen Pfad durchbrechen würde. Bisher aber wäre es offenkundig Unsinn, einen solchen Weg einzuschlagen und sich dementsprechend aus den Finanzierungsmöglichkeiten der Landeskirchen freiwillig auszukoppeln.

Aber alleine schon das Nachdenken darüber, welche Wege es denn geben könnte, kirchliche Angebote zu gestalten, die sich auch ohne Kirchensteuer finanzieren ließen, wäre im Einzelnen hochinteressant. Damit so etwas überhaupt möglich ist, müsste die Kirche autonome Akteure, kleine Gruppen von Ekklesiopreneuren, die etwas unternehmen wollen, großzügig fördern. Solche Christenmenschen gibt es durchaus, auch wenn sie nicht immer als bequem für Kirchenleitungen gelten, sondern bisweilen auch charismatische Gefolgsmodelle pflegen. Nur Menschen, die etwas wollen, die wollen, dass andere sich ihnen anschließen, weil sie sich auf diese Weise in die Nachfolge Jesu Christi begeben, werden auf diese Weise aktiv werden. Ihre Angebote sind gerade nicht niedrigschwellig, sondern durchaus fordernd und deswegen auch Konflikte auslösend. Aber gerade so tragen sie auch das Gerücht von dem lebendigen Christus unter uns weiter.

Nun gibt es in diesem Kontext der Diskussion über Mitgliedererwartungen die sich immer wieder bestätigende Erfahrung des betonten Nutzendenkens der Menschen. Sehr viele würden ihre Mitgliedschaft in der Kirche danach bewerten, was sie ihnen „bringen" würde. Und da sich in dieser Hinsicht für viele, gerade Jüngere, kaum noch Nutzen zeigen würde, träten sie halt aus. Tatsächlich findet man eine solche Argumentation in vielen Gesprächen über den Sinn von Mitgliedschaft in der Kirche abgebildet. Allerdings kann man darauf hinweisen, dass diese Argumentation, so fest fixiert sie zu sein scheint, tatsächlich soziokulturell sehr variabel ist. Denn ob einem irgendetwas etwas bringt und insofern nützlich ist, ist für jeden Einzelnen dann doch sehr verschieden und hängt von vielen Einflussfaktoren ab. Gerade im Fall der Kirchenmitgliedschaft ist das Ganze nur im Extremfall eine Preis-Leistungs-Kalkulation. Tatsächlich ist es so, dass der Nutzen von Kirche in einem Gesamtbild des eigenen Lebens in der gegenwärtigen Gesellschaft deutlich oder nicht deutlich wird und insofern jedenfalls prinzipiell von der Kirche auch mit beeinflusst werden kann. Man kann an dieser Stelle wieder auf frühe lebensgeschichtliche Erfahrungen zurückgehen, in denen sich ein warmer Kern der Bindung an Kirche niedergeschlagen hat, der vielleicht noch eine

Ahnung von der Existenz Gottes bewahrt. Aber es kann eben auch sein, dass die kulturelle Bedeutung von Kirchen und Religionen in dieser Hinsicht durchaus einen wichtigen Faktor darstellt, der in der Öffentlichkeit gestärkt werden kann – aber eben auch verlustig gehen kann. Insofern ist das Nutzendenken nichts auf ewig Fixiertes, sondern im Grunde genommen etwas dauernd Umkämpftes. Wir müssen als Kirche deutlich machen, wofür wir selbst glauben, dass die Kirche nützlich ist, und dabei den Begriff des Nutzens selbst so definieren, dass es nicht um ökonomistische Kalkulationen gehen kann. Die Seelsorge an kranken Menschen oder gar Sterbenden darf natürlich keiner Nutzenkalkulation unterliegen. Dennoch wird dies natürlich immer wieder getan.

Insofern gilt, dass Erwartungen der Mitglieder und anderer Menschen natürlich immer auch zwiespältig sind und interpretiert werden müssen. Es handelt sich mithin um eine hochkomplexe, ja paradoxe Beziehung: Zum einen geht es darum, sich auf die Erwartungen der Menschen einzulassen, ja sich mit ihnen zu identifizieren, aber dann eben auch Distanz zu ihnen zu gewinnen und mit ihnen deutend zu arbeiten. Letztendlich sollen die Erwartungen nicht so bleiben, wie sie sind, sondern im Prozess religiöser Kommunikation vielfältige Transformationen durchlaufen können. Begegnung mit Gott kann bedeuten, dass man nicht so bleibt, wie man ist. Denn der Rahmen meiner bisherigen Erfahrungswelt wird durchbrochen und, wie es früher hieß, zum Licht hin geöffnet. Gott dreht den Menschen von sich selbst weg zu ihm hin: Konversion.

Entsprechendes könnte die Kirche auch mit den vielfältigen empirischen Untersuchungen machen, die sie ja selbst in Auftrag gibt: Nicht die Ergebnisse dieser Untersuchung simpel rezipieren und eins zu eins umsetzen, was auch gar nicht geht, sondern theologisch im Blick auf die Verfasstheit der heutigen Menschen interpretieren und sie darin immer auch zu kritisieren. Auch die modernen Menschen verschließen sich der Begegnung mit Gott – und sie tun dies angesichts ihrer enormen Möglichkeiten noch viel drastischer, als dies in der Geschichte der Fall gewesen ist. Es geht folglich nicht darum, unsere Mitglieder in ihren Erwartungen einfach zu bestätigen, sondern im Gegenteil, sie geradezu infrage zu stellen, zu verunsichern und genauso Interesse zu wecken. Zugegeben: Das ist kein einfaches Programm, mit dem man sich überall beliebt machen könnte. Aber es ist ausgesprochen verheißungsvoll.

Zelebration: „Du kommst nicht durch die Woche, wenn du nicht da gewesen bist!"

Alles hängt davon ab, dass unsere Gottesdienste begeistern. Das muss nicht sonntags vormittags sein. Musik ist dabei (fast) alles. Deswegen: Zapft die geistlichen Ressourcen der Popmusik an!

Und damit nun zu meinem letzten Aspekt, der auch den Höhepunkt meiner Argumentationen beschreibt: der Frage nach der Qualität und Wirkung der Feier der christlichen Botschaft, ihrer Zelebration unter der Woche und im Jahresverlauf. Es sind unsere Gottesdienste, insbesondere nach wie vor am Sonntagvormittag, die nicht nur den Kern dessen, was wir tun, am besten darstellen sollen, sondern die auch für die Wahrnehmung des Christlichen und des Images der Kirche von alles entscheidender Bedeutung sind. Man sollte an dieser Stelle deutlich betonen, dass es hierbei nicht um Bildung geht – oder nur in einem ganz weit abgeleiteten Sinne –, sondern eben um das Zelebrieren dessen, was uns trägt. In dieser Hinsicht hat mich der zitierte Satz von Margot Käßmann, dass man nicht durch die Woche kommt, wenn man nicht da gewesen ist, immer wieder beeindruckt. Wie emotional ergreifend, prägend, stützend und Kraft vermittelnd Gottesdienste sein können, kann man in vielen Teilen der Welt immer wieder erleben. Sie sind eine Feier des Lebens mit allen Höhen und Tiefen gemeinsam mit dem Gott, der durch diese Höhen und Tiefen mit uns geht. Und sie müssen natürlich nicht so gezähmt ablaufen, wie das meist bei uns geschieht. Mir scheint entscheidend zu sein, dass sie der Feier Gottes eins mit der Feier der Menschen dienen: Alle Ausdrucksmittel, die die gegenwärtige und die vergangenen Gesellschaften diesbezüglich zur Verfügung stellen, sind zugelassen und können genutzt werden. Es sollen die schönsten und die schlimmsten Erfahrungen der Zeit in ihnen zum Tragen kommen, ohne Angst vor Banalität oder Peinlichkeit. Es ist vor allem diese langweilige, mittlere, alles scharfe und polemische vermeidende Rhetorik und musikalische Stilistik, die Menschen hindert, in die Gottesdienste zu kommen. Hier muss von Tod und Sterben, von Folter, Gewalt, von Sexualität und Missbrauch, von Glücksekstasen und völligem Abheben, von Kurzarbeit und Angst die Rede sein können – und nichts davon darf moralistisch ausgeschlossen werden.

Der wahrscheinlich alles entscheidende Faktor ist in diesem Zusammenhang die Musik. Und es ist ja auch ganz erstaunlich, dass die musikalischen Angebote der Kirche noch am allerwenigsten von Mitgliederverlusten betroffen sind. Orchester, Chöre und andere musikalische Aktivitäten erfreuen sich nach wie vor größter Beliebtheit. In den letzten 20 Jahren hat es durch die Gospelbewegung sogar einen richtigen Neuaufbruch gegeben. Die hierzu angestellten Untersuchungen zeigen sehr schön, wie Menschen durch ihr Interesse an der Musik am Singen, aber auch an körperlicher Bewegung in die Gospelchöre hineingezogen werden und sich dann in der Folge auch mit den christlichen Texten auseinandersetzen.[256] Ein wahrscheinlich paradigmatischer Weg, wie man sich religiösen Erfahrungen zunächst durchaus körperlich sinnlich nähern und dann auch reflexiv erschließen kann. Gospel als Musikstil gibt einen Vorgeschmack dessen, was an neuer spiritueller Musik und innovativen Zelebrationskonzepten v. a. über Migrationsgemeinden und die Entwicklung des afrikanischen Christentums möglich ist.[257]

In diesem Zusammenhang scheint es mir hochinteressant zu sein, die geistlichen Ressourcen zu nutzen, die sich in der neueren deutschen Popmusik an vielen Stellen finden lassen. Das begann schon seinerzeit mit Xavier Naidoo und anderen – hat sich aber weit darüber hinaus entwickelt, zumal über Sänger wie Joris oder Adel Tawil. Paradigmatisch ist vielleicht Joris mit seinem Song „Signal" und auch „Leben" oder auch Tawil mit „Tu m'apelle". Viele der Texte klingen wie Liebeslieder und werden wahrscheinlich in der Regel auch so verstanden, aber sie können ebenso gut als Gebete oder eben auch als Lieder über die Liebe zu Gott verstanden werden. Andere Lieder gibt es, in denen es offenkundig um Segenszusagen geht. Klassisch: „Universum" von Ich und Ich, was sich nach Hörensagen nicht selten als Tauflied bewährt hat. Wenn man etwas erfahren will über Religiosität und Spiritualität jenseits der Grenzen der Kirche und vielleicht auch des Christentums, dann bietet sich solche Musik als ein hervorragendes Experimentierfeld an. Es ist schlicht erstaunlich, wie hier mit Mitteln religiöser Kommunikation gearbeitet wird – ebenso, dass sie als solche verstanden werden kann, aber auch nicht unbedingt verstanden werden muss und gleichwohl die Rezipienten begeistert. Wenn es gelänge, hiervon in unseren Gottesdiensten etwas aufzugreifen oder auch Ähnliches zu produzieren, dann wäre das ein enormer Plausibilitätsgewinn. Die Doppelsinnigkeit der Texte ist die Herausforderung.

---

[256] Dazu zuletzt Meyer, J., Kirche beGeistert erleben. Eine Studie zu Wirkung und Potenzial des Internationalen Gospelkirchentages, Si-Aktuell 2019.
[257] Vgl. https://jerusalema.co.za/ [01.11.2023].

Allerdings belegt eine nähere Analyse dieser Art von Musik auch ihre Grenzen, die in ihrer Engführung auf die Perspektive des eigenen Selbst und der Selbststilisierung bis hin zum Egoismus oder sogar Autismus bestehen. Es geht fast immer um die Bestätigung meines Ich – und eigentlich fast nie um die Öffnung für ein Du, geschweige denn die Kommunikation mit ihm. „Kann mich irgendjemand hören" aus dem Song „Signal" ist im Grunde die Dauerperspektive – ob ich aber andere hören kann oder auch hören will, kommt überhaupt nicht vor. Und der Segen bezieht sich darauf, dass man alles im Leben erreichen kann – auch hier kommen andere Menschen nicht vor. „Für mich soll's rote Rosen regnen", wandelte schon seinerzeit Hildegard Knef den alten Text des „für dich" durchaus skandalös ab. Das Ganze stellt sich etwas anders dar, wenn man sich die dazugehörigen Videoclips anschaut. Dann ist man mit relativ viel Gemeinschaft fast im klassischen Sinne konfrontiert, die aber mit den individualistischen Texten nicht immer konform geht. Dennoch zeigt gerade diese Engführung die Notwendigkeit auf, sich theologisch und religiös praktisch sehr viel stärker auf die Dimensionen des Ich und des Selbst einzulassen. Sofern unsere Gesellschaft sich weiterhin in Richtung Wohlstand und steigende technische Möglichkeiten entwickelt, wird sich auch die selbstbezogene Individualisierung weiter in Richtung Singularisierung steigern und allein schon damit klassische, nicht nur christliche Paradigmen der grundsätzlichen Beziehung des Ich auf den anderen (und auf Gott) immer weiter untergraben. Dies wirkt sich dann auch auf das Zusammenleben in Familien aus. Als alles entscheidende Resonanzfelder im Rahmen der Sozialisation fördern sie dann auch diese Prägungen. Wie können die Familien dann noch – der christlichen Idee entsprechend – Einübungsfelder für Nächstenliebe und Solidarität sein?

Klar ist: Unsere Gottesdienste werden nur dann wieder mehr Relevanz erhalten, wenn es gelingt, die grundlegenden existenziellen Perspektiven der „Egogesellschaft" aufzugreifen, einerseits zu affirmieren und andererseits in einen größeren Zusammenhang einzubeziehen, der es erlaubt, das eigene Ego auch kritisch distanziert aus Sicht der anderen in den Blick zu nehmen und so Solidarität zu stiften. Also Identifikation mit Transformation verbinden.

Zum Schluss: Geht dahin, wo die Kraft ist!

Die Kraft Gottes, das Kraftfeld des Heiligen Geistes, ist immer schon mitten unter uns. Wir müssen diese Kraft nicht erzeugen; es reicht, wenn wir dort hingehen, wo die Kraft ist, und uns bemühen, an ihr Anteil zu bekommen. Nicht immer war das offensichtlich – und schon gar nicht ist die Kraft immer dort zu finden, wo wir es kirchlich gerne hätten. Nicht selten in der Geschichte des Christentums entfaltete sie sich an den Rändern der christlichen Welt und entwickelte von dort eine transformatorische Kraft – also gerade nicht in den schön gestalteten Landschaftsparks, sondern eher in den Brachen oder auch in den Urwäldern, nicht in den Zentren der Städte, sondern in den Slums. Dort hinzugehen und sich der Fremdheit der Kraft auszusetzen, gelingt nicht jedem und jeder; aber einige finden den Mut und entfalten von daher ein neues Charisma.

Ich schließe mit einer kennzeichnenden Begebenheit aus einem Gottesdienst zum 1. Mai in Hannover vor einigen Jahren. Ich stehe an der Eingangstür der Kirche und begrüße die Kommenden. Stürmt ein kleiner muslimischer Junge, begleitet von seinem Vater, auf mich zu, zupft mich am Talar und sagt: „Wo hängt er? Wo habt ihr ihn angenagelt? Das will ich sehen!" Ich war zunächst völlig überrascht, bin dann aber mit ihm und seinem Vater in den Altarraum zum Kruzifix gegangen und habe dem Jungen alles gezeigt. Beide waren ganz still. Ich habe dann noch versucht etwas zu erklären, weiß aber nicht mehr, was ich genau gesagt habe. Aber mir ist noch im Kopf, was ich dachte: dass das am besten alles wie bei Don Camillo ablaufen und sich Jesus doch nun mal selbst zu Wort melden könnte. Mit anderen Worten: Ich war in dieser Situation ziemlich ratlos. Mir wurde die Absurdität des Ganzen in den Augen des Jungen sehr deutlich. Er hatte ja Recht! Dieses fürchterliche Bild eines gefolterten Menschen stellt für uns Christen ein Symbol der Liebe Gottes und größter Kraft dar. Wer soll das verstehen? Tröstlich ist, dass dieses Problem auch schon vor vielen Hunderten von Jahren am Beginn der christlichen Mission existierte. Irgendwie sind wir wohl dort wieder angekommen.

Literatur

Evangelische Kirche in Deutschland (EKD) Engagement und Indifferenz – Kirchenmitgliedschaft als soziale Praxis. V. EKD-Erhebung über Mitgliedschaft, Hannover 2014.

Gärtner, S., The Passion. Über eine hybride Form des Passionsspiels. Liturgisches Jahrbuch Bd. 67 (2017), 237–252.

Hinte, W., Original oder Karaoke – was kennzeichnet das Fachkonzept sozialer Orientierung? In: ders., Fürst, R. (Hrsg.), Sozialraumorientierung 4.0. Das Fachkonzept: Prinzipien, Prozesse und Perspektiven, Wien 2020, 11–26.

Meyer, J., Kirche beGeistert erleben. Eine Studie zu Wirkung und Potenzial des Internationalen Gospelkirchentages, Si-Aktuell, Hannover 2019.

Rebenstorf, H., Zarnow, C., Körs, A., Sigrist, C. (Hrsg.), Citykirchen und Tourismus. Soziologisch-Theologische Studien zwischen Berlin und Zürich, Leipzig 2018.

Rebenstorf, H., Ahrens, P.-A., Wegner, G., Potenziale vor Ort. Erstes Kirchengemeindebarometer, Leipzig 2015.

Wegner, G., Religiöse Kommunikation und Kirchenbindung. Ende des liberalen Paradigmas? Leipzig 2014.

Wegner, G., Endewardt, U., „Was mein Leben bestimmt? Ich!". Lebens- und Glaubenswelten junger Menschen heute, Si-Aktuell, Hannover 2018.

Ein Ort am Rande des Chaos
Die Villa Gründergeist in Frankfurt als Plattform in einer nächsten Kirche

Miriam Penkhues und David Schulke

Es könnte ja alles so schön einfach sein. Da drüben die Welt, die auseinanderfällt. Deren Transformationsgeschwindigkeit (scheinbar) ständig steigt. Und die in der letzten Zeit auch den Kompass in Richtung gute Zukunft aus dem Blick verliert. Hier „die Kirche" (was auch immer das sein soll) mit ihrer langen Geschichte, mit klaren Positionen und Kanten. Eine der letzten Organisationen, die sich traut, den Menschen zu sagen, was sie zu tun und zu lassen haben. Wer ist denn hier jetzt überhaupt von Auflösung bedroht?

So schön einfach ist es mitnichten. War es wahrscheinlich nie. Dass die Zukunft einfacher im Sinne von weniger komplex wird, danach sieht es nun wirklich nicht aus. Ganz egal, ob man das Phänomen VUCA (volatil, uncertain, complex, ambiguous) oder doch schon BANI (brittle, anxious, non-linear, incomprehensible) nennt.[258] Wenn wir davon ausgehen, dass Menschen auch in dieser Welt nicht aufhören, zu glauben und sich von Gott berühren zu lassen, dann bleibt die Frage aktuell, wie ihre zukünftige Organisationsform aussehen könnte. Oder welche Merkmale bzw. Funktionen das zugehörige Betriebssystem einer nächsten Kirche aufweisen müsste.

In der Hirnforschung geht man mittlerweile davon aus, dass es neben dem Intelligenzquotienten IQ (für rationales Denken) und dem emotionalen Intelligenzquotienten EQ (für assoziatives Denken und Gefühle) noch eine dritte Dimension gibt: die spirituelle Intelligenz. Anders als beim IQ und EQ wird hier nicht in erster Linie Bekanntes verarbeitet und ggf. neu kombiniert. Hier ist der Ort, an dem wirklich Neues, Kreatives, Innovatives, aber auch Unerwartetes und Unberechenbares entsteht. Die Quantenphysikerin, Hirnforscherin und Theologin Danah Zohar spricht auch von einem Ort am Rand des Chaos.[259] Das System hat noch genug Sicherheit aus seinen bekannten Ressourcen, um mit neuen Impulsen und Informationen von außen umzugehen, auszuprobieren und damit auf dem

---

[258] Vgl. URL: https://executiveacademy.at/de/news/detail/bani-statt-vuca-so-geht-fuehrung-in-der-welt-von-morgen (15.08.2024).
[259] URL: https://www.brandeins.de/corporate-services/mck-wissen/mck-wissen-innovation (15.08.2024).

Spielfeld des Neuen zu agieren. Funfact: In der Hirnforschung spricht man hier auch von den „God Spots". Klingt eher anekdotenhaft, ist aber dennoch eine schöne Vorstellung.

Wenn es in einer komplexer werdenden Welt wirklich darauf ankommt, mit Unsicherheiten zu leben, multiperspektivische Lösungen zu finden und iterativ zu handeln, dann stellt sich für das Betriebssystem der nächsten Kirche die Frage, wie wir Orte am Rand des Chaos finden, (mit)gestalten und nutzen. Die Zeit der Blaupausen ist bekanntermaßen vorbei. Dennoch gibt es sicher einige Kriterien, die für die Suche nach dem zukünftigen Betriebssystem hoffnungsvoller machen.

Ein Ort am Rande des Chaos

In einer Gründerzeitvilla im Frankfurter Westend unterhält das Bistum Limburg eine für traditionelle, kirchliche Strukturen eher ungewöhnliche Einrichtung: die Villa Gründergeist. Hier wird seit Herbst 2019 auf ca. 500 Quadratmetern Grundfläche in bester Frankfurter Westendlage experimentell in drei Themenfeldern gearbeitet: Coworking, Social Hub und kirchliches Innovationszentrum.

Ausgangspunkt ist die Grundannahme, dass sich die Zukunftsfragen von Welt und Gesellschaft ebenso wie die von Glauben und Kirche nur gemeinsam thematisieren lassen. Und zwar nicht nur im Binnenraum der Kirche, sondern mit Außenperspektiven, die mit den Relativierungen, die sie eintragen, hilfreich und notwendig sind. Das Team der Villa hält die Botschaft Jesu Christi dabei für eine entscheidende Impulsgeberin. Die Villa Gründergeist will immer mehr ein Ort werden, an dem (junge) Menschen Ideen für die Welt von morgen entwickeln und weiterdenken. Für den Träger, das Bistum Limburg, ist sie daher Seismograf und Lernort für zukünftige gesellschaftliche Entwicklungen. Das Team lässt sich dabei von folgender Vision leiten:[260]

1. Die Welt täglich besser machen durch die Förderung von Social Entrepreneurship und Sozialinnovation.

---

[260] Vgl. Schulke, D., Vom Innovations- und Schöpfer*innengeist – die „Villa Gründergeist" in Frankfurt am Main, in: Gebauer, D., Kehrer, J. J. (Hrsg.), Coworking: aufbrechen, anpacken, anders leben. Herausforderung und Chance für Gemeinden und Organisationen, Göttingen 2022, 127.

2. Die Learnings aus dieser Reise nutzbar machen für Menschen, die Kirche neu gründen und Glauben anders leben wollen.

3. Grundlage dafür ist eine sinnstiftende und durch das Villa-Team gut begleitete Community.

Als Coworkingspace für gesellschaftlich/sozial-unternehmerische Gründer:innen sammelt katholische Kirche hier also Erfahrungen in den Bereichen Social Entrepreneurship und New Work.[261] Die regelmäßigen Nutzer:innen des Coworkingspaces sind Sozialunternehmer:innen, die alle durch ihr unternehmerisches Wirken soziale oder gesellschaftliche Probleme adressieren. Dabei orientieren sie sich an den Sustainability Development Goals (SDGs, Nachhaltigkeitszielen der Vereinten Nationen). Sie mieten einen flexiblen Schreibtisch zu einem fairen Preis und bringen sich aktiv in das Communitynetzwerk des Hauses mit ein: mit ihrer Expertise und Persönlichkeit. Über zwei strategische Partner:innen, das Social Impact Lab[262] und SEND e. V.[263], welche zu den Ankermietern im Haus zählen, ist die Verbindung zur Social-Entrepreneur-Szene in der Rhein-Main-Region kurz. Angehende Sozialunternehmer:innen, die an Förderprogrammen teilnehmen, können beispielsweise auch auf diesem Weg einen Schreibtisch in der Villa mieten. Dabei ist die Villa erstmal ein physischer Ort, der als Startpunkt und Entwicklungsrahmen für Gründungen aller Art zugänglich gemacht wird, die die Gestaltung von Welt und Gesellschaft zum Ziel haben. Das kann die Gründung eines sozialen Start-ups oder einer anderen Initiative sein.

Im Social-Hub werden zentrale Zukunftsfragen in Workshops, Vorträgen und Fachveranstaltungen diskutiert. Durch die Öffnung der Immobilie für externe Personengruppen, die der Sozialunternehmer:innen, nimmt die Einrichtung eine Scharnierfunktion zwischen agilen, gesellschaftsrelevanten Akteur:innen und der eigenen traditionsreichen Institution ein.

Das kirchliche Innovationszentrum versucht, durch Wissenstransfer und kirchliche Netzwerkbildung die aus den ersten beiden Bereichen

---

[261] New Work darf nicht nur unter den arbeitsstrukturellen Aspekten von flachen Hierarchien, Kooperation auf Augenhöhe und Partizipation, welche die Arbeit sinnstiftender machen sollen, gesehen werden. Der Ansatz des New Work ist als ein ganzheitlicher zu verstehen, es geht viel stärker auch darum, sich selbst besser kennenzulernen, die eigenen Ressourcen ausgewogen in die Arbeit und das Leben einzubringen. Vgl. Werther, S., Coworking und New Work, in: Werther, S. (Hrsg.), Coworking als Revolution der Arbeitswelt: von Corporate Coworking bis zu Workation, Berlin 2021, 239.
[262] URL: https://frankfurt.socialimpactlab.eu/ [15.08.2024].
[263] URL: https://www.send-ev.de/startseite/ueber-uns/ [15.08.2024].

gesammelten Erfahrungen für die eigene Institution nutzbar zu machen. Als ‚Think-and-Do-Tank' für Kirchenentwicklung im Bistum Limburg ist sie Teil eines kreativen, interdisziplinären Netzwerks aus Gründer:innen, Innovator:innen, kirchlichen Out-of-the-box-Denker:innen und Macher:innen.

Chaos-Marker

Aber welche Merkmale machen die Villa Gründergeist zu einem Ort am Rand des Chaos? Welchen Organisationsprinzipien folgt das Betriebssystem am Rand des Chaos? Welchen Code of Conduct braucht es für ein zukunftsfähiges Betriebssystem?

Eine Definition dessen, was Coworking ist, hat die erste Generation der Coworking-Pioniere 2012 zusammengetragen. Dieser Verhaltenscodex, das inzwischen international bekannte Coworkingmanifest, ist dabei erstaunlich kompatibel mit den Haltungen, die im Bistum Limburg als Marker für Kirchenentwicklung benannt sind.

Coworkingmanifest	**Haltungen von Kirchenentwicklung (Bistum Limburg)**
- Zusammenarbeit statt Wettkampf - Gemeinschaft statt Agenden - Beteiligung statt bloße Beobachtung - Machen statt Reden - Freundschaft statt Formalismus - Mut statt Stillstand - Lernen statt Fachwissen - Menschen statt Persönlichkeit(en) - Werte-Ökosystem statt Wertschöpfung	- offen sein für die Zeichen der Zeit und sie im Licht des Evangeliums deuten - sich dazu unter das Wort Gottes stellen - vertrauen können und vertrauenswürdig sein - Partizipation ermöglichen - verstetigen, dass Entscheidung auf Beratung folgt - Innovation zulassen, fehlerfreundlich und konfliktfähig sein

In beiden „Codes" geht es um kulturverändernde Haltungen und Zusammenarbeit. Dazu bedarf es für beide Logiken Räume, in denen vertrauensvoll miteinander gelernt werden kann. Die Villa versteht sich als solch ein Raum, der Lernort für diese Haltungen sein will.

Geteilter Lernort

Im Sommer 2020, als gerade das erste Grundrauschen im Haus zu hören war, entschied das Social Impact Lab, den Bereich Coworking in Frankfurt nicht als Betreiber fortzuführen, und war auf der Suche nach Räumen, in denen sowohl die eigenen Aktivitäten entstehen als auch einige Gründer:innen der Programme zukünftig arbeiten konnten. In Lichtgeschwindigkeit für kirchliche Verhältnisse wurde die Lösung gefunden, das Lab als Ankermieter im Haus aufzunehmen und den Programmteilnehmer:innen Plätze im Coworking anzubieten.

Das Team der Villa konnte hier schnell auf einen Bedarf reagieren, voll Vertrauen, auch wenn nicht alle Dinge von Anfang an geklärt waren. Wie kommen die Menschen ins Haus? Wer „kontrolliert", wer ins Haus kommt? Welche Form von Verträgen braucht es?

Mit den Herausforderungen ist das Team mitgewachsen. Lösungen wurden gemeinsam gesucht, jenseits einer „Wir müssen uns gegen alles absichern"-Mentalität. Der Ort wurde lebendig durch die Coworker:innen, die ihn sich zu eigen gemacht haben. An den flexiblen Schreibtischen sitzen Menschen, die ihr Wissen und ihre Expertise gerne in die Community einbringen. Sie vertrauen darauf, dass sie an diesem Ort auf Menschen stoßen, deren Expertise auch ihnen zur Verfügung gestellt wird. In einer Großstadt wie Frankfurt sind Raumressourcen knapp. Es fügt sich wie selbstverständlich, dass Räume geteilt werden und möglichst viel ausgelastet sind. Dadurch entsteht an diesem Ort eine Multiperspektivität auf die Fragen unserer Zeit.

Gemeinschaft

Auf expliziten Wunsch eines muslimischen Coworkers und einer nichtreligiösen Coworkerin fand im Sommer 2023 ein Pilger:innentag für die Villa-Community statt. Dabei war es der explizite Wunsch, einen Tag für die Community so zu gestalten, dass das christliche Pilgern kennengelernt und ausprobiert werden kann.

Immer wieder taucht die Frage auf, was denn am Konzept der Villa nun das spezifisch Katholische sei. Ganz im Sinne von „Gaudium et Spes" könnte die Antwort so einfach sein, dass Freude und Hoffnung, Trauer und Angst der Sozial-Unternehmer:innen auch die Freude und Hoffnung, Trauer und Angst des Teams sind. Viele Coworker:innen, die in die Villa kommen, stehen am Anfang ihrer unternehmerischen Tätigkeit. Zu diesem Zeitpunkt ist eine soziale Innovation noch nicht marktreif durchdacht. Es gibt Rückschläge, z. B. was die Finanzierung angeht, es gibt oft noch kein Team, in dem die Idee geteilt und gemeinsam getragen wird. Teamtage, Betriebsausflüge oder Feste, wie sie in größeren Organisationen dazugehören, gibt es auch nicht. Hier bietet das Team der Villa die Möglichkeit, gemeinschaftsstiftende Veranstaltungen mitzuorganisieren. Der Nikolausabend bei Glühwein im Advent wurde so von einer Unternehmerin schon als „unsere Weihnachtsfeier" betitelt und wenn die Nutzer:innen es wollen und wünschen, wird sogar ein christlicher Pilger:innentag Teil des Community-Programms.

Macht und Zusammenarbeit

Bevor die damals zuständige Dezernentin das Bistum verließ, um Generalsekretärin der Bischofskonferenz zu werden, war sie zu einem Termin in der Villa Gründergeist. Während sie auf die Zubereitung des Kaffees an der Maschine wartete, kam ein junger Gründer dazu, begrüßte sie herzlich und fragte direkt bei ihr nach: „Und was ist dein Start-up?"

Die Hirnforscherin Zohar sieht als Quelle für die Entstehung von Kreativität und Innovation die fabelhafte Konstruktion unseres Gehirns. Es ist nicht starr, sondern jederzeit allein in der Lage, sich auf neue Situationen einzustellen, neu neuronal zu verschalten und vor allem sich selbständig neu zu organisieren. Es benötigt dafür keine Befehle von oben.

Begegnungen an der Kaffeemaschine ereignen sich jeden Tag wieder im Haus. Der freundschaftliche Stil, in dem die Nutzer:innen der Villa einander begegnen, ist dabei geprägt von einer offenen, menschenfreundlichen, kooperativen Art, die nicht in Hierarchien denkt. Wenn es an der Tür klingelt und sich neue Menschen in die Community mischen, ist äußerlich erstmal nicht erkennbar, wer eigentlich zum Team des Hauses gehört oder als Mieter:in im Haus arbeitet. Selbstverständlich bekommen Gäste den Code des Miteinanders von Coworkenden, die ihnen die Tür öffnen, erklärt. Der Status oder die kulturelle oder religiöse Herkunft spielen keine Rolle. Generell wird die Küche des Hauses häufig mit einer WG-Küche verglichen und weckt Assoziationen an die Studienzeit oder

Häuser der Jugendarbeit. Begegnungen finden im „Du"-Modus statt. Sie sind geprägt von Neugier auf das Gegenüber und der Gewissheit: Jede:r kann hier etwas lernen.

Veränderte Entscheidungslogik oder der Umgang mit einer ungewissen Zukunft

Als die ersten Schritte für die Immobilie Richtung Coworking klar wurden, hat sich eine kleine Pioneer:innengruppe auf den Weg in den Wizemann-Space[264] in Stuttgart gemacht, um sich einen Coworkingspace im laufenden Betrieb anzuschauen. Die Gruppe traf auf einen Space-Betreiber, der sein gesamtes Wissen zum Thema Coworking großzügig teilte, über Chancen und Fuck-ups offen sprach. Auf die Heimreise gab er dem Team eine Frage mit, die ihn während der Begegnung mit den kirchlichen Mitarbeiter:innen beschäftigte: „Wenn ihr in Frankfurt sowas aufzieht, warum fokussiert ihr euch nicht auf Social Entrepreneure? Die haben doch eine ähnliche Wertvorstellung, wie ihr von der Kirche?"

Die Entstehungsgeschichte der Villa Gründergeist sowie ihr Wirken werden am besten durch den Ansatz von Effectuation[265] erfasst. Die darin liegende Entscheidungslogik eignet sich besonders gut, um in maximal unsicheren Zeiten handlungsfähig zu bleiben. Anders als der Projektmanagementansatz, der das Zielbild beschreibt und dann den Weg dahin ausbuchstabiert, will der Effectuation-Ansatz helfen, Entscheidungen unter Ungewissheit zu treffen, um Schritte in die (ungewisse) Zukunft zu machen. Gerade wenn es um das Ausprobieren von Neuem geht, liegen häufig keine Erfahrungswerte vor, die eine verlässliche Prognose zulassen. Die Logik von Effectuation folgt dabei vier Prinzipien. Sie orientiert sich an den vorhandenen Möglichkeiten (statt einem unklaren Zielbild): Welche Boardmittel können eingesetzt werden, um erste Schritte zu gehen? Sie fragt nach dem leistbaren Verlust (statt dem Ertrag). Sie vertraut auf die passenden „Umstände" und begünstigt den Zufall. Und sie sucht sich (strategische) Partnerschaften und Netzwerke auf der Reise in die ungewisse Zukunft, mit denen sie ohne Angst vor Konkurrenz Ideen teilen.

Natürlich hätte man in der Konzeptionsphase auch sämtliche Fachliteratur am Schreibtisch lesen können, um sich das Fachwissen zu Coworking

---

[264] Ehemals wizemann.space, heute Impact Hub Stuttgart (URL: https://stuttgart.impacthub.net [15.08.2024]).
[265] URL: https://gruenderplattform.de/unternehmen-gruenden/effectuation [15.08.2024].

und Social Entrepreneurship anzueignen. Aber man ist einen anderen Weg gegangen. Die Konzeptionsphase wurde von den Verantwortlichen eher als eine Lernreise, die sich aus den Erkenntnissen der externen Expert:innen gespeist hat, verstanden. Hier lässt sich gut an das Coworkingmanifest „Lernen statt Fachwissen", aber auch die Haltung von Kirchenentwicklung, „Innovation zulassen, fehlerfreundlich und konfliktfähig sein", andocken.

Sozial orientierte Plattformökonomie

Mit der Villa Gründergeist hat das Bistum Limburg den ersten Coworkingspace in katholischer Trägerschaft und damit einen solchen Ort am Rand des Chaos erschaffen. Es zeigt sich, dass die Themen der Sozialunternehmer:innen rund um die SDGs hoch anschlussfähig zum kirchlich-karitativen Engagement sind. In diesem Jahr feiert die Villa Gründergeist ihren 5-jährigen „Kindergeburtstag".

Derzeit sind 68 Schlüssel mit Zugang zum Coworking in Umlauf, und seit Öffnung des Hauses haben ca. 40 Sozialunternehmen im Haus ihre Ideen für eine bessere Zukunft entwickelt. Sie alle nehmen und geben Teil an der Plattform, die die Villa Gründergeist im Kern darstellt. Diese Form der sozial orientierten Plattformökonomie ist durch verschiedene „klassische" Merkmale gekennzeichnet.

Die Plattform ...

- bringt verschiedene Gruppen und Ideen zusammen,
- ist in ihrem Wert skalierbar, in dem die Zahl der Teilnehmenden im Netzwerk steigt,
- optimiert sich durch den steten Austausch mit den Nutzenden (Datenanalyse) und Wirkungsmessung,
- ist resilient in der Transformation durch die Möglichkeit, schnell auf Änderungen reagieren zu können.

Dabei agiert sie sehr nachhaltig, da hier nicht nur Energien und Ressourcen addiert werden, sondern im Aufeinandertreffen von Ideen regelmäßig ein Energieplus entsteht. Ein Effekt, der nicht zu unterschätzen ist in einer Zeit, in der uns sowohl gesellschaftlich als auch kirchlich regelmäßig die Puste wegzubleiben scheint.

Und jetzt? Brauchen jetzt alle eine Villa? Sollten alle Pfarrhäuser dieser Welt zu Coworkingspaces umgestellt werden? Gehört Social Entrepreneurship als Teil von aktiver Schöpfungsbewahrung in die pastorale Ausbildung? Na ja, schaden würde das alles wohl nicht. Das Villa-Team steht sicher auch für Sparring und Kompliz:innenschaft bereit. Noch wichtiger wäre aber sicher, sich aufzumachen zu den eigenen Orten am Rande des Chaos und diese zu expliziten Orten der Ambivalenz, der Innovation und letztendlich des Zukunftsmuts zu machen.

Literatur

Schulke, D., Vom Innovations- und Schöpfer*innengeist – die „Villa Gründergeist" in Frankfurt am Main, in: Gebauer, D., Kehrer, J. J. (Hrsg.), Coworking: aufbrechen, anpacken, anders leben. Herausforderung und Chance für Gemeinden und Organisationen, Göttingen 2022, 127.

Werther, S., Coworking und New Work, in: Werther, S. (Hrsg.), Coworking als Revolution der Arbeitswelt: von Corporate Coworking bis zu Workation, Berlin 2021, 239.

An ihren Früchten werdet ihr sie erkennen
Pastoraltheologische Orientierungen für eine anspruchsvolle Praxis kirchlicher Dienstleistung

Björn Szymanowski

Die Ausgangslage

Die katholische Kirche in Deutschland befindet sich in enormen Umbruchs- und Abbruchsprozessen. Sie lassen sich mindestens dreifach differenzieren: Erstens zeigen sie sich im *Abschmelzen kirchlicher Bindungen und im Rückgang religiöser Lebenshaltungen*. Diese Entwicklung ist schon seit geraumer Zeit evident. Sie kann anhand von empirischen Indikatoren wie der rasant steigenden Zahl an Kirchenaustritten, dem gesellschaftlichen Vertrauensverlust[266] und rückläufiger Religiosität[267] belegt werden. Im Verbund mit finanziellen Ressourcenengpässen, mehrfachen Berufungskrisen und einem auf priesterlicher Letztverantwortung beruhenden kirchenrechtlichen Leitungsrahmen führt dieser Rückgang zweitens zu einer *strukturellen Überformung der traditionellen Gestalt pastoraler Basisorganisation*. So hat spätestens seit den 2000er Jahren der Umbau der Seelsorgestrukturen in der katholischen Kirche erheblich an Dynamik gewonnen. Bis heute hat sich die Zahl der Pfarreien und sonstigen Seelsorgestellen deutschlandweit um mehr als ein Viertel reduziert.[268] Restrukturierungsmaßnahmen einzelner Bistümer sind teils noch weitaus tiefgreifender. Drittens – und hier letztlich – forciert dies den weiteren *Zersetzungsprozess einer gemeindetheologisch konfektionierten Kirchenidee*. Die expandierenden pastoralen Räume, die einbrechende Nachfrage- und Nachwuchslage sowie die zunehmende „Exkulturation der Kirche, also ihre

---

[266] Vgl. Evangelische Kirche in Deutschland (EKD), Wie hältst du's mit der Kirche? Zur Bedeutung der Kirche in der Gesellschaft. Erste Ergebnisse der 6. Kirchenmitgliedschaftsuntersuchung, Leipzig 2023, 46f.
[267] Es ist v.a. Jan Loffeld, der mit großer religionssoziologischer Klarheit darauf hinweist, dass es sich nicht nur um eine Abkehr von kirchlicher Religiosität handelt, sondern um einen gesamtgesellschaftlichen „Drift zur Areligiosität" (Loffeld, J., Heil werden ... Optionen einer Seelsorge unter forciert säkularen Bedingungen, in: Theologie der Gegenwart 66/1 [2023], 2–14, 6).
[268] Vgl. dazu Sekretariat der Deutschen Bischofskonferenz, Katholische Kirche in Deutschland: Pfarreien und sonstige Seelsorgestellen 1990–2022, URL: https://www.dbk.de/fileadmin/redaktion/Zahlen%20und%20Fakten/Kirchliche%20Statistik/Pfarreien%20und%20sonstige%20Seelsorgestellen/2022-Tab-Pfarreien1990-2022.pdf [08.11.2023].

wachsende Entfremdung von kulturellen, ästhetischen und sozialen Erfahrungen und Ausdrucksformen der Menschen von heute"[269] führen die gemeindekirchlichen Grundparameter – die Praxis lebendiger (Kleinst-)Zellen, die familiale Hermeneutik und die damit verbundene „Gesinnungsübereinstimmung"[270] – an ihre Grenzen.

Auf der Suche nach einer pluralitätsfähigen Praxis organisierter Seelsorge

Vor diesem Hintergrund wird verstärkt über das Selbstverständnis und die Praxis kirchlich organisierter Seelsorge[271] nachgedacht. Zeitgleich entstehen – trotz einer beachtlichen Resilienz des Bekannten – vermehrt Initiativen mit großer Entdeckungsfreude und überraschend wenig Berührungsängsten. Das Spektrum reicht von Segensfeiern für Neugeborene im Bistum Essen[272] über den Hochzeitsnavigator des Erzbistums Freiburg[273] und die Zukunftswerkstatt der Jesuiten in Frankfurt[274] bis hin zur Kasualagentur ‚st. moment' der Evangelisch-Lutherischen Kirche in Norddeutschland.[275] Ihnen ist gemein, dass sie Menschen nicht in klassische Gemeindekontexte integrieren wollen, sondern *pastorale Gelegenheiten im Zuge episodischer Kontakte mit hoher situativ-biografischer Passung* – eben Dienstleistungen – anbieten. Pastoralsoziologisch lässt sich sekundieren, dass genau dieser pastorale Modus genutzt und geschätzt wird. Noch stärker: Einschlägige Studien zum Kirchenmitgliedschaftsverhältnis berichten mit hoher Signifikanz, dass Kirche gerade dort als relevante

---

[269] Spielberg, B., Schmetterlinge in der pastoralen Landschaft oder: Wo sich die neue Gestalt der Kirche entpuppt, in: Först, F., Schöttler, H.-G. (Hrsg.), Einführung in die Theologie der Pastoral. Ein Lehrbuch für Studierende, Lehrer und kirchliche Mitarbeiter (Lehr- und Studienbücher zur Theologie, 7), Berlin u. a. 2012, 165–190, 167.
[270] Haslinger, H., Gemeinde rechtfertigt sich allein durch ihre diakonische Verausgabung für die Menschen, in: Sellmann, M. (Hrsg.): Gemeinde ohne Zukunft? Theologische Debatte und praktische Modelle, Freiburg i. Br. 2013, 65–90, 67.
[271] Die Betonung *kirchlich organisierter* Seelsorge signalisiert nicht, dass kirchliche Organisationen alleinige Agentinnen von Seelsorge sind. Ihre Trägerschaft erstreckt sich auf das gesamte Volk Gottes. Die Debatte um kirchliche Dienstleistungen betrifft allerdings primär den Bereich der kirchlich organisierten Seelsorge.
[272] Vgl. URL: https://segenfuerbabys.de/ [08.11.2023].
[273] Vgl. URL: https://einfach-kirchlich-heiraten.de/ [08.11.2023]. Reflektiert in Biskupek, C. I., Der Hochzeitsnavigator. Eine kirchliche Dienstleistung im Zeichen von Usability und User Experience. Zwischenbericht des Kooperationsprojektes „Einfach Kirchlich Heiraten" mit der Erzdiözese Freiburg (Juli 2017 – Juni 2020), zap:workingpaper 12, Bochum 2020.
[274] Vgl. URL: https://zukunftswerkstatt-sj.de/ [08.11.2023].
[275] Vgl. URL: https://stmoment.hamburg/ [08.11.2023].

Akteurin identifiziert und adressiert wird, wo sie dienstleistungsförmig handelt bzw. als sog. ‚Dienstleistungskirche' wahrnehmbar ist.[276]

Gemessen an der faktischen Bedeutungszunahme kirchlicher Dienstleistungen finden sich Forschungsarbeiten zum Thema jedoch selten. Ein Grund dafür ist, dass der skizzierte Trend meist nur als Epiphänomen gesamtgesellschaftlicher Ökonomisierungsprozesse gedeutet wird. Die Debatte wird dadurch mehrheitlich im Kontext wirtschaftsethischer Marktkritik geführt. Demgegenüber ist auffällig, dass pastoraltheologische Literatur weitgehend auf eine systematisch-analytische Aufarbeitung betriebswirtschaftlicher Theorien und Begriffsdefinitionen verzichtet.[277] In der Folge werden entsprechende Erkenntnisse bis auf wenige Ausnahmen nicht rezipiert. Dadurch bleibt die gegenwärtige Entwicklung konzeptionell unbegleitet und – sowohl bei Kritiker:innen als auch Befürworter:innen – regelmäßig einem *assoziativ-alltagssprachlichen Dienstleistungsbegriff* verhaftet. Nun kann der Frage, ob das Dienstleistungsparadigma als konzeptionelle Leitidee für eine pluralitätsfähige Praxis kirchlichen Handelns theologisch geeignet ist, in diesem Beitrag nicht weiter nachgegangen werden. Sie wurde an anderer Stelle ausführlich diskutiert.[278]

Im Folgenden werden vielmehr die zentralen Orientierungen entfaltet, die sich aus der Dienstleistungstheorie für die kirchliche Praxis ergeben. Die Beachtung dieser Orientierungen ist die Grundvoraussetzung dafür, dass eine Entwicklung zur ‚Dienstleistungskirche' nicht nur postuliert, sondern auch in einem anspruchsvollen Sinne verwirklicht werden kann. Ihnen kommt damit eine kriteriologische Funktion zu: Wo sie nicht realisiert werden, kann nicht von Dienstleistung gesprochen werden. Erst ihre faktische Performance begründet also die Rede von einer ‚Dienstleistungskirche'.

---

[276] Vgl. dazu systematisiert Szymanowski, B., Jürgens, B., Sellmann, M., Dimensionen der Kirchenbindung. Meta-Studie, in: Etscheid-Stams, M., Laudage-Kleeberg, R., Rünker, T. (Hrsg.), Kirchenaustritt – oder nicht? Wie Kirche sich verändern muss, Freiburg i. Br. 2018, 57–124.
[277] Vgl. dazu schon früh Mette, N., Kirche als Unternehmen besonderer Art? Zur Reichweite ökonomischer Konzepte und Modelle für die Ausarbeitung einer empirischen Ekklesiologie, in: Theologische Quartalschrift 182/2 (2002), 155–166, 158.
[278] Vgl. dazu besonders den Vorschlag einer Praktischen Theologie kirchlicher Dienstleistung in Szymanowski, B., Die Pfarrei als Dienstleistungsorganisation. Ein Beitrag zur praktisch-theologischen Präzisierung kirchlicher Sendung (Angewandte Pastoralforschung 10), Würzburg 2023, 421–465.

Orientierungen für die kirchliche Dienstleistungspraxis

Es folgen vier zentrale Orientierungen kirchlicher Dienstleistungspraxis.[279] Alle speisen sich aus dem aktuellen wissenschaftlichen Dienstleistungsdiskurs:

1. **Kirchliche Dienstleistungspraxis reagiert lösungsorientiert auf relevante Probleme menschlicher Lebensbewältigung**

Jede Dienstleistung gründet in einem individuellen, als bedeutsam artikulierten Bedürfnis eines Individuums. Dieses Bedürfnis hat ‚problematischen' Charakter, weil es die Diskrepanz zwischen einem wahrgenommenen Ist- und einem erwünschten Soll-Zustand repräsentiert. Handlungstheoretisch entstehen derartige ‚Probleme' z. B. durch unverhoffte neue Möglichkeiten, intellektuelle Herausforderungen oder allgemein in Situationen, die „nicht durch bereits etablierte Handlungsroutinen bewältigt werden" können.[280] Wesentlich ist: Weil sie individuelle Lebensinteressen berühren, kommt der Bearbeitung dieser Probleme entscheidende Relevanz zu.[281] Für den Fall, dass Individuen zur Einschätzung kommen, dass dafür die Inanspruchnahme einer externen Problemlösungskapazität vorteilhaft ist, werden sie zu „Nachfragern nach Problemlösungsleistungen"[282]. Dienstleistungen sind folglich *Problemtransformationsgeschehen*. Ihr Ziel ist es, Problemlösungen bereitzustellen, die die von Nachfrager:innen wahrgenommene Diskrepanz zwischen Ist- und Soll-Zustand so

---

[279] Der Umfang dieses Beitrags macht es erforderlich, aus dem komplexen und verwinkelten Theoriediskurs einzelne Aspekte hervorzuheben. Die vier Orientierungen sind ihrerseits bereits Resultate einer theoretischen Verdichtung. Für einen sortierten Überblick über das Forschungsfeld vgl. Szymanowski, Die Pfarrei als Dienstleistungsorganisation, 217–337.
[280] Vgl. Jung, M., Leben und Bedeutung. Die verkörperte Praxis des Geistes (HUMANPROJEKT. Interdisziplinäre Anthropologie, 20), Berlin 2023, 73.
[281] Für die subjektive Einschätzung der Relevanz von Angeboten zur Bearbeitung solcher Probleme ist nach Dan Sperber und Deirdre Wilson, den Begründern der psychologischen Relevanztheorie, die Relation zwischen kognitivem Verarbeitungsaufwand ("processing effort") und dem hieraus resultierenden Effekt ("positive cognitive effect") von Bedeutung: „Je höher der (kognitive und energetische) Aufwand, um eine Information zu erlangen bzw. zu verarbeiten, und je geringer der (erwartete) Nutzen (im jeweiligen Kontext, der jeweiligen Situation), also Informationsgewinn / Reduktion von Unsicherheit, Bedürfnisbefriedigung etc., desto geringer ist die Relevanz für eine Person" (vgl. Dessoy, V., An ihren Früchten werdet ihr sie erkennen, in: futur2 – 2/2015, URL: https://www.futur2.org/article/an-ihren-fruechten-werdet-ihr-sie-erkennen/ [08.11.2023].
[282] Corsten, H., Gössinger, R., Entwurf eines produktionstheoretischen Rahmens für Dienstleistungen, in: dies. (Hrsg.), Dienstleistungsökonomie. Beiträge zu einer theoretischen Fundierung (Betriebswirtschaftliche Forschungsergebnisse, 130), Berlin 2005, 153–188, 160.

weit reduzieren, dass sie tolerierbar wird.[283] Im Jargon der Dienstleistungstheorie spricht man vom Wandel der Zustandseigenschaften des sog. ‚externen Faktors'[284]. Der Mehrwert einer Dienstleistung als Problemlösung resultiert dementsprechend aus ihrem Potenzial, die Stimmigkeit zwischen erlebter und gewünschter Wirklichkeit zu erhöhen oder aber die Vorstellung über den wünschenswerten Zustand selbst zu transformieren.

Diese erste Orientierung verpflichtet zu einer *expliziten Lösungsorientierung kirchlichen Handelns*. Eine kirchliche Dienstleistungspraxis, die ihren Namen verdient, macht die Probleme der Lebensbewältigung zum Ausgangspunkt ihrer Entwicklung pastoraler Angebote.[285] Im Fokus steht der Beitrag zu einer gesteigerten Qualität menschlicher Lebenspraxis – oder theologisch: der „Dienst der Kirche am Lebensglauben aller Menschen"[286]. Initiativen und Programme haben sich dafür an den legitimen Interessen, Präferenzen und Bedürfnisstrukturen ihrer Ziel- und Quellgruppen[287] zu orientieren und bestehende Zugangshürden i. S. der psychologischen Relevanztheorie[288] abzubauen. Klar ist damit auch, dass für die Realisierung einer solchen Dienstleistungspraxis keine einfachen Modifikationen der klassischen Kirchengemeinde ausreichen. Sie setzt – wie auch die folgenden drei Orientierungen zeigen werden – einen theologischen Paradigmenwechsel, Service-Kompetenz und alternative Organisationsmodelle voraus.

---

[283] Vgl. Richter, M., Souren, R., Zur Problematik einer betriebswirtschaftlichen Definition des Dienstleistungsbegriffs: Ein produktions- und wissenschaftstheoretischer Erklärungsansatz, in: Ilmenauer Schriften zur Betriebswirtschaftslehre 2/4 (2008), 1–40, 31.
[284] Mit einem externen Faktor bezeichnet die personenbezogene Dienstleistungstheorie vereinfacht Kund:innen, die – von außen kommend – in den Leistungsprozess integriert werden.
[285] So etwa auch Bredeck, M., Dienstleistungspastoral als Herausforderung für die pastoralen Akteure, in: Lebendiges Zeugnis 66/2011, 262–273, 272.
[286] Theobald, C., Tradition als kreativer Prozess. Eine fundamentaltheologische Herausforderung, in: Eisele, W., Schaefer, C., Weidemann, H.-U. (Hrsg.), Aneignung durch Transformation. Beiträge zur Analyse von Überlieferungsprozessen im frühen Christentum. Festschrift für Michael Theobald (Herders biblische Studien, 74), Freiburg i. Br. 2013, 483–508, 495.
[287] Vgl. zur offenbarungstheologischen Bedeutung des Terminus „Quellgruppen" Sellmann, M., Hat Kirche Zielgruppen? Vor allem braucht sie Quellgruppen, in: Kuhn, J., Swiatkowski, M. (Hrsg.), Craftbook. Markenkommunikation & Produktentwicklung für kirchliche Pionier*innen, Freiburg i. Br. 2022, 52–55.
[288] Vgl. Fußnote 281.

2. Kirchliche Dienstleistungspraxis vollzieht sich in Gestalt ko-produktiver Interaktionen

Die Problemtransformation ist in der Dienstleistungstheorie aufs Engste mit dem Begriff der Integration des externen Faktors verbunden.[289] Gegenüber einer bloß passiv verstandenen raumzeitlichen Präsenz der Kund:innen betont er deren konstitutive Beteiligung an den Problemlösungsverfahren. Dienstleistungen werden nicht *an* Kund:innen, sondern vielmehr *mit* ihnen vollzogen. Die beteiligten Akteur:innen kombinieren ihre Informationen, Wissensbestände und Kompetenzen. Sie sind auf diese Weise ko-produktiv an der Erstellung der Dienstleistung beteiligt. Im Hintergrund steht die theoretische wie praktische Einsicht, dass es zur Bearbeitung lebenspraktischer Probleme keine Patentrezepte gibt, die die Organisation einfach aus ihrem Lösungsraum hervorzaubern könnte. Dadurch hat sich auch das Kund:innenbild grundlegend gewandelt. Anbieter:innen und Abnehmer:innen realisieren die Leistung „im Rahmen beiderseitig abhängiger, gemeinsamer Aktivitäten"[290]. Dienstleistungen besitzen daher einen *kooperativ-kollaborativen Charakter*. Sie brechen mit der klassischen Differenzierung zwischen Leistungs- und Nutzungsrollen.

Für die kirchliche Dienstleistungspraxis hat das entscheidende Konsequenzen. Sie ist so zu gestalten, dass Abnehmer:innen den kirchlichen Lösungsraum durch die Integration ihrer Lebens-, Glaubens- und Gotteskompetenz modifizieren und erweitern können. Das geschieht, wo diese an der Wahl des Inhalts und der Form der Dienstleistung beteiligt sind (Co-Design), wo ihnen Verfügungsrechte über kirchliche Ressourcen eingeräumt werden (Co-Disposition) und sie selbst konstitutiv an der Produktion partizipieren (Co-Production). Der Vorwurf einer Versorgungsmentalität erweist sich hier als gegenstandslos. Anderseits setzt eine solche Praxis aufseiten der kirchlichen Organisation gerade (haupt- oder ehren-

---

[289] Vgl. Fließ, S., Dyck, S., Kundenintegration – Das Management von Kundenintegrationsprozessen, in: Corsten, H., Roth, S. (Hrsg.), Handbuch Dienstleistungsmanagement, München 2017, 607–629.
[290] Möller, S., Fassnacht, M., Heider, R., Wenn der Kunde mehr ist als Käufer und Nutzer – Motive kollaborativer Wertschöpfungsprozesse, in: Bruhn, M., Stauss, B. (Hrsg.), Kundenintegration. Forum Dienstleistungsmanagement (Wissenschaft & Praxis), Wiesbaden 2009, 262–280, 267.

amtliche) Professionals voraus,[291] die jüdisch-christliche Symbolsysteme anschlussfähig kommunizieren, Problemlösungsprozesse koordinieren und sie mit der Rollen- wie Integrationsfähigkeit der Abnehmer:innen synchronisieren.

3. Kirchliche Dienstleistungspraxis unterstützt und entlässt in ko-kreative Wertschöpfungsprozesse

Anders als klassische Konzepte vermuten lassen,[292] endet der Prozess der Wertschöpfung nicht mit Abschluss der ko-produktiven Phase. Neuere mikroökonomische Ansätze betonen vielmehr, dass sich der Wert einer Leistung am individuellen, lebensweltlichen Nutzen erweist (‚Value-in-Use'). Wesentlich zu dieser Perspektivweitung haben Stephen L. Vargo und Robert F. Lusch mit ihrem Ansatz der sog. Service-dominant Logic (SDL) beigetragen. Im Kern besagt der Ansatz, dass sich der eigentliche Wert einer Leistung erst durch die kontextuelle Nutzung entfaltet. Vargo und Lusch bezeichnen diese nachgelagerte Wertschöpfung als „value-cocreation"[293]. Das bedeutet: Aus der Ko-Produktion, dem wechselseitigen Austausch von Ressourcen, resultiert zunächst nur ein potenzieller Wert, d. h. ein Problemlösungs*vorschlag*. Erst durch die *Value Co-Creation*, im Rahmen derer die Abnehmer:innen das gemeinsam geschaffene Wertpotenzial in ihrem individuellen Lebenskontext fruchtbar machen, wird dem Vorschlag überhaupt ein gewisser Wert zugerechnet.

Diese Orientierung ist für die kirchliche Dienstleistungspraxis gleich doppelt erkenntnisreich: Zum einen setzt sie – anders als häufig behauptet – nicht auf das punktuelle Erlebnis oder die Episode, sondern auf Kontinuität. Kontinuität in diesem Sinne mündet allerdings weder automatisch in einem verstetigten Konsum kirchlicher Dienstleistungen,[294] noch fördert

---

[291] Überhaupt erweist sich die Forderung nach einem absoluten Verzicht auf eine solche situativ-funktionale Rollenteilung und dem damit implizierten Plädoyer für eine rein selbstorganisierte religiöse Praxis gleich dreifach als unterkomplex: Sie *überschätzt* religionssoziologisch den Bevölkerungsanteil, der aktiv-selbstermächtigt Religiosität praktiziert, sie *unterschätzt* artikulationstheoretisch die Funktion von Interpretationsgemeinschaften als konstitutiv-expressive Möglichkeitsräume und *verkennt* traditionshermeneutisch die zentrale Bedeutung von Glaubenszeug:innen.
[292] Diese setzen die Identität von Preis und Wert voraus (‚Value-in-Exchange'). Der kreierte Wert entspricht damit einzig und allein dem von der Organisation festgesetzten Kaufpreis.
[293] Vargo, S. L., Lusch, R. F., Institutions and axioms. An extension and update of service-dominant logic, in: Journal of the Academy of Marketing Science 44/1 (2016), 5–23, 8.
[294] Vgl. auch Hillebrand, B., Kontakt und Präsenz. Grundhaltungen für pastorale Networker (Glaubenskommunikation Reihe Zeitzeichen, 46), Ostfildern 2020, 42.

es eine ‚Verkirchlichung des Christentums'[295]. Die Kontinuität der Dienstleistungspraxis erweist sich daran, inwiefern Abnehmer:innen den Wertvorschlag in die eigene Lebensführung integrieren (z. B. in Form einer stimmigen Deutung). Es ist also die veränderte Lebenspraxis und ein Mehr an gelingender Lebensbewältigung, die eine Dienstleistung auf (relative) Dauer stellen. Dadurch ändert sich notwendigerweise auch der Blick auf kirchliche Mitgliedschaft. Eine derart gedachte ‚Dienstleistungskirche' agiert zum anderen grundsätzlich im *Modus offerierter Inspiration*. Sie kann für den gemeinsam erarbeiteten Wertvorschlag nur werben, ihn anbieten. Ob er faktisch umgesetzt wird, ob sich – mit Hartmut Rosa – „Resonanz einstellt und was aus ihr entsteht, bleibt unverfügbar offen"[296]. Das entscheidet sich einzig und allein in den individuellen Arenen menschlicher Lebensbewährung.

4. Kirchliche Dienstleistungspraxis sichert eine hohe Dienstleistungsqualität

Dienstleistungen sind schließlich eng an den Qualitätsgedanken gekoppelt. Denn aufgrund der Immaterialität von Dienstleistungen ist ihre Inanspruchnahme für Abnehmer:innen mit erheblichen Unsicherheiten verbunden: Zahlreiche Eigenschaften von Dienstleistungen lassen sich im Vorfeld nicht erkennen, sondern sind entweder nur im Transformationsprozess erfahrbar (Erfahrungseigenschaften) oder bleiben selbst dann der Erfahrung entzogen (Vertrauenseigenschaften).[297] Der Ablauf einer Tauffeier kann zwar beschrieben, das Zusammenspiel von Taufspendung und Salbung aber nur erlebt werden. Ob die Taufe auch hält, was sie theologisch verspricht, bleibt eine Frage des (Gott-)Vertrauens. Aus Sicht der Informationsökonomie verfügen Akteur:innen also nicht über alle Informationen, die für eine zweifelsfreie Entscheidungsfindung notwendig wären. Sie ist daher stets mit Risiken verbunden.[298] Aus diesem Grund betont die Forschung v. a. die Rolle von *Qualitätssignalen*. Sie stellen Informationen bereit, fungieren als Ermutigung und stärken das Vertrauen in die Problemlösungskraft der Dienstleistung. Qualitätseinschät-

---

[295] Vgl. dazu Kaufmann, F.-X., Kirche begreifen. Analysen und Thesen zur gesellschaftlichen Verfassung des Christentums, Freiburg i. Br. u. a. 1979, 100–104.
[296] Rosa, H., Unverfügbarkeit, Wien 2019, 68.
[297] Vgl. Fließ, S., Dienstleistungsmanagement. Kundenintegration gestalten und steuern (Lehrbuch), Wiesbaden 2009, 161–163.
[298] Vgl. dazu Hahmann, U., Bitte weitersagen: Fürchtet euch nicht. Warum es bei pastoralen Innovationen wichtig ist, auf das Risikoempfinden potenzieller Nachfrager zu achten und wie Marketing helfen kann, futur2 - 1/2016, URL: https://www.futur2.org/article/bitte-weitersagen-fuerchtet-euch-nicht/ [08.11.2023].

zung und Glaubwürdigkeit stehen in einem unmittelbaren Zusammenhang.[299] Nicht zuletzt sichert Dienstleistungsqualität die Berücksichtigung der legitimen Interessen und Präferenzen der Dienstleistungsnehmer:innen.

Die – hier letzte – Orientierung für die kirchliche Dienstleistungspraxis lautet darum, intensiv in die Qualität sowohl der zugrundeliegenden Strukturen als auch der Dienstleistungsprozesse selbst zu investieren.[300] Das erfordert die Bereitschaft zu ihrer systematischen Prüfung und Verbesserung ebenso wie eine bedürfnis- und problemlösungsorientierte Innovations- und Leistungspraxis. Eine ‚Dienstleistungskirche', die darauf verzichtet, bleibt blind für die Probleme menschlicher Lebensbewältigung, kann kaum das Lösungspotenzial des gemeinsam produzierten Wertvorschlags erwägen und riskiert auf diese Weise, in noch größere Distanz zu ‚kulturellen, ästhetischen und sozialen Erfahrungen und Ausdrucksformen der Menschen von heute' (s. o.) zu geraten. Darum gilt: An ihren Früchten werdet ihr gute kirchliche Dienstleistung erkennen.

Literatur

Biskupek, C. I., Der Hochzeitsnavigator. Eine kirchliche Dienstleistung im Zeichen von Usability und User Experience. Zwischenbericht des Kooperationsprojektes „Einfach Kirchlich Heiraten" mit der Erzdiözese Freiburg (Juli 2017 – Juni 2020), zap:workingpaper 12, Bochum 2020.

Bredeck, M., Dienstleistungspastoral als Herausforderung für die pastoralen Akteure, in: Lebendiges Zeugnis 66/2011, 262–273.

Corsten H., Gössinger, R., Entwurf eines produktionstheoretischen Rahmens für Dienstleistungen, in: dies. (Hrsg.), Dienstleistungsökonomie. Beiträge zu einer theoretischen Fundierung (Betriebswirtschaftliche Forschungsergebnisse, 130), Berlin 2005, 153–188.

---

[299] Vgl. dazu aus religionsökonomischer Perspektive Eilinghoff, C., Ökonomische Analyse der Religion. Theoretische Konzepte und rechtspolitische Empfehlungen (Ökonomische Analyse des Rechts, 6), Frankfurt a.M. 2004, 61–63.
[300] Vgl. dazu weiterführend Szymanowski, B., Wertschöpfung und Dienstleistungsqualität. Zwei unentdeckte Kategorien pastoraler Nachhaltigkeit, in: Zeitschrift für Pastoraltheologie 2/42 (2022), 145–153.

Dessoy, V., An ihren Früchten werdet ihr sie erkennen, in: futur2 – 2015, URL: https://www.futur2.org/article/an-ihren-fruechten-werdet-ihr-sie-erkennen/ [01.12.2023].

Eilinghoff, C., Ökonomische Analyse der Religion. Theoretische Konzepte und rechtspolitische Empfehlungen (Ökonomische Analyse des Rechts, 6), Frankfurt a. M. 2004.

Evangelische Kirche in Deutschland (EKD), Wie hältst du's mit der Kirche? Zur Bedeutung der Kirche in der Gesellschaft. Erste Ergebnisse der 6. Kirchenmitgliedschaftsuntersuchung, Leipzig 2023.

Fließ, S., Dienstleistungsmanagement. Kundenintegration gestalten und steuern (Lehrbuch), Wiesbaden 2009.

Fließ, S., Dyck, S., Kundenintegration – Das Management von Kundenintegrationsprozessen, in: Corsten, H., Roth, S. (Hrsg.), Handbuch Dienstleistungsmanagement, München 2017, 607–629.

Hahmann, U., Bitte weitersagen: Fürchtet euch nicht. Warum es bei pastoralen Innovationen wichtig ist, auf das Risikoempfinden potenzieller Nachfrager zu achten und wie Marketing helfen kann, futur2 – 1/2016, URL: https://www.futur2.org/article/bitte-weitersagen-fuerchtet-euch-nicht/ [08.11.2023].

Haslinger, H., Gemeinde rechtfertigt sich allein durch ihre diakonische Verausgabung für die Menschen, in: Sellmann, M. (Hrsg.): Gemeinde ohne Zukunft? Theologische Debatte und praktische Modelle, Freiburg i. Br. 2013, 65–90.

Hillebrand, B., Kontakt und Präsenz. Grundhaltungen für pastorale Networker (Glaubenskommunikation Reihe Zeitzeichen, 46), Ostfildern 2020.

Jung, M., Leben und Bedeutung. Die verkörperte Praxis des Geistes (HUMANPROJEKT. Interdisziplinäre Anthropologie, 20), Berlin 2023.

Kaufmann, F.-X., Kirche begreifen. Analysen und Thesen zur gesellschaftlichen Verfassung des Christentums, Freiburg i. Br. u. a. 1979.

Loffeld, J., Heil werden … Optionen einer Seelsorge unter forciert säkularen Bedingungen, in: Theologie der Gegenwart 66/1 (2023), 2–14.

Mette, N., Kirche als Unternehmen besonderer Art? Zur Reichweite ökonomischer Konzepte und Modelle für die Ausarbeitung einer empirischen Ekklesiologie, in: Theologische Quartalschrift 182/2 (2002), 155–166.

Möller, S., Fassnacht, M., Heider, R., Wenn der Kunde mehr ist als Käufer und Nutzer – Motive kollaborativer Wertschöpfungsprozesse, in: Bruhn, M., Stauss, B. (Hrsg.), Kundenintegration. Forum Dienstleistungsmanagement (Wissenschaft & Praxis), Wiesbaden 2009, 262–280.

Richter M., Souren, R., Zur Problematik einer betriebswirtschaftlichen Definition des Dienstleistungsbegriffs: Ein produktions- und wissenschaftstheoretischer Erklärungsansatz, in: Ilmenauer Schriften zur Betriebswirtschaftslehre 2/4 (2008), 1–40.

Rosa, H., Unverfügbarkeit, Wien 2019.

Sekretariat der Deutschen Bischofskonferenz, Katholische Kirche in Deutschland: Pfarreien und sonstige Seelsorgestellen 1990–2022, URL: https://www.dbk.de/fileadmin/redaktion/Zahlen%20und%20Fakten/Kirchliche%20Statistik/Pfarreien%20und%20sonstige%20Seelsorgestellen/2022-Tab-Pfarreien1990-2022.pdf [01.12.2023].

Sellmann, M., Hat Kirche Zielgruppen? Vor allem braucht sie Quellgruppen, in: Kuhn, J., Swiatkowski, M. (Hrsg.), Craftbook. Markenkommunikation & Produktentwicklung für kirchliche Pionier*innen, Freiburg i. Br. 2022, 52–55.

Spielberg, B., Schmetterlinge in der pastoralen Landschaft oder: Wo sich die neue Gestalt der Kirche entpuppt, in: Först, J., Schöttler, H.-G. (Hrsg.), Einführung in die Theologie der Pastoral. Ein Lehrbuch für Studierende, Lehrer und kirchliche Mitarbeiter (Lehr- und Studienbücher zur Theologie, 7), Berlin u. a. 2012, S. 165–190.

Stephen L. V., Lusch, R. F., Evolving to a New Dominant Logic for Marketing, in: Journal of Marketing 68/1 (2004), S. 1–17.

Szymanowski, B., Die Pfarrei als Dienstleistungsorganisation. Ein Beitrag zur praktisch-theologischen Präzisierung kirchlicher Sendung (Angewandte Pastoralforschung 10), Würzburg 2023.

Szymanowski, B., Wertschöpfung und Dienstleistungsqualität. Zwei unentdeckte Kategorien pastoraler Nachhaltigkeit, in: Zeitschrift für Pastoraltheologie 2/42 (2022), 145–153.

Szymanowski, B., Jürgens, B., Sellmann, M., Dimensionen der Kirchenbindung. Meta-Studie, in: Etscheid-Stams, M., Laudage-Kleeberg, R.,

Rünker, T. (Hrsg.), Kirchenaustritt – oder nicht? Wie Kirche sich verändern muss, Freiburg i. Br. 2018, 57124.

Theobald, C., Tradition als kreativer Prozess. Eine fundamentaltheologische Herausforderung, in: Eisele, W., Schaefer, C., Weidemann H.-U. (Hrsg.), Aneignung durch Transformation. Beiträge zur Analyse von Überlieferungsprozessen im frühen Christentum. Festschrift für Michael Theobald (Herders biblische Studien, 74), Freiburg i. Br. 2013, 483–508.

Vargo, S. L., Lusch, R. F., Institutions and axioms. An extension and update of service-dominant logic, in: Journal of the Academy of Marketing Science 44/1 (2016), 5–23.

Das kirchliche Betriebssystem auf Open Source stellen
Ideen zur „Aufstellung" unserer Kirche

Jens Ehebrecht-Zumsande

Religion konsumieren und produzieren

„Der Fromme von morgen wird ..."

Möglicherweise lesen Sie diesen Satzanfang von Karl Rahner und können ihn mehr oder weniger automatisch vervollständigen, weil er in den vergangenen Jahrzehnten so unendlich oft zitiert worden ist:

„... ein ‚Mystiker' sein, einer der etwas ‚erfahren' hat, oder er wird nicht mehr sein."[301]

Das „Morgen", das Rahner 1966 sehr weitsichtig beschreibt, ist unsere Situation heute. Ich lehne mich an diesen Satz an und formuliere eine weitere Perspektive, die ich als These hier an den Anfang stelle und später noch einmal aufgreifen werde:

„Der:die Fromme von morgen wird Prosument:in sein, eine Person, die Religion konsumiert und zugleich aktiv produziert, oder sie wird nicht mehr sein."

„Prosument:in" ist ein Hybridbegriff der digitalen Kultur.[302] Es geht um eine Person, die zugleich konsumiert wie auch produziert. Prosument:innen sind also gestaltende und „wissende Nutzer:innen". In (digitalen) Netzwerken bilden sie Knotenpunkte, von denen Interaktionen sowohl ausgehen und bei denen sie zugleich auch ankommen. In unserem alltäglichen Handeln, z. B. bei der Nutzung von sozialen Medien, im Berufsleben, in der Weise, wie wir heute Lernprozesse gestalten etc., sind wir längst alle Prosument:innen, auch wenn uns das vielleicht nicht immer bewusst ist.

Selbstverständlich schließt dies auch die Religiosität ein. Darum unterliegt auch die „Frömmigkeit", um Rahners Wording aufzugreifen, dieser Dynamik. Das betrifft nicht nur den individuellen Glauben, sondern auch die Weise der „Kirchlichkeit", der Vergemeinschaftung, der Glaubensspra-

---

[301] Rahner, K., Frömmigkeit früher und heute, in: Zur Theologie des geistlichen Lebens, Einsiedeln u.a. 1966 (Schriften zur Theologie VII), 21–23.
[302] Der Begriff „Prosumer" geht auf Alvin Toffler zurück (Toffler, A., Die dritte Welle – Zukunftschance. Perspektiven für die Gesellschaft des 21. Jahrhunderts, München 1983).

xis usw., also das Christ:inseins insgesamt. Eine gläubige Existenz wird nicht einseitig konsumiert, sondern ereignet sich in einem Akt der Selbstverantwortung, des (Mit)Gestaltens, des Kuratierens usw. einschließlich vieler weiterer Phänomene. Sie ist z. B. gekennzeichnet von radikaler Subjektivität und einer entsprechenden Praxis der Auswahl: Ich nehme mir aus dem Angebot (m)einer Religion, was zu mir und meinem Leben sinnstiftend passt. In einer komplexen Welt ist ein solcher Auswahl- und Gestaltungsprozess Ausdruck einer Kompetenz. Glaube in diesem Sinn mitzugestalten und zu prosumieren, ist ein emanzipatorischer Vorgang und keineswegs als synkretistisches Vorgehen abzuwerten.

Für die Frage „*Was kommt nach der Auflösung von Kirche – was können alternative ‚Geschäftsmodelle' oder ‚Betriebssysteme' sein?*" ist diese Grundsituation sehr bedeutsam. Zukünftige Sozialisierungsformen christlichen Glaubens werden sich vermutlich noch deutlicher in ko-kreativen und selbstverantworteten Prozessen unter Beteiligung möglichst vieler entwickeln und vermutlich immer nur vorläufig bilden, um sich relativ zeitnah wieder zu verändern. Ihr primäres Ziel ist nicht die langfristige Bindung an eine Institution, sondern die (auch begrenzte) Vernetzung von Menschen, die gemeinsam etwas gestalten wollen.

Die Entwicklung mit anderen Augen sehen

Ein solcher Transformationsprozess wirft viele Fragen auf, z. B.: Worum geht es bei Kirche? Wie versteht sich Kirche in Beziehung zum jeweiligen Kontext? Wer sind handelnde Personen und was konkret ereignet sich?

Ich verbinde diese Fragen mit Beobachtungen und möchte sie zunächst anhand von drei Perspektiven aufgreifen, die ich mit Reframings verbinde. Das erste lautet:

Von der Institution zur Vision

Mich regt dieses Bild von Scott Erikson an.[303] Er schreibt dazu:

---

[303] Bildquelle: artwork by Scott Erickson, URL: scottericksonart.com, @scottthepainter.

"If you love the form, you have everything to lose. If you love WHAT gives it its form, you're free to receive whatever it is turning into."

„Wenn du die Form liebst, kannst du alles verlieren. Wenn du das liebst, was Form gibt, bist du frei, das zu empfangen, was immer es wird."

Wenn ich z. B. in kirchlichen Entwicklungsprozessen mit Menschen über das Bild ins Gespräch komme, begegnen mir sehr unterschiedliche Reaktionen. Vieles kommt dabei zur Sprache: zuerst die Trauer, Enttäuschung, Wut etc. über den Verlust einer vertrauten und gewohnten Gestalt von Kirche. Die Suche nach den Verantwortlichen. Die Leere, die dabei entsteht und nicht einfach zu füllen ist.

Das Bild triggert viele Emotionen an, weil viele Menschen mit dem Niedergang einer bestimmten Kirchengestalt einen Heimatverlust erleben. Oder weil in ihrem Umfeld gerade tatsächlich eine Umwidmung oder gar der Abriss einer konkreten kirchlichen Immobilie ansteht. Wieder andere lässt das Bild eher kalt. Sie nehmen keinen Verlust wahr, weil die sich nun auflösende Kirche ihnen (schon lange) nichts (mehr) bedeutet. Es gibt aber auch diejenigen, die in dem Bild eine Ermutigung sehen. Denn es hilft bei einer sehr wichtigen Unterscheidung: Worum geht es eigentlich? Was ist wichtig und bewahrenswert, weil es zum Kern gehört? Und was kann losgelassen werden, weil es ohnehin nur zeitbedingt ist?

Man muss dafür nicht in die Tiefen aristotelischer Philosophie hinabsteigen, aber die Unterscheidung zwischen dem, was die Substanz von Glaube und Kirche ausmacht und dem, was äußere und vergängliche Ausdrucksformen von Glaube und Kirche sind, ist für das Nachdenken über Zukünfte von Kirche und christlichen Gemeinschaften doch unverzichtbar. Die Substanz und die äußere Gestalt von Kirche unterscheiden sich und sind doch aufeinander bezogen. Die radikalen Veränderungen der Organisation und Institution haben Einfluss auch auf die Substanz und umgekehrt. Das Konfliktpotenzial und auch der Gestaltungsraum liegen in der Tatsache, dass die beteiligten Personen in der Regel die Substanz und die zeitbedingten Äußerlichkeiten höchst unterschiedlich erleben und benennen. Was für den einen äußerliche und verzichtbare Elemente sind, kann für die andere zum unverzichtbaren Kern gehören.

Die Krise des Niedergangs und die begleitenden Phänomene sind natürlich in keiner Weise oberflächlich schönzureden. Aber den Gestaltwandel als Verlust zu beschreiben, ist nur *eine* der vielen möglichen Deutungen der Situation. Die Wirklichkeit ist komplexer und es lassen sich auch andere Narrative ins Spiel bringen. Denn Krisensituationen sind zugleich auch in hohem Maße religionsproduktiv. In der Art und Weise des Umgangs mit und der Bewältigung von Krisen stellt Religion eine große Ressource dar. Sie kann die Perspektive auf die Zukunft hin ausrichten und z. B. aus der Zentrierung auf eine Verkirchlichung des Glaubens befreien.

Nach dem Auflösen einer bestimmten Kirchengestalt kann ich mich also (wieder) hinwenden zum Kern und zur Vision! In dieser Haltung lässt sich die radikale Aussage des Bildes u. a. auch so deuten:

– Alles bleibt – aber es wird anders! Das ist etwas ganz Natürliches. Denn in der Schöpfung lässt sich erfahren, dass nichts verloren geht. Schöpfung ist ein andauernder Prozess des Wachsens, Vergehens, Neuwerdens ... Nichts verschwindet, kein einziges Molekül oder Atom. Also:

– Alles bleibt erhalten – aber es formt sich anders und neu! Das fordert unsere Wahrnehmung heraus: Welche „Brösel" der christlichen Substanz rieseln im unteren Glas heraus? Was bleibt und wo geht es hin? Wo und wie formt es sich neu? Wie und woran würde ich es erkennen?[304]

Ein weiteres Reframing lautet:

Von der akzeptierten Schwäche zum Potenzial

Mein Blick auf das Thema der „Auflösung" von Kirche ist vor allem durch eine Haltung der Neugier geprägt: „Mal gucken, was kommt!" Ausschlaggebend dafür ist u. a. meine Minderheitenperspektive. Ich lebe und arbeite als Katholik im Erzbistum Hamburg. Wir sind hier je nach Region zwischen 3 und 9 % Katholik:innen, gemessen an der Gesamtbevölkerung. Auch in der ehemals protestantischen Kaufmannsstadt Hamburg ist der Anteil der Christ:innen in den vergangenen 50 Jahren stark gesunken und liegt derzeit bei ca. 24 % Protestant:innen und ca. 9 % Katholik:innen. 1950 war der Anteil der evangelischen Christ:innen in der Stadt Hamburg noch bei ca. 80 %. Der Anteil der Katholik:innen ist im gleichen Zeitraum sogar leicht gestiegen und hat sich nach ursprünglich ca. 6 % (1950) leicht gesteigert bei ca. 10 % (1990er Jahre) und ist derzeit bei ca. 9 % noch relativ stabil. Steigende Kirchenaustrittszahlen werden (derzeit noch) kompensiert durch Zuzüge. Das wird sich zeitnah ändern.

---

[304] Vgl. dazu auch die Kurzpredigt von Ulrich Engel „God made himself nothing" im Abschnitt *Muster unterbrechen – Leere aushalten*.

Angesichts der desaströsen Kirchenaustrittszahlen und aller Studien, die einen rasanten Wachstumstrend der Kirchenaustritte für die kommenden Jahre prognostizieren, kann ich beim Blick auf die „Auflösung" der Kirche dennoch einigermaßen gelassen bleiben. Der Punkt, an dem die Entwicklung einen pastoralen Aktivismus im Sinne des *„Wir müssen doch irgendwas dagegen machen!"* ausgelöst hat, ist schon lange überschritten. Kein noch so tolles Kirchenentwicklungsprogramm wird diese Dynamik grundsätzlich aufhalten. Kein Mission-Statement im Sinne des *„Wir müssen endlich wieder richtig glauben und verkünden, dann …!"* kann daran etwas ändern.

Wo es nichts mehr zu retten gibt, lässt sich aber etwas gestalten. Ich setze darum meine „Diaspora-Brille" auf und kann durch sie nüchtern auf diese Zahlen schauen und von daher eine Haltung finden: Wir Katholik:innen waren hier im Norden nie „groß". Ich muss also keine Energie aufwenden für das Beklagen eines Schwunds. Ich habe keinen Statusverlust zu bedauern und habe diesbezüglich keine Kränkungen. Wir waren hier nie wichtig im Sinne einer normgebenden Größe! Trotzdem können wir uns in der Selbstwahrnehmung als bedeutsam erfahren und auch selbstbewusst formulieren, dass wir in Zukunft unverzichtbar sind. Wenn ich meine (scheinbar) schwache Position akzeptiere, kann ich gestalterisch mit ihr umgehen und aus ihr heraus agieren (siehe 2 Kor 12, 9ff.). Mitgliederzahlen und Größe allein sagen noch gar nichts über Wirksamkeit oder Relevanz aus.

Minderheitenperspektiven halten immer auch Chancen und Ressourcen für die Mehrheitsgesellschaft bereit. Das lässt sich z. B. an der queeren Emanzipationsbewegung beobachten. Davon lässt sich z. B. lernen: Gehe kreativ und selbstbewusst mit Zuschreibungen um! Und: Man kann auch als Minderheit Diskurse prägen und gestalten – weit über die eigene Community hinaus. So sieht Eberhard Tiefensee die Christ:innen in der Diaspora als „kreative Minderheit". Diese Formulierung ermutigt zum Perspektivwechsel und zum realistischen Blick auf die eigene Situation und die dort enthaltenen Potenziale.

Das dritte Reframing lautet darum:

Von den Institutionen zu den Menschen, Beziehungen und Praktiken

Für viele sind wir Christ:innen und erst recht wir Katholik:innen eher „fremde Sonderlinge". Das macht aber nichts! Wenn wir unser „Fremdsein" so gestalten, dass sie eine Einladung zu Kontakt ist. Das bedeutet, eine eher forschende und neugierige Haltung des Entdeckens gegenüber der Kultur der Gegenwart mit all ihren Licht- und Schattenseiten zu entwickeln. Von dem Ethnologen und Psychoanalytiker George Devereux stammt der Satz: „*Das leichte Unbehagen, das ich empfand, sagte mir, dass es hier etwas zu verstehen gäbe.*"[305] Was Devereux hier als geeignete Forschungshaltung für die Ethnologie formuliert hat, kann eine Chiffre für das Christ:insein im 21. Jahrhundert gelten. Und ich lege einen weiteren Gedanken des französischen Philosophen Emmanuel Lévinas dazu: „*Einem Menschen begegnen heißt, von einem Rätsel wachgehalten werden.*"[306] Im Sinne von Lévinas bedarf die fruchtbare Begegnung von Menschen auch des Momentes der Verfremdung, des Rätselhaften. Je mehr ich in der Lage bin, im Gegenüber oder in einer Umgebung neben dem mir Vertrauten auch das Fremde wahrzunehmen, desto intensiver werde ich auch einen „wachen" Kontakt erleben. Denn Beziehung kann überhaupt erst da entstehen, wo Verschiedenheit ist. Kontakt entsteht an Grenzen! Entscheidend ist darum auch, wie wir als Christ:innen mit anderen und uns „fremden" Lebensentwürfen und Weltdeutungen umgehen.

Im christlichen Glauben geht es um eine bestimmte „Variante geistlicher Klugheit", also eine Lebensweise und Praxis.[307] Was ich in meiner Diaspora-Situation erlebe: Als Christ:innen sind wir dann von Interesse und im besten Fall sogar überzeugend, wenn wir vor allem als Menschen erkennbar und in unserem wertegeleiteten Handeln sichtbar werden.

Als Supervisor und Berater bin ich geprägt durch das Psychodrama. Im Psychodrama achten wir besonders auf die Rollen, in denen Menschen mit anderen in Beziehung treten. Es gibt dabei eine Grundregel: Eine Rolle wird immer nur im Zusammenspiel mit anderen aktiviert, und meine Rolle kann ich mir nicht selbst beschreiben oder gestalten, denn sie existiert nicht losgelöst von den anderen! Angewendet auf die Grundfrage dieses Sektors bedeutet das: Wer wir zukünftig sein können oder sollten, können wir uns nicht selbst sagen. Wir können es aber im „Zusammenspiel" mit anderen finden, entwickeln, entwerfen ... „Die anderen" können für unsere Suche nach unserem gegenwärtigen und zukünftigen Ort und Auftrag etwas Wichtiges beitragen! Für solche Begegnungen

---

[305] Zitiert nach Oberhoff, B., Übertragung und Gegenübertragung in der Supervision. Theorie und Praxis, Münster [4]2005, 118.
[306] Lévinas, E., Die Spur des Anderen. Untersuchungen zur Phänomenologie und Sozialphilosophie, Studienausgabe, Freiburg [4]1999, 120.
[307] Siehe hierzu u. a. Sellmann, M., Was fehlt, wenn die Christen fehlen? Eine „Kurzformel" ihres Glaubens, Würzburg [3]2021.

müssen Christ:innen aber aus ihren engen (Kirchen-)Grenzen und Denkblasen herauskommen. Eine solche „Blasen-Schwäche" zu überwinden kostet Energie und mitunter Mut. Sie ist aber weiterführend.[308]

Das Evangelium freigeben und verschenken – Glaube und Kirche in einer Creative-Commons-Lizenz

An dieser Stelle greife ich nun noch einmal meine Eingangsthese auf: *„Der:die Fromme von morgen wird Prosument:in sein, eine Person, die Religion konsumiert und zugleich aktiv produziert, oder sie wird nicht mehr sein."*

In einer digitalen Kultur ist das aktive und passive Teilen von Inhalten, Strukturen, Zugängen etc. elementar. Prosument:innen sind demnach zugleich Teilnehmer:innen wie auch Teilgeber:innen. Das Prosumieren und das Teilen sind zugleich ambivalente Prozesse, denn sie schließen den Verzicht ebenso ein wie das Hinzugewinnen. Ein gutes Beispiel hierfür ist die Open-Source-Praxis, z. B. bei der Vergabe von entsprechenden Creative-Commons-Lizenzen[309]. Eine solche Lizenz kann etwa erlauben, dass die Nutzer:innen die Werke bearbeiten, verbreiten, vervielfältigen dürfen. Diese Form der „Freigabe" basiert auf Grundhaltungen der Kollaboration. Sie geht grundsätzlich davon aus, dass Inhalte, Projekte, Medien, Produkte etc. besser werden, wenn andere die Möglichkeit haben, ergänzend oder gar korrigierend mitzuwirken. Der freie Zugang erhöht zudem die Zahl der Nutzungen deutlich und ermöglicht eine weitere Verbreitung und Kontextualisierung. Ausgehend von der Freigabe eines Mediums in dieser Haltung des Verschenkens entstehen virtuelle oder analoge Gemeinschaften. Ich bin prosumierend indirekt oder direkt verbunden mit den anderen Prosument:innen, die das Werk nutzen oder es gegebenenfalls weiterentwickeln usw. Eine Win-win-Situation. Genau in dieser Spur liegt eine mögliche Zukunftsperspektive für das, was nach der Auflösung von Kirche kommen könnte.

Denn die Praxis des Freigebens und Verschenkens lässt sich religiös als „Reich-Gottes-Haltung" deuten. In den Reich-Gottes-Gleichnissen verweist Jesus in den Metaphern und Bildern immer wieder auf die Unverfügbarkeit wie auf die Freigiebigkeit. Genau diese Haltung sollte pasto-

---

[308] Als ein besonders gelungenes Beispiel für eine solche Haltung und Praxis sei hier stellvertretend genannt: das Projekt „Maria als" mit der Frage: „Wir haben eine Kirche, haben Sie eine Idee?", URL https://www.st-maria-als.de [10.11.2023].
[309] Siehe z. B. URL: https://de.creativecommons.net/was-ist-cc/ [10.11.2023].

rales Handeln und kirchliche Entwicklungsprojekte radikal prägen. Denn das Evangelium ist für Christ:innen ja kein Besitz, sondern eine Zusage und ein Auftrag. Ottmar Fuchs hat das mit Blick auf sakramentales Handeln in ein wunderbar poetisches Bild gefasst: *„Die Sakramente sind von den Kirchen zu verschenken, wie man/frau Blumen in den Himmel wirft. Wie und ob und von wem sie aufgefangen werden, ist mit einer Pastoral zu verbinden, die nicht kontrolliert, sondern überraschungsoffen begleitet."*[310]

Aufgabe von pastoraler Kontrolle geht einher mit der positiven Unterstellung, dass die „Welt Gottes voll ist" (A. Delp SJ), dass also „bei den anderen" und „in der Fremde" mindestens so viel vom Reich Gottes zu entdecken ist wie bei uns selbst. Dann sind aber Gedankengänge, die sich an einer Innen-außen-Logik von Kirche orientieren, ohnehin überflüssig. Eine zentrale „Dienstleistung" von Christ:innen in einer pluralen Gesellschaft müsste darum darin bestehen, das Evangelium, die gute Nachricht von einem Leben in Fülle, so verfügbar zu machen und zu „verschenken", dass sie anderen zugänglich ist und zum Gelingen des Lebens Wesentliches beiträgt. Dies geht über bisherige Verkündigungspraxen hinaus.

In diesem Zusammenhang werden alternative Kirchennarrative nötig. Kirche darf sich verstehen als eine Gemeinschaft von Menschen, die sich darüber freut, wenn Leben wachsen darf, egal wo, und wenn möglichst viele dazu beitragen, dass dieses Wachstum in Freiheit geschieht. Gute Anknüpfungspunkte hierfür bieten beispielsweise die „17 goals", die siebzehn globalen Nachhaltigkeitsziele der UN (Sustainable Development Goals, SDGs) für eine soziale, wirtschaftliche und ökologisch nachhaltige Entwicklung.[311]

Ein Engagement in diesem Kontext führt kirchliche Akteure unvermeidlich in neue und spannende Bündnisse mit anderen Personen und Gruppen, die sich ebenfalls für ein „Wachstum des Lebens" engagieren und dieses Engagement vielleicht ganz anders begründen.[312] In einer solchen Pluralität von Lebensentwürfen und Weltanschauungen das eigene Profil zu schärfen und die Kommunikation des Evangeliums entsprechend dialogisch zu gestalten, ist Herausforderung und Chance zugleich. Unbe-

---

[310] Fuchs, O., Sakramente – immer gratis, nie umsonst, Würzburg 2015, 5.
[311] United Nations, Sustainable Development Goals, URL: https://unric.org/de/17ziele/ [01.10.2023] und der zugehörige Blog URL: www.17ziele.de [01.10.2023].
[312] Was das z. B. konkret für eine veränderte Nutzung von kirchlichen Immobilien bedeuten kann, hat Antje Schrupp kürzlich hier skizziert: Schrupp, A., Nach der Volkskirche. Die Menschen verstehen kein Christianesisch mehr. Kann man das noch ändern?, in: zeitzeichen 11.08.2023, URL: www.zeitzeichen.net/node/10630 [01.10.2023].

dingt ist dabei die Freiheit aller zu achten, denn: „*Der Pluralismus und die Verschiedenheit in Bezug auf Religion, Hautfarbe, Geschlecht, Ethnie und Sprache entsprechen einem weisen göttlichen Willen, mit dem Gott die Menschen erschaffen hat. Diese göttliche Weisheit ist der Ursprung, aus dem sich das Recht auf Bekenntnisfreiheit und auf die Freiheit, anders zu sein, ableitet. Deshalb wird der Umstand verurteilt, Menschen zu zwingen, eine bestimmte Religion oder eine gewisse Kultur anzunehmen, wie auch einen kulturellen Lebensstil aufzuerlegen, den die anderen nicht akzeptieren.*"[313]

Lothar Zenetti hat in dem Gedicht „Die neue Hoffnung"[314] einmal von der Verdunstung des Glaubens gesprochen und beschreibt darin, dass viele Menschen deswegen einen Verlust bekümmern. Am Ende des Textes bietet er eine andere Perspektive an: Wo der Glaube verdunstet, da liegt er „in der Luft". Der vermeintliche Verlust kann als Chance angesehen werden. In dieser Spur könnte ich sagen: Wo Kirche „verdunstet", sich transformiert, sich in ihrer Gestalt auflöst … da ist sie nicht wirklich verschwunden, sondern sie „liegt in der Luft" und wird neu und anders möglich. Vielleicht ist Auflösung daher sogar eine Möglichkeit der Lösung vieler Probleme.

Literatur

Fuchs, O., Sakramente – immer gratis, nie umsonst, Würzburg 2015, 5.

Lévinas, E., Die Spur des Anderen. Untersuchungen zur Phänomenologie und Sozialphilosophie, Studienausgabe, Freiburg ⁴1999.

Oberhoff, B., Übertragung und Gegenübertragung in der Supervision. Theorie und Praxis, Münster ⁴2005, 118.

Papst Franziskus/Großimam Ahmad Mohammad Al-Tayyeb, Dokument über die Geschwisterlichkeit aller Menschen für ein friedliches Zusammenleben in der Welt, Abu Dhabi, 04.02.2019, in: URL: www.vaticannews.va/de/papst/news/2019-02/papst-franziskus-abu-dhabi-gemeinsame-erklaerung-grossimam.html.

---

[313] Papst Franziskus/Großimam Ahmad Mohammad Al-Tayyeb, Dokument über die Geschwisterlichkeit aller Menschen für ein friedliches Zusammenleben in der Welt, Abu Dhabi, 04.02.2019, in: URL: www.vaticannews.va/de/papst/news/2019-02/papst-franziskus-abu-dhabi-gemeinsame-erklaerung-grossimam.html [01.10.2023].
[314] Zenetti, L., Auf seiner Spur. Texte gläubiger Zuversicht, Ostfildern 2011.

Rahner, K., Frömmigkeit früher und heute, in: Zur Theologie des geistlichen Lebens, Einsiedeln u. a. 1966 (Schriften zur Theologie VII), 21–23.

Schrupp, A., Nach der Volkskirche. Die Menschen verstehen kein Christianesisch mehr. Kann man das noch ändern?, in: zeitzeichen 11.08.2023, URL: www.zeitzeichen.net/node/10630 [01.10.2023].

Sellmann, M., Was fehlt, wenn die Christen fehlen? Eine „Kurzformel" ihres Glaubens, Würzburg ³2021.

Toffler, A., Die dritte Welle – Zukunftschance. Perspektiven für die Gesellschaft des 21. Jahrhunderts, München 1983.

United Nations, Sustainable Development Goals, URL: https://unric.org/de/17ziele/ [01.10.2023] und der zugehörige Blog URL: www.17ziele.de [01.10.2023].

Zenetti, L., Auf seiner Spur. Texte gläubiger Zuversicht, Ostfildern 2011.

H. Den Übergang managen – Blick in die Praxis

Drei sehr unterschiedliche Schlaglichter auf die Praxis runden den Gedankengang ab.

Valentin Dessoy und Ursula Hahmann geben in *Disruption und Risikomanagement im Kalkül von Landeskirchen und Diözesen* die Ergebnisse einer Befragung im Vorfeld des 7. Strategiekongresses wieder, in der kirchliche Führungskräfte beider Konfessionen gebeten wurden, anhand von Leitfragen zu beschreiben, wie sie sich den Übergang zur nächsten Kirche vorstellen und wie sie ihn gestalten wollen. Maren Kockskämper berichtet unter dem Titel *„Auflösung" im Rheinland. Vom mutigen Umgang mit Dissonanzen*, wie in der Evangelischen Kirche im Rheinland Auflösungserscheinungen angenommen, als Ausdruck von Dissonanzen verstanden und genutzt werden, um tiefergehende Innovations- und Transformationsprozesse in Gang zu setzen. Der Beitrag *„Jetzt ist die Zeit". Ideen zur „Aufstellung" unserer Kirche* von Christina Maria Bammel, Clemens Bethge, Verena Kühne, Bernd Neukirch, Arlett Rumpf, Matthias Spenn und Christian Stäblein beschreibt programmatisch, was die Auflösungserscheinungen für die Evangelische Kirche Berlin-Brandenburg-schlesische-Oberlausitz (EKBO) bedeuten und welche Konsequenzen daraus für die Zukunft zu ziehen sind.

Disruption und Risikomanagement im Kalkül von Landeskirchen und Diözesen[315]

Valentin Dessoy, Ursula Hahmann

Im Vorfeld des 7. Strategiekongresses 2022 wurden kirchliche Führungskräfte beider Konfessionen befragt, wie sie sich den Übergang zur nächsten Kirche vorstellen und wie sie ihn gestalten wollen.

Fragestellungen

Dazu wurden die Bischöfe und Bischöfinnen sämtlicher Landeskirchen und Diözesen angeschrieben. Im Fokus war insbesondere die Frage, ob und inwieweit sich die Verantwortlichen mit einem disruptiven Szenario auseinandersetzen und inwieweit sich die Verwaltungen in ihrem Risikomanagement darauf vorbereiten. Um dies zu erfahren, wurde darum gebeten, folgende Fragen zu beantworten:

1. Beschäftigen Sie sich in Ihrer Landeskirche/Diözese mit dem Szenario einer disruptiven Entwicklung bzw. eines Zusammenbruchs der bisherigen Gestalt?
2. Wo bzw. mit wem wird das Thema systematisch diskutiert und bearbeitet?
3. Wie bereiten Sie Ihre Landeskirche/Diözese kommunikativ auf dieses Szenario vor?
4. Wie wollen Sie die Handlungs- und Steuerungsmöglichkeit Ihrer Landeskirche/Diözese erhalten?
5. Welche Überlegungen gibt es, in diesem Szenario den Übergang zu gestalten?
6. Wie kann in diesem Szenario Ihre Landeskirche/Diözese der Verantwortung für die Mitarbeitenden gerecht werden?
7. Wie können Sie als Landeskirche/Diözese in dieser Situation der Verantwortung für die Gesellschaft gerecht werden?

---

[315] In gekürzter Form erschienen in: futur2: Dessoy, V., Hahmann, U., Zeit des Übergangs – Befragung von Diözesen und Landeskirchen. Zum Verständnis von Veränderung und zum Vorgehen in aktuellen Transformationsprozessen, in: futur2 – 2/2022, URL: https://www.futur2.org/article/zeit-des-uebergangs/ [01.11.2023].

Rückmeldungen

Insgesamt gab es 15 Rückmeldungen (9 von 27 Diözesen / 33,3 % und 6 von 20 Landeskirchen – 30 %), was zeigt, dass sich die Führungskräfte der Kirchen sehr wohl auch mit einem disruptiven Szenario auseinandersetzen.

Qualifizierte persönliche Rückmeldungen mit einer sehr differenzierten Antwort auf die Fragen gab es von[316]

- Prof. Dr. Heike Springhart (Landesbischöfin der Evangelischen Landeskirche in Baden EKiBa)
- Prof. Dr. Heinrich Bedford-Strohm (Landesbischof der Evangelisch-Lutherischen Kirche in Bayern ELKB)
- Oberkirchenrätin Dr. Melanie Beiner (Leiterin Dezernat 1 – Kirchliche Dienste der Evangelischen Kirche in Hessen und Nassau EKHN)
- Prof. Dr. Beate Hofmann (Landesbischöfin der Evangelischen Kirche von Kurhessen-Waldeck EKKW)
- Dr. Thorsten Latzel (Präses der Evangelischen Kirche im Rheinland EKiR)
- Dr. Andreas Frick (Generalvikar der Diözese Aachen)
- Ordinariatsrat Wolfgang Müller (Leiter Hauptabteilung 6 – Grundsatzfragen und Strategie der Erzdiözese Freiburg)
- P. Sascha-Philipp Geißler SAC (Generalvikar der Erzdiözese Hamburg)
- Generalvikariatsrat Christian Hennecke (Leiter der Hauptabteilung Pastoral der Diözese Hildesheim)
- Team Prozessleitung 2030+ mit Markus Freckmann (Leiter Abteilung Entwicklung), Dr. Annegret Meyer (Leiterin Abteilung Glauben im Dialog) und Stephan Lange (Leiter Abteilung Leben im Pastoralen Raum) (Erzdiözese Paderborn)
- Dr. Ulrich von Plettenberg (Generalvikar der Diözese Trier)

Beobachtungen

Es fällt auf, dass sich seitens der Landeskirchen fast ausschließlich Bischöf:innen zu Wort gemeldet haben. Auf katholischer Seite kein einziger. Die Anfrage wurde tendenziell delegiert (an Generalvikare, Fachabteilungen, Projektbeauftragte oder auch Pressesprecher). Hypothese ist,

---

[316] Prägnante Einzelrückmeldungen sind in der futur2-Ausgabe 2/2022 unter Bonus-Track dokumentiert, URL: https://www.futur2.org/issue/02-2022/ [10.11.2023].

dass sich im evangelischen Kontext die oberste Führungsebene eher mit solchen grundlegenden Fragen beschäftigt, während dies auf katholischer Seite eher auf darunter gelagerten Ebenen (Fachebene) geschieht.

Interessant ist es, die Rückmeldungen am Stück zu lesen, weil sie ein Gefühl davon vermitteln, wie in der jeweiligen Landeskirche bzw. Diözese gedacht wird bzw. welches Bild davon gezeichnet werden soll.

Liest man die Texte quer, zeigen sich deutlich Gemeinsamkeiten und Unterschiede.

1) Tod und Auferstehung gehören zum Wesen der Kirche

Verantwortliche in Diözesen und Landeskirchen sehen zum Teil sehr wohl, dass radikale Veränderung und damit auch disruptive Entwicklungen zum menschlichen Leben und zum Leben der Kirche gehören. Aus diesem Grund sei die gegenwärtige Situation der Kirchen völlig normal. Die Erfahrung von Tod und Auferstehung Jesu Christi sei der Bezugsrahmen, disruptive Veränderungen im Leben, auch im Leben der Kirche, zu verstehen.

„Es ist für mich auch eine Frage der Spiritualität: Es gibt kein wirkliches Leben, es sei denn durch den Tod hindurch. Das ist die Frohe Botschaft der Auferstehung, aber auch menschliche Erfahrung (z. B. Abnabelung des Kindes von der Mutter nach der Geburt) und das Erleben der Natur (z. B. neues Erwachen im Frühling und Sommer nach dem Sterben in Herbst und Winter)."

(Ulrich v. Plettenberg, Bistum Trier)

„Wir beschäftigen uns als Kirche aufgrund der biblischen Traditionen immer schon mit disruptiven Entwicklungen und auch Zusammenbrüchen des Bisherigen, wenn Sie an die Auferstehung Jesu Christi, an die Taufe, an die Hoffnung auf Neuschöpfung denken. Christen erwarten Veränderungen, gestalten Veränderungen im Geiste Christi mit und reflektieren disruptive Veränderungen. Besonders markant ist, dies an der Auferstehung Christi zu sehen."

(Heike Springhart, EKiBa)

2) Unterschiedlich starke Auseinandersetzung mit disruptiven Szenarien

Diözesen und Landeskirchen setzen sich unterschiedlich stark mit möglichen disruptiven Entwicklungsszenarien und ihren Folgen auseinander. Die Rückmeldungen legen nahe, dass man in den evangelischen Kirchen eher mit solchen Entwicklungen rechnet als in der katholischen Kirche:

"In unserem seit 2019 laufenden Kirchenentwicklungsprozess haben die o. g. Themen [disruptive Prozesse, Anm. d. Verf.] immer mehr Raum eingenommen. Wir sind mit Veränderungen des Bestehenden gestartet und befinden uns mittlerweile in einem umfassenden Transformationsprozess, der keinen Bereich kirchlichen Handelns außen vor lässt. Dabei gibt es – wie vermutlich in jeder ‚basisdemokratisch' aufgestellten Großorganisation – zum jetzigen Zeitpunkt unterschiedliche Einschätzungen dazu, wie radikal die Entwicklung ist und ob ein Übergang gestaltet werden kann oder von einem Zusammenbruch der bisherigen Gestalt gesprochen werden muss."

(Melanie Beiner, EKHN)

Die Diözese Trier versuchte im Anschluss an die Synode, die am 1. Mai 2016 zu Ende gegangen ist, einen sehr weitgehenden und umfassenden Reformprozess in Gang zu setzen, der gezielt auf eine sprunghafte Veränderung i. S. einer disruptiven Entwicklung angelegt war. Der Prozess ist schließlich an der eigenen Gründlichkeit, an inneren Widerständen und der Intervention von Rom gescheitert.

"Die ‚Pfarrei der Zukunft' wäre ein großer Schritt auf eine Neubetrachtung von Pfarrei (als Organisations- und Verwaltungsraum) mit vielen ‚Orten von Kirche' (als Räume kirchlichen Lebens und seelsorgerischen Handelns) gewesen. Sie hätte meiner Ansicht nach selbst disruptiv gewirkt. Wir hätten eine Entwicklung vorweggenommen, die nun schleichend kommt. Und wir hätten dabei selbst steuernd wirken können, statt einer Entwicklung ausgeliefert zu sein. Leider ist die ‚Pfarrei der Zukunft' am Widerstand einiger Verwaltungsräte und an Rom gescheitert. Die Entwicklung findet nun trotzdem statt – auf einen längeren Zeitraum hin und mit wesentlich mehr Aufwand."

(Ulrich v. Plettenberg, Bistum Trier)

Ansonsten werden in den Diözesen allenfalls einzelne Prozesse als disruptiv wahrgenommen bzw. beschrieben (z. B. die Veränderung der Personalsituation) oder aber eine disruptive Entwicklung für unwahrscheinlich gehalten:

"In den vergangenen 10 Jahren haben wir in unzähligen Veranstaltungen den systemischen Wandel unserer Kirchengestalt und der Rollenarchitektur in Gemeinden mit den Hauptberuflichen und in der Bistumsleitung diskutiert. Allerdings geht es offensichtlich nicht – von nicht beeinflussbaren Faktoren abgesehen (Krieg, Finanzkrisen, Arbeitslosigkeit) – um eine disruptive Entwicklung oder einen Zusammenbruch, sondern um einen deutlich länger dauernden und schon seit Jahren sich immer mehr zeigenden schleichenden Prozess."

(Christian Hennecke, Bistum Hildesheim)

Insgesamt wird im katholischen Kontext der Begriff der „Disruption" bzw. auch die Vorstellung, Prozesse könnten disruptiv verlaufen, viel negativer bewertet als im evangelischen Kontext, was vermutlich historische Gründe und viel mit der jeweils herrschenden Kirchenkultur zu tun hat. Die katholische Kirche, die auf maximale Einheit programmiert ist, musste die letzte große Disruption, das Entstehen der evangelischen Kirchen, schmerzhaft als Trennung erleiden, während die evangelischen Kirchen diesem Vorgang ihre Existenz verdanken:[317]

„Als evangelische Landeskirche verdankt sich die ELKB letztlich einer Art von Disruption – nämlich der Reformation. Dass Kirche Veränderungsprozesse vollzieht – auch radikale –, gehört nach evangelischer Überzeugung zu ihrem Wesen (ecclesia semper reformanda)."

(Heinrich Bedford-Strohm, ELKB)

„Dass die Kirche ihre Gestalt immer wieder ändert und ändern muss, hat uns Martin Luther ins Stammbuch geschrieben."

(Heike Springhart, EKiBa)

3) Bedeutung von Kommunikation

Alle Verantwortlichen betonen die Relevanz einer ausgeprägten Kommunikation in den laufenden bzw. anstehenden Veränderungsprozessen. Sie hat eine starke informative Seite, bei der sich etwa Projektträger um Transparenz sorgen, aber dabei oftmals unidirektional bleiben.

„Veränderungsprozesse erfordern ein Höchstmaß an Transparenz, Information und Orientierung. Deshalb weiten wir die interne Kommunikation stark aus, informieren in einem regelmäßigen Newsletter und zweimal jährlich auch in einem gedruckten Magazin."

(Andreas Frick, Bistum Aachen)

Andere betonen das Dialogische der Kommunikation.

„Wir haben einen breit angelegten und auf Beteiligung ausgerichteten ‚Verständigungsprozess zum Auftrag der Kirche' durchgeführt, in dem wir ein gemeinsames Verständnis vom Auftrag und den Grundaufgaben von Kirche in sich wandelnden Verhältnissen und sich verändernden Ressourcen diskutiert haben.

---

[317] Wie stark diese Erfahrung nachwirkt, zeigt sich im Diskurs über den Synodalen Weg. Obgleich es dort nicht um einen grundlegenden Neuanfang geht, sondern lediglich um das Nachholen von Essentials einer aufgeklärten Gesellschaft, die Kirche nicht attraktiv machen, aber als K.o.-Kriterien über ihre Anschlussfähigkeit entscheiden, sehen Kritiker und Gegner darin die Anzeichen einer drohenden Kirchenspaltung.

[...] Jetzt liegt der Ball in den Gemeinden unsrer Kirche: Auch sie sollen beteiligt werden und diskutieren, wie sie den Auftrag der Kirche umsetzen können und dabei über einen angemessenen Ressourceneinsatz entscheiden."

(Beate Hofmann, EKKW)

4) Langfristig strategische Orientierung

Die Verantwortlichen beider Kirchen halten den notwendigen Rückbau und die damit verbundenen Veränderungen i. S. einer linearen Transformation für mehr oder weniger steuerbar. Sämtliche Bistümer und Landeskirchen arbeiten an langfristig-strategischen Orientierungen. Hierbei sind weiterhin v. a. Strukturen und Ressourcen im Blick, zumindest sind sie die Treiber der Entwicklung.

„Durch fünf landeskirchliche Prozesse (Verfassung, Haushalt, Verwaltung, Gebäude, Berufsbilder)[318] arbeiten wir bis 2026 an zukunftsfähigen Strukturen und Strategien im Umgang mit Ressourcen. Kooperationen zwischen Gemeinden, mit der EKHN und der katholischen Kirche sowie auf EKD-Ebene sollen hier Synergien fördern. Bisher versuchen wir diesen Prozess als evolutionäre Transformation zu gestalten, nicht als disruptive Erneuerung."

(Beate Hofmann, EKKW)

„Wie sich Kirche verändern soll, um relevant zu bleiben, wird systematisch im Rahmen unseres Zukunftsprozesses ‚Profil und Konzentration' (PuK)[319] diskutiert. Seit 2016 findet dieser als breit angelegter Beteiligungsprozess auf allen Ebenen der Landeskirche statt. Kirchenentwicklung und Ressourcensteuerung werden dabei zusammengedacht. Rahmendaten für die Diskussion bieten uns die Prognosen zur Mitglieder- und Finanzentwicklung genauso wie unsere Personalprognose.

Diese Daten werden regelmäßig aktualisiert. Gleichzeitig werden von der Kirchenleitung inhaltliche Strategien und Schwerpunktsetzungen entwickelt, mit denen diesen Veränderungen mittel- und langfristig begegnet werden soll."

(Heinrich Bedford-Strohm, ELKB)

„Zum notwendigen Wandel gibt es keine Alternative. ‚Alle' sind gefragt, einen nachhaltigen Kulturwandel in der Kirche als Beitrag in dieser Gesellschaft gemeinsam zu wollen und zu gestalten ... Die Formulierung einer Pastoralstrategie für das Bistum Aachen wird die vorliegenden Beschlüsse [des Heute-bei-dir-

---

[318] Projekt „Kirche bewegt" in der Evangelischen Kirche von Kurhessen-Waldeck, URL: https://www.ekkw.de/unsere_kirche/reformprozess.html [10.11.2023].
[319] Projekt „Profil und Konzentration" der Evangelisch-Lutherischen Kirche in Bayern, URL: https://puk.bayern-evangelisch.de/ [10.11.2023].

*Prozesses, Anm. d. Verf.]*³²⁰ *ausfalten und sie in eine vollständige Programmatik überführen, welche neben inhaltlichen Anforderungen auch Managementanforderungen erfüllt."*

(Andreas Frick, Bistum Aachen)

5) Fokuserweiterung und Dynamisierung des Strategieverständnisses

Allerdings hat sich gegenüber früheren Reformprozessen der strategische Fokus inzwischen deutlich erweitert. Es geht verstärkt auch um das Kirchesein und das kirchliche Leben selbst.

*„Es geht um den Abschied vom Modell einer vorwiegend von Hauptberuflichen getragenen und verantworteten Kirche, das einer Versorgungs- und Mitmachlogik folgt, und um die Entwicklung einer ‚Pastoral der Ermöglichung', die auf die Selbstführung und Selbstorganisation derer, die sich engagieren, ausgerichtet ist' (Arbeitsinstrument zu Pastoral 2030).*³²¹ *Damit wird die bisherige Fokussierung auf Strukturen verlassen und es drängen sich andere Fragen in den Vordergrund: die Förderung kleiner Gemeinden/Gemeinschaften als Orte kirchlichen Lebens, ein neues Verständnis ehrenamtlichen Dienstes in der Kirche sowie die Zurüstung und Begleitung von Ehrenamtlichen, eine neue Form der Wahrnehmung von Leitung, eine neue Präsenz der Kirche in der Gesellschaft."*

(Wolfgang Müller, Erzdiözese Freiburg)

Zudem wird die notwendige strategische Orientierung zunehmend dynamisch verstanden. Sie steht nicht auf Dauer fest, sie muss kontinuierlich neu diskutiert und justiert werden, um valide Entscheidungen zu treffen. Dazu exemplarisch:

*„Ausdruck dieser grundlegenden Veränderung, die bisherige Organisationsformen infrage stellen, ist es, dass die ... Veränderungen in deutlich kürzeren Fristen und mit höherer Verbindlichkeit für alle Ebenen erfolgen müssen, als dies bei vorherigen Veränderungsprozessen der Fall war."*³²²

(Melanie Beiner, EKHN)

6) Transformation als iterativer Prozess

Systemisch betrachtet kann die nächste Kirche angesichts der sich dynamisch verändernden Kontextbedingungen nicht linear hergestellt

---

[320] Projekt „Heute bei dir" im Bistum Aachen, URL: https://heutebeidir.de/start/ [10.11.2023].
[321] Projekt „Kirchenentwicklung 2030" in der Erzdiözese Freiburg, URL: https://kirchenentwicklung2030.de/ [10.11.2023].
[322] Projekt „ekhn2030" in der Evangelischen Kirche in Hessen und Nassau, URL: https://www.ekhn.de/themen/ekhn2030 [10.11.2023].

werden. Die Gestaltung des Übergangs erfordert aus Sicht der Verantwortlichen zunehmend ein iteratives Vorgehen, das strategische Orientierung, befristete Entscheidungen und experimentelles Erproben flexibel miteinander verknüpft.

„Aus meiner Sicht ist es auch ein Kennzeichen einer Disruption, dass kein einfacher Fahrplan vorliegt und ein neues Ziel nicht einfach angesteuert werden kann, sondern deutlich werden muss, dass noch nicht klar ist, was wofür eine Lösung sein kann. Aus meiner Sicht ist es eher ein Schritt-für-Schritt-Denken und -Handeln, das dann beim Ausprobieren zeigt, was sinnvoll zu tun und anzustreben sein kann. ... Gleichzeitig müssen wir aushalten, dass wir – insbesondere in den Leitungsebenen – nicht schon die Antwort haben, sondern die Entwicklung gut beobachten und wahrnehmen, riskieren, loslassen, wie es auf allen Ebenen geschieht."

(Melanie Beiner, EKHN)

„Kleinschrittiges Ausprobieren, Fehlerfreundlichkeit, Prototypen ... sind Elemente dieses Weges."[323]

(Team der Prozessleitung 2030+, Erzbistum Paderborn)

7) Verändertes Verhältnis von Zentralität und Dezentralität

Einig sind sich die Verantwortlichen in Diözesen und Landeskirchen, dass die zukünftige Gestalt von Kirche dezentral sein wird. 5 von 6 Bistümern und 3 von 5 Landeskirchen folgen explizit einem solchen Zielbild.

„Durch gemeinsame Vergewisserung der inhaltlichen und pastoralen Ziele auf den Leitungsebenen und in den Partizipationsgremien können abgestimmte Schritte und Entscheidungen getroffen werden. Dabei werden durch Entscheidungen Räume und Möglichkeiten für eine lokale Entwicklung ermöglicht, die jeweils vor Ort begleitet werden."[324]

(Christian Hennecke, Bistum Hildesheim)

„Entscheidend im Prozess der anstehenden Strukturveränderungen in unserer Landeskirche ist die Befähigung der Gemeinden und Kirchenkreise, bei diesen Veränderungen handlungsfähig zu bleiben. Hier brauchen die Gemeinden auch neue Spiel- und Freiräume, die Innovation und Erprobung von Neuem zulassen. Dazu muss von Seiten der Landeskirche auch die kirchliche Gesetzgebung überdacht werden, um den Gemeinden einen Rahmen für höhere Flexibilität zu

---

[323] Projekt „Zukunftsbild & Diözesaner Weg" im Erzbistum Paderborn, URL: https://www.erzbistum-paderborn.de/erzbistum-und-erzbischof/zukunftsbild/ [10.11.2023].
[324] Projekt „Lokale Kirchenentwicklung" im Bistum Hildesheim, URL: https://www.lokale-kirchenentwicklung.de/ [10.11.2023].

schaffen – beispielsweise im Umgang mit Kasualien und der veränderten Lebenssituationen unserer Mitglieder."[325]

(Thorsten Latzel, EKiR)

8) Unterschiedliche Bedeutung von Innovation

Unterschiede zwischen Diözesen und Landeskirchen zeigen sich im Verständnis und der Bedeutung von Innovation. Während in katholischer Perspektive eher inkrementelle Innovation i. S. der kontinuierlichen Weiterentwicklung bestehender Formate und Organisationsformen gemeint ist, wenn von Innovation die Rede ist, induzieren die Landeskirchen über die sog. Erprobungsräume[326] gezielt auch zumindest die (Denk-)Möglichkeit radikaler oder disruptiver Innovation (Stichworte dazu: Mixed Economy, Ambidextrie). Zudem werden in größerem Umfang dafür Ressourcen vorgesehen. Dadurch kommt das zu gestaltende Zusammenspiel traditioneller und neuer Formen von Kirche stärker in den Fokus.

„Mit dem Projekt Mixed Economy stellen wir uns nun auch der Herausforderung, den neuen Formen des Kirche- und Gemeinde-Seins einen Platz neben traditionellen Formen einzuräumen. So wollen wir den Übergang zu einer Kirche gestalten, die für unterschiedliche Lebensstile und Lebenssituationen vielfältigere Anknüpfungspunkte als bisher eröffnet."

(Thorsten Latzel, EKiR)

„Ganz neu fokussieren wir als Landeskirche außerdem die Aufgabe Strategischer Innovation im Bereich der Kirchenentwicklung – auch personell. Zur Förderung von Innovation und Exnovation wird dieser Arbeitsbereich Tools und Methoden entwickeln, um Leitungsgremien verschiedener Ebenen zu befähigen, solide Entscheidungen zu treffen."[327]

(Thorsten Latzel, EKiR)

„In allen nötigen Um- und Rückbauprozessen (im Rahmen der Ressourcensteuerung) halte ich es für ganz entscheidend, dass wir zugleich auf Erprobungen setzen. Durch Förderung von auftrags- und sozialraumbezogenen Innovationen in verschiedenen Bereichen (z. B. frische Formen von Kirche, Kasualien und

---

[325] Projekt „E.K.I.R. 2030" der Evangelischen Kirche im Rheinland, URL: https://www2.ekir.de/ekir2030/ [10.11.2023].
[326] Vgl. exemplarisch das Projekt „Erprobungsräume" der Evangelischen Kirche in Mitteldeutschland, URL: https://www.erprobungsraeume-ekm.de/ueber-uns/ [10.11.20232], oder das Projekt „MUT", der Evangelisch-Lutherischen Kirche in Bayern, URL: https://mut-elkb.de/ [10.11.20232].
[327] Projekt „Kirchenentwicklung" in der Evangelischen Kirche im Rheinland, URL: https://www2.ekir.de/inhalt/kirchenentwicklung/ [10.11.2023].

Digitalisierung) erhoffen wir uns die bewusste Initiierung von Disruptionen im Sinne der Entstehung neuer, dezentraler, noch nicht etablierter Formen von Kirche. Wir reden in diesem Zusammenhang von emergenter Kirchenentwicklung."

(Heinrich Bedford-Strohm, ELKB)

9) Risikomanagement

Trotz der exponentiellen Entwicklung der zentralen organisatorischen Parameter verfügt offenbar keine Diözese oder Landeskirche über ein Risikomanagement, das auch einen schnellen systemischen Zusammenbruch mit ins Kalkül zieht und darauf abgestimmte Maßnahmen vorsieht. Die Dynamik der aktuellen Veränderungen wird systematisch unterschätzt.

Zusammenfassung

„Disruption" war im Jahr 2015 das Wirtschaftswort des Jahres – im Kampf um Risikokapital und Aufmerksamkeit ist es längst ein Buzzword geworden, das die Bedeutsamkeit von grundlegender Erneuerung unterstreichen soll. Im Rückgriff auf Schumpeter[328] wird im wirtschaftlichen Kontext unter Disruption eine einschneidende (meist zerstörerische) Veränderung verstanden, die durch eine Innovation ausgelöst wird. Ein Produkt wird durch ein anderes ersetzt. Aus systemischer Perspektive gehören Disruption, also Unterbrechung, und die damit verknüpfte Irritation und Verunsicherung wesentlich und notwendig zu Veränderungsprozessen dazu. Disruption wird hier positiv bewertet. Sie ist für Transformation i. S. tiefgreifender Veränderungen unabdingbar.

Für die Kirchen stellt sich auf diesem Hintergrund die Frage, wie der anstehende Transformationsprozess verstanden wird und mit einer gewissen Aussicht auf Erfolg gestaltet werden kann: Ist die nächste Kirche durch stetige (Weiter-)Entwicklung des Bestehenden zu erreichen, die alle gleichermaßen vollziehen (müssen), oder entsteht sie emergent, sprunghaft, wenn hierfür durch Unterbrechung Räume geöffnet werden,

---

[328] Joseph Alois Schumpeter entwickelte 1942 die Theorie, dass die wirtschaftliche Entwicklung im kapitalistischen Wirtschaftssystem vor allem auf „dynamischen Unternehmern" beruhe, die Innovationen durchsetzen, Pioniergewinne erzielen und damit die Konjunktur immer wieder neu in Schwung bringen. Dieser Prozess der „schöpferischer Zerstörung" ermögliche Wachstum und technischen Fortschritt. Vgl. Schumpeter, J. A., Kapitalismus, Sozialismus und Demokratie. Mit einer Einführung von Heinz D. Kurz; übersetzt von Susanne Preiswerk (Teil I–IV) sowie Theresa Hager, Philipp Kohlgruber und Patrick Mellacher (Teil V). Tübingen [10]2020.

und ersetzt sie dann schrittweise die alte Formation (die parallel weiterexistieren kann, solange es Menschen gibt, die ihr Kirchesein auf diese Weise leben [wollen])?

Die Umfrage unter Bistümern und Landeskirchen zeigt, dass die Vorstellungen dazu sehr unterschiedlich sind. Anders als im wirtschaftlichen oder organisationsentwicklerischen Kontext wird die Möglichkeit einer disruptiven Entwicklung in katholischen Bistümern weitgehend ausgeblendet oder negativ bewertet, zumindest aber kommunikativ vermieden. Das hat zum Teil historische Gründe, die mit den Wirren um die Reformation zusammenhängen. Es liegt aber sicher auch daran, dass in der katholischen Kirche die Entwicklung derzeit stark unter dem Abbruchschema wahrgenommen wird. Das Wort „Disruption" löst dann bei vielen einseitig die Phantasie vom (endgültigen) Ende aus, nicht vom Anfang von etwas Neuem.

Im evangelischen Kontext ist die Bereitschaft, über die Möglichkeit disruptiver Veränderungen nachzudenken und Räume hierfür zu schaffen, deutlich größer.[329] Eindrücklich verweist etwa Heinrich Bedford-Strohm darauf, dass die Reformation auch als Disruption einzuordnen sei und Disruption nach evangelischer Überzeugung zum Wesen der Kirche gehöre.

Als Reaktion auf Relevanzverlust, Mitgliederschwund und Ressourcenverknappung laufen in nahezu allen Landeskirchen und Bistümern strategische Prozesse. Sie sind mehr oder weniger partizipativ angelegt. Allen gemeinsam ist die Überzeugung, dass der Umbau schrittweise gestaltbar, also Prozess und Ergebnis steuerbar und kontrollierbar sind. Die Ansätze zielen jedoch z. T. – anders als in früheren Prozessen – aufs Ganze und gehen tiefer, an die Substanz, das Grundverständnis von Kirche. Als zweiter Baustein kommt in den evangelischen Kirchen die systematische Schaffung von Experimentier- und Innovationsfeldern dazu mit der Zielsetzung, Alternativen zum Bestehenden zu entwickeln, um dieses perspektivisch zu ersetzen (Ambidextrie). Hier steigt die Wahrscheinlichkeit, dass Innovationen systemrelevant werden, also mehr als Alibi sind.

Alles in allem gestalten die Kirchen Transformationsprozesse in großer Ernsthaftigkeit und Professionalität. Dennoch fehlt ein Risikomanagement, das die Option eines schnellen Zusammenbruchs mit bedenkt. Zudem bleibt die Grundsatzfrage offen, wie es nun wirklich um radikale

---

[329] Wenngleich in der Praxis zu fragen ist, wie konsequent dieser Weg dann gegangen wird.

oder disruptive Innovation und die Notwendigkeit, hierfür Freiräume zu schaffen, (Exnovation) steht. Ist eine das volkskirchliche System verändernde Innovation überhaupt gewollt? Wie kann im Bestehenden eine Offenheit für Neues erreicht werden, um in auseinanderstrebenden Märkten oder Arenen wesentliche Möglichkeiten für Neuerungen frühzeitig zu erkennen? Welche „Geschäftsmodelle" jenseits des volkskirchlichen Einheitsmodells sind zukunftsfähig in dem Sinne, dass sie Wirkung zu erzielen (die Chance erhöhen, dass Menschen mit der Frohen Botschaft in Berührung kommen), dass sie skalierbar sind (in unterschiedlichen Kontexten ggf. angepasst realisierbar sind) und sich selbst finanzieren oder in Selbstfinanzierung überführt werden können. Wie muss in einer nächsten Kirche das „Betriebssystem" gestaltet sein, um vielfältige und unterschiedliche Formen von Kirche zusammenzuhalten, gleichermaßen zu unterstützen und dauerhaft die Entstehung disruptiver, radikaler, adressatenorientierter Neuerungen zu fördern? Diesen Fragen wird derzeit viel zu wenig Aufmerksamkeit gewidmet.

Literatur

Dessoy, V., Hahmann, U., Zeit des Übergangs – Befragung von Diözesen und Landeskirchen. Zum Verständnis von Veränderung und zum Vorgehen in aktuellen Transformationsprozessen, in: futur2 – 2/2022, URL: https://www.futur2.org/article/zeit-des-uebergangs/ [01.11.2023].

Projekt „ekhn2030" in der Evangelischen Kirche in Hessen und Nassau, URL: https://www.ekhn.de/themen/ekhn2030 [10.11.2023].

Projekt „E.K.I.R. 2030" der Evangelischen Kirche im Rheinland, URL: https://www2.ekir.de/ekir2030/ [10.11.2023].

Projekt „Erprobungsräume" der Evangelischen Kirche in Mitteldeutschland, URL: https://www.erprobungsraeume-ekm.de/ueber-uns/ [10.11.20232].

Projekt „Heute bei dir" im Bistum Aachen, URL: https://heutebeidir.de/start/ [10.11.2023].

Projekt „Kirche bewegt" in der Evangelischen Kirche von Kurhessen-Waldeck, URL: https://www.ekkw.de/unsere_kirche/reformprozess.html [10.11.2023].

Projekt „Kirchenentwicklung 2030" in der Erzdiözese Freiburg, URL: https://kirchenentwicklung2030.de/ [10.11.2023].

Projekt „Kirchenentwicklung" in der Evangelischen Kirche im Rheinland, URL: https://www2.ekir.de/inhalt/kirchenentwicklung/ [10.11.2023].

Projekt „Lokale Kirchenentwicklung" im Bistum Hildesheim, URL: https://www.lokale-kirchenentwicklung.de/ [10.11.2023].

Projekt „MUT" der Evangelisch-Lutherischen Kirche in Bayern, URL: https://mut-elkb.de/ [10.11.20232].

Projekt „Profil und Konzentration" der Evangelisch-Lutherischen Kirche in Bayern, URL: https://puk.bayern-evangelisch.de/ [10.11.2023].

Projekt „Zukunftsbild & Diözesaner Weg" im Erzbistum Paderborn, URL: https://www.erzbistum-paderborn.de/erzbistum-und-erzbischof/zukunftsbild/ [10.11.2023].

Schumpeter, J. A., Kapitalismus, Sozialismus und Demokratie. Mit einer Einführung von Heinz D. Kurz; übersetzt von Susanne Preiswerk (Teil I–IV) sowie Theresa Hager, Philipp Kohlgruber und Patrick Mellacher (Teil V). Tübingen ^{10}2020.

„Auflösung" im Rheinland. Vom mutigen Umgang mit Dissonanzen
Maren Kockskämper

In Gummistiefeln steht Pfarrerin Almuth Conrad im Schlamm inmitten der Burger Kirche in Solingen: „Dass Wasser so eine Gewalt hat, weiß man. Wie schlimm es wirklich ist, merkt man erst an Tagen wie diesen." Es ist Juli 2021. Die Flut hat die Kirche bis über die Kirchenbänke überschwemmt. Stühle liegen im Schlamm, Bodenplatten haben sich gelöst, ob die Heizung funktioniert, ist noch nicht klar. Dass die Kirche für solche Flutschäden nicht versichert ist, hingegen schon.

Es stellt sich heraus, dass die Sanierung mehr als 600.000 Euro kosten soll. Die Sanierung der Orgel etwa weitere 200.000 Euro. Die Frage der Schließung der Kirche steht schon länger im Raum. Die Flut gibt dieser Frage jetzt den letzten Schub.

Auch im Ort selbst erleiden die Häuser vieler Menschen Flutschäden. Mitarbeitende der kirchlichen Notfallseelsorge gehen von Haus zu Haus. Gewaltige Emotionen und große Geschäftigkeit prägen die Gespräche. Die Kirche und die Diakonie bieten konkrete Unterstützung an. So pragmatisch, unbürokratisch und nah haben die Burger:innen ihre Kirche selten erlebt.

Als sie nach einer Zeit erfahren, dass ihre Kirche aufgegeben werden soll, werden sie aktiv und wollen etwas zurückgeben von der Hilfe, die sie erhalten haben. Sie haben in der Krise neu erfahren, dass der Glaube ihnen Halt gibt, warum Kirche für sie relevant ist und wie es sich anfühlt, Teil eines großen Ganzen zu sein.

Gemeinsam entwickelt eine vom Presbyterium eingesetzte Perspektivgruppe aus Presbyteriumsmitgliedern, Ehrenamtlichen, die sich besonders nach dem Hochwasser der Burger Kirche verbunden wissen, und der Ortspfarrerin das Zukunftskonzept *„Das besondere Gotteshaus"*. Die kleine Kirche soll wieder zum Mittel- und Treffpunkt der Burger:innen und in der Region werden. Ein Raum für Begegnung und für geistliche Einkehr.

Die Kirchengemeinde beschließt eine zweijährige Erprobungsphase. Veranstaltungen der unterschiedlichsten Art füllen in dieser Zeit das alte Gemäuer wieder mit Leben, und auch Geld wird in die Kasse gespült.

Rockkonzerte, klassische Musik, Ausstellungen, Workshops und Lesungen – das Programm kann sich so sehr sehen lassen, dass Künstler:innen aus dem Umkreis auf die Gemeinde zukommen und Benefizauftritte anbieten. Daneben steht die Kirche für stille Andachten und weiterhin für Gottesdienste offen. Und die Gäste kommen. Die meisten Veranstaltungen sind sehr gut besucht.

„Die Erprobungsphase ist erfolgreich verlaufen, Kirchengemeinde und Kirchenkreis sind vom Engagement für die Burger Kirche begeistert", freut sich Almuth Conrad. „Der Wiederaufbau ist beschlossen, Baugenehmigungen liegen vor und Fördermittel sind beantragt."

Für die Burger Kirche ist es noch mal gut gegangen. Dennoch: Die Folgen der Flut übten einen enormen Veränderungsdruck aus. Im Schnelldurchlauf hat sich die Burger Kirche drängenden Fragen stellen müssen, die schon lange im Raum standen: Für wen sind wir da? Wie wollen wir unsere Kirche nutzen? Welche Menschen haben wir im Blick? Wie gestalten wir Ehrenamt? Welche Rolle hat die hauptamtliche Pfarrperson?

Die guten Erfahrungen mit Kirche in der Flutkatastrophe tragen. Wenn das Warum und Wofür klar sind, engagieren sich Menschen ehrenamtlich und gerne. Das scheint eine Entdeckung dieser Erfahrung zu sein. Ein weiteres Element scheint zudem entscheidend in Veränderungsprozessen: Es braucht Mut und Raum zum Ausprobieren. Verbunden mit einer Kultur, die Fehler und Scheitern zulässt und gleichzeitig bereit ist, sich überraschen zu lassen und zu lernen.

Wenn ich an Auflösung in unserer Kirche denke, dann kommt mir diese Geschichte in den Sinn. Auch wenn sie genau genommen nicht von Auflösung, sondern von einer Transformation erzählt. Folgen wir dennoch mal ihrer Spur.

„Auflösung" im Rheinland

Steigende Austrittszahlen, weniger Taufen, kirchliche Trauungen und Beerdigungen. Wenig besuchte Gottesdienste, Führungskräfte- und Nachwuchsmangel, weniger ehrenamtliches Engagement. Diese Phänomene häufen sich in der Evangelischen Kirche im Rheinland. Doch führen sie zur Auflösung?

Die landeskirchliche Pfarrstellenrahmenplanung bis 2030 gibt den Kirchenkreisen einerseits Orientierung. Andererseits üben sie enormen Veränderungsdruck aus. Meine Beobachtung ist, dass die Zahlen ernüchternd sind, ja. Aber sie helfen auch, die Zukunft *jetzt* zu gestalten und drängende Fragen zuzulassen. Es entstehen Orte, an denen über diese unausweichlichen Fragen gesprochen wird. Sie sind Thema auf Kreissynoden, Pfarrkonventen, in Presbyterien. Denn diese Zahlen zeigen uns sehr konkrete Konsequenzen aus dem aktuellen Mitgliederschwund auf: Es wird weniger Pfarrer:innen in Gemeinden und vermutlich daraufhin auch weniger Gemeinden geben, da die Anzahl der Pfarrer:innen sich proportional aus der Anzahl der Mitglieder ergibt.

In Rheinischer Vielfalt entstehen so unterschiedliche Konzepte, Regionalisierungen, Fusionen, Kooperationsräume in mal mehr, mal weniger partizipativen Prozessen. Daneben gewagtere Modelle, wie die Erprobung der Anstellung von Pfarrpersonen, Kirchenmusiker:innen, Jugendmitarbeiter:innen und weiteren Berufsgruppen auf Kirchenkreisebene. Oder auch der Versuch, im Kirchenkreis als ‚eine Gemeinde' zu handeln.

Auflösung – im Sinne von Beendigung – sehe ich nicht. Auflösung erlebe ich im Rheinland eher im musikalischen Sinne. In der Musik steht die Auflösung für die Weiterführung einer Dissonanz (ein Missklang, eine Spannung) in eine Konsonanz (ein harmonisches Zusammenklingen). Ein Akkord wird aufgelöst. Das ist ein befreiendes Hörerlebnis, die Spannung löst sich auf – in Wohlklang.

Wenn ich nun meine Erfahrungen im musikalischen Bereich auf mein Erleben unserer Kirche übertrage, dann wird sich Kirche meines Erachtens nicht auflösen, indem sie beendet wird oder stirbt. Vielmehr wird es aus meiner Sicht, wie in der Musik, wieder stimmiger. Dissonanzen werden erkannt und benannt. Die Spannungen, in denen wir aktuell stehen. Dabei geht es aus meiner Sicht vor allem um Transparenz. Ein genaues Hinspüren und Hinhören – auch und insbesondere aufeinander. Allein das Wahrnehmen und Benennen von Spannungen kann schon zur Auflösung beitragen. Und uns dazu verhelfen, uns als Kirche nicht immer mehr um uns selbst zu drehen, sondern uns verstärkt mit Bedarfen, Gegebenheiten und Menschen unseres Kontextes zu beschäftigen.

Die Kairos-Momente, die zu Konsonanzen führen, also in denen stimmige Veränderung möglich ist, werden erkannt und genutzt. Kairos-Momente, wie wenn die Willigen sich vernetzen und plötzlich gehört werden. Und daraus eine Bewegung entsteht. Oder auch, wenn Not uns erfinderisch macht.

Erfahrungen wie die Flut im Sommer 2021 oder auch die Covid-19-Pandemie waren in vieler Hinsicht schrecklich. Das Paradoxe ist, dass genau sie uns zudem intensiver denn je lehrten, dass Veränderung möglich ist. Kirchliche Mitarbeitende waren gezwungen, neue Wege zu gehen und zu experimentieren. Dabei sind radikale Innovationen entstanden. Etwa im Bereich digitaler Kirche: Online-Gottesdienste, -Abendmahl, -Sitzungen, -Konzerte, -Tagungen usw.

Oder auch in der weiteren kirchlichen Arbeitswelt. Das Landeskirchenamt der rheinischen Kirche ist über Monate komplett zu mobilem Arbeiten übergegangen. Nach diesen Erfahrungen wurden daraus für die Zukunft Konsequenzen gezogen: Ein Gebäudeteil wurde abgestoßen, die festen Büros wurden geräumt und ein flexibles Bürobuchungssystem wurde etabliert. Dabei sind Möglichkeiten des mobilen Arbeitens geblieben. Für mich als Mutter ist es so möglich, in Vollzeit zu arbeiten, vernetzt mit Kolleg:innen im Rheinland und weit darüber hinaus. So hat sich auch manch andere Innovation etabliert und verstetigt. Etablierte Logiken wie „Das war schon immer so" verlieren ihre Kraft. Mit den Erfahrungen im Gepäck, dass wir in der Not erfinderisch werden und beeindruckende Experimente starten, die über die Krise hinaustragen, beobachte ich Mut und Gestaltungsfreude auf vielen Ebenen. Im Kleinen wie im Großen.

Mut baut Zukunft

Ein Pfarrer sagte kürzlich: „Früher habe ich immer auf Matthäus 18 verwiesen: ‚Wo zwei oder drei in meinem Namen versammelt sind, bin ich mitten unter ihnen.' Da glaube ich weiter dran, aber es verpflichtet mich nicht mehr, um jeden Preis jeden Sonntag Gottesdienst zu feiern, auch wenn nur noch zwei oder drei kommen. Ich brauche Freiräume, um zum Beispiel eine richtig gute Trauung vorzubereiten. Da komme ich in Kontakt mit Menschen, die nicht in die Kirche gehen. Das sind wichtige Ereignisse, die ich besonders gerne gut machen möchte."

Für solche Reflexionen und vor allem Entscheidungen braucht es Mut, Rückenwind und eine ermöglichende Haltung bei Kirchenleitenden. Dieser Tage sagte der Präses der Rheinischen Kirche Dr. Thorsten Latzel in einem Pfarrkonvent: „Sie sind die Expertinnen und Experten dafür, was es in Ihrer Gemeinde braucht, was geht und was nicht. Wenn Sie in Ihrem Kontext erleben, dass nur noch wenige am Sonntagmorgen in den Gottesdienst kommen und Sie stattdessen Menschen auf anderen Wegen besser erreichen, dann tun Sie das. Machen Sie sich frei. Biblisch gesprochen: Hauptsache, dass ‚Christus verkündet wird' (Phil 1,18). In Zukunft wird es noch mehr darauf ankommen, dass wir Menschen in ihren individuellen Lebensläufen begleiten, von biographischen Berührungspunkten her denken. Dafür können hilfreiche Ideen, Konzepte, Materialien, Software entwickelt werden. ‚Aber entscheidend is' auf'm Platz.' Und das können nur Sie als Fachleute vor Ort." Solche Sätze von Kirchenleitenden braucht es als Rückenwind, als Erlaubnis, als Denkanstoß, damit wir miteinander mutiger werden. Im Tun. Und auch im Lassen.

Ein anderes Beispiel lernte ich 2022 in Köln auf dem Evangelischen Kirchbautag kennen. Dieser stand unter dem Motto „Mut baut Zukunft". In Köln entstanden in jüngster Vergangenheit spannende Neubauten. Meist in Verbindung mit Rückbau, Kleinersetzen und Erschließung von Wohnraum. Was sie eint, ist der Mut. Ein Beispiel präsentierte Pfarrerin Susanne Zimmermann aus Köln-Weidenpesch:

„Beim Antritt meiner zweiten Pfarrstelle vor zwanzig Jahren wurden meinem Mann und mir zwei Kirchen anvertraut. Keine dieser beiden Kirchen steht heute noch. Unser Pfarrhaus, in dem unsere vier Kinder aufgewachsen sind, die Kita, in der sie christlich geprägt wurden, sind verwaist und werden in diesen Tagen abgerissen. Es hat eine kleine Gemeinde und ihr tapferes Presbyterium großen Mut gekostet, die Entscheidung zu treffen, mit diesem radikalen Abschied Zukunft zu bauen: nämlich einen Neubau, eine Hauskirche, in der Menschen aller Generationen mit dem Kirchraum im Zentrum und unter einem Glockenturm leben, arbeiten, wohnen und feiern können.

Mit Ängsten sind wir durch diesen Abschiedsprozess gegangen, haben das immaterielle Erbe gesichert und mit vereinten Kräften die ganz handfesten Schätze unserer Kirche gerettet und mit Stolz in einen gemeinsamen und acht Jahre lang geplanten Neubau der Erlöserkirche integriert. Und es braucht heute Mut, in der Baustelle, in der ich jetzt seit acht Wochen mit meinem Mann lebe, im 4. Stock am Glockenturm über der Kirche mit Blick auf die neue Kita, umringt von Nachbarn das gelobte Land zu erkennen, von dem wir immer geträumt haben. Ich sehe die Oasen in der Wüste und das große Ganze, das Potenzial, das in dieser neuen Hauskirche im Veedel liegt. Unsere Hauskirchen-Baustelle ist ein Ausdruck der Situation von Kirche, die ohne Mut nicht zu retten ist!

Eine Mutquelle ist unser Baukirchmeister, der zwar nicht auf der Baustelle schläft, aber mit den Handwerkern täglich lebt, sie anfeuert und Mut zuspricht, manchmal ganz handfest mit Eis am Stil. Ebenso die Seniorinnen und Senioren, die wie Mose, allerdings mit Rollatoren und Stöcken auf dem Berg Nebo stehen und endlich ins Gelobte Land einziehen wollen, oder wenn ich die Kinder unten höre und sehe, die im neuen ‚Garten Eden', dem neuen Außengelände, herumtollen. Oder wenn die Nachbarn auf der Straße neugierig herumstehen, sich die Nasen am Fenster plattdrücken und sagen, wir sind zwar Heidenkinder, können wir trotzdem mal reinkommen. Dann krieg ich wieder neuen Mut und vertraue der Zusage Gottes, die schon bei der Entwidmung der alten und bei der Grundsteinlegung der neuen Kirche am Glockenturm hing: Siehe, ich mache alles neu! (Offb 21,5)."

Ich danke Susanne Zimmermann für ihre schonungslose Ehrlichkeit. Sie macht anderen Mut. Derzeit beschäftigt viele Menschen in der Rheinischen Kirche der synodal getroffene „Klimabeschluss", der vorsieht, bis 2035 klimaneutral zu sein. Alle Gebäude stehen auf dem Prüfstand, Zahlen werden betrachtet und bewertet, Prognosen erstellt, inhaltliche Schwerpunkte ausgehandelt. Das hält viele Haupt- und Ehrenamtliche in Atem. Einige klagen über Überforderung und zu wenig Freiräume für andere Themen. Gemeinden und Kooperationsräumen Mut zu machen, für Freiräume zu sorgen und zu unterstützen, solide Entscheidungen zu treffen, ist eine zentrale Zukunftsaufgabe in der Rheinischen Kirche.

Freiräume schaffen

Wie wollen wir zukünftig als Kirche wahrnehmbar und wirksam sein? Was wollen wir dazu fokussieren und wie gewinnen wir dafür Freiräume?

Mit diesen Fragen beschäftigen sich einige Gemeinden, Kooperationsräume und Regionen im Rheinland. Ziel ist es, solide strategische Entscheidungen zu treffen bezogen auf Gebäude, auf Arbeitsschwerpunkte und auch auf Zeitressourcen. Freiräume zu schaffen – als Vorbereitung auf eine Zeit, in der es weniger hauptamtliche Ressourcen gibt. Zum Durchatmen und auch für Neues. Für all das braucht es im ersten Schritt eine Orientierung, wozu ein Kooperationsraum, eine Region oder eine Gemeinde Evangelische Kirche sein möchte: Was ist *Sinn und Zweck (der „Purpose") von Evangelischer Kirche in dieser Region? Wofür braucht es uns hier? Worin sind wir gut?* Dabei ein gutes Maß zwischen Weite und Konkretion zu finden, ist die Herausforderung.

Ausgehend davon können drängende Fragen wie die nach *Freiräumen* angegangen werden. Gemeinden stellen sich der Frage, welchen Themen/Angeboten sie zukünftig weniger Gewicht und Ressourcen zukommen lassen oder auch welche ganz verabschiedet werden sollen. Betrachtet werden konkrete Zahlen: Arbeitsstunden der Pfarrperson, Potentiale verschiedener Zielgruppen im Sozialraum, aktuelle Besuchszahlen, Mitgliederzahlen, Kasualien. Und es wird verhandelt und schließlich entschieden.

Letztlich entstehen durch Exnovation, also das Abschaffen von Praktiken und Prozessen, die nicht mehr wirksam sind oder wenig Potential haben, Freiräume als Entlastung und für die Durchführung von Innovationen und Erprobungen.

Der Kern von Kirche

Die Frage nach dem Kern von Kirche – dem WARUM – wird auf verschiedenen Ebenen laut: Höchstpersönlich: Warum bin ich dabei? Warum engagiere ich mich? Als Gemeinde oder Region: Wofür sind wir da? Und auch gesamtkirchlich: Warum braucht es uns? Was sind die entscheidenden Weichenstellungen, stimmige Veränderung anzustoßen? Wo müssen wir investieren? Welche Kirchengesetze müssen dringend angepackt werden? Welche kritischen Fragen sollten wir mutig angehen? Wie begleiten wir die Veränderungen in Kirche auf den verschiedenen Ebenen?

Seit gut einem Jahr gestalten meine Kollegin Dr. Rebecca John Klug und ich den Arbeitsbereich Strategische Innovation/Kirchenentwicklung in der Evangelischen Kirche im Rheinland. Wir fragen nach den Dissonanzen, nach Veränderungsbedarf. Unsere Aufgabe ist es nicht in erster Linie, neue Strategien zu entwickeln, sondern bestehenden strategischen Vorstößen mehr Wirkung zu verleihen, kritische Fragen zu stellen, die Willigen oder die, die an der gleichen Frage hängen, miteinander zu vernetzen, sogenannte Kairos-Momente zu erspüren und daraus ins Handeln zu kommen. Wir hören hin: Was sind die Bedarfe, welche strategischen Weichenstellungen braucht es? Und auch, wie denken wir mehr von den Menschen her? Wie erreichen wir die 90 % der Mitglieder, die in der Kerngemeinde nicht mehr vorkommen?

Viele Veränderungen sind in Form von Experimenten schon auf dem Weg. Erprobungsgesetze etwa und auch die Erprobungsräume, die neue Formen des Gemeindeseins möglich machen. Wenn eine Erprobung gut läuft, kommen wir ins Spiel als Anwältinnen des Neuen, als Übersetzer:innen und auch als Fragende nach dem Warum und den drängenden Fragen, die Veränderung mit sich bringen. Es geht um Konkurrenz und Ressourcenverteilung. Darum, Spannungen zu benennen. Als erster Schritt auf dem Weg der Auflösung, Richtung Konsonanz. Ziel ist nicht, dass am Ende alles harmonisch ist, sondern aufeinander abgestimmt, vernetzt und gemeinsam erkennbar wirksam. Und in dem Sinne *harmonisch*.

Dabei machen wir bestenfalls Mut und verbünden uns. Die Herausforderung ist ja eine gemeinsame. Also fragen wir: „Wo wären Sie gern ein angelic troublemaker?" Anlehnend an das Zitat "We need in every bay and community a group of angelic troublemaker" von Bayard Rustin.

Für die, die etwas bewegen wollen, braucht es Mut, Vernetzung, Freiräume, Ehrlichkeit, Orte und Gelegenheiten, an denen darüber klug und geistlich diskutiert werden kann. Umso mehr freuen wir uns, dass die kommende Synode sich mit der Zukunft der Rheinischen Kirche beschäftigen wird. Dafür sind mutige Entscheidungen getroffen worden: Es gibt weniger Zeit für Ausschussdiskussionen und dafür Raum für Workshops zu den drängenden Fragen. Zu den Dissonanzen in der Rheinischen Kirche: Mitgliederorientierung, Exnovation, Veränderung der Gemeinde, Mixed Ecology, um nur einige zu nennen.

Dass die Dissonanzen in der Rheinischen Kirche so aktiv angegangen werden, stimmt mich hoffnungsvoll. Ich bin gespannt auf unseren Weg Richtung Konsonanz, darauf, wie wir das Stimmigerwerden miteinander gestalten. Auf ein Konzert mutiger Erprobungen und spannender Entdeckungen. Und letztlich darauf, wie sich weniger die Rheinische Kirche, jedoch die aktuellen herausfordernden Spannungen unserer Kirche mehr und mehr auflösen.

„Jetzt ist die Zeit". Ideen zur „Aufstellung" unserer Kirche

Christina-Maria Bammel, Clemens Bethge, Verena Kühne, Bernd Neukirch, Arlett Rumpff, Matthias Spenn, Christian Stäblein

Kirche in der Minderheit

Nur noch 40 Millionen Mitglieder. Die christlichen Kirchen bilden nicht mehr die Mehrheit der Bevölkerung in Deutschland ab. Der Mitgliederverlust geht weiter. Die Evangelische Kirche Berlin-Brandenburg-schlesische-Oberlausitz (EKBO) verliert jeden Monat Mitglieder in der Größenordnung etwa einer mittelgroßen Gemeinde. Auf die EKD bezogen haben wir 2022 so viele Mitglieder verloren, wie die oldenburgische Landeskirche überhaupt nur hat. Menschen finden in der Kirche nicht mehr das, was sie brauchen. Das, was Gemeinden tun, sagen und wo sie sich engagieren, ist nicht wichtig (genug). Kirchenmitgliedschaft ist nur eine Option. Aktuell entscheiden sich mehr Menschen gegen diese Option als dafür.

Sprecht anders über Geld!

Die heute 25- bis 40-Jährigen scheinen eher begründen zu müssen, warum sie in der Kirche sind. Wer ausgetreten ist, hat keinerlei Begründungsnot. Spätestens mit der ersten Gehaltsberechnung oder mit dem Wegzug aus dem Heimatort ist Schluss. Wenn überhaupt, wird Kirche von dieser Generation über ihr Kasual-Angebot (Taufe, Trauung, Bestattung) wahrgenommen. Ein Leben im klassischen Gemeindeformat ist für sie nicht vorstellbar, weil die kirchlichen Angebote nicht auf die individuellen Vorstellungen, Bedürfnisse und Erwartungen einer jüngeren Generation eingehen.

Mitgliedschaft ohne Kirchensteuerpflicht gibt es nicht. Das wird zwar viel diskutiert, aber Mitgliedschaft und Kirchensteuerpflicht sind in Deutschland noch unauflösbar miteinander verbunden. Zukünftig braucht es Optionen für Beteiligung und Zugehörigkeit, auch wenn dies die Logik eines Kirchensteuersystems grundlegend hinterfragt.

In diesem Zusammenhang muss über Geld geredet werden. Zwingend benötigt wird eine transparente Darstellung, wofür Kirche Geld braucht, wofür es ausgegeben wird und welcher gesellschaftliche, soziale, politische und pädagogische Mehrwert damit geschaffen wird. Durch das Kirchensteuermodell und erst recht durch die Staatsleistungen sind die Finanzströme jenseits von Expert:innen undurchschaubar. Ein umfassender Umbau hin zu angebotsorientierten, transparenten Finanzierungsmodellen ist nötig.

Kulturwandel

Während der Pandemie ist die Zahl der Taufen und Trauungen deutlich zurückgegangen. Punktuell etablieren sich zwar neue lebensbegleitende Angebote wie Einschulungsgottesdienst, Valentinstag, Jubiläen und Jahrestage. Diese kehren aber den Trend nicht um. Hier braucht es eine tiefgreifende Haltungsänderung, einen Mentalitäts- und Kulturwandel auf allen kirchlichen Ebenen. Weg vom Innenblick mit dem Ziel des Erhalts der bestehenden Institution hin zur Ermöglichung von dem, was Menschen suchen: einfache Zugänge. Weg von der Zulassungslogik „Ich zahle Kirchensteuer, ich darf bestattet werden" hin zu einer Einladungslogik „Wir sind für dich da, du bist willkommen!". Damit beginnt der Wandel auch mit Blick auf das finanzielle Engagement. Mein eigener Beitrag ist in erster Linie nicht Bezahlung für den Service, den ich erhalte, sondern Ausdruck meiner solidarischen Unterstützung der gesamten kirchlichen Arbeit in der Welt.

In Deutschland fällt es uns schwer, Kirche ohne den Status als Körperschaft öffentlichen Rechts zu denken. Gegenwärtig kann Kirche mit den zur Verfügung stehenden Mitteln noch vieles leisten. Alles, was an Gegenbildern entworfen wird, funktioniert nur viel kleiner und wird als Verlust von Stabilität und Kontinuität empfunden, als Abschied von der Volkskirche. Weltweit wird das allerdings schon lange anders gelebt.

Kirche wird zukünftig auch in Deutschland nur dort sein, wo Engagement ist. Eine flächendeckende Versorgung mit beruflicher Präsenz von kirchlichen Mitarbeiter:innen ist Vergangenheit, aber immer noch ein starkes Bild in den Köpfen der Menschen, das Veränderung blockiert. Wo sich Menschen mit Lust, Energie und Eigeninitiative zusammenschließen, entstehen neue Punkte nachbarschaftlicher und gemeindlicher Kooperation, Knotenpunkte der gemeinsam angenommenen Verantwortung. Das ist eine viel stärker selbstgesteuerte Logik als bisher. Wer sich ehrenamtlich oder beruflich engagiert, tut dies nicht der Institution Kirche wegen. Menschen engagieren sich für das, wofür ihr Herz brennt. Sie verbinden sich in ihrem Engagement mit dem, was für sie persönlich wichtig ist. Im besten Fall wird das deckungsgleich mit dem, wofür die zukünftige Organisation Kirche steht.

Landeskirche? Bistum? – Wozu?

Diese Ebene braucht es, wenn sie Aufgaben übernimmt, die lokal nicht wirklich effektiv geleistet werden können. Sie kann Kräfte für die gesellschaftliche Mitwirkung und Repräsentanz freisetzen. Das darf die Selbststeuerung in regionalen Kontexten aber nicht behindern, wie uns die verschiedenen Krisen der letzten Jahre gezeigt haben. Der Einsatz für Teilhabe, das laute Wort an der Seite der Benachteiligten und deren Empowerment, der Kampf gegen Barrieren, Hürden und diskriminierende Grenzen – das alles sind Aufgaben der Kirche. Dafür braucht es konkretes Engagement ebenso wie die öffentliche Präsenz einzelner, prominenter Repräsentant:innen.

Aber wie viel landeskirchliche Steuerung braucht es darüber hinaus? Es braucht nützliche Strukturen für gemeinsame wirtschaftliche Aufgaben, wie beispielsweise ein nachhaltiges Immobilienmanagement. Es braucht eine professionelle, effektive, zentral gebündelte Verwaltung. Es braucht die Sorge für Bildung, Ausbildung, Fortbildung und Nachwuchs- und Fachkräftegewinnung. Dabei geht es um regelmäßige Prüfung und Setzung fachlicher Standards und um die Einhaltung dessen, was für die Arbeit in Bildung, Sozialer Arbeit, Arbeitsschutz und Arbeitsrecht gesetzt ist. Nicht gebraucht werden zentralistische Strukturordnungen, Codizes, Vorgaben zu kirchlichen Berufsprofilen, Vorschriften und Verlautbarungen zu dem, was inhaltlich zu tun und zu lassen wäre.

Anders Organisation werden

Großinstitutionen wie die Kirche verändern sich ständig, schon immer. Wo Institutionalität lähmt, braucht es den Abschied. Kirche als Organisation kann sich nur dann evolutionär weiterentwickeln, wenn sie sich von dem löst, was nur noch Ressourcen frisst. Dann kann sie vielfältiger, offener, kleiner und wirksamer werden. Die Energie kommt vom Evangelium, dem Fundament von Kirche von Anfang an, getragen durch begeisterte Menschen. Und das wird auch in Zukunft so bleiben.

Damit verbindet sich die Kernfrage, wie das Fundament, wie Glaube christlicher Prägung glaubwürdig gelebt und erzählt werden kann. Wie kann das, was sich im Leben bewahrheitet, also bewährt, kommuniziert werden, so dass Menschen sich davon berühren und bewegen lassen? Wahrheit kann heute nicht mehr als allgemeingültig und statisch gelten. Wahrheit bewahrheitet sich immer kontextuell im Moment, im Gefühl der Vergewisserung, der Empathie und Euphorie, der situativen Klärung von Zusammenhängen, auch in der Verzweiflung. In kirchlichen Predigten, Gebeten und Verlautbarungen postuliert Kirche die tollsten Wahrheiten. Unser Alltag sieht anders aus. Diese Spannung muss man erstmal aushalten ... können.

Kirche lebt zwischen den Visionen einer besseren Welt und den Realitäten, die den Visionen und daraus erwachsenen Werten nicht gerecht werden. Auch Kirche hat ein Arbeits- und Tarifrecht, zahlt Umsatzsteuer, hat Arbeitsschutzgesetze, Rechtsvorgaben zu Gleichstellung und Antidiskriminierung und muss auch Menschen kündigen.

Aber Kirche muss nicht alles immer allein und aus eigener Kraft leisten. Reine Selbstbezogenheit ist Vertrauensarmut, gepaart mit einer tiefsitzenden weltlichen Angst vor Kontroll- und Machtverlust. Macht ist Gestaltung und darum hilfreich, vor allem dann, wenn sie agil, dezentral und im kooperativen Geist eingesetzt wird. Kooperation ist geteilte Macht und gemeinsames Gelingen. Dann entscheiden andere, auch nichtchristliche Träger, ob und wie eine Kirche renoviert wird, ein neuer Kindergarten gebaut wird, Arbeit mit Geflüchteten geleistet wird – und Kirche macht mit. Das bedeutet: abgeben und zulassen, dass andere entscheiden. Das ist eine Herausforderung für alle Ebenen von Kirche.

Das Konsensprinzip bremst. Es kommt stärker auf Arrangements an, die Weiterentwicklung ermöglichen. Das setzt eine große Vielfalt von Energien frei, aber Kontrollverlust voraus. Das ist ein Bruch mit dem Bisherigen. Kirche wird noch weiter schrumpfen und noch größere Finanzprobleme bekommen. Aber noch haben wir die Möglichkeit, zu gestalten. Noch haben wir dazu Ressourcen, vor allem engagierte Menschen. Dieses Potenzial gilt es zu sehen und sinnvoll zu investieren. Jetzt ist die Zeit!

I. Resümee

Das Resümee fokussiert noch einmal den Kongress. In diesem Abschnitt findet sich zum einen der Beitrag *Prozessbeobachtungen* von Birgit Klostermeier. Sie beschreibt ihre Wahrnehmungen zum Verlauf und den Ergebnissen des Kongresses.

Abschließend kommt das Kongressboard zu Wort. Björn Szymanowski, Frank Reintgen, Ursula Hahmann, Birgit Dierks und Valentin Dessoy ziehen jeweils ein knappes persönliches Resümee der Tagung, ihres Verlaufs und ihrer Wirkung.

Prozessbeobachtungen
Birgit Klostermeier

Ein besonderer Kongress

Ein besonderer Kongress soll es werden. Nicht ohne Anspruch sind deshalb die einführenden Worte des Kongressboards im großzügigen Kardinal Schulte Haus in Bensberg, dort oben über der Rheinebene. Die Grundkategorien dieses Kongresses seien Sterben und Auferstehen. „Kirche, wie wir sie kennen, bricht zusammen." Und damit diese These auch nachvollziehbar wird an Haut und Haaren, wollen die Moderatoren und Moderatorinnen „in diesem Haus keine Gemütlichkeit aufkommen lassen". In aller Zugewandtheit den angereisten Teilnehmer:innen gegenüber wirken sie so entschlossen wie angespannt. Sie laden ein, der Grundthese zu folgen – Kirche löst sich auf –, und dies nicht nur rational und kognitiv im analytischen und wissensbasierten Diskurs, sondern im subjektiven und gemeinschaftlichen ganzheitlichen Erleben.

Das Programm ist abgedruckt auf einem eng gefalteten Blättchen im Hosentaschenformat. Statt eines tabellarischen Ablaufs eine Landkarte. Wegmarkierungen mit einem Anfang und einem Ende. Auf der Rückseite Statistiken und Umfrageergebnisse in Grafiken angeordnet. Kompakt und kondensierter Proviant für zwei Tage, die auch so sein werden: eine Erfahrung von Gleichzeitigkeit des Ungleichzeitigen, darin verschiedene und disparate Logiken verdichtet.

Über einhundertfünfzig Teilnehmerinnen und Teilnehmer sind angemeldet, davon gut ein Fünftel Protagonisten und Protagonistinnen. Katholische, evangelische, beruflich und ehrenamtlich Engagierte, auch andere, die von dem Kongress gehört haben oder seinen Vorläufern. Der Saal ist voll mit Menschen und noch mehr mit Erwartungen. „Es geht seit vielen Jahren bergab. Das Ende kommt schleichend und ist doch absehbar." Wer hier ist, scheint bereit zu sein für Klartext oder ähnlich wie das Moderationsteam entschlossen, auf Euphemismen und Vertröstungen zu verzichten. Die Teilnehmenden sitzen im Kreis in mehreren Reihen, man kennt sich oder auch weniger, großes Hallo, Umarmen und Zuwinken, nachdenkliches Blättern in ausgelegten Unterlagen, die Nachbarin ins freundliche Gespräch ziehend: Aus welchem Bereich, aus welcher Kirche, und es sei ja spannend und längst dran, überfällig sozusagen und gut, dass es jetzt mal Thema würde. Die Mitte im Saal ist frei für Expertendiskurse und dann im Verlauf des Kongresses für Kleingruppen, stehend oder im Sitzen, Gespräche by the way. Ein flexibles Arrangement, wie sich zeigen wird, für dynamische Stimmungs- und Emotionslagen, für Inhalte, in „Sektoren" disparat verpackt.

Die Prozessbeobachtung, herzlich und namentlich begrüßt, sei dafür da, so das Kongressboard, „damit wir verstehen, was wir gemacht haben".

Eine Prozessbeobachterin

Eine Prozessbeobachterin muss sich selbst als Beobachtungsobjekt mitnehmen, bereit sein, die eigenen Irritationen oder Verwicklungen als Teil des Gesamten einzuordnen. Dieser Kongress und sein Moderationsteam, so lerne ich jedoch spätestens am Abend des ersten Tages, erfordern nicht nur eine Beobachtung „erster und zweiter Ordnung", sondern auch eine der „dritten Ordnung", soziologisch gesehen die „reflexionstheoretische Beobachtung der Beobachtungen". Dieser Kongress, so beginne ich zu verstehen, arbeitet mit der Führung von Wissen und von Menschen und setzt gezielt Techniken der Selbstreflexion ein. Er will performativ Wirkungen erzeugen. Deshalb nehme ich meine Wahrnehmungsbrille, die etwas schärfer auf Techniken der Inszenierung eingestellt ist. „Halten wir die Leere aus, wenn wir aufhören, die Hülle aufrechtzuerhalten? Zeigt sich dann, was wesentlich ist, und können wir uns verständigen auf das, was bleiben soll?" Das klingt nach einem laborähnlichen Versuch, tatsächlich Leere erzeugen und ihre Wirkung beobachten zu wollen. Wer so experimentiert, ist bereit für ein Risiko.

Weil der Kongress aus diesen Gründen tagungsdidaktisch und methodisch ganzheitlich angelegt ist – Körper, Seele, Geist, die Einzelnen, die Gruppe und vermutlich noch mehr –, kommt meine Beobachtungsbeschreibung an ihre Grenzen, bleibt fragmentarisch, kommt nicht aus ohne Bilder oder Metaphern, die immer auch wieder subjektiv und persönlich gefärbt sind. „Damit wir verstehen, was wir gemacht haben." Wird es sich den Teilnehmenden nicht von selbst erschließen? Das Moderationsteam scheint nicht damit zu rechnen.

Inszenatorische Elemente

Inszenatorische Elemente sind zum einen die inhaltlichen Diskurse. Analysieren und Rationalisieren in sechs Etappen oder „Sektoren" mit

Expertinnen und Experten. Wissenschaftliche, beraterische, organisationssoziologische, pastoraltheologische und psychologische Kompetenz und Reflexion. Zu viel Kirche, zu wenig Gesellschaft, zu wenig Kontexte, heißt es in den Rückmeldungen der Teilnehmenden. Zu wenig die Machtfrage. Zu wenig stehe der Umgang mit dem Missbrauch im Mittelpunkt.

Die Sektoren sind unverbunden. Die Moderation verzichtet darauf, lineare Erkenntnisfolgen zu beschreiben oder summarisch zu bilanzieren. Es geht auch nicht um die Frage des Besser oder wie kann es überhaupt gehen. „Danach werden wir hier ja nicht gefragt", sagt leicht genervt ein Experte aus dem Sektor 2 „Wie das Bestehende aufrechterhalten wird". Die Tagungsstruktur wirkt erbarmungslos. Im Raum schwebt das Drohbild der leeren Hülle. Den Protagonist:innen ist die Spannung abzuspüren, zwischen Verantwortungsgefühl und Frustration, zwischen Unsicherheit und Hoffnung, zwischen Aktionismus und Ausweglosigkeit: „Wann ziehe ich die Magensonde heraus?"

Und zum anderen das andere. Das Unverfügbare muss in den Kongress hinein. Das, was berührt. Was dem Jenseits der Sprache Raum gibt: Poesie und Kunst.

Rilkes Panther:

„Nur manchmal schiebt der Vorhang der Pupille
Sich lautlos auf –. Dann geht ein Bild hinein,
Geht durch der Glieder angespannte Stille –
Und hört im Herzen auf zu sein."

Oder filmische Einspielungen. „Alexis Sorbas", eindrücklich in seiner Metaphorik: einstürzende Bauwerke und der befreite Tanz der (alten) weißen Männer. Der „Zehn-Meter-Turm", ein Kurzfilm von Maximilien van Aertryck und Axel Danielson. Wie geht loslassen? Und Marina Abramovićs Performance in der New Yorker MoMa, „The Artist is present".

Durch die Filme werden die Teilnehmenden zu Beobachtenden und darüber zu Berührten, die wiederum sich zu ihrem eigenen Berührtsein stellen wollen, sollen, müssen, sich jedenfalls nur durch Entzug verweigern können.

Die Beobachtung selbst ist wesentlicher Bestandteil des performativen Geschehens. Ähnlich wie die inhaltlichen Diskussionen die permanente Selbstreflexion aufführen – Kirche blickt auf sich als Kirche –, werden auch die Teilnehmenden dahin geführt, sich selbst zu beobachten. Dazu gehört die Bewusstmachung der Körperlichkeit – mit dem Körper teile ich anderen mit: „Was bewegt mich und wie reagiere ich auf andere?", auch die Erforschung der beruflichen oder privaten Erfahrungen und der aktuellen Stimmung und Befindlichkeit. An den „Emotionspunkten", zentral und gut erreichbar im Raum drapiert, können „Kummer, Angst, Neugier, Widerwille, Ärger, Freude, Scham" in Form kleiner Glaskugeln skaliert und quantifiziert sichtbar gemacht werden. Damit wird die persönliche Befindlichkeit öffentlich sichtbar und für andere beobachtbar gemacht und ermöglicht, andere anzusprechen oder gezielt angesprochen zu werden.

Werden die ersten Male noch engagiert Kugeln eingeworfen und Gruppen um den Emotionspunkt gebildet, lässt die Lust nach Sichtbarkeit am Nachmittag nach. Es reicht jetzt, im Zentrum oder an den Rändern einfach zusammenzustehen und miteinander zu reden – unbeobachtet, vielleicht auch nur in der eigenen Peergroup.

Die Leere und danach

Für das Ende des Tages ist der Höhe- oder Tiefpunkt angekündigt: Leere aushalten. „Aushalten, wenn man alles verloren hat." Der biblische Text vom leeren Grab in Form eines persönlichen Briefes vorgetragen, will zu den großen Fragen hinführen: „Was ist für immer in meiner Kirche verloren?" Für sich sein. Wie eine zersprengte Herde streben Teilnehmende aus dem Tagungsraum. Kaum Blickkontakte. Andere bleiben zurück, vereinzelt im Saal verteilt. Solitäre im Dasitzen oder geübten Meditieren. Stille im Raum.

Das Abendessen und der Abend. Nachdenklich, aufgewühlt, erschöpft, Gelächter und Gestikulieren. An meinem Tisch im Speiseraum herrscht Aufregung: „Das leere Grab ..." Da hätte es doch andere Texte gegeben! Und warum nicht einfach den biblischen Text in seiner Schlichtheit lesen? „Wir wissen doch genau", sagen die erfahrenen Didaktikerinnen, „wie man diese Geschichten einsetzt." Ist ihr Aufgebrachtsein eine Form der Leere? Am Abend beim Wein durch die Musik hindurch erzählt mir ein ausgewiesener Kirchenreformer: „Ich werde früher fahren. Ich bin enttäuscht. Da war nichts Neues, nichts, was ich nicht schon kannte oder schon mal gedacht habe." Und die anderen: Irgendwie findet man es gut, aber irgendwie auch nicht. Hängenbleiben im Diffusen. Oder das Positive sehen: Literaturhinweise bekommen und Leute kennengelernt. Gut, die

Krise mal so offen ausgesprochen gehört zu haben. Mal sehen, was morgen noch kommt. Für manche Wut oder für manchen Schmerz reichen die Kugeln nicht. „Wo bleiben die Frauen?"

Der Morgen beginnt steil: Der Film über Marina Abramovićs Performance berührt – und irritiert. Was hat das mit dem „Why" zu tun? Die Tagungsmoderation wird initiativ. Wenn wir über Kirche reden, ginge es doch um unser Berührtsein und darum, dieses mehr mit anderen zu teilen. Deshalb setzt sie ein Beispiel und erzählt eine, ihre persönliche, anrührende Erfahrung. Sie lädt ein, es ihr nachzumachen. Schweigen im großen Raum. Zögerlich folgt aus dem Plenum eine zweite Erfahrung. Und eine dritte. Es ist, als würde die Lichtfarbe im Raum sich ändern. Persönliches, Privates oder sogar Intimes öffentlich ausgesprochen. Liegt Ergriffenheit im Raum? Erleichterung? Scham? Manche fangen an, in ihrer Tasche zu kramen. Andere schauen auf ihr Handy. In der Pause füllen sich die Emotionsbehälter wieder, jetzt schnell und entschlossen. Freude, aber nun auch Scham und Wut. Die Gespräche verlagern sich aus dem Zentrum an die Ränder, auf die Flure, vor die Türen. In die Schlange am Kaffeeautomaten. „Ich weiß nicht, ob ich meine Leute hier noch halten kann. Die sind total aufgebracht. Die sagen mir, wir dachten, es ginge um Strategie und nicht um Berufungsgeschichten. Das gehört hier doch gar nicht hin." Dann erzählt sie von verpflichtenden Glaubensgesprächen mit ihrem Vorgesetzten. Übergriffig sei das. Sie würde das mitspielen, aber wolle mit ihren Leuten so nicht umgehen. Während ich ihr zuhöre, fällt mir auf, was auch schon im Plenum vorhin zur Sprache kam: Was, wenn es berührende Erfahrungen gar nicht gibt? Oder es mehr Fragen und Zweifel als Gewissheit gibt? Oder gute Gründe, das Persönliche außen vor zu lassen? Der Versuch der Integration des Unverfügbaren scheint offenbar die Exklusion im Schlepptau zu haben.

Auch am Rande erzählt mir eine, die anderen Mut und Hoffnung macht, weil sie so ist, wie sie ist, eine der Engagierten und Hoffnungsträgerinnen: „Es ist nur noch eine Frage der Zeit, bis ich eine neue Stelle außerhalb der Kirche habe. Ich halte es schon lange nicht mehr aus. Aber es ist schwer zu gehen ... dieses typisch Kirchliche, was mich hält", irgendwie sei sie doch zuhause ...

Immer mehr wird die Prozessbeobachtung angefragt, Botschaften von den Rändern ins Zentrum zu tragen: Das müsste man jetzt mal laut sagen. Können Sie das nicht machen? Übergriffigkeit, Manipulation, Macht und Ohnmacht, das Individuelle und die Organisation, der Respekt vor der

Person sind die Themen jetzt dort, wo wir uns befinden, zwischen den Sektoren 4 und 5, der Identität und dem Sterben.

Der Inhalt der Diskurse scheint jedoch inzwischen nicht mehr die Rolle zu spielen. Viel stärker melden sich Äußerungen des Zersprengtseins. Inhalte wirken nun wie Geräusche. Schon mal gehört, schon mal gedacht. Das Publikum löst sich auf. Manche sind schon abgefahren.

Die Leere, so fällt mir auf, entlädt sich unerwartet erst jetzt am Morgen so richtig. War das nicht anders geplant? Geht Leere überhaupt zu planen?

Das Plenum wird nun mutig und zerlegt sich fast im Streit um den gemeinsamen Identitätskern. Bis eine Stimme sich Gehör verschafft: „Könnte es tatsächlich nicht so sein, dass es nichts Gemeinsames mehr gibt?" Jedes „Why" ein individualisiertes, singularisiertes? Der Kern der Identität erscheint als Frage. Er ist die Frage. Sich ihr zu stellen, sich ihr auszusetzen, könnte der Anfang von etwas Neuem sein.

Auflösung

2014 wurde im Deutschen Theater in Berlin Sartres „Das Spiel ist aus" inszeniert. Das Publikum saß auf der Bühne, auf der Seite des Lebens, beobachtet von den Schauspielern und Schauspielerinnen, die sich als Tote im Parkett zwischen den Sitzreihen versteckten. Am Ende war nicht mehr klar, wo die Seite des Lebens tatsächlich ist.

Das Performative des Kongresses macht alle Akteur:innen zu Zuschauer:innen ihrer selbst. Die Frage ist, ob sie um diese Rolle wissen.

Einer Bühne ähnlich wird auf dem Kongress anschaulich, wie Kirche funktioniert. Dies schlicht dadurch, dass die Teilnehmenden sich so verhalten, wie sie es tun: ihre Polarisierungen von Macht und Ohnmacht, von Freiheit und Abhängigkeit, von Aktionismus und Erschöpfung, ihre öffentlichen Zentren und Schauseiten und ihre Schattenreiche, der institutionelle Zugriff auf die einzelne Person und die Behauptung von absoluter, nicht zu hinterfragender Wahrheit, die stille innere oder äußere persönliche Emigration, der schweigende Widerstand gegenüber kontrollierender und bevormundender Führung. Strategien der Verweigerung und des Zusammenhaltens, Techniken der Beobachtung und des Sich-Entziehens.

Was wird aus der Erfahrung erwachsen, dass das ganze elaborierte Wissen über Tod und Auferstehen offenbar nicht garantiert, springen zu können? Der Kongress als offenes Kunstwerk, das sich erst in den Einzelnen vollendet.

Teilnehmende zu Beobachtenden ihrer selbst zu machen, ist für alle eine Zumutung. Die Veranstalter:innen haben riskiert, dass ihnen hier etwas über den Kopf wachsen könnte, dass sie selbst als Teil der Inszenierung sich dem Vorwurf aussetzen müssen, übergriffig, manipulativ oder inkompetent zu sein und Erwartungen nach umsetzbaren Strategien enttäuscht zu haben.

Am Ende bleibt der Eindruck einer gelungenen Kongressinszenierung: Der Käfig hat sich als geöffnet erwiesen. Die Sprachlosigkeit hat die Geräusche übertönt. Das Faszinosum hat als Tremendum sich einladen lassen.

Mutig, so zu springen.

Resümee der Mitglieder des Kongressboards
Abschließend kommen die Mitglieder des Kongressboards mit einem persönlichen Resümee zu Wort.

Birgit Dierks

Neu im Team bin ich 2020 mit hineingenommen worden in die Überlegungen zu dem spannenden Tagungsformat für den 7. ökumenisch ausgerichteten Strategiekongress, der eigentlich schon 2021 stattfinden sollte. Nach einer Coronapause ging er 2022 an den Start. Für mich beeindruckend war vor allem das vorbereitende Rahmenprogramm im Vorfeld mit einer Umfrage unter kirchlichen Fach- und Führungskräften und ausführlichen Interviews mit Protagonist:innen zum Tagungsthema „Auflösung".

Das Tagungsdesign unterschied sich von mir bisher erlebten Formaten dadurch, dass wir gemeinsam als Kongressgemeinschaft in diesen zwei Tagen einen Prozess durchleben und selbst erfahren wollten, der sich an systemisch fundierten Konzepten der Veränderung orientierte. Insgesamt ca. 180 Menschen, die ganze Zeit in einem Raum! Der Methodenwechsel, die Kreisarbeit und das Emotionsbarometer sorgten für Kurzweiligkeit, bei der jedoch die Tiefe nicht zu kurz kam. Gefordert war ein hohes Maß an Konzentration und Offenheit, sich auf persönlicher Ebene einzubringen. Viele Momente waren sehr dicht und emotional berührend. Zum Beispiel der Einstieg mit dem vorgetragenen Gedicht „Der Panther", eindrückliche Kurzvideos wie das von Marina Abramović „The Artist Is Present" und der anschließend gegebene Raum für persönliche Erfahrungen im Plenum: Was ist mein persönliches Why, der Kern meiner Hoffnung, Erfahrung, die mich trägt und treibt? Hierin lag angesichts der Größe der Gruppe eine Zu-mutung im besten Sinn, auf die sich die Mehrheit der Teilnehmenden eindrucksvoll einlassen konnte.

Ging das Konzept auf, nicht nur den Kopf durch vielfältige Kurzimpulse anzuregen, sondern auch das Herz zu öffnen für persönliche Resonanz und ein symbolisches Durchleben von Loslassen, Sterben und hoffnungsvollem Auferstehen? Teils ja und teils nein. Besonders positiv empfand ich die vielfältigen Möglichkeiten, in immer wieder neuen Konstellationen ins Gespräch zu kommen. Das Emotionsbarometer mit „Resonanzglas" erleichterte dabei den Austausch über die emotionale Seite des

Prozesses. Manchen wurde es jedoch an diesen Stellen zu persönlich und sie empfanden das als unpassend.

Die größte Lernerfahrung nehme ich aus dem Abend des ersten Tages mit. Am Ende der dritten Phase mit dem Fokus „Muster unterbrechen, Leere aushalten, ohne zu wissen, was kommt", war geplant, für sich alleine an einem selbstgewählten Ort 30 Minuten Stille auszuhalten. Ich glaube, das nahm der Erfahrung die Tiefe, weil ich bei mir selbst erlebte, wie groß die Einladung nach einem langen Tag war, sich schnell ablenken zu lassen. Vielleicht hätten ja auch 15 Minuten gereicht, aber die gemeinsam im Raum in Stille zu erleben. Solch ein hörendes Innehalten ist notwendiger Bestandteil eines Prozesses, bei dem es um Loslassen geht. Auf der Metaebene sehe ich die Aufgabe von Kirchenleitenden nicht darin, immer neue Programme für die Zukunft zu formulieren, sondern in Zeiten der Auflösung einen Rahmen zu bieten und zu halten, in dem gemeinsam persönliche Präsenz, Resonanz und Geistwirken erlebt werden können, damit sich Neues, Unerwartetes zeigen kann und ein Raum für Co-Kreation eröffnet wird.

Björn Szymanowski

Der siebte Strategiekongress ging sprichwörtlich ans Eingemachte. Denn er hat das Sterben einer Kirche, wie wir sie kennen, nicht nur simuliert, sondern imaginativ beschleunigt. In Lichtgeschwindigkeit ging es am ersten Tag von der Kontextanalyse (Sektor 1) über die Muster der Bestandswahrung (Sektor 2) bis hin zum Aushalten der Leere, die eine verstorbene Kirche hinterlässt (Sektor 3). Freilich: Das Sterben ist eine Metapher. Organisationen kennen keinen biologischen Verfallsprozess. Sie werden aufgelöst, liquidiert und beendigt. Was die Metapher des Sterbens highlightet, ist die emotional-bedeutungsvolle Komponente kirchlicher Auflösung und die Radikalität, mit der dies für viele Menschen spürbar wird. Das ist entscheidend, denn die eigentliche Herausforderung der gegenwärtigen Um- und Abbruchsprozesse in Kirche ist weder rein rechtlicher noch organisationaler Natur. Vorschläge für eine Gestalt der ‚nächsten' Kirche gibt es viele – einige davon sind recht vielversprechend. Umgesetzt werden sie jedoch nur zaghaft. Warum? Weil es eben nicht nur um Rechtliches oder Organisationales, sondern theologisch, berufsbiografisch, spirituell und lebensweltlich ums Eingemachte geht. Das hat sich auf dem Kongress deutlich gezeigt, und zwar immer dann, wenn die Teilnehmenden mit ihren eigenen Emotionen und Haltungen (an)gefragt waren.

Dazu nur eine Episode, die mir stark nachgegangen ist und vielleicht einiges über die Vertracktheit von Kirchenentwicklung verrät: Sektor 4 – gleich am Morgen nach dem imaginierten Todestag der Kirche, wie wir sie kennen – hat die Arbeit am „Why" in den Mittelpunkt gestellt. Warum tun wir eigentlich, was wir tun? Was ist der Kern unserer Hoffnung, der bleiben wird, wenn sich alles verändert? In keinem Moment auf dem Kongress ging es deutlicher um das, was Kirche und Glaube persönlich für jeden Einzelnen bedeuten. Eine Fingerübung für geübte Seelsorgende und hauptamtliche Profis, dachte ich. Und doch: In keinem Moment war die Atmosphäre im Raum angespannter. Während einige ihre persönlichen Erweckungserfahrungen teilten, verließen andere den Raum. Einzelne meldeten sich mit Kritik im Plenum, viele diskutierten auf den Fluren. Ich habe vor allen Reaktionen höchsten Respekt, weil es eben nicht bloß um rechtliche oder organisationale Fragen ging. Überrascht war ich trotzdem, da hier durchscheint, dass sich nicht nur unsere immer säkularer werdende Gesellschaft mit der öffentlichen Rede über den Glauben schwertut. Um Missverständnisse zu vermeiden: Wer den Glauben als Privatsache behandelt, hat alles Recht dazu. Ich neige zugegebenermaßen selbst dazu. Gleichzeitig frage ich mich: Wie wollen wir Kirche neu denken, wenn wir, die wir diese Kirche mitbauen werden, uns nicht über unsere tragenden Fundamente verständigen? Man mag über die Methode streiten. Und dennoch ist für mich klar: Zu einem neuen Wie von Kirche kommen wir nur über ein tragfähiges Warum.

Frank Reintgen

Der 7. Strategiekongress ist mir nachdrücklich in Erinnerung. Das Kongressthema traf einen Nerv und hat für viele Akteur:innen im kirchlichen Kontext eine hohe Relevanz. Dass die überkommene Sozialgestalt von Kirche nicht weiter Bestand haben wird, bezweifelt kaum noch jemand. Aber welche „Geschäftsmodelle" oder auch welches „Betriebssystem" der kommenden Kirche Gestalt geben werden, ist noch ungewiss. Das stellt für die Verantwortlichen in den Bistümern und Landeskirchen eine große Herausforderung dar. Denn wie können angesichts solcher Ungewissheit verantwortliche, strategische Entscheidungen getroffen werden?

Unser anspruchsvolles Kongressdesign bot keine einfachen Antworten, sondern eröffnete Erfahrungs- und Reflexionsräume, die dazu einluden, dem Leben, Sterben und Neuwerden der Organisation Kirche persönlich und gemeinschaftlich nachzuspüren.

Dabei war es für mich eine eindrückliche Erfahrung, zu erleben, wie die mit der Auflösung der aktuellen Gestalt von Kirche einhergehenden Spannungen und Emotionen über den gesamten Verlauf des Kongresses im Raum spürbar und erfahrbar und erlebbar waren.

Die in meiner Wahrnehmung schwierigste Phase im Kongressgeschehen hat mich sehr nachdenklich werden lassen. Die Teilnehmenden waren eingeladen, sich des Kerns ihrer je eigenen Hoffnung bewusst zu werden und diesen zur Sprache zu bringen. Der Austausch über das eigene „Why", die tragende persönliche Glaubenserfahrung, sorgte bei nicht wenigen für starke Irritationen.

„Der Christ der Zukunft wird ein Mystiker sein, oder er wird nicht mehr sein", so wird Karl Rahner zitiert. Spiritualität ist Treibstoff für Kirchenentwicklung, das gilt auch für Kirchenentwickler:innen, Strateg:innen und Entscheider:innen. Ohne Kommunikation des Kerns unserer Hoffnung, unseres *Why*, bleibt Pastoral- und Kirchenentwicklung Geist-los.

Mich hat der Kongress bestärkt, Altes zu lassen und zuversichtlich den Sprung in eine ungewisse kirchliche Zukunft zu wagen. Zu wissen, dass da viele andere sind, die ebenfalls mitspringen, hilft mir – sehr.

Ursula Hahmann

„Bitte entschuldigen Sie, dass ich auf Ihren Bildschirm geschaut habe, aber dieses Bild tut mir richtig weh", spricht mich eine Frau mittleren Alters im Zug an. Es ist gut ein Jahr vor dem 7. Strategiekongress und ich hatte gerade sein Key Visual offen: Es zeigt ein Kruzifix in Auflösung. Das Gespräch, das sich anschließt, offenbart, dass die Mitreisende aktuell keine enge Kirchenbindung pflegt, aber es ihr dennoch leidtut, dass Kirche und mit ihr die christliche Botschaft – so befürchtet sie – deutlich und unwiderruflich an Relevanz verliert. Dann erzählt sie von ihren positiven Erfahrungen in Kindheit und Jugend und dem Wert, den diese für ihr Leben besitzen.

An die Schmerzpunkte der Auflösung heranzugehen (und ihnen nicht auszuweichen) und zugleich das Gute zu heben, das es zu erhalten gilt, war die Idee des 7. Strategiekongresses. Für mich als jemand, die seit vielen Jahren das Thema Innovation in Kirche bearbeitet, war der zweite Sektor „Wie das Bestehende aufrechterhalten wird" (Muster und Mechanismen der Immunisierung) besonders interessant. Denn mit allem Recht dürften sich insbesondere Innovator:innen, die seit den 10er Jahren aktiv sind (Kirche², Gründertraining, FreshX ...), fragen, warum ihre Bemühungen auf das Ganze gesehen so wenig fruchten. Sie machen zwar in ihren oder in den von ihnen begleiteten Projekten gute Erfahrungen, müssen aber zugleich erleben, dass sich die Kirche als Ganzes und ihre Praxis nahezu gar nicht verändern. Für mich ist die Musterdiagnose – nachzulesen in den Beiträgen von Steffen Schramm, Alexander Gießen und Andrea Qualbrink – ein relevanter Ansatz, Wege der Musterunterbrechung zu suchen, will man denn ernsthaft, dass Innovationen Systemrelevanz entfalten.

Für Irritation sorgten der Sektor 4 „Warum eigentlich? – Start with Why" und die dort gewählte Möglichkeit, von persönlich tragenden Erfahrungen zu erzählen. Vom Kern der Hoffnung, der bleiben wird, wenn sich alles verändert. Bei dieser Frage gab es Unterschiede in der Wahrnehmung des Erzählten. Die einen, die es positiv wahrnahmen. Sandra Bils etwa hob die Schönheit der Vielfalt der erzählten „Warums" und fragte, wie wir mehr Hörende werden können. Andere mit gänzlich anderer Einordnung. Sie empfanden es als unangemessen und unangenehm, diese „Warums" überhaupt hören zu müssen. An dieser Stelle wird es tatsächlich heikel, will man die Idee des Christentums als Erzählgemeinschaft weiter pflegen. Bislang dachte ich, es gebe zu wenig Möglichkeiten, sich über das „Warum" zu verständigen. Es mangelt jedoch nicht nur an der Gelegenheit, darüber zu sprechen, sondern auch an der Kultur, es zu hören; komme, was da wolle.

Valentin Dessoy

Der Kongress war ein im Vorfeld transparent kommuniziertes, systemisch fundiertes Experiment.[330] Der Hypothese folgend, dass die Zukunft von Kirche nicht machbar ist und sie vor disruptiv-sprunghaften Veränderungen steht, ging es auf dem Kongress im Kern darum, einen solchen Prozess gemeinsam mit den Kongressteilnehmer:innen kognitiv und emotional zu antizipieren. Das Design war aufgebaut in der Logik einer systemischen Intervention. Entsprechend waren die Sektoren angeordnet

---

[330] Es war also kein „psychologisches" Experiment, bei dem die Teilnehmenden über Ziel und Vorgehen im Dunkeln gehalten wurden. „Mit dem Kongress nehmen wir eine Art Selbstversuch vor: Wir gehen den Weg der Auflösung nach und wir eröffnen dazu einen Erfahrungs- und Dialograum für die Kongressteilnehmenden." URL: https://2022.strategiekongress.org/#der-kongressverlauf [01.12.2023].

und in der Ankündigung beschrieben. Das Setting (Circle Work) darauf ausgerichtet, sich ganz auf diesen Fokus zu konzentrieren.

Im Lauf des Kongresses passierte das, was in tiefgreifenden Änderungsprozessen immer passiert: Es entstand Irritation, beginnend mit Sektor 1, der ausschließlich zur gemeinsamen Vergewisserung der Ausgangssituation gedacht war, allerdings bei manchen auf Unverständnis stieß („nichts Neues"). Die emotionale Achterbahn wurde in ihrer Ungleichzeitigkeit durchlaufen von Widerstand über Hilflosigkeit bis hin zum Einlassen auf den Prozess, mit allen Emotionen, die dabei entstehen können: Verneinung, Aggression, Hilflosigkeit, Trauer, Neugier und Freude. Das hat sich – nicht überraschend – in besonderer Weise in Sektor 4 gezeigt, als es persönlich wurde („Warum eigentlich? Kern der Hoffnung").

Wir sind im Board davon ausgegangen, dass v. a. jene Akteur:innen zu dem Kongress kommen würden, die durchaus mit einem disruptiven Änderungsszenario rechnen und dies als ein realistisches Szenario betrachten. Überrascht hat mich allerdings die Stärke der Emotionen und v. a. die Schwierigkeit, die Irritationen im Miteinander reflexiv aufzulösen, für die es zwar Räume gab, die allerdings nicht von allen genutzt werden konnten. Es war in dieser Situation durchaus eine Herausforderung für das Board, den Prozess und seine Dynamik angesichts diverser Zuschreibungen, disparater Erwartungen und auseinanderdriftender Kommunikation zu halten. Vielleicht hätte es im Vorfeld noch deutlicherer Hinweise auf das spezifische Setting und die zu erwartende Prozessdynamik bedurft, um keine falschen Erwartungen zu wecken. Hinsichtlich des Designs wäre sicher mehr Raum zur Reflexion des persönlichen Erlebens und der Gruppendynamik auf der Metaebene sinnvoll gewesen, auch im Plenum.

Als Resümee halte ich für mich fest, dass die gegenwärtigen Auflösungserscheinungen verfasster Kirche und deren Benennung fast durchgängig unter dem Abbruchschema wahrgenommen werden. Die Disparatheit der Vorstellungen, wie auf diesem Hintergrund eine gute Entwicklung gehen kann, auch – vielleicht gerade – unter denjenigen, die sich Veränderung auf die Fahne geschrieben haben, ist so groß, dass es kaum möglich erscheint, einen Prozess zu initiieren und gemeinsam zu gehen, der mit (persönlicher) Unsicherheit verbunden und dessen Ergebnis nicht vorhersagbar ist. So gesehen war der Kongress eine Inszenierung der aktuellen Situation von Kirche.

Faktisch denken viele, möglicherweise auch gerade junge und aktive Akteur:innen, man müsste nur an bestimmten Schrauben drehen und dann wäre die nächste Kirche da. Sich auf ein alternatives Gedankenspiel emergenter Entwicklung einzulassen, erscheint vielen in dieser Situation nicht möglich oder nicht zielführend. Das ist einerseits verständlich, denn alles andere würde das eigene Tun womöglich radikal in Frage stellen. Aber andererseits ist genau das auch desillusionierend: Wie soll Veränderung in Unsicherheit gehen, wenn es selbst für eine begrenzte Zeit von zwei Tagen in einem solchen Kreis nicht möglich ist, einen Prozess disruptiv-sprunghafter Veränderung gemeinsam zu antizipieren und dabei den Systemzusammenhang, den kommunikativen Bezug wechselseitig zu halten? Aber: Die Hoffnung stirbt zuletzt.

Autor:innen

Christina-Maria Bammel

Pröpstin Dr. Christina-Maria Bammel, geboren 1973, ist seit Oktober 2019 Pröpstin der Evangelischen Kirche Berlin-Brandenburg-schlesische Oberlausitz (EKBO). Sie studierte evangelische Theologie, Philosophie und Religionswissenschaften in Marburg, Berlin und Philadelphia (USA). Als Pröpstin ist sie theologische Leiterin des Konsistoriums und zuständig für theologische Grundsatzfragen.

Norbert Bauer

Norbert Bauer studierte katholische Theologie in Frankfurt und Bonn. Er leitet die Karl Rahner Akademie in Köln. Zuvor war er als Pastoralreferent in der Kölner Innenstadt tätig. 2005 hat er den Ausbildungskurs „Kirchliche Organisationsberatung/-entwicklung" u. a. bei Dr. Valentin Dessoy abgeschlossen und war bis zum Sommer 2018 für die Beratungstätigkeit im Erzbistum Köln beauftragt. Von 2015 bis 2017 hat er am „Theologenkurs" der Katholischen Journalistenschule ifp erfolgreich teilgenommen. Seine Liebe zur Popmusik ist auch im Kirchenraum hörbar, unter anderem bei der „Langen Nacht der Kirchen" in Köln.

Leo Baumfeld

Leo Baumfeld ist seit 1984 als Berater tätig. Zunächst hat er in Österreich bei der Etablierung der Beratung zur „eigenständigen Regionalentwicklung" mitgewirkt (ÖAR GmbH). Seit 1990 berät er außerdem Organisationen in verschiedenen Bereichen wie Teamentwicklung, Strategieentwicklung, Wissensmanagement u. a. m. Seit den späten 90er Jahren begleitet er christliche Kirchen im deutschsprachigen Raum. Er bildet kirchliche Berater*innen und kirchliche Mitarbeiter*innen aus und begleitete Veränderungsprozesse. Nunmehr fasst er seine Erfahrungen mit Kirchen in einem von ihm entwickelten Modell zur „Weitergabe der Liebe" zusammen. Diese „Generativitätsfähigkeit" ist gerade für jene Systeme wichtig, die sich sowohl transformieren als auch auf Dauer stellen wollen. Vor seiner Beratungstätigkeit war Leo Baumfeld in der christlichen Arbeiterjugend (1975–1984), zuletzt als Europasekretär tätig.

Clemens W. Bethge

Oberkonsistorialrat Dr. Clemens W. Bethge, geboren 1979, leitet das Referat Kirchliches Leben im Konsistorium der Evangelischen Kirche Berlin-Brandenburg-schlesische Oberlausitz (EKBO). Er studierte evangelische Theologie in Tübingen, Berlin und Edinburgh.

Sandra Bils

Prof. Dr. min. Sandra Bils, geb. 1977, ist evangelische Pastorin und theologische Referentin bei midi – Evangelische Arbeitsstelle für missionarische Kirchenentwicklung und diakonische Profilbildung, Berlin. Dort ist sie mit dem Schwerpunkt strategisch-innovativer Transformationsprozesse tätig. Die promovierte Theologin hat an der CVJM-Hochschule Kassel eine Honorarprofessur für missionarische Kirchenentwicklung inne. Zuvor arbeitete sie für die ökumenische Bewegung Kirchehoch2, die auf vielfältige Art und Weise innovative Aufbrüche in der evangelischen und katholischen Kirche förderte. Sandra Bils studierte evangelische Theologie und Arbeitswissenschaften in Bielefeld, Berlin, Portland, USA, und Hannover. In ihrer Dissertation beschäftigte sie sich mit der Relevanz von Kontextualisierung im Feld kirchlicher Aufbrüche und schloss ihr Promotionsstudium mit dem Abschluss „Doctor of ministry" sowie dem „Distinguished Dissertation Award 2015" der George Fox Universität, Portland, ab. Ihre zahlreichen wissenschaftlichen Publikationen berühren Fragen von Innovation und Exnovation im kirchenentwicklerischen Bereich. Sie ist Mitherausgeberin der Reihe Interdisziplinäre Studien zur Transformation. Sandra Bils ist Gründungsmitglied von Gemeinsam retten – united4rescue e. V. Sie engagiert sich zudem als Mitglied der Präsidialversammlung des Deutschen Evangelischen Kirchentags sowie in verschiedenen Beiräten kirchenentwicklerischer Erprobungsräume.

Karl W. Bitschnau

Dr. Karl W. Bitschnau, Experte in der Hospizbewegung und Palliativversorgung, begann seine Laufbahn mit einer Ausbildung zum Diplom-Sozialarbeiter, gefolgt von einem Theologischen Fernkurs. Er vertiefte seine Kenntnisse durch weitere Ausbildungen in Gruppenarbeit und erlangte 2003 einen Masterabschluss in Palliative Care. 2013 folgte die Promotion zum Dr. phil. an der IFF Fakultät der Universität Klagenfurt, Abt.

Palliative Care und OrganisationsEthik. Karl Bitschnaus berufliche Laufbahn ist geprägt von Vielseitigkeit und Engagement. Er unterrichtete von 1985 bis 1987 Religion in der Volksschule, in den Jahren 1985 bis 1991 leitete er zudem die allgemeine Beratungsstelle der Caritas und war maßgeblich am Aufbau der Pfarrcaritas von 1991 bis 1996 beteiligt. Seit 1994 leitet er das Hospiz Vorarlberg und engagierte sich von 2003 bis 2008 in der Sozialarbeit an der Palliativstation des Krankenhauses Hohenems. Darüber hinaus ist Dr. Bitschnau seit 2005 Vorstandsmitglied und Vizepräsident des Dachverbandes HOSPIZ ÖSTERREICH und übernahm 2008 die Projektleitung des Mobilen Palliativteams Vorarlberg. Seit 2019 leitet er administrativ das Hospiz am See in Bregenz und ist Mitglied des Vorstands der European Association for Palliative Care (EAPC). Dr. Bitschnau ist auch international als Referent für Themen wie Ehrenamt, Sozialarbeit, Hospiz und Palliative Care im Pflegeheim sowie Patientenverfügungen bekannt und wirkt als Gründungsmitglied des österreichischen Beirats „Hospiz und Palliative Care im Pflegeheim".

Valentin Dessoy

Valentin Dessoy, geboren 1958, hat Philosophie, Theologie und Psychologie in Mainz und Gießen studiert und ist in Sozialwissenschaften promoviert. Er ist Supervisor und SeniorCoach BDP und Systemischer Organisationsberater/-entwickler. Er bildet seit den 1990er Jahren Organisationsberater:innen, Supervisor:innen und Coaches aus und ist in der Führungskräfteentwicklung unterschiedlicher Unternehmen tätig. Valentin Dessoy ist Geschäftsführer der kairos. Coaching, Consulting, Training und Partner in der Kooperation Hahmann & Dessoy. Er hat die Online-Zeitschrift futur2 ins Leben gerufen und ist deren Mitherausgeber. Er ist Initiator und Mitveranstalter der Kongressreihe Strategie und Entwicklung in Kirche und Gesellschaft. Valentin Dessoy ist Autor und Herausgeber zahlreicher Veröffentlichungen im Kontext Kirchenentwicklung.

Andreas Dethleffsen

Andreas Dethleffsen führt das im Jahr 1738 gegründete Familienunternehmen, die HGDF Familienholding GmbH & Co. KG mit Sitz in Flensburg, in achter Generation. Bereits 1994 übernahmen er und sein Cousin in einer Doppelspitze die Gesamtverantwortung. Die Familienholding begleitet ihre Beteiligungsgesellschaften als strategischer und finanzieller

Partner. Hierzu zählen u. a. die Unternehmen Queisser Pharma, Flensburger Brauerei, Förde Reederei Seetouristik und ComLine. Angeregt durch unternehmerische Leitmotive investiert HGDF seit 2019 zudem in digitale, mittelstandsorientierte Start-ups in der Wachstumsphase. Darüber hinaus ist Andreas Dethleffsen langjährig als Beirat in mehreren Familienunternehmen, wie z. B. der Peter Cremer Holding GmbH & Co. KG sowie für die BAT Agrar GmbH & Co. KG, wie auch für den Hochschulrat der Europa-Universität Flensburg tätig. „Mut und Kraft, sich neu zu erfinden, gehören zu unserem mehr als 285-jährigen Unternehmertum. Schließlich sind Krisen ein ständiger Begleiter der Zeit."

Birgit Dierks

Birgit Dierks ist Pfarrerin, Coach, geistliche Begleiterin und hypnosystemische Beraterin. Sie lebt in Berlin und arbeitet seit 2015 als Referentin für Missionale Gemeindeentwicklung bei der Evangelischen Arbeitsstelle für missionarische Kirchenentwicklung und diakonische Profilbildung – kurz midi. Zu ihren Arbeitsfeldern gehören die Bereiche Fresh X-Netzwerk, christliche Cafés und Kneipen, Kirchenvorstandsarbeit und Gremienspiritualität sowie die Unterstützung ökumenischer Kooperationen. Nach vielfältigen Erfahrungen mit Kirchenentwicklung ist ihr Lieblingsmotto: Diene deiner Kirche, aber gehorche ihr nicht.

Matthias Drobinski

Matthias Drobinski, geboren 1964, Studium der Geschichte, katholischen Theologie und Germanistik in Gießen und Mainz, Ausbildung an der Hamburger Henri-Nannen-Journalistenschule. 1993–1995 Redakteur bei Publik-Forum, dann freier Journalist. 1997–2021 Redakteur der Süddeutschen Zeitung, zuständig für Kirchen und Religionsgemeinschaften; zuletzt Korrespondent in Frankfurt. Seit 2021 Chefreporter bei Publik-Forum, seit 2022 dort Chefredakteur. 2006 Herbert-Haag-Preis für Freiheit in der Kirche. Bücher: „Oh Gott, die Kirche", „Glaubensrepublik Deutschland" (mit Claudia Keller), „Kirche, Macht und Geld", „Diese Wirtschaft tötet", „Lob des Fatalismus" und „Johannes Paul II." (mit Thomas Urban).

Jens Ehebrecht-Zumsande

Jens Ehebrecht-Zumsande, geboren 1971, ist Religionspädagoge und psychodramatischer Supervisor (DGSv) und auch als Autor tätig. Seit dem

Jahr 1996 steht er im Dienst des Erzbistums Hamburg, wo er verschiedene Stationen in der Gemeindepastoral durchlief und in unterschiedlichen diözesanen Aufgabenbereichen tätig war und ist. Seit 2019 hat er die Leitung des Grundlagenreferates „Kirche in Beziehung" im Erzbistum Hamburg inne. Jens Ehebrecht-Zumsande ist einer der Mitinitiatoren von #OutInChurch und #Liebegewinnt.

Ulrich Engel OP

Dr. theol. habil. Ulrich Engel OP (* 1961) ist Mitglied des Dominikanerordens (www.dominikaner.de) und als Professor für philosophisch-theologische Grenzfragen an der PTH Münster tätig. Er hat an den Universitäten Münster, Bonn und Fribourg (CH) sowie an der PTH Benediktbeuern katholische Theologie studiert. Am Forschungszentrum „Institut M.-Dominique Chenu" in Berlin befasst er sich heute mit zukunftsfähigen Formen von Theologie und Kirchesein in post/säkularen Kontexten. Sein fachliches Interesse gilt vor allem der neuen Politischen Theologie, der intellektuellen Auseinandersetzung mit der „Neuen Rechten", der Theologie des Ordenslebens sowie theologischen Anschlussmöglichkeiten an Entwürfe postmoderner politischer Philosophien. Ulrich Engel ist verantwortlicher Redakteur der Zeitschrift „Wort und Antwort" und arbeitet als Seelsorger des „Katholischen Akademischen Ausländer-Dienstes". Zudem hat er gemeinsam mit anderen Visionären die Gründung des „Campus für Theologie und Spiritualität Berlin" in Trägerschaft von Orden und Geistlichen Gemeinschaften vorangetrieben.

Alexander Gießen

Alexander Gießen, Jahrgang 1973, verbindet theologische und managementorientierte Expertise. Neben dem Diplom in Theologie verfügt er über einen MA im Internationalen Management. Er ist leitender Pfarrer in Nürnberg und Vorstand der Gesamtkirchengemeinde Nürnberg. Zudem ist er als Organisationsberater und Coach tätig.

Torsten Groth

Torsten Groth, geboren 1969, ist Soziologe, selbstständiger Organisationsberater, Fachautor und Experte in Entwicklungsfragen, die Organisation,

Management und Beratung betreffen. Als Referent und Trainer ist er spezialisiert auf die Anwendungsfragen der Systemtheorie in Management und Beratung, insbesondere basierend auf den Ansätzen von Simon, Weber und Friends. Torsten Groth ist zudem Mitgründer des Netzwerks bridges+links. Er trägt als Gastgeber des Club-Systemtheorie zur Förderung des Dialogs und Wissensaustauschs bei.

Ursula Hahmann

Ursula Hahmann, Diplom-Kauffrau, ist geschäftsführende Gesellschafterin der XIQIT GmbH, Partnerin in der Kooperation Hahmann & Dessoy, Mitglied im Board des Strategiekongresses, Mitglied der Gemeindeleitung von Zeitfenster Aachen, Mitveranstalterin des Aachener Innovations- und Gründertrainings für pastorale Mitarbeiter:innen und Redaktionsmitglied bei futur2. Sie war Mitinitiatorin von #liebegewinnt und Mitglied der Synodalversammlung „Der Synodale Weg". Ihre thematischen Schwerpunkte liegen in Fragen der Innovation, des Marketings und der Kommunikation.

Christian Hennecke

Dr. Christian Hennecke, geboren 1961, ist seit 2015 Leiter der Hauptabteilung Pastoral im Bistum Hildesheim. Acht Jahre lang war er für die Priesterausbildung seines Bistums verantwortlich. Nach dem Studium der katholischen Theologie in Münster und Rom war er einige Jahre Kaplan und Pfarrer in Gemeinden in Norddeutschland. Christian Hennecke ist Autor zahlreicher Bücher.

Marliese Kalthoff

Als erfahrene Medienmanagerin verantwortet Marliese Kalthoff seit 2021 die Kommunikation im Bistum Aachen und ist Pressesprecherin von Bischof Dr. Helmut Dieser. Die frühere Wirtschaftsjournalistin hat nach ihrem Studium der Volkswirtschaft- und Politikwissenschaft mehr als zwei Jahrzehnte als Chefredakteurin und Geschäftsführerin in der Verlagsbranche gearbeitet. Auf der Unternehmensseite hat sie für einen namhaften Lebensmittelhändler die Kommunikation und Marketing-Kampagne „Wir lieben Lebensmittel" sowie den Bereich Public Affairs verantwortet.

Zwischen Kirche und Wirtschaft sieht sie viele Parallelen: Zur Veränderung gehören Haltung, Mut und eine gute Teamkultur. Marliese Kalthoff ist verheiratet und hat eine erwachsene Tochter.

Tobias Kläden

Dr. Tobias Kläden, geboren 1969, ist seit 2010 Referent für Evangelisierung und Gesellschaft bei der Katholischen Arbeitsstelle für missionarische Pastoral (KAMP) der Deutschen Bischofskonferenz in Erfurt, seit 2011 deren stellvertretender Leiter. Er hat Theologie in Bonn, Jerusalem und Münster studiert sowie Psychologie in Bonn. Seine Promotion erfolgte 2004 in Münster. Von 1999 bis 2003 war er wissenschaftlicher Mitarbeiter am Seminar für Pastoraltheologie der Universität Bonn, dann bis 2009 am Seminar für Pastoraltheologie und Religionspädagogik der Universität Münster. Er ist Mitglied im wissenschaftlichen Beirat der 6. Kirchenmitgliedschaftsuntersuchung (KMU) der EKD und koordiniert die katholische Beteiligung an der KMU.

Monika Kling-Witzenhausen

Dr. Monika Kling-Witzenhausen (sie/ihr) wurde an der Universität Innsbruck promoviert und arbeitet als Theologin und Seelsorgerin in Stuttgart, derzeit mit einem Schwerpunkt in der Pastoral von/für/mit Junge(n) Erwachsene(n). Zuvor war sie als Referentin des Vorstandes und als Referentin für weltkirchliche Pastoral beim Internationalen Katholischen Hilfswerk missio e. V. in Aachen tätig. Sie forscht zu Leutetheologien, explorativer Theologie sowie zu Glaubenskommunikation im postsäkularen Kontext bzw. zu (neuen) Formen von Kirche jenseits der Kirchengemeinde.

Birgit Klostermeier

Dr. Birgit Klostermeier ist selbstständige Beraterin. Sie war bis März 2020 Landessuperintendentin für den Sprengel Osnabrück der Evangelisch-lutherischen Landeskirche Hannovers. Sie ist verheiratet und hat zwei Kinder. 1979–1987 studierte sie Soziologie und evangelische Theologie in Göttingen und Heidelberg. Von 1987 bis 2001 war sie Gemeindepastorin in Wunstorf bei Hannover. 1999 wechselte sie als Studienleiterin in die kirchliche Aus- und Fortbildung in Loccum, wo sie bis 2007 tätig war, bevor sie 2008 Wissenschaftliche Referentin am Sozialwissenschaftlichen Institut der Evangelischen Kirche in Deutschland (EKD) wurde. Nach der Ausbildung zur Gemeinde- und Organisationsberaterin promovierte sie 2010 in Basel, wurde 2011 Superintendentin im Kirchenkreis Berlin-Schöneberg und schließlich 2015 Landessuperintendentin für den Sprengel Osnabrück. Birgit Klostermeier ist Autorin zahlreicher Veröffentlichungen.

Maren Kockskämper

Maren Kockskämper, Diplom-Betriebswirtin, Systemische Coachin und Organisationsentwicklerin, ist Dezernentin für Strategische Innovation bei der Evangelischen Kirche im Rheinland, Düsseldorf. Als solche trägt sie dazu bei, dass strategische Weichenstellungen auf landeskirchlicher Ebene entwickelt und beraten werden, um Kirche unter veränderten Bedingungen zukunftsfähig aufzustellen. Vor ihrer Tätigkeit bei der rheinischen Kirche leitete sie die Kommunikation des CVJM Deutschland und beriet in der Agentur Gute Botschafter insbesondere Non-Profit-Organisationen. Maren Kockskämper lebt mit ihrer Familie in Essen, wo sie sich seit vielen Jahren in der Gemeindegründung „CVJM e/motion" engagiert.

Verena Kühne

Verena Kühne ist seit 2021 Referentin im Projekt Innovation, Kommunikation und Projektmanagement in der Evangelischen Kirche Berlin-Brandenburg-schlesische Oberlausitz (EKBO). Schwerpunkte ihrer Arbeit sind die Begleitung, Unterstützung und Vernetzung von Veränderungsprozessen kirchlicher Praxis (u. a. Dritte Orte) in der Landeskirche sowie die Beratung, Planung und Umsetzung ausgewählter Landeskirchlicher Initiativen und (Groß-)Veranstaltungen.

Hardy Lech

Hardy Lech, geboren 1954 im Ruhrgebiet, ist Führungskräfte-Coach, Supervisor (DGSv.) und Mediator. Er ist Mitbegründer der Firmen „Lech & Zimmermann – Führung Konkret GbR" in Essen und „Die Prozessoren – Ihre Partner für wirksame Prozessbegleitung GbR" in Oberhausen. Lech verfolgt die Lebens- und Arbeitsphilosophie „Einfach – Klar – Dialogisch". Als passionierter Ultraläufer unter dem Motto „Laufend Beraten" ist er Experte für Selbststeuerungsqualitäten und Potenzialentfaltung, wobei er seine leistungssportlichen Erfahrungen in seine berufliche Praxis integriert.

Jan Loffeld

Prof. Dr. Jan Loffeld, geboren 1975, hat Theologie in Münster und Rom studiert und wurde 2003 zum Priester geweiht. Nach Kaplansjahren und Promotion in Pastoraltheologie war er Studierendenpfarrer und Assistent am Lehrstuhl für Dogmatik in Münster. 2017 folgte der Ruf auf die Professur für Pastoraltheologie an der Katholischen Hochschule in Mainz und 2018 die Habilitation an der Universität Erfurt. Seit März 2019 ist er Professor für praktische Theologie an der Tilburg University School of Catholic Theology in Utrecht. Er forscht zu Säkularisierungsprozessen und neuen Religiositätsphänomen nach Ablösung der Deckungsgleichheit von Christentum und Kultur sowie zu neuen realistischen und konstruktiven Präsenzformen einer Kirche in der Minderheit.

Bernd Neukirch

Bernd Neukirch ist Studienleiter im Amt für kirchliche Dienste in der Evangelischen Kirche Berlin-Brandenburg-schlesische Oberlausitz (EKBO). Seine Arbeitsschwerpunkte sind die Gemeinde- und Organisationsentwicklung, die Beratung von Leitungsgremien mit ehrenamtlichen und beruflichen Mitarbeiter:innen, die Begleitung der Gemeindekirchenratsarbeit und die Förderung guter Rahmenbedingungen für ehrenamtliches und berufliches Engagement in der Kirche. Für diesen Auftrag ist er sozialwissenschaftlich und theologisch qualifiziert – mit Kompetenzen und Erfahrungen in systemischer Beratung, Organisationsentwicklung und Erwachsenenbildung.

Miriam Penkhues

Miriam Penkhues ist Komplexitäts-Komplizin, Neugier-Nautin und Netzwerk-Spinnerin. Derzeit leitet sie kommissarisch die Villa Gründergeist in Frankfurt am Main. 2023 hat sie einen Masterabschluss in „Crossmedialer

Glaubenskommunikation" an der Ruhr-Universität Bochum gemacht und ihr erstes Buch, „Das Geheimnis des Pilgerns – Anleitung zum christlichen Unterwegssein", zusammen mit Hildegard Huwe veröffentlicht. 2021 ist sie als Referentin für kirchliche Innovation und Digitalität ins Team der Villa Gründergeist gewechselt. Zuvor leitete sie im Bistum Limburg neun Jahre die Pilgerstelle. Sie hat Politikwissenschaft, Betriebswirtschaftslehre und Romanistik an der Katholischen Universität Eichstätt-Ingolstadt und an der Sorbonne Paris studiert.

Detlef Pollack

Prof. Dr. Detlef Pollack ist seit seiner Emeritierung im August 2022 als Seniorprofessor für Religionssoziologie an der WWU Münster tätig. Ab 2019 war er stellvertretender Sprecher des Exzellenzclusters „Religion und Politik" und seit 2012 Vorstandsmitglied des Centrums für Religion und Moderne an der WWU Münster. Bereits seit Oktober 2008 ist er als Professor für Religionssoziologie dort tätig. Zwischen 2015 und 2018 fungierte er als Sprecher dieses Exzellenzclusters. Pollacks akademische Stationen umfassen auch seine Zeit als Fellow am Lichtenberg-Kolleg in Göttingen, als Direktor des Instituts für Transformationsstudien an der Europa-Universität Viadrina Frankfurt (Oder), wo er von 1995 bis 2008 Professor für vergleichende Kultursoziologie war, sowie seine Tätigkeit als Max Weber Chair an der New York University. Seine früheren akademischen Positionen beinhalten eine Professur für Religions- und Kirchensoziologie an der Universität Leipzig, eine Gastprofessur am Department of Sociology der Princeton University und eine Vertretungsprofessur an der Philipps-Universität Marburg. Seine Zeit an der Universität Zürich rundet sein umfangreiches akademisches Profil ab.

Andrea Qualbrink

Dr. Andrea Qualbrink leitet im Tandem den Bereich Pastoralentwicklung im Bistum Essen. Zuvor war sie dort in den Stabsbereichen Strategie und Entwicklung sowie Personalentwicklung und Gesundheit tätig. Sie hat Theologie in Münster und Graz studiert, in der Studierendenseelsorge und als wissenschaftliche Mitarbeiterin an der Universität Münster gearbeitet und in Pastoraltheologie promoviert. Neben ihrer qualitativen Studie über Frauen in kirchlichen Leitungspositionen hat sie 2013 und 2018 quantitative Studien zu Frauen in Leitungspositionen deutscher

Ordinariate für die DBK durchgeführt und das Programm „Kirche im Mentoring – Frauen steigen auf" des Hildegardis-Vereins mitinitiiert. Qualbrink ist systemische Organisationsentwicklerin, Innovationscoachin und lebt mit Mann und Kind in Münster.

Frank Reintgen

Frank Reintgen leitet den Fachbereich Pastoral- & Gemeindeentwicklung im Erzbistum Köln. Er hat praktische Theologie an der Fachhochschule Mainz studiert und wirkte 17 Jahre als Gemeindereferent in der Kölner Innenstadt. Seit 2012 arbeitet er in unterschiedlichen Bereichen des Erzbischöflichen Generalvikariats Köln als Pastoral- und Gemeindeentwickler. Reintgen ist kirchlicher Gemeinde- & Organisationsberater. 2014 gründete er den Verein futur2 e. V. mit und ist seither im Vorstand aktiv. Er ist Redaktionsmitglied des Onlinemagazins „futur2. Strategie und Entwicklung in Kirche und Gesellschaft" und arbeitet seit 2012 im Board der Strategiekongresse mit.

Arlett Rumpff

Arlett Rumpff, geboren 1978, ist seit 2020 Referentin für Innovation, Kommunikation und Projektmanagement und war bis 2019 Geschäftsführerin des Reformprozesses in der Evangelischen Kirche Berlin-Brandenburg-schlesische Oberlausitz (EKBO). Sie entwickelt gemeinsam mit anderen neue Ideen, Formate und Projekte, um kreative Wege zu suchen, die in eine Zukunft führen. Dazu gehört für sie vor allem Mut zum Machen. In der Landeskirche ist sie außerdem für die Durchführung von Großveranstaltungen zuständig.

Steffen Schramm

Dr. Steffen Schramm, Leiter des Instituts für kirchliche Fortbildung der Evangelischen Kirche der Pfalz, hat sich intensiv mit den Herausforderungen und Problemen innerhalb seiner Landeskirche auseinandergesetzt. Als Teil einer Perspektivkommission erkannte er, dass ähnliche Probleme in verschiedenen Gemeinden auftreten. Dies führte zu Überlegungen über die gegenwärtige Situation der Kirche und mögliche Zukunftsperspektiven. Er engagiert sich in der Fort- und Weiterbildung innerhalb der Kirche und bietet Vorträge und Beratungen an, um Pfarrkonvente, Synoden und Kirchenleitungen im Prozess der Veränderung zu unterstützen. Sein Fokus liegt auf der Erneuerung kirchlicher Arbeit und Leitung. Zu seinen Veröffentlichungen gehören „Kirche als Organisation gestalten. Kybernetische Analysen und Konzepte zu Struktur und Leitung evangelischer Landeskirchen" (Berlin, 2015) und „Gemeinde geht weiter. Theorie- und Praxisimpulse für kirchliche Leitungskräfte", gemeinsam verfasst mit Lothar Hoffmann (Stuttgart, 2017).

Sr. Johanna Schulenburg CJ

Sr. Dr. Johanna Schulenburg CJ ist Juristin, Theologin und geistliche Begleiterin. Sie ist aktuell als Leiterin des europäischen Noviziats der Congregatio Jesu tätig. Geboren wurde sie 1969 in Niedersachsen und hat sowohl Jura als auch Theologie studiert und ist promovierte Volljuristin. 2004 trat sie der Congregatio Jesu bei. Sie verfügt über eine Ausbildung zur Exerzitienbegleiterin und Geistlichen Begleiterin. Bereits seit 2001 beschäftigt sie sich intensiv mit Kontemplation und leitet seit 2007 kontemplative Exerzitien in München, Dresden, Gries und Wien. Sie ist Gründungsmitglied der Initiative „Kontemplation in Aktion" und engagiert sich in der Arbeitsgemeinschaft Theologie und Praxis der Exerzitien sowie als Redaktionsmitglied der Korrespondenz zur Spiritualität der Exerzitien. Seit 2012 ist Sr. Dr. Schulenburg im Kardinal König Haus in Wien im Bereich Spiritualität und Exerzitien aktiv. Ihre Arbeitsschwerpunkte umfassen die geistliche Begleitung sowie die Ausbildung von Geistlichen Begleitern und Exerzitienbegleitern. Sie ist auch als Referentin tätig. Zwischen 2014 und 2020 diente sie als Assistentin der Provinzleitung der Congregatio Jesu und übernahm 2018 die Leitung des europäischen Noviziats der Congregatio Jesu. Zudem war sie Delegierte der Generalkongregation 2021/22 der Congregatio Jesu und geistliche Begleiterin der Vorsynodalen Vollversammlung 2022 der Erzdiözese Salzburg.

David Schulke

David Schulke ist fasziniert von Orten am Rand des Chaos an der Schnittstelle klassischer Organisationen und ihren Gehversuchen in Themenwelten wie New Work und Innovation. Er hat die Villa Gründergeist zunächst aus der Perspektive Abteilungsleitung Jugend im Bistum Limburg und später als Einrichtungsleitung mit aufgebaut. Anfang 2023 wechselte er zur Caritas nach Niedersachsen und leitet hier die Landesvertretung in Hannover. David Schulke hat Politikwissenschaft, Kommunikationswissenschaft und Pädagogik studiert und sich zum PR-Berater im Non-Profit-Bereich weitergebildet.

Michael Schüßler

Dr. Michael Schüßler ist Professor für praktische Theologie an der Katholisch-Theologischen Fakultät Tübingen. 1993 bis 2000 studierte er katholische Theologie, von 1996 bis 2000 Pädagogik mit Nebenfach Soziologie und Psychologie. 2001 bis 2012 war er Dozent an der Caritas-Fachakademie für Sozialpädagogik in Erlangen. Er promovierte 2006 in praktischer Theologie (Universität Tübingen) und habilitierte 2012 in Pastoraltheologie (Universität Graz). Von 2012 bis 2015 war er wissenschaftlicher Assistent am Lehrstuhl für praktische Theologie in Tübingen. 2015 wurde er schließlich auf den Lehrstuhl für praktische Theologie an der Katholisch-Theologischen Fakultät Tübingen berufen.

Matthias Spenn

Matthias Spenn ist seit 2012 Direktor des Amtes für kirchliche Dienste in der Evangelischen Kirche Berlin-Brandenburg-schlesische Oberlausitz (EKBO). Er war von 1986 bis 1997 Gemeindepfarrer in Bitterfeld, bis 2003 leitete er das Amt für Kinder- und Jugendarbeit der Evangelischen Kirche der Kirchenprovinz Sachsen in Magdeburg. Von 2003 bis 2012 war er wissenschaftlicher Mitarbeiter im Comenius-Institut, Evangelische Arbeitsstätte für Erziehungswissenschaft e. V. in Münster mit den Schwerpunkten Bildung im Kindes- und Jugendalter/Gemeindepädagogik.

Christian Stäblein

Bischof Dr. Christian Stäblein, geboren im Jahr 1967, ist seit November 2019 der Bischof der Evangelischen Kirche Berlin-Brandenburg-schlesische Oberlausitz (EKBO). Sein akademischer Werdegang umfasst ein Studium in evangelischer Theologie, Judaistik, Philosophie, Geschichte und Rechtswissenschaften, das er an den Universitäten in Göttingen, Berlin und Jerusalem absolvierte. Seine Promotion schloss er im Jahr 2002 ab. Dr. Stäblein war zunächst als Gemeindepfarrer in Lengede und Nienburg an der Weser tätig. Von 2008 bis 2015 war er Studiendirektor des Predigerseminars der Evangelisch-lutherischen Landeskirche Hannovers im Kloster Loccum. Anschließend war er von 2015 bis 2019 als Propst im Konsistorium der Evangelischen Kirche Berlin-Brandenburg-schlesische Oberlausitz tätig, bevor er von der Landessynode 2019 auf zehn Jahre zum Bischof gewählt wurde.

Björn Szymanowski

Dr. Björn Szymanowski ist Leiter des Kompetenzzentrums „Führung in Kirche und kirchlichen Einrichtungen" am Zentrum für angewandte Pastoralforschung (zap) in Bochum sowie Mitgründer und Direktor der dortigen zap:academy. Er verantwortet Kooperationsprojekte mit diözesanen und überdiözesanen Partnern rund um Fragen strategischer kirchlicher Organisationsentwicklung. Gegenwärtig forscht er zu Fragen kirchlicher Führung, Qualität und Dienstleistungsorientierung.

Gerhard Wegner

Dr. Gerhard Wegner war von 2004 bis 2019 Direktor des Sozialwissenschaftlichen Instituts der EKD. Studiert hat Gerhard Wegner vangelische Theologie in Göttingen und Nairobi, von 1983 bis 1991 war er Pastor in Celle und Springe, ab 1991 Gründungsgeschäftsführer der Hanns-Lilje-Stiftung in Hannover und Leiter des evangelischen Büros für die EXPO 2000. Von 2001 bis 2004 leitete er den Kirchlichen Dienst in der Arbeitswelt der Evangelisch-lutherischen Landeskirche Hannovers und war stellvertretender Leiter des Hauses Kirchlicher Dienste. Mitglied im Digitalrat Niedersachsen. Er gehört dem Kuratorium der Stiftung Sozialer Protestantismus und dem Vorstand des Senior Consulting Service Diakonie (SCSD) an und war Apl. Prof. für Praktische Theologie an der Theologischen Fakultät der Universität Marburg. 2021/2022 war er Gastwissenschaftler am Excellenzcluster Religion und Politik der Westfälischen Wilhelms Universität Münster. Seit Anfang 2023 ist er „Niedersächsischer Landesbeauftragter gegen Antisemitismus und für den Schutz jüdischen Lebens". Gerhard Wegner ist Mitherausgeber der ökumenischen Reihe: „Theologie und Praxis" im LIT Verlag Münster und der Reihe „Religion in der Gesellschaft" im Ergon Verlag (Nomos).

Macht und Kirche

Das Thema Macht ist virulent und elektrisiert viele gerade auch im kirchlichen Umfeld. Das hat seine Gründe. Kirche und Macht haben seit der konstantinischen Zeit eine besondere Affinität zueinander. Macht ist in der DNA von Kirche bis heute verankert, auch mit ihrer dunklen Seite, wie der Umgang mit dem Missbrauchsskandal und die hierdurch ausgelöste Diskussion gezeigt haben.

Auf dem 6. Kongress der Kongressreihe „Strategie und Entwicklung in Kirche und Gesellschaft" im Dezember 2019 wurden Formen, Strukturen und Mechanismen von Macht im Allgemeinen und Macht in der Kirche im Besonderen thematisiert und einem konstruktiven Diskurs zugänglich gemacht.

Der daraus hervorgegangene Band enthält die fachlichen Beiträge des Kongresses, Reflexionen von am Kongress Teilnehmenden sowie die Ergebnisse der Befragung von Führungskräften beider großen Kirchen zum Thema Macht. Markante Beiträge der Macht-Ausgabe des Online-Magazins futur2 runden das Thema ab.

Valentin Dessoy /
Ursula Hahmann / Gundo Lames
Macht und Kirche

360 Seiten. Broschur
€ 36,00 (D) / € 37,10 (A)
ISBN 978-3-429-05673-5

www.echter.de